國家社會科學基金重大項目"中國古代雜傳叙録、整理與研究"(編號:20&ZD267)

　　教育部人文社會科學研究規劃基金項目"漢魏六朝雜傳叙録"(編號:19YJA751045)

漢魏六朝雜傳叙録

上　册

熊明著

中華書局

圖書在版編目(CIP)數據

漢魏六朝雜傳叙録/熊明著. —北京:中華書局,2024.2
ISBN 978-7-101-16427-5

Ⅰ.漢… Ⅱ.熊… Ⅲ.傳記-研究-中國-漢代-魏晋南北朝
時代 Ⅳ.K810

中國國家版本館 CIP 數據核字(2023)第 216810 號

書　　名	漢魏六朝雜傳叙録(全二册)	
著　　者	熊　明	
責任編輯	李芃蓓　劉　明	
責任印製	管　斌	
出版發行	中華書局	
	(北京市豐臺區太平橋西里 38 號　100073)	
	http://www.zhbc.com.cn	
	E-mail:zhbc@zhbc.com.cn	
印　　刷	北京新華印刷有限公司	
版　　次	2024 年 2 月第 1 版	
	2024 年 2 月第 1 次印刷	
規　　格	開本/880×1230 毫米　1/32	
	印張 30⅞　插頁 4　字數 750 千字	
印　　數	1-2000 册	
國際書號	ISBN 978-7-101-16427-5	
定　　價	158.00 元	

例　言

一、漢魏六朝雜傳者，即漢魏六朝時期正史以外、與列傳相類之傳人篇什。因《隋書·經籍志》首録，且稱之爲"雜傳"，故本《叙録》亦沿襲《隋書·經籍志》"雜傳"之稱，以雜傳名之。據此定義，本《叙録》所叙録之雜傳，則又非全據《隋書·經籍志》史部之雜傳類及《舊唐書·經籍志》、《新唐書·藝文志》等史志書目所定義之雜傳（或稱雜傳記、傳記），如史志書目雜傳類所包括之"志怪"、"科録"、"名號"、"譜系"等類，則不在其中。

二、叙録者，既録其本來之傳名、作者、篇目、卷數與傳主簡歷，亦叙其歷代之著録、刊刻、版本、流傳與遞變，又考辨其撰述手法、藝術特徵、影響及歷代相關之評價。重在鉤稽資料，條理源流，辨證真僞，釐定正訛，發明得失。排比先賢高議，陳列時賢新論，亦間加闡析，略陳己見，以論考其歷史地位，非徒事羅列材料而已。

三、本《叙録》之時間斷限，起西漢之始（公元前 206 年），訖隋亡（公元 618 年）。略依時代先後，析爲五編：兩漢雜傳第一，自西漢高祖元年（公元前 206 年）至東漢興平二年（公元 195 年）；三國雜傳第二，自東漢建安元年（公元 196 年）至魏咸熙二年或晉泰始元年（公元 265 年）；兩晉雜傳第三，自晉泰始元年（公元 265 年）至晉元熙二年或劉宋永初元年（公元 420 年）；南北朝雜傳第四，自劉宋永初元年（公元 420 年）至隋大業十四年（公元 618 年）隋亡。此四編爲今尚有文存世者。
另列第五編，叙錄今僅存其名而其文散亡不存者。各編又據
數量多寡，析爲上、下卷或上、中、下卷。

四、本《叙錄》叙錄各傳，以書（篇）名標目。傳名之擬定，乃據《隋
書·經籍志》等史志書目著錄，參酌諸書徵引所題。如傳有
多名或歧疑者，從早出且有確證者。如某一人有多種別傳見
史志書目著錄或諸書稱引，則總標一目，分別叙錄諸傳於其
下，《曹操別傳三種》即此類也。如某一人有多種別傳見於諸
書稱引，而實難判定其是否爲一傳之異稱或不同之傳，則附
列疑者於後，《葛仙公別傳》所附《葛玄傳》、《太極左仙公葛君
內傳》即此類也。又有某一人有傳，而又有稱其家傳者，亦附
錄於其後，以資參證，《孔融別傳》所附《孔融家傳》、《孔氏家
傳》是也。所附者或已亡佚，本應隸諸第五編，然以其相關，
因亦繫之，以便檢索，《劉根別傳》所附《劉君內記》是也。

五、漢魏六朝雜傳多出方聞之士或幽人處士之手，或不留撰者姓
名，或撰者姓名已在流傳中湮失。考今尚存撰者姓名之作，
知撰者與傳主多處同一時代，或相去不遠。故本《叙錄》叙錄
諸雜傳，如撰者尚存其名，則據而定其時代所屬；如撰者已失
姓名，則據傳主而定其時代所屬。

六、就文本存在形式言，漢魏六朝雜傳略可區分爲兩類，一爲散
傳，一爲類傳。散傳是指正史以外之單篇個人傳記；類傳是
指正史之外以類相從之人物傳記集。故本《叙錄》每一編之
中，亦據此將雜傳分爲兩類，首散傳，次類傳。各書（篇）前後
次第之排定，乃據作者撰作時代先後，若已失作者而難斷者，
則據傳主時代先後，如傳主出自某一世家，則據其世系、排
行，前後相繼。

七、《叙錄》篇名下首叙其存佚、撰者、卷數等基本信息。存佚之
別有四，其一，存，即原傳今有全文存世者；其二，節存，即原

傳今有部分爲他書節録而存世者；其三，輯存，即原傳散佚而
有輯本存世者；其四，佚，即原傳見史志書目著録或諸書指稱
而其文全佚者。撰者之題署，乃據史志書目著録或古籍舊注
稱引所題，又詳加考覈以定。如與原題有別，則列其實際撰
者，於其後注明原題作者。卷數則據諸史志書目著録，酌取
一説，而附列歧疑者。

八、《叙録》正文則詳徵史籍，列其著録、補録等基本信息，詳其作
者、傳主等生平行跡，條其版次、佚文所在，考其佚文次第、真
僞，析其傳叙品格、特徵。據每傳之實際，詳其當詳而略其當
略，而不求劃一也。

九、作者凡有兩種以上作品者，其生平行事則考列於前一種中，
於後則略，僅云見前。傳主生平行跡之叙述，亦同之。

一〇、本《叙録》徵引文獻，常用基本典籍未暇一一注明，書後附
《參考書目》以備查徵。非常用典籍或現、當代著述之引證，
則隨文皆加以詳注。

一一、漢魏六朝雜傳甚夥，然多散亡，存者寥寥。本《叙録》蒐羅
逸佚，詳事考釋，冀得漢魏六朝雜傳之概略，以有益於後來之
治傳記、小説者。然或所見未廣，所識不周，而裁斷失當，徒
增擾攘，誠望賢達有教焉。

目　録

兩漢雜傳叙録

三國雜傳叙錄

兩晉雜傳叙録

卷　下

南北朝雜傳叙録

卷　上

漢魏六朝雜傳存目

卷　上

兩漢雜傳叙録

卷　上

燕丹子

輯存。佚名撰。原一卷，或三卷。

《燕丹子》，《漢書·藝文志》不見著録，《隋書·經籍志》小説類始著録，一卷，不著撰人，注云："丹，燕王喜太子。"《舊唐書·經籍志》小説家類著録《燕丹子》，三卷，題燕太子撰，《新唐書·藝文志》小説家類著録《燕丹子》，一卷，注"燕太子"。《新唐書·藝文志》所注，與《隋書·經籍志》相類，皆爲釋燕丹子之語。唐馬總編《意林》卷二摘録《燕丹子》五節，題"《燕丹子》三卷"。可知，在唐以前，《燕丹子》當有一卷本和三卷本兩種版本流傳。

《燕丹子》尚見於宋元書目著録，《崇文總目》卷五子部小説類著録《燕丹子》三卷，尤袤《遂初堂書目》子部雜家類著録《燕丹子》一書，不言卷數。鄭樵《通志·藝文略》小説家類著録《燕丹子》一卷，注云："丹，燕王喜太子。"元代所修《宋史·藝文志》小説類著録《燕丹子》三卷。馬端臨《文獻通考·經籍考》小説家著録《燕丹子》三卷，注云："《中興藝文志》：丹，燕王喜太子。此書載太子丹與荆軻事。"《太平御覽經史圖書綱目》列《燕丹子》，則宋初李昉等修《太平御覽》，尚見此書，可見宋初此書當仍有流傳。《楓窗小牘》亦云："余家所藏《燕丹子》一序甚奇，附載於此……惜無作者姓名耳。"至明代，則僅有陳第《世善堂書目》卷上有目。故孫星衍、余嘉錫推測,《燕丹子》可能亡於明代中葉以後。孫星衍云:"自明中葉後,遂以亡逸,故吳琯、程榮、胡文煥諸人刊叢書,俱未及此。"余嘉錫云:"此書著錄於明陳第《世善堂書目》卷上,則當明之中葉,猶未佚也。"①

　　《燕丹子》成書何時,歷代學者看法不一,或以爲先秦,或以爲漢末,或以爲南北朝之宋、齊以前,甚至或以爲僞作,聚訟紛紜。孫星衍認爲是先秦作品:"其書長於叙事,嫻於詞令,審是先秦古書,亦略與《左氏》、《國策》相似。"②周中孚以爲出於戰國末至秦時的六國遊士之手:"審非僞本,當由六國游士哀太子之志,綜其事蹟,加之緣飾,故有仰天嘆息、烏白頭、馬生角及秦王乞聽琴聲而死之語,太史公作《燕世家》、《刺客傳》,俱削之不載焉。"③魯迅以爲出於漢前,《中國小説史略》第二篇《神話與傳説》稱作"漢前之《燕丹子》"④,《小説史大略》亦云:"而審其文詞,當是漢以前書。"⑤霍松林則認爲《燕丹子》當出"西漢以前","作者很可能是燕太子的門客"⑥。明人胡應麟認爲出於漢末:"《周氏涉筆》謂太史《荆軻傳》本此,宋承旨亦以決秦漢人所作。

①孫星衍:《燕丹子·叙》,《叢書集成初編》本,中華書局 1985 年,第 2 頁。
　余嘉錫:《四庫提要辨證》卷一九子部小説家存目一"《燕丹子》"條,(香港)中華書局 1974 年版,第 1159 頁。
②孫星衍:《燕丹子·叙》,《叢書集成初編》本,中華書局 1985 年,第 1 頁。
③周中孚撰,黄曙輝、印曉峰標校:《鄭堂讀書記》卷六三小説家類一"《燕丹子》一卷"條,上海書店出版社 2009 年,第 1028 頁。
④魯迅:《中國小説史略》,《魯迅全集》第九卷,人民文學出版社 2005 年,第23 頁。
⑤魯迅:《小説史大略》第三編《漢藝文志所錄小説》,劉運鋒編《魯迅全集補遺》,天津人民出版社 2006 年,第 240 頁。
⑥霍松林:《〈燕丹子〉成書的時代及在我國小説發展史的地位》,《文學遺產》1982 年第 4 期。

余讀之,其文彩誠有足觀,而詞氣頗與東京類,蓋漢末文士,因太史《慶卿傳》(案:即《刺客列傳》之《荆軻傳》)增益怪誕爲此書,正如《越絶》等編,掇拾前人遺軼,而托於子胥、子貢云耳。"①余嘉錫以爲出六朝以前:"況此書實出自六朝以前,惡可削而不録乎?"②李慈銘則以爲出於南朝宋、齊以前:"然文甚古雅,孫氏謂審是先秦古書,誠未必然,要出於宋、齊以前高手所爲,故至《隋志》始著録。"③今人羅根澤以爲是蕭齊時人依據《史記》,參之他書,加以附益而作:"宋裴駰爲《史記集解》,從未徵引,知宋時尚無此書。梁庾仲容《子鈔》載有《燕丹子》三卷,《子鈔》雖亡,然高似孫《子略》目謂馬總《意林》一遵庾目。考《意林》所採與今本同,則梁時已有矣。"④而清代的馬驌甚至認爲出於僞造:"《燕丹子》書僞作也,尤多訛脱。"⑤

　　司馬遷《史記·刺客列傳》有《荆軻傳》,或以爲《史記》之文乃删削《燕丹子》而成,故《燕丹子》出於《史記》之前。馬端臨《文獻通考·經籍考》子部小説家引《周氏涉筆》云:"燕丹荆軻事既卓傋,傳記所載亦甚崛奇。今觀《燕丹子》三篇,與《史記》所載皆相合,似是《史記》事本也。然烏頭白、馬生角、機橋不發,《史記》則以怪誕削之;進金擲蠅、膾千里馬肝、截美人手,《史記》則以過

①胡應麟:《少室山房筆叢》卷三二丁部《四部正譌下》,中華書局1958年,第415頁。

②余嘉錫:《四庫提要辨證》卷一九子部小説家存目一"《燕丹子》三卷"條,(香港)中華書局1974年,第1159頁。

③李慈銘撰,由雲龍輯:《越縵堂讀書記》卷八《文學》,中華書局2006年,第923頁。

④羅根澤:《〈燕丹子〉真僞年代之舊説與新考》,《古史辨》第六册,上海古籍出版社1982年,第358—365頁。

⑤馬驌:《繹史》卷一四八引《燕丹子》文注,江蘇廣陵古籍刻印社1990年,第671頁。

當削之;聽琴姬得隱語,《史記》則以徵所聞削之。司馬遷不獨文字雄深,至於識見高明,超出戰國以後。其書芟削百家誣謬,亦豈可勝計哉。今世祇謂太史公好奇,亦未然也。又如許由、伊尹、范蠡,亦多疑辭,惟信孔氏門人傳録太過,如《五帝本紀》、《孔子世家》,其間秕妄居多,是亦未能充其類也。"①明人宋濂《諸子辨》贊同其説,云:"周《燕丹子》三卷,丹,燕王喜太子。此書載其事爲詳,其辭氣頗類《吴越春秋》、《越絶書》,決爲秦漢間人所作無疑。攷其事,與司馬遷《史記》往往皆合,獨烏頭白、馬生角、機橋不發、進金擲黿、膾千里馬肝、截美人手、聽琴姬得隱語等事,皆不之載。周氏謂遷削而去之,理或然也。夫丹不量力而輕撩虎須,荆軻恃一劍之勇而許人以死,卒致身滅國破,爲天下萬世笑。其事本不足議,獨其書序事有法而文彩爛然,亦學文者之所不廢哉。"②清之孫星衍、周中孚亦以爲司馬遷作《史記·刺客列傳》曾"取此爲文"。孫星衍《燕丹子·叙》云:"《國策》、《史記》取此爲文,削其烏白頭、馬生角及乞聽琴聲之事,而增徐夫人匕首、夏無且藥囊,足證此書作在史遷、劉向之前。或以爲後人割裂諸書,雜綴成之,未必然矣。"周中孚《鄭堂讀書記》云:"當由六國游士哀太子之志,綜其事蹟,加以緣飾,故有仰天歎息烏白頭馬生角及秦王乞聽琴聲而死之語。太史公作《燕世家》、《刺客傳》,俱削之不載焉。"③

又或以爲非《史記·刺客列傳》删削《燕丹子》之文,乃是《燕

①馬端臨:《文獻通考·經籍考》子部小説家"《燕丹子》"條引,華東師範大學出版社1985年,第968頁。
②宋濂:《諸子辨》,《文憲集》卷二七《雜著》,文淵閣《四庫全書》第1224册,(臺灣)商務印書館1986年,第420頁下。
③孫星衍:《燕丹子·叙》,《叢書集成初編》本,中華書局1985年,第1頁。周中孚撰,黃曙輝、印曉峰標校:《鄭堂讀書記》卷六三小説家類一"《燕丹子》一卷"條,上海書店出版社2009年,第1028頁。

丹子》增益《史記·刺客列傳》及其它書而成，故《燕丹子》出於
《史記》之後。明胡應麟即持此論，駁《周氏涉筆》及宋濂之説，其
云：“《燕丹子》三卷，當是古今小説雜傳之祖。然《漢藝文志》無
之，《周氏涉筆》謂太史《荆軻傳》本此，宋承旨亦以決秦漢人所
作。余讀之，其文彩誠有足觀，而詞氣頗與東京類，蓋漢末文士
因太史《慶卿傳》增益怪誕爲此書，正如《越絶》等編，掇拾前人遺
軼而託於子胥、子貢云耳。周氏謂烏頭白、馬生角、膾千里馬肝、
截美人手，皆太史削之，非也。惟首二事出遷贊語，自餘雖應劭、
王充嘗言，悉不可信。吾景濂亦似未深考，且書果太史事本，《漢
藝文志》迺遺之乎？”小注云：“《漢志》有《荆軻論》五篇，《燕丹》必
據此增損成書者。”又斷定《燕丹子》與《宋玉子》“二書必一時同
出僞無疑”：“《隋志》有《宋玉子》一卷，亦列小説家，並《燕丹子》
皆《漢志》所無，二書必一時同出，僞無疑也。唐尚存，今不
傳。”①當代學者羅根澤、馬振方也有類似的看法。羅根澤在舉
出了此書“晚出”的兩條内證後説：“據此，知爲晚出僞作無疑，
而因何而僞？僞於何時？尚竢考索。宋裴駰爲《史記集解》，
從未徵引，知宋時尚無此書，梁庾仲容《子鈔》載有《燕丹子》三
卷。《子鈔》雖亡，然高似孫《子略》目謂馬總《意林》一遵庾目，
考《意林》所採與今本同，則梁時已有矣。然則其時代上不過
宋，下不過梁，蓋在蕭齊之世……意作者蓋哀燕丹之志，慟荆
軻之勇，而技不得售，信史昭載，於是採爲本事，加以緣飾，以
回護丹、軻之失，而寓惋惜之意。”馬振方在《燕丹子考辨》一文
中認爲《燕丹子》與《史記》在文字上“具有無可否認的承襲關
係”，且《燕丹子》“成書晚於《史記》”，並認爲《燕丹子》“成書時

① 胡應麟：《少室山房筆叢》卷三二丁部《四部正譌下》，中華書局1958年，
　　第415頁。

代的下限不當晚於三國時期"①。

　　通過比較《史記·刺客列傳》之《荆軻傳》與《燕丹子》文字的方法，來推測《燕丹子》之成書時代，方法一樣，卻産生了兩種不同的結論。李劍國先生認爲，"這當然是一條途徑，問題是研究者並没有認真對照二書，常常對二者的關係作出錯誤的判斷"。通過對《史記·刺客列傳》與《燕丹子》文字的細緻比對，列舉了《史記·刺客列傳》與《燕丹子》比比皆是的"記事的不同"，李劍國先生得出結論："《燕丹子》所記，基本情節與《史記》大體相同，但記事有許多差別，而在文字上除極少數地方如'左手把其袖，右手揕其胸'與《史記》相同外，再難找到多少相同的文句，可以説是事文皆異。""由此可見，《燕丹子》和《史記》明顯不是相互因襲的關係，它是完全不同的另一種作品。"②因而，用比對《史記·刺客列傳》與《燕丹子》文字異同，判定《燕丹子》是出於《史記》之前或之後的方法，是不可取的。

　　綜觀之，《燕丹子》的成書大約在秦漢間，李劍國先生對此已有詳論③。至於《漢書·藝文志》所不載，只能説《漢志》著録古書不全，而且據孫星衍考證，劉向《七略》（即《七略別録》）曾著録此書，他説："然裴駰注《史記》，引劉向《別録》云：'督亢，膏腴之地。'司馬貞《索隱》引劉向云：'丹，燕王憙之太子。'則劉向《七

① 羅根澤：《〈燕丹子〉真僞年代之舊説與新考》，載《古史辨》第六册，上海古籍出版社 1982 年，第 364—365 頁。馬振方：《〈燕丹子〉考辨》，《浙江大學學報》2010 年第 1 期。
② 李劍國：《〈燕丹子〉考論》，《古稗斗筲録——李劍國自選集》，南開大學出版社 2004 年，第 218 頁。
③ 李劍國：《〈燕丹子〉考論》，《古稗斗筲録——李劍國自選集》，南開大學出版社 2004 年，第 220—222 頁。其它學者也有類似看法，如孫晶在《〈燕丹子〉成書時代及其文體考》（《古籍整理研究學刊》2001 年第 2 期）一文，亦以爲如此。

略》有此書,不可以《藝文志》不載而疑其後出。"這就是説劉向校
書曾校《燕丹子》,作有《燕丹子叙録》,編入《別録》,其子劉歆所
撰《七略》自然也有此書的著録,所以《漢書·藝文志》不録,恐怕
只是班固删改《七略》爲《漢書·藝文志》時偶爾遺之。孫星衍之
辨説是合情合理的。

　　《宋稗類鈔》卷五文苑第三十七則又録一序,其云:"百歲寓
翁家所藏《燕丹子》一序,甚奇,附載於此:'目無秦,技無人,然後
可學《燕丹子》。有言不信,有劍不神,不可不讀《燕丹子》。從太
虚置恩怨,以名教衡意氣,便可焚却《燕丹子》,此荆軻事也,有燕
丹而後有荆軻也,秦威太赫,燕怨太激,威怨相軋,所爲白虹貫
日,和歌變徵,我固知其事之不成,倚柱一笑,所謂報太子而成其
爲荆卿者乎。余本屠夫,不能學,亦不須讀,第不忍付之宵燭,而
録之以副予家卷軸。'惜無作者姓名耳。"①

　　《燕丹子》或又名《田光傳》,唐李遠詩集有《讀田光傳》一詩,
其云:"秦滅燕丹怨正深,古來豪客盡沾襟。荆卿不了真閒事,辜
負田光一片心。"余嘉錫據此云:"然則此書亦名《田光傳》矣。"②
又考《琱玉集》卷一二《感應篇》引《燕太子傳》末云:"秦王大興兵
衆,遂滅燕國,竟煞燕丹也。"唐李翱《李文公集》卷五《題燕太子
丹傳後》有荆軻"欲促檻車,駕秦王以如燕"之事,今本無此句,所
謂《燕太子傳》必是《燕丹子》,《燕太子丹傳》與《燕太子傳》極爲
相近,也應爲一書,故《燕丹子》又或名《田光傳》、《燕太子傳》、
《燕太子丹傳》。

　　今所見《燕丹子》爲四庫館臣從《永樂大典》輯出,館臣因"多
鄙誕不可信,殊無足採",故而未收入《四庫全書》,只著録於《四

① 潘永因編,劉卓英點校:《宋稗類鈔》,書目文獻出版社 1985 年,第 384 頁。
② 余嘉錫:《四庫提要辨證》卷一九子部小説家存目一"《燕丹子》三卷"條,
　　(香港)中華書局 1974 年,第 1160 頁。

庫全書總目》卷一四三小說家類存目一。原書爲一卷，而實作三篇，館臣著録作三卷。孫星衍從紀昀處得鈔本，亦以三篇爲三卷，先後刻入《岱南閣叢書》、《問經堂叢書》、《平津館叢書》，《平津館叢書》本有詳細校勘，乃是孫星衍與洪頤煊共校①。今又有程毅中對其加以重校②。

　　孫星衍所校《平津館叢書》本《燕丹子》文末，孫星衍注云："《太平御覽·服用部》引，有秦始皇置高漸離於帳中擊筑，今本無，疑此下尚有闕文。"今見《太平御覽》卷六百九十九"服用部"所引稱出《燕丹太子》。孫星衍判斷準確，今本《燕丹子》文末戛然而止，確當尚有闕文。王充《論衡·書虛篇》引傳書云："傳書又言：燕太子丹使刺客荆軻刺秦王不得，誅死。後高漸麗復以擊筑見秦王，秦王説之，知燕太子之客，乃冒其眼，使之擊筑。漸麗乃置鉛於築中以爲重。當擊筑，秦王膝進，不能自禁。漸麗以筑擊秦王額，秦王病傷三月而死。夫言高漸麗以筑擊秦王，實也；言中秦王病傷三月而死，虛也。"此顯係燕丹子刺秦王故事，荆軻之後，又有高漸離。即《太平御覽》卷六百九十九"服用部"所引"秦始皇置高漸離於帳中擊筑"事。王充所謂"傳書"或即《燕丹子》。《敦煌遺書》伯二六三五號《類林》引《燕丹子》，所述與《論衡》所引"傳書"事相類，當即《燕丹子》佚文：

　　　　高漸離者，齊人也，善擊筑，與燕人荆軻爲友。見荆軻刺秦始皇不中而死，漸離於是毀形改姓，入秦國，於市中擊筑而乞。市人觀之，無不美者，以聞始皇，始皇召漸離於前，

───────

①孫星衍《燕丹子·叙》。孫校本後收入《百子全書》、《子書四十八種》、《叢書集成初編》、《四部備要》。程毅中點校《燕丹子》，亦據《平津館叢書》，但以《永樂大典》本覆校，改正了孫校本的一些訛誤。
②程毅中點校：《燕丹子》，《古小説叢刊》本，中華書局1985年。

令使擊筑。始皇善之，心猶疑焉，瞽其兩目，置於帳中，使遣
作樂。始皇耽之，日日親近。漸離望始皇歎息之聲，舉筑礩
（撞）之，中始脉（皇），皇怒，遂誅漸離也。

考《燕丹子》，其所傳主要人物當是燕太子丹，全篇圍繞燕丹
之復仇展開故事情節，叙事傳人頗得其法，又富文彩。宋濂稱其
"序事有法而文彩爛然"，胡應麟稱"其文彩誠有足觀"，孫星衍稱
其"長於叙事，嫻於詞令"，李慈銘稱其"文甚古雅"，譚獻稱其"文
古而麗密"①，可謂"事豐奇偉，辭富膏腴"②。且其所載事，又多
出傳聞想象，烏頭白、馬生角、機橋不發、進金擲鼉、膾千里馬肝、
截美人手、聽琴姬得隱語等，即據街談之傳聞，增益虛飾而成。
其中如丹爲雞鳴而開關之事，與孟嘗君逃秦出關，客爲雞鳴之事
相似③，當是《燕丹子》移植改造孟嘗君事而成。秦王乞聽琴聲
而死之事，亦屬仿造，據《左傳》文公元年記載，楚成王太子商臣
將被黜，商臣遂率兵圍成王，"王請食熊蹯而死"，杜預注："熊掌
難熟，冀久將有外救。"④則秦王乞聽琴聲而死之事，當是《燕丹
子》移植改造《左傳》事而成。此等事，如李慈銘所言，"以情理度
之，皆非事實"，然於凸顯燕丹、荊軻之志行，則深契無間焉。加
之其叙述情致粲然，精細縟麗，生動可觀，故歷來頗有視之爲小
説者，胡應麟即云"當是古今小説雜傳之祖"，譚獻亦云"小説家

---

① 譚獻：《復堂日記》卷五，《半厂叢書初編》本。
② 劉勰撰，范文瀾注：《文心雕龍注》卷一《正緯第四》，人民文學出版社
　　1998年，第31頁。
③ 司馬遷撰，裴駰集解，司馬貞索隱，張守節正義：《史記》卷七五《孟嘗君
　　列傳》，中華書局2011年，第2355頁。
④ 杜預集解：《春秋左傳集解》第八《文公上》，上海古籍出版社1997年，第
　　422頁。

之初祖"。今之學者亦多有視其爲小説者①。

東方朔傳

輯存。佚名撰。原八卷。一題《東方朔別傳》。

《東方朔傳》,《隋書·經籍志》史部雜傳類、《舊唐書·經籍志》史部雜傳類並著録《東方朔傳》,八卷。《新唐書·藝文志》史部雜傳記類著録《東方朔傳》,八卷。姚振宗《漢書藝文志拾補》卷二諸子略小説家補録"《東方朔別傳》八卷"。諸書志著録皆未題撰人。

東方朔,《史記》卷一二六《滑稽列傳》、《漢書》卷六五有傳。《史記·滑稽列傳·東方朔傳》云:"武帝時,齊人有東方生名朔,以好古傳書,愛經術,多所博觀外家之語。"《漢書·東方朔傳》云:"東方朔,字曼倩,平原厭次人也。"《史記·滑稽列傳》之《東方朔傳》爲褚少孫所補,言東方朔因用三千奏牘上書漢武帝而詔拜郎,記其懷肉之事、娶長安好女事、答郎以爲狂事、答諸博士難事、識騶牙事以及將死善言事。《漢書·東方朔傳》言東方朔於武帝初入朝上書自揚其能,記其恐侏儒事、射覆二事、割肉自去事、諫武帝微行事、壽武帝殺昭平君而哀不能止事、諫武帝寵董偃事、説武帝欲化民事、答武帝問何如主事、答武帝問自視如何事,並載朔《答客難》及《非有先生論》之文。

《東方朔傳》作者已無考。《史記·滑稽列傳·優旃傳》後褚少孫云:"臣幸得以經術爲郎,而好讀外家傳語……"司馬貞《索隱》云:"東方朔亦多博觀外家之語,則外家非正經,即史傳雜説

---

① 如霍松林即認爲《燕丹子》是藝術上相當成熟的長篇小説,在我國小説史上的地位,應得到公允的評價。見霍松林《〈燕丹子〉成書的時代及在我國小説發展史的地位》,《文學遺産》1982 年第 4 期。

之書也。”檢《史記·滑稽列傳·東方朔傳》，開篇云：“武帝時，齊人有東方生名朔，以好古傳書，愛經術，多所博觀外家之語。”由此觀之，西漢時各類“外家傳語”、“外家之語”、“外家非正經，即史傳雜説之書”當十分繁富，東方朔、褚少孫等頗得觀之。而少孫所觀，當或有《東方朔傳》。姚振宗即據此推測，《東方朔傳》或出西漢。其《隋書經籍志考證》“《東方朔傳》”條及《漢書藝文志拾補》“《東方朔別傳》”條云：“案《史記·滑稽列傳》附載褚少孫所補六事中有東方朔事，與《漢書》互有同異，似即本之《別傳》。少孫自言‘臣爲郎時，好讀外家傳語’。案‘外家傳語’即別傳之流，然則此別傳豈猶是前漢所傳，爲褚少孫、劉子政、班孟堅所見者歟？”

　　逯欽立與朱東潤皆以爲《東方朔傳》出西漢之世，逯、朱二氏皆以舉班固《漢書·東方朔傳》多取《東方朔傳》之例而證《東方朔傳》出班固《漢書》之前。逯欽立云：“竊謂《東方朔別傳》（即《東方朔傳》）本出西漢，即當時所謂‘外家傳語’者，班固《漢書》朔《傳》即已鈔而録之，而鈔録之跡，猶可窺見，特後人未曾加意，故爲始終之秘耳。《漢書》六十五《東方朔傳》末尾云：‘世所傳他事皆非也。’顏師古注云：‘謂如《東方朔別傳》及俗用《五行時日》之書，皆非實事也。’欽立按師古此説，固謂《東方朔別傳》行於班書以前。然其以皆非實事斷之，以明曾爲孟堅之所擯棄，此則未達一間，不悟《漢書》朔《傳》固自此《別傳》删取也。”且舉四事力證“《漢書》朔《傳》固自此《別傳》删取”[1]。朱東潤云：“正在《史記》寫定的同時，傳記文學在民間不斷出現，後代看到的《東方朔

---

① 逯欽立著、吳雲整理：《漢魏六朝文學論集》第一編《漢詩別録》辨僞第一，陝西人民出版社 1984 年，第 42 頁。其後，逯欽立從四個方面證《漢書·東方朔傳》“鈔襲《別傳》”，並認爲“《東方朔別傳》，元成時際，殆已流傳，而爲當時一膾炙人口之傳記也”。

別傳》殘篇，是一個例子，褚先生在《史記·滑稽列傳》篇後所說的《外家傳語》就指這個。"①亦以爲班固《漢書·東方朔傳》多取《東方朔傳》，並舉三例以證"《東方朔傳》底完成，在《漢書》以前"：其一舉《太平御覽》卷三九四引《東方朔別傳》武帝問朔自視與公孫丞相、倪大夫如何事，其二舉《太平御覽》卷四八五引《東方朔別傳》朔與公孫弘借車事，其三舉《世說新語·排調》劉注引《東方朔傳》柏梁臺作詩事。其後，朱東潤氏確定《東方朔傳》的大致成書時代，"必在武帝以後，褚少孫、劉向以前，大致在昭帝、宣帝之間"②。

　　東方朔之里籍，《東方朔傳》云其是"南陽步廣里人"，《史記·滑稽列傳》則僅稱"齊人"，《漢書·東方朔傳》則云其爲"平原厭次人"，《列仙傳·東方朔》亦言其爲"平原厭次人"，《世說新語·規箴》第一條劉注又云"《列仙傳》云朔是楚人"。朱東潤考證云："按《漢書·地理志》言南陽爲韓地，其實是一個狠大的錯誤。南陽諸縣如申、鄧、葉、隨、魯陽，都是楚地，有《左傳》及《史記·楚世家》可證。劉向'楚人'兩字，正是受了《東方朔傳》底暗示。至於班固稱爲平原厭次人，或別有考證，未可知。西漢平原郡有富民縣，無厭次縣，至東漢明帝時，富民改稱厭次。《漢書》稱平原厭次人，也不免草率。"③

　　逯欽立與朱東潤氏皆以爲《東方朔傳》出西漢之世，且朱東潤將《東方朔傳》視爲"西漢傳下來底第一部傳叙"④。然言《漢書·東方朔傳》删削《東方朔傳》而成，或摭取《東方朔傳》之所述，則或有疑問。唐劉知幾《史通·雜說上》云："《漢書·東方朔

---

①朱東潤：《漫談傳記文學》，《文匯報》1961年8月5日。
②朱東潤：《八代傳叙文學述論》，復旦大學出版社2006年，第41—42頁。
③朱東潤：《八代傳叙文學述論》，復旦大學出版社2006年，第42頁。
④朱東潤：《八代傳叙文學述論》，復旦大學出版社2006年，第40頁。

傳》委瑣煩碎,不類諸篇。且不述其亡殁歲時及子孫繼嗣,正與司馬相如、司馬遷、揚雄傳相類,尋其傳體,必曼倩之自叙也。但班氏脱略,故世莫之知。"①以爲班固《漢書·東方朔傳》之文,乃出東方朔之自叙傳。劉知幾此説今雖無法確考,但值得參考。據《隋書·經籍志》、《舊唐書·經籍志》及《新唐書·藝文志》著録可知,唐時《東方朔傳》當保存完好,劉知幾當得見之,而他稱《漢書·東方朔傳》出於東方朔自叙而不是《東方朔傳》,可知劉知幾不以爲《漢書·東方朔傳》與《東方朔傳》存在聯繫。

　　《東方朔傳》出於西漢武帝時東方朔卒後至東漢初班固《漢書》撰作之前無疑。它當是彙集流傳於民間之各種有關東方朔的傳説而成。因雜傳之作,興起於劉向《列女》諸傳之後,故而《東方朔傳》極有可能最終成書於劉向諸傳之後至班固撰作《漢書》之前。

　　《隋書·經籍志》史部雜傳類、《舊唐書·經籍志》史部雜傳類並著録《東方朔傳》八卷,《新唐書·藝文志》史部雜傳記類著録《東方朔傳》八卷。以《隋書·經籍志》、《舊唐書·經籍志》與《新唐書·藝文志》著録可知,此傳在唐初當仍爲完帙,至宋初當尚存,《太平廣記引用書目》列《東方朔傳》,《太平御覽經史圖書綱目》列《東方朔別傳》,則李昉等修《太平廣記》、《太平御覽》時尚見此書。其散佚當在此後,今則已全部散佚。

　　《東方朔傳》佚文,散見於各種類書舊注,多題《東方朔傳》,或題《東方朔別傳》。又有題《東方朔記》,朱東潤以爲"'記'字當是'傳'字之訛"。檢諸書引作《東方朔記》者,其中如《長安志》卷一七《縣七·涇陽》"長平坂在縣西南五十里俗名睦城坂"、《太平寰宇記》卷二六《關西道二·涇陽》"長平坂俗名睦城坂在縣西南

①劉知幾撰,浦起龍釋:《史通通釋》卷一六《雜説上》,上海古籍出版社 1978 年,第 470 頁。

五十里"下等各引一條,題《東方朔記》,言赤蟲事。《北堂書鈔》、《藝文類聚》、《太平御覽》等皆引作《東方朔傳》或《東方朔別傳》,其當出《東方朔傳》無疑。又,《藝文類聚》卷四八《職官部四·給事中》、《太平御覽》卷二二一《職官部十九·給事中》各引一條,文同,作《東方朔記》,其云:"東方朔爲中郎,賜帛百匹,拜給事中。"《漢書·東方朔傳》言及東方朔爲常侍郎及爲太中大夫、給事中事,是在東方朔諫武帝微行後,云:"是日因奏《泰階》之事,上乃拜朔爲太中大夫、給事中,賜黄金百斤。然遂起上林苑,如壽王所奏云。"爲中郎,是在壽武帝殺昭平君而哀不能止事後,"復爲中郎",與《藝文類聚》卷四八、《太平御覽》卷二二一所引頗異,《藝文類聚》卷四八、《太平御覽》卷二二一所引當是節略,或出《東方朔傳》。

　　朱東潤於民國三十一年即一九四二年完成的《八代傳叙文學述論》,據《世説新語》劉注、《文選》李注及《太平御覽》徵引,輯得《東方朔別傳》,附於書後①。惜蒐羅未全,且未加校勘。《漢魏六朝雜傳集》據諸書徵引,新輯其文,題《東方朔傳》。

　　今簡括諸書徵引當出《東方朔傳》者,條列所存佚文如下:

　　一、東方朔之里籍。見於《世説新語·規箴》第一條劉注引,其云:"朔,南陽步廣里人。"注出《東方朔別傳》。

　　二、東方朔父母及得名。《路史》卷一四後紀卷五《疏仡紀·黄帝紀上》"東方氏"羅苹注引。云:"朔父張夷,字少平。母田氏,遺腹生之,三日母卒。鄰母養之,時東方始明,因爲姓。"《路史》卷一四後紀卷五《疏仡紀·黄帝紀上》羅注下尚有:"故世謂朔無父母。"後又引《洞冥記》云:"朔母田寡,夢太白臨之而娠,羞之,曰:'人將棄我。'乃向代郡之東方里,以五月朔旦生之,因姓

<hr />

① 朱東潤:《八代傳叙文學述論》附録第一《東方朔別傳》,復旦大學出版社 2006 年,第 174—177 頁。

東方而名朔。”則其上所引當出他書。檢《太平廣記》卷六《神仙六》“東方朔”條注云“出《洞冥記》及《朔别傳》”，其開篇云：“東方朔，小名曼倩。父張氏，名夷，字少平，母田氏。夷年二百歲，顔若童子。朔生三日而田氏死，死時漢景帝三年也。鄰母拾朔養之，時東方始明，因以姓焉。”又，《續談助》卷一所録《洞冥記》開篇武帝出生事後，言東方朔出生云：“東方朔，小名曼倩。父張氏，名夷，字少平，婦田氏。夷年二百歲，視若童子。朔生三日而田氏亡，是年景帝三年。鄰母拾朔養之，年至十三……”《太平御覽》卷二二《時序部七·夏中》引《洞冥記》：“東方朔母田氏寡，夢太白星臨其上，因有娠。田氏歎曰：‘無夫而孕，人得棄我。’乃移向代郡之東方里，五月生朔，仍以所居爲姓。”《太平御覽》卷三六〇《人事部一·孕》引《洞冥記》云：“東方朔母田氏寡居，夢太白星臨其上，因有娠。田氏歎曰：‘無夫而娠，人將棄我。’乃移向代都東方里爲居，五月旦生朔，因以所居里爲氏，朔爲名。”則知《洞冥記》言東方朔姓氏，是“以五月朔旦生之，因姓東方而名朔”，“乃移向代郡之東方里，五月生朔，仍以所居爲姓”，“乃移向代都東方里爲居，五月旦生朔，因以所居里爲氏，朔爲名”，是其母以其所居“東方里”爲姓，以其所生之時“朔旦”爲名。則《太平廣記》卷六《神仙六》“東方朔”中云鄰母拾朔養之，“時東方始明，因以姓焉”，當是《朔别傳》之文而非《洞冥記》之文。《路史》卷一四後紀卷五《疏仡紀·黄帝紀上》羅苹注引亦有此句，則羅苹注當出《朔别傳》，即《東方朔傳》。由此亦知《東方朔傳》與《洞冥記》當均有叙東方朔出生文字，且大略相似，其間僅東方朔如何得名各爲一説，《洞冥記》言是其母據所居及出生時間爲其取名，而《東方朔傳》則言是鄰母據拾朔時間爲其取名。《太平廣記》編纂“東方朔”條，取《東方朔傳》而棄《洞冥記》。

　　三、武帝爲隱語，以杖擊未央前殿檻，並云“叱叱，先生來來”，東方朔解爲上林獻棗四十九枚事。見於《齊民要術》卷一〇《五穀果蓏菜茹非中國物産者・棗》、《藝文類聚》卷八七《菓部下・棗》、《太平御覽》卷九六五《果部二・棗》、《太平廣記》卷一七四《俊辯二・東方朔》引。

四、東方朔射武帝所置蜻蛉事。見於《太平御覽》卷九五〇《蟲豸部七・蜻蛉》引。

五、東方朔於武帝前射中郭舍人所設爲蝨並嘲謔郭舍人事。見於《藝文類聚》卷九七《蟲豸部・蚊》、《太平廣記》卷一七四《俊辯二・東方朔》、《古今事文類聚後集》卷四九《蟲豸部・蚊》"覆射知蝨"、《古今合璧事類備要別集》卷九四《蟲豸門・蚊》"覆射知蝨"引。

六、東方朔射中郭舍人所設爲鏡事。見於《北堂書鈔》卷一三六《服飾部五・鏡六十五》"表如月光"、《初學記》卷二五《器物部・鏡第九》"金薄玉榮"、《白氏六帖事類集》卷四《鏡第二十六》"玉之榮"引。

七、東方朔射中郭舍人所設宴藪事。見於《北堂書鈔》卷一四五《酒食部四・脯篇十六》"乾肉爲脯"、《本草綱目》卷三七《木之四・桑上寄生》引。

八、東方朔於上前射覆中之而郭舍人巫屈被榜事。見於《太平御覽》卷三九一《人事部三十二・笑》、《天中記》卷二三《笑》"搏髀"引。

九、東方朔占云事。見於《北堂書鈔》卷一五〇《天部二・雲七》"覆車"、《藝文類聚》卷一《天部上・雲》、《初學記》卷一《天部・雲第五》、《太平御覽》卷八《天部八・雲》、《海録碎事》卷一《天部上・雲門》"黃雲覆車"、《續博物志》卷一、《古今合璧事類備要前集》卷三《天文門・雲》"黃雲覆車"、《廣博物志》卷三《天道三》引。

一〇、東方朔與三門生俱行見鳩占得酒必酸事。見於《藝文類聚》卷八六《菓部上・梅》、《太平御覽》卷九七〇《果部七・

梅》引。

一一、東方朔與弟子偕行見伯勞而知主人爲李伯勞事。見於《太平御覽》卷九二三《羽族部十・伯勞》、《古今事文類聚後集》卷四七《羽蟲類》“伯勞集李”、《古今合璧事類備要別集》卷七五《飛禽門・伯勞》“主人姓名”引。

一二、東方朔答武帝問日旁有赤雲如冠珥事。見於《編珠》卷一《天地部》“絳雪赤雲”、《北堂書鈔》卷一五〇《天部二・雲七》“冠珥”、《淵鑑類函》卷五《天部五・雲四》“圓如冠珥”、《古今圖書集成・乾象典》卷七二引。

一三、東方朔答武帝問鵲立枯枝東向而鳴事。見於《北堂書鈔》卷一二四《武功部十二・戟三十九》“執戟殿旁”、《初學記》卷二八《果木部・柏第十四》“鵲立鶯樓”、卷三〇《鳥部・鵲第六》“南飛月夜東嚮雨晴”、卷三〇《鳥部・鵲第六》“立必順風”、《白氏六帖事類集》卷二九《鵲第十四》“方朔占”、《太平御覽》卷三五二《兵部八十三・戟上》、卷九二一《羽族部八・鵲》、卷九五四《木部三・柏》、《事類賦》卷一九《禽部・鵲賦》“方朔則識其順風”、卷二五《木部・柏賦》“殿後立鵲”引。

一四、東方朔答未央宫前殿鐘無故自鳴事。見於《世説新語・文學》第六一條劉注、《北堂書鈔》卷一〇八《樂部・鐘四》“宫前自鳴方朔曰山崩弛”、《初學記》卷一六《樂部下・鐘第五》“母感子鳴”、《白氏六帖事類集》卷一八《鍾第二十》“山崩先鳴”、《唐開元占經》卷九九《山崩》、《太平御覽》卷五七五《樂部十三・鐘》、《古今合璧事類備要外集》卷一三《樂器門・鐘》“自鳴三日”、《樂書》卷一三三《樂論圖・俗部》“鳴鐘”、《天中記》卷二五《博學》“鐘鳴”等引。

《樊英別傳》亦載樊英釋鐘自鳴而當有山崩者，當源出《東方朔傳》，唯改南郡山崩爲蜀岷山崩。又南朝宋劉敬叔《異苑》卷二又載張華事云：“魏時殿前大鐘，無故大鳴（或作不扣自鳴），人皆異之。以問張華，華曰：‘此蜀郡銅山崩，故鐘鳴應之耳。’尋蜀郡上其事，果如華言。”①以因鐘自鳴而知蜀郡銅山崩，亦當源出於《東方朔傳》此事。明徐應秋云：“此當是一事，而附會不同。然蜀山之崩，何獨殿前鐘應之？即東方生之對，亦未必有也。”②

一五、東方朔識長陵平坂馳道赤蟲名怪哉事。見於《北堂書鈔》卷四五《刑法部·獄十一》“憤氣生蟲”、卷一三〇《儀飾部一·髦頭七》“髦頭馳還”、卷一五七《地理部一·阪篇九》“平阪”、《藝文類聚》卷七二《食物部·酒》、《太平御覽》卷六四三《刑法部九·獄》、卷八四五《飲食部三·酒下》、《事類賦》卷一七《飲食部·酒賦》“怪消秦獄”、《長安志》卷一七《縣七·涇陽》“長平坂在縣西南五十里俗名睦城坂”、《天中記》卷二五《博學》“怪哉”等引。

一六、東方朔諫武帝欲殺殺上林鹿者事。見於《藝文類聚》卷二四《人部八·諷》、《太平御覽》卷九〇六《獸部十八·鹿》、《事類賦》卷二三《獸部·鹿賦》“諷漢則禦彼匈奴”等引。

此事當出晏子諷齊景公所愛馬死欲誅圉人及景公鳥亡欲誅燭鄒之事。晏子事見《晏子春秋》內篇諫上“景公所愛馬死欲誅圉人晏子諫第二十五”及外篇第七“景公使燭鄒主鳥而亡之公怒將加誅晏子諫第十三”③。

一七、東方朔諫武帝好方士事。見於《太平御覽》卷八二五《資產部五·鹽》、卷九八四《藥部一·藥》引。

一八、東方朔云武帝祠甘露所見神雀爲巫雀事。見於《太平御覽》卷七三五《方術部十六·巫下》、《天中記》卷二五《博學》

①劉敬叔撰，范寧校點：《異苑》卷二，中華書局1996年，第7頁。
②徐應秋：《玉芝堂談薈》卷二七《蕤賓鐵》，文淵閣《四庫全書》第883冊，（臺灣）商務印書館1986年，第648頁上—中。
③吳則虞：《晏子春秋集釋》，中華書局1982年，第90頁，第464頁。

"巫雀"、《廣博物志》卷四五《鳥獸二》引。

一九、東方朔答武帝刑不上大夫何之問事。見於《文選》卷四一《報任少卿書》"傳曰刑不上大夫此言士節不可不勉勵也"李注引。

二〇、東方朔答武帝問伯夷、叔齊何人事。見於《太平廣記》卷一七三《俊辯一》"東方朔"、《續談助》卷四殷芸《小説》、《天中記》卷二六《排調》"夷齊愚夫"、《廣博物志》卷三〇《藝苑五》引。

二一、東方朔答武帝問自視公孫丞相、倪大夫等何與比之問事。見於《太平御覽》卷三九四《人事部三十五·行》引。

二二、漢武帝在柏梁臺上使群臣作七言詩事。見於《世説新語·排調》第四五條劉注、《太平御覽》卷三五二《兵部八十三·戟上》、《事物紀原》卷四《經籍藝文部十七·七言》引。

二三、東方朔答武帝何知鳥之雌雄之問事。見於《藝文類聚》卷九〇《鳥部一·鳥》、《天中記》卷五九《禽總》"雌雄"、《廣博物志》卷四四《鳥獸一》引。

二四、髓主治傅面事。見於《本草綱目》卷四三《鱗之一》"蛟龍"引。

二五、武帝微行西至黃山宮事。見於《水經注》卷一九《渭水》"又東過槐里縣南又東澇水從南來注之"、《雍録》卷三《柏梁臺》引。

二六、武帝微行事。見於《太平御覽》卷二《天部二·刻漏》引。

二七、武帝乘常安舟游洛水事。見於《北堂書鈔》卷一三七《舟部·舟總篇》"常安"引。

二八、東方朔爲中郎、拜給事中事。見於《藝文類聚》卷四八《職官部四·給事中》、《太平御覽》卷二二一《職官部十九·給事中》引。

二九、東方朔善嘯事及朔死後事。見於《太平廣記》卷六《神仙六》"東方朔"條引。

諸書徵引，亦尚有題《東方朔傳》或《東方朔別傳》者，而其文實僅爲東方朔《答驃騎難》、《答客難》、《十洲記》等文中之語者，《隋書·經籍志》及《舊唐書·經籍志》著録《東方朔傳》時言其有"八卷"之繁，則《東方朔傳》或隨叙其事而録其文耶？此類佚文亦夥，計有：

一、《藝文類聚》卷九三《獸部上·馬》、《初學記》卷二九《獸部·馬第四》"驊騮騏驥"、《太平御覽》卷八九七《獸部九·馬五》、《事類賦》卷二一《獸部·馬》"豈復與跛猫而校能"、《資治通鑑》卷一六八《陳紀二·世祖文皇帝上》"殺騏驥而策蹇驢可悲之甚也"胡注、《天中記》卷五五《馬》"捕鼠"各引一條，作《東方朔傳》；《太平御覽》卷九〇四《獸部十六·狗上》引一條，作《東方朔別傳》；《藝文類聚》卷六〇《軍器部·彈》、《太平御覽》卷三五〇《兵部八十一·彈》、卷八〇三《珍寶部二·珠下》各引一條，作《東方朔記》；《北堂書鈔》卷一二四《武功部十二·彈四十五》"以珠彈鳥"引一條，作"東方朔云"；四庫本《北堂書鈔》卷一二四《武功部十二·彈四十五》"珠彈"引作《東方朔記》：實爲東方朔《答驃騎難》文。

二、《齊民要術》卷一〇《五穀果蓏菜茹非中國物産者·木菫》引一條，作《東方朔傳》；《太平御覽》卷四八五《人事部一百二十六·貧下》引一條，作《東方朔別傳》，實爲東方朔《從公孫弘借車馬書》文。

三、《太平寰宇記》卷二五《關西道一·雍州》、《長安志》卷一一《縣一·萬年》、《雍録》卷五《山》、《古今合璧事類備要別集》卷九〇《蟲象門·蛙》"得以給足"、《本草綱目》卷四二《蟲之四·龜》、《天中記》卷一三《都邑》"陸海"、《廣博物志》卷三六《居處》各引一條，作《東方朔傳》，實爲東方朔《諫起上林苑》文。

四、《太平御覽》卷七〇四《服用部六·囊》、《雍録》卷二《建章宫》、《玉海》卷九一《器用·屛障》“漢書囊帷”、《天中記》卷一五《臺》“神明”、卷四九《囊》“書囊爲帷”各引一條，作《東方朔傳》，實爲東方朔《化民有道對》之文。

五、《記纂淵海》卷五《論議部之五》“離合無親疏”引一條，作《東方朔記》；《廣博物志》卷二一《高逸》引一條，作《東方朔傳》，此條實爲東方朔《與公孫弘書》文。

六、《記纂淵海》卷六〇《性行部·詼諧》、《古今事文類聚前集》卷三〇《仕進部·薦舉》“伊尹干湯”、《古今合璧事類備要外集》卷五二《鼎鑊門·鼎》“伊尹負”各引一條，作《東方朔傳》，實爲東方朔《非有先生論》文。

七、《太平御覽》卷五九三《文部九·誡》引一條，作《東方生傳》，四庫本《太平御覽》卷五九三引作《東方朔傳》，實爲東方朔《戒子》文。

八、《古今合璧事類備要前集》卷二《天文門·風》“中國有道”、卷三《天文門·雲》“青雲干吕”各引一條，作《東方朔傳》；《淵鑑類函》卷六《天部六·風二》引一條，作《東方朔別傳》，實爲東方朔《十洲記》文。

九、《廣博物志》卷五《地形》引一條，作《東方朔別傳》，實出《博物志》卷八《史補》，《廣博物志》卷五引與其文同，《天中記》卷七《地》引即稱出《博物志》。又，《太平御覽》卷四九《地部十四·西楚南越諸山·君山》引一條，文字與此多同而題《漢武帝故事》。

一〇、《元和郡縣志》卷三〇《江南道五·潭州》“禹貢荆州之域春秋爲黔中地楚之南境秦并天下分黔中以南之沙鄉爲長沙郡以繞湘川”下，按引《東方朔記》云：“南郡有萬里沙祠，自湘川至東萊地可萬里，故曰長沙。”《隋書·經籍志》史部地理類著録有《神異經》一卷，題東方朔撰，張華注。宋王應麟《玉海》卷六二《藝文·經》著録《漢神異經》云：“唐志道家，東方朔，二卷，張華注。《書目》漢東方朔記，晉張華傳，朔周游天下所見神異，《山海經》所不載者列之。"①據此，題東方朔撰、張華注《神異經》者，亦或稱"東方朔記"，《元和郡縣志》按引《東方朔記》所述長沙之得名，或出於所謂張華注。

又，《太平廣記引用書目》列《東方朔傳》，《太平廣記》卷六《神仙六・東方朔》録東方朔事者八，注云"出《洞冥記》及《朔別傳》"。此八事，即：東方朔出生及少時誦祕識、三次出遊之事，答武帝問使愛幸者不老言芝草、春生之魚事，靈光殿答武帝問言漢德統事，風聲木之事，言遠國遐鄉及明莖草事，吉雲之地及神馬步景駒事，指星木事，善嘯及朔死、武帝問太王公始知其爲歲星事。前七事《洞冥記》亦載，事同而文略異，當出《洞冥記》。唯末載東方朔善嘯和朔死、武帝問太王公而知東方朔爲歲星之事不見於《洞冥記》，或出《東方朔傳》。《太平廣記》所録，陶珽重輯宛委山堂一百二十卷本《説郛》卷一二〇亦録，唯其中文字略異而已，是鈔録《太平廣記》。而徑題曰"《東方朔傳》，漢郭憲撰"，此題署無據，當出於臆斷。今吳志達亦認爲《太平廣記》卷六所録"東方朔"，乃郭憲所撰《東方朔傳》，與《洞冥記》及《東方朔傳》無涉，視之爲漢魏六朝之"傳體小説"②。或是誤信宛委山堂本《説郛》題署。

《漢書・東方朔傳》云："朔之文辭，此二篇最善。其餘有《封泰山》，《責和氏璧》及《皇太子生禖》，《屏風》，《殿上柏柱》，《平樂觀賦獵》，八言、七言上下，《從公孫弘借車》，凡〔劉〕向所録朔書具是矣。世所傳他事皆非也。"班固贊云："劉向言少時數問長老賢人通於事及朔時者，皆曰朔口諧倡辯，不能持論，喜爲庸人誦

①王應麟：《玉海》卷六二《藝文・經》"《漢神異經》"，廣陵書社 2003 年，第1185 頁上。
②吳志達：《中國文言小説史》，齊魯書社 1994 年，第 57 頁。

説，故令後世多傳聞者。而楊雄亦以爲朔言不純師，行不純德，其流風遺書蔑如也。然朔名過實者，以其詼達多端，不名一行，應諧似優，不窮似智，正諫似直，穢德似隱。非夷齊而是柳下惠，戒其子以上容：'首陽爲拙，柱下爲工；飽食安步，以仕易農；依隱玩世，詭時不逢。'其滑稽之雄乎！朔之詼諧，逢占射覆，其事浮淺，行於衆庶，童兒牧豎莫不眩燿。而後世好事者因取奇言怪語附著之朔，故詳錄焉。"蓋因朔詼諧，又多逢占射覆之事，故令後世多傳聞者，加之好事者附著以奇言怪語，而致其傳説流行於民間者甚夥。《東方朔傳》當即民間此類故事之彙集，初乃有八卷之繁。朱東潤云："這裡有些固是史實，大半卻是民間底傳説。有一部分不免和史實違背，但是大部分卻充滿了民間文學樸素的趣味。"①就今存佚文觀之，確多爲"詼諧、逢占、射覆"之事，與班固所言相符。其間亦有明顯所謂"附著"之事，如武帝欲殺"殺山林鹿者"，東方朔於旁所呈固當死之三罪，正話反説，即是模仿《晏子春秋》内篇諫上"景公所愛馬死欲誅圉人晏子諫第二十五"晏子諷景公所愛馬死欲誅圉人之事、外篇第七"景公使燭鄒主鳥而亡之公怒將加誅晏子諫第十三"晏子諷景公欲誅燭鄒之事。故《東方朔傳》中之東方朔已然傳聞化，與《史記·滑稽列傳·東方朔傳》及《漢書·東方朔傳》中歷史人物之東方朔判然有別，而具顯著虚構性。

李陵別傳

輯存。佚名撰。

《李陵別傳》，《隋書·經籍志》等史志書目無録，撰人、卷數不詳。姚振宗以爲《李陵別傳》是前漢人所作，其於《漢書藝文志

---

① 朱東潤：《八代傳叙文學述論》，復旦大學出版社 2006 年，第 42 頁。

拾補》卷二《諸子略》第二小説家類"《李陵别傳》"條云："《李陵别傳》當是前漢人作，陵既不得已降匈奴，漢朝人士頗有憫惜之者，故爲是傳志，悲感焉。"並認爲《隋書·經籍志》之所以没有著録，是因爲它已被收録於或任昉、或陸澄等人的《雜傳》集中了。《太平御覽經史圖書綱目》録《李陵别傳》，可知宋初李昉等編纂《太平御覽》時尚見其書，其後散佚。

李陵，字少卿，李廣孫。《史記》卷一○九、《漢書》卷五四《李廣傳》附其傳。《漢書·李陵傳》云："陵，字少卿，少爲侍中建章監。善騎射，愛人，謙讓下士，甚得名譽。武帝以爲有廣之風。"天漢二年（前 99），李陵率軍擊匈奴，兵敗，降。單于壯陵，以女妻之，立爲右校王。在匈奴二十餘年，元平元年（前 74）病死。

今見諸書徵引題《李陵别傳》者，或有爲《文選》所録李陵《答蘇武書》之節文者，如《北堂書鈔》卷一三二《服飾部一·幕二》"毳幕"、《太平御覽》卷四八九《人事部一百三十·别離》等引即是。劉知幾疑李陵《與蘇武書》爲後人擬作，《史通》卷一八《外篇·雜説下第九》云："《李陵集》有《與蘇武書》，詞采壯麗，音句流靡。觀其文體，不類西漢人，殆後來所爲，假稱陵作也。遷史缺而不載，良有以焉。編於李集中，斯爲繆矣。"浦起龍按云："決陵此書爲假作，具眼在坡老之前，可悟此老非不知文者。海虞王侍御峻爲余言：子瞻疑此書出齊、梁人手，恐亦彊坐。江文通《上建平王書》，已用'少卿摧心'之語，豈以時流語作典故哉？當是漢季晉初人擬爲之。"[1]如此，則《李陵别傳》或載録李陵《與蘇武書》，而後人取出，徑稱李陵之作耶？朱東潤亦云："《太平御覽》卷四八九引《李陵别傳》，所記盡爲答蘇武書之辭，這也是僞

①劉知幾撰，浦起龍釋：《史通通釋》卷一八《雜説下》，上海古籍出版社1978 年，第 525 頁。

造。"①以《與蘇武書》而斷其僞作,略顯武斷。

《李陵別傳》久佚,舊無輯本,《漢魏六朝雜傳集》據諸書徵引,新輯其文,題《李陵別傳》。

今檢諸書徵稱引《李陵別傳》者,條列其所存佚文如下。

一、李陵與單于連戰數敗,以爲軍中有女子氣事。見於《北堂書鈔》卷一二一《武功部九·鼓二十四》"戰鼓不起"引。

二、李陵與單于戰矢盡而降事。見於《北堂書鈔》卷一二〇《武功部八·旗十八》"李陵盡埋"引。

三、李陵《與蘇武書》文五節。見於《北堂書鈔》卷一一四《武功部二·征伐三》"步卒五千出征絶域"、卷一一七《武功部五·兵勢十》"追奔逐北滅跡揚塵"、卷一一八《武功部六·功戰十一》"天地爲震怒戰士爲飲血"、卷一三二《服飾部一·幕二》"氍幕"、《太平御覽》卷四八九《人事部一百三十·別離》引。

李陵生漢武世,與司馬遷交誼頗厚,其時司馬遷正撰《史記》,雜傳尚在萌生之初,其成書當在《史記》之後。史傳載文,司馬遷之《史記》列傳既有,其後班固之《漢書》承之。雜傳承襲,故別傳載文非意外之例。《李陵別傳》佚文,叙及其兵敗降匈奴,引其《與蘇武書》,當意在顯其不得已。自吐心聲,尤可動人。設使《與蘇武書》非李陵作而爲《李陵別傳》作者僞託,則其爲傳更見思致矣。《與蘇武書》爲李陵作,抑或後人僞託,其載於《李陵別傳》,可見李陵心理,甚有助於刻畫李陵形象焉。

漢武故事

存。佚名撰。原二卷,或五卷,今一卷。一題《漢孝武故

---

① 朱東潤:《八代傳叙文學述論》,復旦大學出版社 2006 年,第 49 頁。

事》、《漢武帝故事》。

《漢武故事》，晉葛洪《西京雜記跋》始見提及：“洪家復有《漢武帝禁中起居注》一卷、《漢武故事》二卷，世人稀有之者。”①未言及撰人。《隋書·經籍志》史部舊事類、《日本國見在書目録》史部舊事家、《新唐書·藝文志》史部故事類著録《漢武帝故事》，二卷；《舊唐書·經籍志》史部故事類著録《漢武故事》，二卷；均不題撰人。宋時，《崇文總目》史部雜史類著録《漢武故事》，五卷。注云：“班固撰，本題二篇，今世誤析爲五篇。”鄭樵《通志·藝文略》史類故事類著録《漢武故事》，二卷。晁公武《郡齋讀書志》史部傳記類著録《漢武故事》，一卷。孫猛以爲“宋時此書或二卷，或五卷，無一卷者，疑‘一’乃‘二’之誤”。《中興館閣書目》史部故事類與《宋史·藝文志》史部故事類著録，仍題《漢武故事》，卷數則作五卷。可知，《漢武故事》原爲二卷，宋世已有五卷本流傳。又，《太平廣記引用書目》、《太平御覽經史圖書綱目》亦録《漢武故事》。

《漢孝武故事》之作者，向有三説：

一曰班固撰。佚名《三輔黄圖》卷五引班固《漢武故事》，始言班固撰《漢武故事》。陳直《三輔黄圖校證序言》云：“今本爲中唐以後人所作，注文更略在其後。《黄圖》一書在古籍中所引，始見於如淳《漢書注》，如淳爲曹魏時人，則原書應成於東漢末、曹魏初期。”則《三輔黄圖》乃東漢《黄圖》之增訂本，出漢魏間，至唐，又有補綴。亦即在魏晉間，《漢武故事》已流傳且云爲班固所作矣。《崇文總目》史部雜史類則著録《漢武故事》，五卷。釋云：“班固撰。本題二篇，今世誤析爲五篇。”在書目著録中題班固撰。《宋史·藝文志》史部故事類著録《漢武故事》，五卷，亦題班固撰。宋人劉弇曾校一本，據其跋，此本當題《漢武帝故事》，劉

----

① 葛洪：《西京雜記》，《古小説叢刊》本，中華書局 1985 年，第 45 頁。

弇於跋中稱"撰人班周","周"或"固"之訛誤,當爲班固。然劉弇
不以爲班周即班固之訛誤,其又根據其中文字,推測"則周者其
成哀間人歟",又云"蓋鮮以爲非西漢人文章不能"①。黃廷鑑以
爲班周即班固:"然余疑周字即固字之訛,如此書古本果作班周,
何以《郡齋讀書志》及他書所載又皆作固,可知自宋以來相傳之
本,只作固字,獨劉所見本偶不同耳,恐未可爲據也。"②余嘉錫
亦以爲"至宋以後傳本之題班固,則淺人所爲,非其舊也"。至於
劉弇以爲西漢人所撰,余嘉錫認爲是劉弇失於輕信:"至劉氏信
以爲西漢人書,則失於輕信,無足深論也。"③

　　二曰王儉撰。晁公武《郡齋讀書志》著録《漢武故事》,一卷。
注云:"右世言班固撰。唐張柬之《書洞冥記後》云:'《漢武故
事》,王儉造。'"否定《漢武故事》爲班固撰,後《續談助》卷一《洞
冥記跋》亦引張柬之之語"王儉造《漢武故事》",以爲《漢武故事》爲
王儉所作。明人胡應麟亦云:"《漢武故事》,稱班固撰,諸家咸以
王儉造。考其文頗衰薾,不類孟堅,是六朝人作也。"④至清代,
學者多以爲張柬之之言可信,而認爲是王儉所作。《四庫全書總
目》云:"唐初去齊梁未遠,當有所考也。"⑤周中孚亦云:"竊謂柬

①劉弇:《龍雲集》卷二九《書漢武帝故事後》,文淵閣《四庫全書》第 1119
　册,(臺灣)商務印書館 1986 年,第 310 頁上。
②黃廷鑑:《第六弦溪文鈔》卷三《重輯漢武故事又跋》,《叢書集成初編》
　本,中華書局 1985 年,第 56 頁。
③余嘉錫:《四庫提要辨證》卷一八子部九小説家類三"《漢武故事》"條,
　(香港)中華書局 1974 年,第 1124 頁。
④胡應麟:《少室山房筆叢》卷二九丙部《九流緒論下》,中華書局 1958 年,
　第 377 頁。
⑤永瑢等:《四庫全書總目》卷一四二子部五十二小説家類三"《漢武故
　事》"條,中華書局 1995 年,第 1206 頁。

之尚屬初唐人，其言王儉撰，當有所受之，或不誣也。"①

　　三曰葛洪撰。清人孫詒讓據葛洪《西京雜記跋》，斷定《漢武故事》爲葛洪自造而依託班固。其云："……《漢武故事》似亦即今所傳本。蓋諸書皆出稚川手，故文亦互相出入也。"②余嘉錫則以爲是葛洪作，王儉更作。他認爲張柬之"自必別有據依，斷非憑虛立説"，"疑葛洪別有《漢武故事》，其後日久散佚，王儉更作此以補之。書名雖同，而撰者非一人，不必牽合爲一"③。

　　言班固撰或王儉撰或葛洪撰，實皆有疑。言班固撰者，司馬光《資治通鑑考異》卷一已斷言其非："《漢武故事》語多誕妄，非班固書，蓋後人爲之，托固名耳。"④晁載之《漢武故事跋》亦云："世所傳班固所撰《漢武故事》，其事與《漢書》時相出入而文不逮，疑非固所撰也。"⑤言王儉撰者，蓋因王儉爲南朝宋、齊間人，張柬之雖並未言及其所依憑，但因其爲唐朝人，去南朝尚未遠，故其説頗爲人所信。然如葛洪所言，葛洪家既已藏有《漢武故事》，故斷不應爲王儉所造。王文濡於《説庫提要》云："或謂後人王儉撰，相其古雅，殆非齊梁小兒筆墨。"⑥張柬之云是王儉造者，或別有所指。清人姚振宗《隋書經籍志考證》"《漢武帝故

①周中孚:《鄭堂讀書記》卷六六子部十二之四小説家類四"《漢武故事》"條，商務印書館 1959 年，第 1303—1304 頁。

②孫詒讓:《札迻》卷一一《西京雜記》，中華書局 2006 年，第 391 頁。

③余嘉錫:《四庫提要辨證》卷一八子部九小説家類三"《漢武故事》"條，（香港）中華書局 1974 年，第 1122—1124 頁。

④司馬光:《資治通鑑考異》卷一漢紀上"四年十二月晦殺竇嬰"引"班固《漢武故事》"文後按語，文淵閣《四庫全書》第 311 冊，（臺灣）商務印書館 1986 年，第 7 頁下。

⑤晁載之:《續談助》卷三《漢武故事跋》，《叢書集成初編》本，中華書局 1985 年，第 69 頁。

⑥王文濡:《説庫提要》，廣陵書社 2008 年據上海文明書局 1915 年石印本影印，第 2 頁上。

事》"條爲之解曰:"六朝人每喜鈔合古書,而王儉有《古今集記》,疑王儉鈔入《集記》中,故張柬之以爲王儉造。"然姚振宗氏之解似亦不確,因姚氏所言王儉《古今集記》,《南史》、《南齊書》本傳作《古今喪服集記》,《隋書・經籍志》經部禮類著録亦作王儉《喪服古今集記》三卷,《舊唐書・經籍志》、《新唐書・藝文志》著録同。觀其書名,當取關於喪服之記載,似不應取《漢武故事》。言葛洪撰者,亦不可信。西晉潘岳《西征賦》有云:"厭紫極之閑敞,甘微行以遊盤。長傲賓於柏谷,妻睹貌而獻餐。疇匹婦其已泰,胡厥夫之繆官。"其已用《漢武故事》漢武帝微行柏谷事。李善注即引《漢武帝故事》。"衛鬢發以光鑒"之語,用《漢武故事》武帝見衛子夫美髮而悦事,李善注亦引《漢武故事》①。遠在葛洪之前,故游國恩認爲此書即不出班固手,至晚當亦建安、正始間人所作無疑也②。

今存《漢武故事》文中有云:"長陵徐氏號儀君,善傳朔術,至今上元延中已百三十七歲矣,視之如童女。"元延乃西漢成帝年號(前12—前9),作者既稱"今上",可知其當爲成帝時人,故《漢孝武故事》當作於西漢成帝元延年間。宋人劉弇、清人黃廷鑑、俞樾亦已注意,並有論焉。劉弇云:"撰人班周,世出官次不他

①《文選》卷一○《西征賦》:"厭紫極之閑敞,甘微行以遊盤。長傲賓於柏谷,妻睹貌而獻餐。疇匹婦其已泰,胡厥夫之繆官。"李善注引《漢武帝故事》:"帝即位,爲微行。嘗至柏谷,夜投亭長宿,亭長不納,乃宿逆旅。逆旅翁要少年十餘人,皆持弓矢刀劍,令主人嫗出遇客。婦謂其翁曰:'吾觀此丈夫,非常人也。且有備,不可圖也。'天寒,嫗酌酒多與其夫。夫醉,嫗自縛其夫,諸少年皆走。嫗出謝客,殺雞作食。平旦,上去還宮,乃召逆旅夫婦見之,賜嫗金千斤,擢其夫爲羽林郎。"又,"衛鬢發以光鑒",李善注引《漢武故事》:"衛子夫得幸,頭解,上見美髮,悦之。"
②游國恩:《游國恩學術論文集》下編《居學偶記》,中華書局1999年,第565頁。

見,《故事》中言儀君傳方朔術,至今上元延中已百三十七歲。元延,成年號也。則周者其成哀間人歟?及其後言迎神説鬼神事,與浮屠相類,則予又疑後人託爲之。然其間敷叙精緻,雖多誕謾不經,要不與外戚、郊祀志相表裏者,蓋鮮以爲非西漢人文章不能。予從里人王夔玉得是書,因爲之讐正非是十二三,既傳之別本,則輒以此本歸王而附所識周者。元祐乙丑孟夏,廬陵劉弇跋。"①清人黄廷鑑云:"惟所云元延爲成帝年號,而作者既稱今上,則當爲西漢末人。此説近是,讀范書孟堅《傳》,永平初,固始弱冠,卒於漢和之永元四年(前92,年六十一),上距漢成之代,已百有餘年,其不出固手,有斷然者。而書中有與浮屠相類,貴施與、不殺生云云,又似出東漢後人語。竊疑此書本成、哀間人所紀,而孟堅修《漢書》時所嘗採録者,或因其傳自班氏,遂屬之孟堅,而後人復有附益耳。"②俞樾云:"《漢武故事》舊稱班固撰,然其載長陵女子徐儀君事云:‘至今上元延中已百三十七歲矣。’按元延乃漢成帝年號,則此書乃成帝時人所爲,非班固也。晁公武《讀書記》引張柬之《洞冥記跋》,謂出於王儉,益無據矣。余從前與汪調生擬補《漢書》今人表,調生以公孫宏爲阿世之學,頗貶抑之。今偶閲《漢武故事》,得此一事,惜調生久作古人,不及更與之論定矣。"③今李劍國先生亦持此見④。

---

① 劉弇:《龍雲集》卷二九《書漢武帝故事後》,文淵閣《四庫全書》第1119冊,(臺灣)商務印書館1986年,第310頁上。
② 黄廷鑑:《第六弦溪文鈔》卷三《重輯漢武故事又跋》,《叢書集成初編》本,中華書局1985年,第56—57頁。
③ 俞樾撰,張道貴、丁鳳麟標點:《春在堂隨筆》卷四,江蘇人民出版社1984年,第58—59頁。
④ 李劍國:《唐前志怪小説史》,人民文學出版社2011年,第217—222頁。亦見李劍國、陳洪主編《中國小説通史》先唐卷,高等教育出版社2007年,第105頁。

又有論者或以爲"今上"乃作僞者故弄狡獪,是憑虚猜測之辭。胡玉縉按云:"書本僞托,則所稱今上元延亦奚足據。"①余嘉錫以爲實葛洪造,假托劉歆,固弄狡獪而稱成帝爲"今上":"其稱成帝爲今上,似因葛洪言家有劉歆《漢書》一百卷,遂欲將此書亦歸之於歆,因以影射洪書,又不題撰人,故弄狡獪,使人懸想爲自劉歆《漢書》内鈔出耳。至宋以後傳本之題班固,則淺人所爲,非其舊也。"②今之學者又或有據《漢武故事》語及平帝、哀帝,以及如"六七之厄"等漢末前人不可能道之語,而否定其作於元延年間。或以爲出魏晉後,如徐震堮;或以爲出建安末年親曹派文人之手,如劉文忠③。

據《中興館閣書目》,《漢武故事》"雜記武帝舊事及神怪之説,末略載宣帝事",知其記事下限在宣帝時,然《太平御覽》卷八〇八引《漢武故事》乃述漢成帝爲趙飛燕造服湯殿,緑琉璃爲户事。《杜工部草堂詩箋》卷一一注引《漢武故事》語及平帝、哀帝,此或是誤題出處,更可能是《漢武故事》於流傳中爲後人所增益,已非原貌。《紺珠集》本之"黄眉翁"、"吉雲"二條當據《洞冥記》增益。《太平御覽》卷八八引《漢武故事》,武帝有一段讖語,云:"漢有六七之厄,法應再受命,宗室子孫,誰當應此者? 六七四十二,代漢者當塗高也。"乃是隱喻曹魏代漢。謂"六七之厄",乃指自劉邦建漢至赤眉起而王莽篡漢、自劉秀光復漢室至黄巾

①胡玉縉撰,王欣夫補正:《四庫全書總目提要補正》卷四二子部小説家類"《漢武故事》"條,上海書店1998年,第1128頁。

②余嘉錫:《四庫提要辨證》卷一八子部九小説家類三"《漢武故事》"條,(香港)中華書局1974年,第1124頁。

③分別見:徐震堮《漢魏六朝小説選》,古典文學出版社1955年;劉文忠《〈漢武故事〉寫作年代新考》,《中華文史論叢》1984年第二輯。

起事,各經歷二"赤厄三七",即兩個二百一十年①;所謂"當塗
高"指魏,宮門雙闕稱魏闕,當塗高立②。"六七之厄"顯非前漢
人語,東漢末前人亦不可道。然所記武帝語未必爲原書所有,極
可能也是後人增益,而增益者之爲曹魏人乃殊無可疑。又,《漢
武故事》尚有神君言浮屠"欲人爲善,貴施與,不殺生",黄廷鑑
《重輯漢武故事又跋》云"似出東漢後人語",以爲"後人復有附
益",也以後人附益釋其間矛盾處。據《三國志·烏丸鮮卑東夷
傳》注引《魏略·西戎傳》載,漢哀帝元壽元年(前2)大月氏王使
伊存已向博士弟子景盧口授《浮屠經》,其時去元延中僅八九年
而已,故即便其非出附益,計武帝時便已通西域,遠在武帝後之
人們對佛教略知一二亦未爲怪事。綜言之,古人增益古書之事
極常見,故不能依據增益内容而判定原作的創作時代,亦不能否
定"今上元延"之真實可靠。

　　《漢武故事》始當爲二卷,流傳至宋,傳本非一,乃有析五卷
本者,王堯臣編《崇文總目》時當得見之。此書宋人尚易得,劉弇
即曾"從里人王夔玉得是書,因爲之讐正非是十二三",並"傳之
别本"。可知其在流傳中已多訛誤。宋人亦尚摘録《漢孝武故
事》,晁載之《續談助》卷三摘鈔《漢武故事》十五條,題班固撰;
《紺珠集》卷九摘録《漢武故事》十九條,題班固撰;曾慥《類説》卷
二一摘録《漢武帝故事》十五條,不題撰人。《漢武故事》今尚能
見之最早者爲涵芬樓百卷本《説郛》卷五二所載,題《漢孝武故

①分别見:班固撰,顏師古注《漢書》卷五一《路温舒傳》,中華書局 2011 年,
　第 2372 頁;李劍國輯校《新輯搜神記　搜神後記》卷一二"139 赤厄三七"
　條,中華書局 2012 年,第 194 頁;沈約《宋書》卷二七《符瑞志》上,中華書
　局 2011 年,第 774 頁。
②《三國志·魏書·文帝紀》注引《獻帝傳》:"故白馬令李雲上事曰:'許昌
　氣見於當塗高,當塗高者當昌於許。'當塗高者,魏也。象魏者,兩觀闕
　是也。當道而高大者魏,魏當代漢。"

事》，班固撰，並注云"五卷"，凡兩千八百餘字。涵本《説郛》所録，篇名有"孝"字，此題與漢帝謚號相合，李劍國先生以爲此題或當爲其原題①；卷數爲"五卷"，知其當據宋傳之五卷本摘録。涵本《説郛》之摘録本《漢孝武故事》後又爲《古今説海》、《歷代小史》、《古今逸史》、《四庫全書》、《説庫》收録，多題《漢武故事》，此即今通行之一卷本。《稗乘》本改題《漢武事略》，有所删削。諸本皆不完具。清黄廷鑑以《古今逸史》與《續談助》本爲主補輯佚文，凡得三十一條，題《重輯漢武故事》②。洪頤煊、魯迅又據唐宋類書採摭，洪頤煊輯爲二卷，題《漢武故事》，録於《問經堂叢書》之《經典集林》；魯迅輯爲一卷，題《漢武故事》，録於《古小説鈎沉》。二家所輯各有詳略，魯迅所輯多連綴成文，而洪氏所輯則條列之。王仁俊又據《寰宇記》卷一一三採得一條，載於《玉函山房輯佚書補編》中，題《漢武故事》，此節亦見《太平御覽》卷四九，洪氏、魯迅均採。魯迅所輯凡五十三條，最爲完備，惜未能採録涵本《説郛》卷五二之節本，且有漏輯誤輯者。

今涵本《説郛》卷五二所載《漢孝武故事》，可簡括爲十八事：

一、王夫人夢日入懷生武帝。武帝母王夫人得幸有孕與景帝同夢而生彘。

二、武帝年少應對如成人。武帝少而聰明有智術，於景帝前應對若成人。

三、武帝與阿嬌。王夫人結交長公主，彘與長公主女阿嬌成婚。

四、武帝立爲太子。長公主助王夫人爲皇后、彘爲太子，改名徹。

①李劍國：《唐前志怪小説史》，人民文學出版社2011年，第222—223頁。
②黄廷鑑《第六弦溪文鈔》卷三《重輯漢武故事跋》，《叢書集成初編》本，中華書局1985年，第56—57頁。

五、武帝論刑。徹論防年殺繼母，宜以殺人者論，而非大逆。

六、武帝與長公主及皇后有隙。徹年十四即位，患長公主求欲無厭，納母言而復與長公主和，皇后寵幸如初。

七、武帝廢皇后。建元六年太皇太后崩，武帝始親政事，好鬼神，謀議征伐。長公主自伐滋甚，皇后寵衰，爲巫蠱，武帝廢皇后，處長門宮。

八、武帝與董偃。於公主家見所幸董偃，貴寵，宴飲宣室，東方朔、司馬相如等諫，偃驕，主怒，武帝聞而賜偃死。

九、武帝與衛子夫。元朔元年，武帝立衛子夫爲皇后，初衛子夫以歌挑武帝，侍尚衣軒，得幸，解頭，武帝見其美髮，悅之，内於宮中。武帝因夢子夫中庭生梓樹數株，子夫爲武帝生二女，一男，即戾太子也。

一〇、武帝與李少翁。淮南王招方術之士，習爲神仙，武帝聞而喜，於是方術之士來者數千人。李夫人死，武帝思悼之，齊人李少翁致其神。武帝遙見，悲感作賦。李少翁祭太乙，積年不驗，武帝誅之。後使者於渭亭見之，謂使者後四十年，求之於蓬山。武帝大悔。

一一、武帝與公孫弘。武帝微行，公孫弘自殺尸諫。

一二、武帝、霍去病、東方朔與神君及宛若。武帝遣霍去病伐匈奴，獲祭天金人，鑿昆明池，又起柏梁臺以處神君。因叙神君本末。神君欲與霍去病交接，去病不肯，神君去，後霍去病疾篤，武帝爲禱神君，神君不顧。武帝造神君，請術。神君以道授宛若，宛若年百餘歲，貌有少容。衛太子未敗一年，神君亡去。東方朔娶宛若爲小妻，生三子，與朔同日死，人疑化去。

一三、武帝、東方朔與巨靈。東郡送一短人，長五寸，東方朔呼爲巨靈。巨靈言東方朔偷王母桃，故被謫來此。並傳王母語求道之法於武帝。

一四、武帝、東方朔與儀君。武帝召東方朔問其道，出宮女二十人賜朔。朔與行道，並年百歲而死。唯長陵徐氏號儀君者善傳朔術，至元延中百三十七歲。善行交接之道，受道者皆與之通。翟丞相奏其壞風俗，今上勿聽，徙女子於燉煌，後入胡，不知所終。

一五、武帝與欒大。樂成侯上書言欒大，武帝召見，大悦，賞賜甚厚。連年妖妄滋甚而不效，武帝殺之。

一六、武帝與後宮嬪妃。武帝起明光宮，發燕趙美女充之。

一七、武帝與鉤弋夫人。武帝巡守河間，得鉤弋夫人，生子，是爲昭帝。死前告武帝宮中多巫蠱氣。葬雲陵。武帝疑其非常人，既而發冢，空棺無尸，武帝爲起通靈臺。

一八、武帝死有靈異。武帝晚歲悟豈有神仙，盡妖妄耳。無疾而終，葬茂陵，仿佛有靈。

《續談助》卷三節録《漢武故事》十五條，事或有涵本《説郛》所無者，亦條列如下：

一、王皇后夢日入懷，生彘，是爲武帝。數歲，長公主戲問，彘妙答，遂定婚姻。得長公主助，王夫人得爲皇后，彘得爲太子。改名徹。

二、周亞夫宴見，武帝在側事。元光元年，天星大動，武帝以問董仲舒。

三、因殺竇嬰後，田蚡病，使視鬼者察之，知爲竇嬰鬼祟，於是頗信鬼神事。

四、得衛子夫及夢子夫中庭生梓樹數株，幸子夫，生三女，後生男，即戾太子也。

五、淮南王安招方術之士，皆爲神仙，能爲雲雨。百姓傳淮南王爲天子，壽無極。武帝惡而徵之，欲受其道，淮南王云無，乃怒將誅之。淮南王知之，出，不知所之。武帝既而徵方術之士，有李少翁者，後爲武帝致李夫人神。

六、武帝微行，公孫弘死諫。武帝悲之，自爲誄。發卒遣霍去病討胡，殺休屠王，獲天祭金人，列於甘泉宮。方士以爲夷狄鬼神，不宜在中，乃止。

七、鑿昆明池，又起柏梁臺，處神君。霍去病微時，神君欲與霍去病交接而去病拒之，後去病疾篤，神君言其已不可救。東方朔娶宛若爲小妻，生三子，與朔同日死。時人疑化去。

八、武帝問祠太一事，東方朔言太一爲司命之神，總鬼錄者也。

九、武帝好辭賦，嘆相如辭賦之妙。

一〇、武帝善接士大夫，然性急不貸小過。汲黯諫之，後汲黯忤武帝，武帝出之爲郡吏，汲黯疽發背死。

一一、武帝至鼎湖，病甚，發根薦郡神君。神君非可得見，聞者音與人等。來則肅然風生。神君説鬼神事，與浮屠相類。

一二、欒大云神尚清淨，武帝於宮外起九間神室，極莊嚴，雖崑崙玄圃不過也。武帝恒齋其中而神不至。東方朔諫，武帝收欒大腰斬之。

一三、七月七日，見青鳥從西來，東方朔言西王母當來降，果然，武帝會西王母，東方朔於朱鳥牖中窺王母，王母言其疏妄無賴，久被斥退，囑帝善遇之。

一四、武帝起諸宮臺池榭，又起明光宮，發燕趙美女二千人充之。葬拳夫人於雲陵，爲起通靈臺，望氣者言宮中有蠱氣，又見一男子帶劍入中龍華門，逐之不獲。

一五、武帝悔好神仙，田千秋奏請罷諸方士，武帝從之。武帝晚歲有少容，後無疾而終。

《類説》卷二一節錄《漢武帝故事》十五條，每條前有標目，標目下抄錄原文。標目當爲曾慥所加：

一、此人必能作賊。周亞夫宴見事。

二、星搖。董仲舒解星動。

三、河間王笑上無端。武帝鴆殺河間王，秘其事，厚葬之。

　　四、淮南王安。淮南王安能致仙人，與共遊變化，武帝欲受其道，不肯，欲誅之，亡去。

　　五、柏谷求漿。武帝微行柏谷，遇主人翁與主人嫗。翁欲殺，嫗醉翁而食武帝。

　　六、方朔偷桃。會稽郡送一短人，東方朔言其爲巨靈，巨靈揭東方朔偷王母桃事。

　　七、相如作賦。武帝與司馬相如較賦優劣。

　　八、神宮。武帝惑樂大事。

　　九、西王母降。七月七日，西王母降武帝。

　　一〇、方朔歲星。王母遣使者責武帝殺道士，時東方朔死，使者言其爲歲星。

　　一一、鉤弋夫人。鉤弋夫人死，武帝爲起通靈臺。

　　一二、罷遣方士。武帝追悔，罷方士，囑霍光輔鉤弋夫人子。

　　一三、茂陵宮人。武帝死時靈異事，上祭若有食之者，御幸嬪妃如平生。

　　一四、茂陵明器。武帝靈異事，始元二年，有民盜茂陵出茂陵明器，武帝見形，責吏以陵前方石磨刀。甘泉自然有鐘鼓聲，見從官鹵簿如天子。

　　一五、尺札賜金。宣帝爲武帝廟樂，奏之日空中有善唱者。河東立廟，告祠日，虎銜肉來，一人騎馬來賜尺札，尺札變金。

　　《紺珠集》卷九摘録《漢武故事》十九條，各條有標目，標目下抄録原文。標目當爲朱勝非所加：

　　一、李如瓶。李少君冥海棗、鍾山李云云。

　　二、以速易遲。武帝與相如較作賦。

　　三、玉杯。人持玉杯於市，狀類武帝。

　　四、黄眉翁。東方朔出生及父母異事。

　　五、吉雲。東方朔言東極有五雲之澤。

　　六、玄霜。仙家上藥，帝得之。

七、蘭殿。后所居之殿。

八、風實雲子。亦仙家藥名。

九、鳳烏。七夕王母降履玄瓊鳳文之烏。

一○、甲乙帳。武帝爲甲乙帳，甲帳居神，乙帳自居。

一一、八字眉。宮中皆畫。

一二、金屋貯阿嬌。長公主問阿嬌好否，武帝云若得阿嬌，當作金屋貯之。

一三、三世不遇。武帝至郎署見一郎，鬢眉皓白，問何其老，對云三世不遇。

一四、靈旗。畫日月斗大吏奉以指所伐國而祈焉。

一五、青鳥。七月七日，見一青鳥從西方來，於是王母來降。

一六、木帝精。王母遣使者至，東方朔死，使者云東方朔是木帝精爲歲星。

一七、朱鳥牖。東方朔於朱鳥牖中窺王母。

一八、甘泉鐘鼓。武帝死後甘泉宮嘗有鐘聲。

一九、承露盤。武帝於未央宮作承露盤。

漢武帝乃一代雄主，功業甚著，享年既久，且擁盛世，本多故事，又兼好神仙方術，故其身後，遺聞傳說，流傳不歇。《漢武故事》即於《史記》、《漢書》之外，多採此類遺聞傳說。《四庫全書總目》云："所言亦多與《史記》、《漢書》相出入，而雜以妖妄之語。"①王文濡云："語多怪誕，然亦有與《史記》、《漢書》相出入者。"②即指此也。類而言之，其所記事，大體可歸爲四端，一爲宮廷生活故事，一爲求仙故事，一爲其他遺聞故事，一爲死後傳

---

① 永瑢等：《四庫全書總目》卷一四二子部小說家類"《漢武故事》"條，中華書局 1995 年，第 1206 頁中。

② 王文濡：《說庫提要》，廣陵書社 2008 年據上海文明書局 1915 年石印本影印，第 2 頁上。

説故事。四類中又尤以求仙故事爲最盛。其以漢武帝爲中心，復羅致劉安、東方朔、李少君、欒大、鉤弋夫人、霍去病等人物，叙寫他們與武帝之求仙訪道故事。其間虛誕雜出，妖妄屢現，虛實之間，固已遠歷史真實而趨神異，卓然生動，宛然而如小説之人物矣。

洞冥記

　　存。郭憲撰。四卷，或一卷。一題《漢武洞冥記》，《漢別國洞冥記》，《漢武帝別國洞冥記》，《漢武帝洞冥記》，《漢武別國洞冥記》。

　　《洞冥記》，《隋書・經籍志》雜傳類始録《漢武洞冥記》，一卷，郭氏撰。其後，史志書目著録時，題名及卷數略有差異。除《隋書・經籍志》外，《日本國見在書目録》雜傳家、《册府元龜・國史部・採撰一》、《通志・藝文略》傳記類、《郡齋讀書志》傳記類著録題《漢武洞冥記》，《舊唐書・經籍志》雜傳類著録題《漢別國洞冥記》，《新唐書・藝文志》道家類著録題《漢武帝別國洞冥記》，《中興館閣書目》、《宋史・藝文志》傳記類題《洞冥記》，《宋史・藝文志》小説類著録題《漢武帝洞冥記》，《直齋書録解題》小説家類著録題《漢武別國洞冥記》，《崇文總目》傳記類著録題《漢武帝列國洞冥記》。《太平御覽經史圖書綱目》列《漢武帝洞冥記》，又列郭子橫《洞冥記》，又列《洞冥記》，或李昉等修《太平御覽》時尚見二本。而其前自序作《洞冥記》，其他題名，周中孚認爲“其有漢武二字及別國二字者，皆後人所加爾”，甚是①。故今從自序，以《洞冥記》爲其題名。

①周中孚：《鄭堂讀書記》卷六六子部十二之四小説家類四“《別國洞冥記》”條，商務印書館1959年，第1303頁。

　　《崇文總目》、《册府元龜》、《通志·藝文略》亦作一卷，《日本國見在書目錄》、《新唐書·藝文志》及其他宋人書目大抵爲四卷，自序亦云四卷，故一卷者恐爲四卷之合併而成。而《郡齋讀書志》作五卷，《直齋書錄解題》作《洞冥記》四卷《拾遺》一卷，釋云："東漢光禄大夫郭憲子横撰，題《漢武別國洞冥記》，其《別錄》又於《御覽》中鈔出，然則四卷亦非全書也。"則五卷本是合《拾遺》（或稱《別錄》）一卷而成。

　　《洞冥記》作者，《隋書·經籍志》著錄作郭氏撰，僅言姓氏而不著其名，《舊唐書·經籍志》始言郭憲撰。《舊唐書·經籍志》係根據開元九年（721）毋煚等所修《群書四部錄》删略而成（見總序），故知至遲在開元前本書已題爲郭憲撰。又，《史通·雜述篇》、《初學記》、顧況《戴氏廣異記序》、《北户錄》等及《日本國見在書目錄》皆稱作者爲郭子横，且《册府元龜》卷五五五《國史部·採撰一》據舊史料亦著錄云："郭憲爲光禄勳，撰《漢武洞冥記》一卷。"此後書目著錄皆題郭憲，概無異辭。

　　至唐人張柬之始以爲作者非郭憲，乃是梁湘東王（即梁元帝）蕭繹，宋晁載之云："張柬之言隨其父在江南，拜父友孫義强、李知續二公，言似非子横所錄。其父乃言後梁尚書蔡天（按：據《周書》、《北史》，應作大）寶《與岳陽王啟》稱湘東昔造《洞冥記》一卷。則《洞冥記》梁元帝時所作。"然晁載之又云："而尋劉歆、阮籍《七錄》，了無題目。貞觀中撰《文思博要》、《藝文類聚》，紫臺丹笥之秘，罔不咸集，亦無採掇，則此書儻起江左，行於永禎明矣。"①余嘉錫《四庫提要辨證》卷一八以爲"大寶叙其耳目所聞見，其言最可徵信，然則此書實梁元帝作也"；所引蘇時學《爻山筆話》卷七亦持是説。王國良亦以爲作

────────────────

① 晁載之：《續談助》卷一《洞冥記·跋》，《叢書集成初編》本，中華書局1985年，第16頁。

者爲梁元帝較爲近實①。張柬之乃初唐人，曾爲武則天宰相。
《郡齋讀書志》卷九《漢武故事》釋文引張柬之《書洞冥記後》，《續
談助》所引當出此文。張柬之據蔡大寶《啟》斷定《洞冥記》爲湘
東王蕭繹作，然考蕭繹《金樓子・著書篇》，自列生平主持編寫、
整理、撰作之書三十八種六百七十七卷，獨無《洞冥記》，則此書
當非出其手。《陳書・顧野王傳》、《南史・顧野王傳》皆言顧野
王曾作《續洞冥記》一卷②，野王曾仕梁，與梁元帝同時，頗疑所
謂湘東王之《洞冥記》一卷實即是《續洞冥記》一卷，而誤傳爲湘
東王造。晁載之實對張柬之所言亦頗有懷疑，其跋後按云："柬
之所稱湘東所造《洞冥記》一卷，而此分爲四，然則此書亦未知定
何人所撰也。"③亦不以柬之所言爲是，但對舊題郭憲撰實亦持
疑問。

　　胡應麟等又以爲是六朝人所作，而究竟出誰氏之手則已不
可考。胡應麟云："《洞冥記》四卷，題郭憲子橫，亦恐贋也。憲事
世祖，以直諫聞，忍描飾漢武、東方事，以導後世人君之欲？且子
橫生西京末，其文字未應遽爾。蓋六朝假託，若《漢武故事》之類
耳。"又注云："《後漢書》憲列方伎類，後人蓋緣是託之。"④《四庫
全書總目》卷一四二小説家類亦稱："至於此書所載，皆怪誕不根
之談，未必真出憲手。又詞句縟豔，亦迥異東京，或六朝人依託

①王國良認爲張柬之之説有一定依據，《洞冥記》"比較可信的撰者應是梁
　元帝"。王國良：《漢武洞冥記研究》上編《綜論》，（臺灣）文史哲出版社
　1989 年，第 7 頁。
②見《陳書》、《南史》本傳，此書無著録，亦未見引用。
③晁載之：《續談助》卷一《洞冥記・跋》，《叢書集成初編》本，中華書局
　1985 年，第 17 頁。
④胡應麟：《少室山房筆叢》卷三二丁部《四部正譌下》，中華書局 1958 年，
　第 417 頁。

爲之。"①周中孚在《鄭堂讀書記》中亦認爲:"又詞華豔麗,亦不
類東漢之文,當屬六朝人所依託,故唐人始採用之也。"②魯迅
《中國小説史略》亦以爲僞託,其云:"然《洞冥記》稱憲作,實始於
劉昫《唐書》,《隋志》但云郭氏,無名,六朝人虚造神仙家言,每好
稱郭氏,殆以影射郭璞,故有《郭氏玄中記》,有《郭氏洞冥
記》。"③然諸家言説,皆未舉出具體證據,推測而已,不足以否定
《舊唐書·經籍志》之説。

　　郭憲,《後漢書》卷八二《方術列傳》有傳。憲字子橫。汝南
宋人。少師事東海王仲子,新莽朝不仕,隱於海濱。光武帝徵拜
爲博士,建武七年(31)遷光禄勳。故據《後漢書》郭憲本傳,《直
齋書録解題》陳振孫釋及《玉海》引《中興館閣書目》注云"東漢光
禄大夫",《洞冥記》傳本中若《顧氏文房小説》、《古今逸史》、《寶
顔堂祕笈》於郭憲上署"東漢光禄大夫",涵芬樓百卷本《説郛》卷
一五節録《洞冥記》,於郭憲下注"東漢光禄大夫",當是後人誤
題。郭憲爲人剛直,多諫帝失,時有"關東觥觥郭子橫"之語。以
病辭退,卒於家。郭憲好方術,關注惑溺於神仙之漢武帝及其他
神仙事自在情理中,亦是他的基本創作動機。書名《洞冥》,即洞
達"冥跡之奥",書中卷三有"照見鬼物之形"的"洞冥草",亦是
此意。

　　《洞冥記》今存版本多爲四卷,《顧氏文房小説》、《古今逸
史》、《漢魏叢書》、《廣漢魏叢書》、《增訂漢魏叢書》、《四庫全書》、

---

① 永瑢等:《四庫全書總目》卷一四二小説家類"《漢武洞冥記》四卷"條,中
　華書局 1995 年,第 1207 頁上。
② 周中孚:《鄭堂讀書記》卷六六子部十二之四小説家類四"《別國洞冥
　記》"條,商務印書館 1959 年,第 1303—1304 頁。
③ 魯迅:《中國小説史略》第四篇《今所見漢人小説》,《魯迅全集》第九卷,
　人民文學出版社 2005 年,第 38—39 頁。

《龍威祕書》、《百子全書》、《説庫》、《道藏精華録》等均收録，凡六十條。《顧氏文房小説》本題《漢武帝別國洞冥記》，《四庫全書》本、《説庫》本題《洞冥記》，其餘題《別國洞冥記》。《寶顏堂祕笈》合爲一卷，題《漢武帝別國洞冥記》，亦六十條。

《顧氏文房小説》本前有序，憲自述其撰《洞冥記》之事。其云：

憲家世述道書，推求先聖往賢之所撰集，不可窮盡，千室不能藏，萬乘不能載，猶有漏逸。或言浮誕，非政教所同，經文史官記事，故略而不取，蓋偏國殊方，並不在録。愚謂古曩餘事，不可得而棄。況漢武帝明俊特異之主，東方朔因滑稽浮誕以匡諫，洞心於道教，使冥迹之奧，昭然顯著。今籍舊史之所不載者，聊以聞見，撰《洞冥記》四卷，成一家之書，庶明博君子該而異焉。武帝以欲窮神仙之事，故絕域遐方，貢其珍異奇物，及道術之人，故於漢世盛於群主也。故編次之云爾。

《龍威祕書》、《道藏精華録》本同《顧氏文房小説》本前有序。《古今逸史》、《漢魏叢書》、《廣漢魏叢書》、《增訂漢魏叢書》、《四庫全書》、《説庫》等諸本前無序。

除此而外，《洞冥記》尚有若干節本：《續談助》卷一鈔録二十八條，題"《洞冥記》，郭子横"撰，跋則稱"郭子横所撰《漢武帝別國洞冥記》"，條目分合與文字多異於通行本。《紺珠集》卷一摘録三十條，題"《洞冥記》，郭憲"撰；《類説》卷五摘録二十六條，亦題"《洞冥記》"，無撰人。涵芬樓百卷本《説郛》卷四自《類説》選録五條，題"《洞冥記》"，並於末條下注云"此數條與原書大異"。又涵本《説郛》卷一五自原書節録三十條，題曰"《漢武帝別國洞冥記》"，"漢郭憲"撰，分別於書題及郭憲名下注云"四卷"，"東漢光禄大夫"，題署與《直齋書録解題》同。《五朝小説·魏晉小説》、宛委山堂百二十卷本《説郛》卷六六、《漢魏小説採珍》節録二十一條，題"《别國洞冥記》，漢郭憲"撰。《五朝小説》、宛本《説郛》卷一一一、《舊小説》又有題郭憲撰《東方朔傳》者，乃鈔《太平廣記》卷六"東方朔"條文字。今有臺灣王國良對其進行輯佚校勘，並作深入研究①。

《顧氏文房小説》本《漢武帝别國洞冥記》四卷，卷一載十一事：

一、景帝夢赤彘，覺見赤氣，因改崇蘭閣爲猗蘭殿，武帝誕日，有青雀覆城，乃改霸城門爲青雀門，雀去，改青綺門。

二、東方朔出生三日而母死，鄰母養之，鄰母兩次失朔。朔還，言其至紫泥海，憩都崇堂。王公餂之丹霞漿，又飲玄天黃露。還路遇蒼虎，騎還。復去家萬里，見枯樹，脱布挂樹，化爲龍，因名布龍澤。元封中遊濛鴻之澤，見王母採桑，黃公言朔爲星精，黃公稱已三洗髓五伐毛。

三、建元二年，武帝見騰光臺，東方朔言其東遊萬林之野，獲九色鳳雛等異物，見洞壑之外諸異物。

四、釣影山、紫河、金鏡等諸異事。

五、都夷香異事。

六、甘泉宮昆明池靈波殿以桂爲柱，武帝常得母豹之髓等珍異爲餌，以蘇油和之，照於神壇，見有霜蛾如蜂者來赴。

七、元光中，武帝起壽靈壇，壇上列植垂龍木。使董謁乘雲霞之輦升壇，西王母來降，但聞歌聲而不見其形。壇四面列種軟條青桂。

八、董謁本末。

九、波祗國獻神精香草。

一〇、翕韓國獻飛骸獸。

一一、旦露池西靈池有連錢荇。

①王國良：《漢武洞冥記研究》，（臺灣）文史哲出版社 1989 年。

卷二載二十一事：

一、元鼎元年起招仙閣，西王母獻握核棗，神女留一玉釵與武帝，武帝賜趙婕好。

二、元鼎五年，郅支國貢馬肝石。舂碎以和九轉之丹，以之拂髮，白者皆黑。武帝寢靈莊殿，招東方朔問漢承火德，以何爲祥應，東方朔對，武帝稱善。

三、元封中起方山像招諸靈異。召東方朔言其秘奧，燒天下異香。

四、起神明臺，武帝坐良久，呈諸異物，衆仙與食之。

五、吠勒國貢文犀。其國人乘犀入海，得蛟人之泣珠。有甜溪，東方朔嘗至此。

六、瑤琨有碧草如麥，釀酒味醇，醉則甜水可解酲。

七、塗山有紫輕梨。

八、琳國有玉葉李，韓終嘗餌此，故名韓終李。

九、元封三年，大秦國貢花蹄牛，武帝使辇銅石，起望仙宮。陽關之外有花牛津，得異石，立望仙宮，名龍鍾石，自陷入土，唯尾出土，今謂龍尾墩。

一〇、武帝微行長安城西，見一玉螭遊於路，董謁云桀媚末喜事。

一一、元封四年，修彌國獻駮騾。

一二、元封五年，勒畢國貢細鳥。

一三、勒畢國人有翼，善言語，因名善語國。

一四、太初二年，東方朔從西那汗國歸，得聲風木。東方朔言其已見其三過枯死。此木五千年一濕，萬歲不枯。

一五、太初三年，起甘泉望風臺，臺上得白珠如花。

一六、太初四年，東方朔從支提國來。

一七、東方朔遊吉雲之地，得神馬一匹。朔又言其有吉雲草十頃，並爲武帝言吉雲之地。得玄露青露以獻武帝。

一八、李充本末。

一九、孟岐本末。

二〇、郭瓊本末。

二一、黄安本末。

卷三載二十三事：

一、天漢二年，武帝升蒼龍閣，召諸方士，言遠國遐方之事。東方朔言其至北極鍾火之山，有明莖草，能照見鬼物之形，亦名洞冥草。

二、有夢草似蒲色紅，亦名懷莫。武帝思李夫人，懷此得夢。

三、鳳葵草，赤松子餌之，乘黄蛇入水得黄珠，亦曰蛇珠，銷疾珠。

四、五味草，食之使人不眠，名曰卻睡草。末多國獻此草。

五、烏哀國有龍爪薤。

六、有掌中芥，食之，能空中孤立，亦名躡空草。

七、武帝常見彗星，東方朔折指星木授帝。

八、有紫奈大如斗，亦名闇衣奈。

九、有龍肝瓜，仙人瑕丘仲採藥得此瓜。武帝封泰山，從者賜冰谷素葉之瓜，以鳴鴻之刀賜東方朔。武帝崩，刀化爲鵲飛去。

一〇、有鵲銜火於青溪之上，鵲化爲龍。

一一、西域獻虎龍。

一二、善苑國貢一蟹。

一三、武帝常夕望東邊有青雲起，有雙白鵠化爲二神女舞於臺上。武帝散明天發日之香。

一四、有玄都翠水，仙人鳧伯子常遊翠水之涯。

一五、有遠飛鷄，常銜桂枝之實歸於南山，或落地而生。衆仙以此釀酒，名桂醪。陸通嘗餌，祝鷄翁得遠飛鷄卵伏之，得翻明鷄，亦曰目羽鶴。

一六、武帝起俯月臺，臺下穿池廣千尺，名影娥池，亦曰眺蟾臺。

一七、影娥池中有遊月船等。

一八、影娥池中有鼉龜。

一九、影娥池北作鳴禽之苑，有生金樹。

二〇、有司夜鷄，亦曰五時鷄。

二一、有喜日鵝，又名舞日鵝。

二二、有升葉鴨，亦曰丹毛鳧。

二三、有女香樹。

卷四載六事：

一、武帝與東方朔論不老。東方朔言地日之草、春生之魚事。

二、武帝與宮人麗絹事。

三、有丹蝦，馬丹嘗折蝦鬚爲杖。

四、武帝升望月臺，有三青鴨止臺上，化爲三小童，獻鯨文大錢五枚。

五、元封三年，郅過國獻能言龜一頭，

六、武帝愛悦一女，名曰巨靈。東方朔目之，飛去，化爲青雀，武帝起青雀臺。

雜傳有兩種主要模式，即側重傳人之“傳”與側重記事之“記”，章學誠云：“《春秋》三家之傳，各記所聞，依經起義，雖謂之記可也。經《禮》二戴之記，各傳其説，附經而行，雖謂之傳可也。其後支分派別，至於近代，始以録人物者，區爲之傳；叙事蹟者，區爲之記。”①《洞冥記》以漢武帝爲中心人物，全篇圍繞其求仙活動，雜記各種奇聞異事，誠如《中興館閣書目》所説，“載武帝神

① 章學誠撰，葉瑛校注：《文史通義校注》卷三《傳記》，中華書局 1985 年，第 248 頁。

怪事"①,以記事爲主,即屬雜傳之"記"類。

　　《洞冥記》所記,或出傳説,或出虛造,多虛誕不經,前人或論及之。《四庫全書總目》舉伏生事云:"若其中伏生受《尚書》於李克一條,悠謬支離,全乖事實。"②晁載之舉東方朔父姓氏事云:"此書記曼倩父張氏,而王充《論衡·道虛》篇復言朔姓金氏,神仙道家之言,其荒誕舛錯,類皆如此。"③檢其事,或有源自前人之書者,如卷一景帝夢赤彪而王夫人生武帝,東方朔於濛鴻之澤遇王母、黄翁,與《漢武故事》所記同出一源;西王母駕玄鸞會武帝,與《漢武故事》亦屬同類。卷二西王母會東王公,則是《神異經》之演繹。雖出同源,然《洞冥記》所述又自具樞機。蓋傳聞異辭,或所聞見不同故也。至於《洞冥記》中所記遠國遐方奇異怪誕之事,如波祇國的神精香草、翕韓國的飛骸獸、吠勒國的文犀、琳國的玉葉李、大秦國的花蹄牛、修彌國的駮騾、勒畢國的細鳥、西那汗國的聲風木、末多國的卻睡草、烏哀國的龍爪薤、善苑國長九尺的百足蟹等等事,以及郅支國人長四寸、惟餌馬肝石,吠勒國人長七尺、披髮至踵、乘犀象入海底取寶、宿於鮫人之舍,支提國人長三丈二尺、三手三足各三指、多力善走等等事,則更爲殊奇怪異,根底渺茫矣。《洞冥記》驚奇耳目,啓迪異想,誠如《四庫全書總目》所言:"後代文人詞賦,引用尤多。蓋以字句妍華,足供採摭,至今不廢。良以是耳。"④

---

① 王應麟:《玉海》卷五八《藝文》引,廣陵書社 2003 年,第 1103 頁。

② 永瑢等:《四庫全書總目》卷一四二小説家類"《漢武洞冥記》四卷"條,中華書局 1995 年,第 1207 頁上。

③ 晁載之:《續談助》卷一《洞冥記·跋》,《叢書集成初編》本,中華書局 1985 年,第 17 頁。

④ 永瑢等:《四庫全書總目》卷一四二小説家類"《漢武洞冥記》四卷"條,中華書局 1995 年,第 1207 頁上。

漢武内傳

存。佚名撰。今傳本一卷，原三卷，或二卷。一題《漢武帝内傳》，《漢武帝傳》，《漢孝武内傳》。

《漢武内傳》，《隋書·經籍志》雜傳類始著録《漢武内傳》，三卷。《日本國見在書目録》雜傳家著録《漢武内傳》，二卷。《舊唐書·經籍志》雜傳類及《新唐書·藝文志》道家類神仙家著録《漢武帝傳》，二卷。《郡齋讀書志》傳記類、《中興館閣書目》雜傳類、《宋史·藝文志》傳記類著録《漢武内傳》，二卷。《通志·藝文略》道家類著録，題《漢武内傳》，三卷，當據《隋書·經籍志》雜傳類著録。《續談助》卷四節録此傳，題《漢孝武内傳》，文末晁載之跋又稱"右鈔世所傳《漢孝武皇内傳》"。又，《太平御覽經史圖書綱目》列《漢武帝内傳》，《太平廣記引用書目》列《漢武内傳》，則李昉等修《太平御覽》、《太平廣記》，尚用此書。

《漢武内傳》唐宋史志書目均不著撰人，《郡齋讀書志》著録《漢武内傳》，注云："右不題撰人，記王母降。"《宋史·藝文志》著録《漢武内傳》，注云"不知作者"。《齊民要術》卷一○、《三輔黃圖》卷三引此書亦均未言作者。其餘諸書著録徵引，或謂葛洪作、或謂班固作、或謂郭憲作。

謂葛洪作，見於《日本國見在書目録》，其注題"葛洪撰"。葛洪撰之説起於唐張柬之，宋晁載之《續談助》卷一《洞冥記跋》引張柬之語稱"昔葛洪造《漢武内傳》"。清人孫詒讓也據此定其爲葛洪作，其校"殺則響對"云："此傳張柬之《洞冥記跋》謂晉葛洪所造（詳後《西京雜記》），故文義多與内典相涉。"並以爲葛洪《西京雜記序》所言《漢武帝禁中起居注》即《漢武内傳》[1]。其《西京

---

[1] 孫詒讓：《札迻》卷一一《漢武帝内傳》，中華書局 2006 年，第 385 頁。

雜記》案云：“此書塙爲稚川所假托，《漢武帝禁中起居注》、《漢武故事》蓋亦同，故序並及之。……疑《內傳》即《起居注》，後改題今名。《漢武故事》似亦即今所傳本，蓋諸書皆出稚川手，故文亦互相出入也。”①余嘉錫亦贊同其説，其云：“愚謂張柬之語，必非無據，證以《抱朴子》所言，與此書相出入，尤覺信而有徵。當從柬之，定爲葛洪所依託。”小注又云：“佐世於《洞冥記》，仍題郭子橫撰，不用柬之之説，故知其於此書題葛洪，必別有所據也。”②

　　葛洪撰之説不可信，張柬之又稱梁湘東王造《洞冥記》、葛洪造《西京雜記》、虞義造《王子年拾遺録》、王檢造《漢武故事》，是皆想當然之辭。考葛洪《西京雜記跋》云：“洪家復有《漢武帝禁中起居注》一卷。”意者柬之以《漢武帝起居注》即《漢武內傳》，而又輕率斷定葛洪僞造。其實二書書名卷數迥異，很難説是同一書；即便是同一書，亦不能遽斷爲葛洪僞造。晁載之以宋代流傳本附有唐道士王遊岩跋，遂以爲“此書遊岩之徒所撰也”③，而南宋張淏《雲谷雜記》卷二引韓子蒼（駒）語云：“《漢武內傳》，予反復讀之，蓋依做《武帝故事》而增加之，唐時道家流所爲也。蓋當開元天寶時玄宗好長生、崇道術，其徒恐玄宗謂武帝求仙不效，故爲此書實之耳。”張淏駁之云：“子蒼所言非也，《隋·經籍志》、《漢武帝故事》二卷，外別有《內傳》三卷，顔真卿《東方朔畫贊碑陰記》云事蹟則載在《太史公書》、《漢書》、《風俗通》、《武帝內傳》，則《內傳》其來久矣，豈玄宗時依做《故事》而爲哉！蓋子蒼但見後有淮南王、孫卿、稷丘君事，便謂此書出于後人，殊不知淮

①孫詒讓：《札迻》卷一一《漢武帝內傳》，中華書局 2006 年，第 391 頁。
②余嘉錫：《四庫提要辨證》卷一八子部九小説家類三“《漢武帝內傳》”條，（香港）中華書局 1974 年，第 1126 頁。
③晁載之：《續談助》卷四《漢孝武內傳跋》，《叢書集成初編》本，中華書局 1985 年，第 76 頁。

南等事，自是唐道士王遊巖所附也。"①故言唐道士王遊岩造皆
臆測而已。

　　謂班固作，《道藏》本《漢武内傳》，題班固撰。《五朝小説·
魏晉小説》、宛本《説郛》卷一一一、《四庫全書》、《增訂漢魏叢
書》、《龍威祕書》、《墨海金壺》、《守山閣叢書》、《無一是齋叢鈔》
（題《武帝内傳》）、《舊小説》等，亦題班固撰。《四庫全書總目》推
測蓋因《漢武故事》題班固，其云："此本題曰班固，不知何據，殆
後人因《漢武故事》僞題班固，遂併此書歸之歟？"周中孚亦以爲
是，其云："殆後人以《漢武故事》託名於固，併舉是書歸之耳。"②
《四庫全書總目》以其載東方朔事與《漢書·東方朔傳》中班固贊
語相矛盾，否認班固撰之説："《漢書》東方朔傳贊稱'好事者取奇
言怪語附著之朔'，此書乃載朔乘龍上昇，與傳贊自相矛盾，其不
出於固，灼然無疑。"③故亦不可信。

　　明白雲霽《道藏目録詳注》卷一又稱"東方朔述"，不言依據，
無由見信。

　　謂葛洪作、班固作、郭憲作皆不可信，古今學者多推測《漢武
内傳》爲魏晉或六朝人撰，胡應麟謂"詳其文體，是六朝人作，蓋
齊梁間好事者爲之也"④。《四庫全書總目》卷一四二舉郭璞《遊
仙詩》、葛洪《神仙傳》、張華《博物志》文字與本書有相合處，以爲
"其殆魏晉間文士所爲乎"。錢熙祚則舉其與葛洪《抱朴子》、《漢

①張淏：《雲谷雜記》卷二，文淵閣《四庫全書》第 850 册，（臺灣）商務印書館
　1986 年，第 872 頁下。
②周中孚：《鄭堂讀書記》卷六六子部十二之四小説家類四"《漢武帝内
　傳》"條，商務印書館 1959 年，第 1304 頁。
③永瑢等：《四庫全書總目》卷一四二子部五十二小説家類三"《漢武内
　傳》"條，中華書局 1995 年，第 1206 頁下。
④胡應麟：《少室山房筆叢》卷三二丁部《四部正譌下》，中華書局 1958 年，
　第 417 頁。

武故事》相涉處及用《洞冥記》文，以爲"大約東晉以後，浮華之士，造作誕妄，轉相祖述，其誰氏所作，不足深究也。"①瞿鏞云："其文詞華縟，近齊梁人。昔唐人謂《漢武故事》爲齊王儉作，疑亦儉等所爲也。"②周中孚云："案元瑞以爲齊梁間人作，殊爲不確，今證以諸書所引，其書蓋出於魏晉之間，且文體雅與《王子年拾遺記》相同。……"③

今之學者，如臺灣李豐楙等，考定《漢武内傳》爲東晉末劉宋初間作品，乃上清派道教徒編造。王國良《魏晉南北朝志怪小説研究》下篇《群書叙録》説："現代學者，若法國施博爾氏撰《道教傳説中之漢武帝》，李豐楙撰《漢武内傳的著成及其流傳》，並根據《内傳》所採用之資料，推斷此書乃東晉末期或劉宋初年上清派道教徒編造，則較具説服力。"④日本小南一郎認爲可能是魏晉以後方術者流中間産生的作品，其云："大體應如魯迅《中國小説史略》等著作所説，它可能是從魏晉時期以後的方術者流中間産生的。"⑤

本書記事以《漢武故事》爲本，景帝夢赤彘鈔自《洞冥記》，上

———————————

① 錢熙祚：《漢武帝内傳校勘記》，《叢書集成初編》本，中華書局 1985 年，第 37 頁。

② 瞿鏞：《鐵琴銅劍樓藏書目録》卷一七，《續修四庫全書》第 926 册，上海古籍出版社 2002 年，第 292 頁上。

③ 周中孚：《鄭堂讀書記》卷六六子部十二之四小説家類四"《漢武帝内傳》"條，商務印書館 1959 年，第 1304 頁。

④ 王國良：《魏晉南北朝志怪小説研究》，(臺灣)文史哲出版社 1984 年，第 308 頁；李豐楙：《漢武内傳的著成及其流傳》，載《幼獅學志》十七卷二期(1982 年)，增訂後收入《六朝隋唐仙道類小説研究》，(臺灣)學生書局 1986 年。

⑤ 小南一郎：《〈漢武帝内傳〉の成立》，(京都)《東方學報》48 册(1975 年)和 53 册(1981 年)，又見：小南一郎著，孫昌武譯：《中國的神話傳説與古小説》第四章《〈漢武内傳〉的形成》，中華書局 2006 年，第 260 頁。

元夫人及十洲原出《十洲記》，因襲痕跡甚明①，自應出此三書之後，而此三書學者多以爲六朝人僞託，故亦以本書出於六朝，其實《漢武内傳》與《漢武故事》及《洞冥記》皆出兩漢。西晉張華《博物志》卷八記武帝會王母事，與《漢武故事》及本書相較，其中"武帝好仙道，祭祀名山大澤，以求神仙之道"，"此桃三千年一生實"，"東方朔竊從殿南廂朱鳥牖中窺母"，"嘗三來盗吾此桃"，皆同《漢武内傳》，李劍國先生認爲，"張華此段記載很可能參考了《漢武内傳》，或者張華據他書鈔録，而他書又因襲《漢武内傳》"②。張華之外，郭璞《遊仙詩》第六首云"燕昭無靈氣，漢武非仙才"，後句用《漢武内傳》王母謂武帝"殆恐非仙才"事。葛洪《抱朴子》内篇《極言》云："故曰非長生難也，聞道難也；非聞道難也，行之難也；非行之難也，終之難也。"亦見於《漢武内傳》。其間因由，或《漢武内傳》與《抱朴子》同引前代道書，如此，則此種道書當傳播極廣，可檢而得之。然除此二處，前代無有其它出處，則其或當是《抱朴子》鈔録《漢武内傳》。由此推之，則《漢武内傳》或出魏晉前，爲東漢人所造殆無疑也。當其時，道教初盛，故有此作以弘仙道。然今本或已爲後世增補，魯迅《中國小説史略》第四篇《今所見漢人小説》言《漢武帝内傳》"竊取釋家言"③，即可能爲後人所增，當然亦可能包括某些論道之言。

　　《漢武内傳》今傳本有二，其一爲《道藏》本，題《漢武帝内傳》，一卷；《漢武帝外傳》，一卷。《道藏舉要》亦録此本。明徐𤍠

①晁載之《漢孝武内傳跋》云："右鈔世所傳《漢孝武皇内傳》，其言淺陋，又什有五六皆增贅《漢武故事》與《十洲記》。"
②李劍國：《唐前志怪小説史》，人民文學出版社2011年，第241頁。
③小南一郎亦稱"《内傳》的文章可見到幾處直接受佛教影響的詞語"，注云："例如'十方'的方位計算方法，'五濁'之人的説法，以及'身投餓虎'等用語，都是易見的例子。"小南一郎著，孫昌武譯：《中國的神話傳説與古小説》第四章《〈漢武内傳〉的形成》，中華書局2006年，第273頁。

《徐氏紅雨樓書目》子部小説類著録《漢武帝内外傳》三卷，或即此《道藏》本，唯卷數不同而已。錢熙祚據《道藏》本校勘，録於《守山閣叢書》中，以《漢武帝内傳》一卷爲正文，《漢武帝外傳》一卷附録。又附《漢武帝内傳》校勘記及佚文八條。錢熙祚《守山閣叢書》本後收入《叢書集成初編》。其二爲《廣漢魏叢書》本，此本乃何允中據《太平廣記》卷三“漢武帝”條鈔出。《五朝小説·魏晉小説》、宛本《説郛》卷一一一、《四庫全書》、《增訂漢魏叢書》、《龍威祕書》、《墨海金壺》、《舊小説》所録《漢武帝内傳》均據此本。《無一是齋叢鈔》所録亦據此本，唯題《武帝内傳》。上二種之外，又尚有若干節本。《續談助》卷四節録六節，包括武帝與西王母、上元夫人之會事、柏梁臺火失真形六甲十二事、公孫卿事、魯女生事、封君達事、李少君事，題《漢孝武内傳》，多有上二本所不載者。《類説》卷一摘抄十二節，包括：紫蘭室女、命侍女鼓吹、乞度世術、上元夫人、五性、尸解下方、五岳真形圖、十二事、東方朔窺窗、雲林之璈、方朔乘龍飛去、火齊鏡，題《漢武帝内傳》。其最末一節“火齊鏡”，非《漢武内傳》文，末注《拾遺記》，卷一目録“火齊鏡”下注云：“此一條《拾遺記》，不應次於此。”則《類説》實録《漢武帝内傳》文十一條。涵芬樓百卷本《説郛》卷七《諸傳摘玄》摘録六節，題《漢武内傳》。拼合《類説》所摘録文字，而遺其“尸解下方”、“五岳真形圖”二節。

　　《道藏》本《漢武帝内傳》，主要叙武帝與西王母、上元夫人相會事，此外，又叙若干事：

　　一、武帝雖信天下有神仙之事，而淫色恣性、殺伐不休。

　　二、不從王母之深言，上元之妙誠，二真遂不復來，後柏梁臺失火，燒失《真形圖》等十二事。後以《五岳真形圖》授董仲舒，以五帝六甲靈飛十二事授李少君，見東方朔乘龍飛去。

　　三、五帝起宮臺，行幸各地，卒。

　　四、五帝死後靈異之事。玉箱、玉杖見於世，隨殮雜書見於世，王莽時聞茂陵地下大噫吒。

　　《道藏》本《漢武帝内傳》一卷之外，又附《漢武帝外傳》一卷，叙東方朔、鈎弋夫人、淮南王、李少翁、公孫卿、魯女生、封君達、李少君、東郭延、尹軌、蘇子訓、王真、劉京十四人與武帝事。《漢武帝外傳》，晁載之《漢武帝内傳跋》云：“其上卷之末有云：‘右從淮南王至稷丘君凡八事附之。’案《神仙傳》淮南仙事的指又不出八公定何姓氏。據《劉根真人傳》，潁川掾吏王珍，問劉君曰：‘聞神丹不可倉卒求，不審草木藥何者爲良？’君曰：‘昔淮南八方（一云公），各服一物，以得數百歲，而命神丹，而昇天太清，韓衆服菖蒲，趙他子服桂，衍門子服五味子，羨門子服地黄，林子明服石韋，杜子微服天門冬，仕子季服茯苓，陽子仲服遠志，此諸君，並已登真，降授淮南王。道成，能變化自在，持此故事，仙昇定矣。’今因此傳末，並八公所氏以明之焉。予以唐天寶五載景戌歲十月十五日終南山居玄都仙壇大洞道士王遊巖緒附之矣。”知《漢武帝内傳》末原附八人之事，晁載之摘抄四人事，即公孫卿、魯女生、封君達、李少君四人，其又言及淮南王與稷丘君，則知八人中六人，餘二人不得其名。檢《三輔黄圖》、《後漢書·方術傳》李賢注以及《藝文類聚》、《初學記》、《事類賦注》等舊注類書徵引《漢武内傳》文，六人之外，得王真與鈎弋夫人。此八人既已見於《三輔黄圖》及唐代舊注類書徵引，其當出唐前無疑，即《漢武帝外傳》當出唐前。則晁載之等所云“此書遊巖之徒所撰”①，固謬

① 晁載之：《續談助》卷四《漢孝武内傳跋》，《叢書集成初編》本，中華書局1985年，第76頁。《玉海》引《中興館閣書目》云：“載西王母事，後有淮南王、公孫卿、稷丘君八事，乃唐終南玄都道士遊巖所附。”王應麟：《玉海》卷五八《藝文·傳》“《漢武帝傳》”，廣陵書社2003年，第1103頁上。張淏《雲谷雜記》卷二云：“殊不知淮南等事，自是唐道士王遊巖所附也。”張淏：《雲谷雜記》卷二，文淵閣《四庫全書》第850册，（臺灣）商務印書館1986年，第872頁下。

矣。據此亦知《漢武內傳》後本無《漢武帝外傳》,淮南王至稷丘君八人事原本附於《漢武內傳》後,宋晁載之所見本猶如此。余嘉錫云:"又所附不止八事,蓋又經後人竄亂,非復唐宋人所見之本也。"①李劍國先生云:"可能是元明間人將原書下卷所附八人取爲《外傳》,又增補六人事,而別爲一書。"②錢曾《讀書敏求記》著録《漢武內傳》一卷,云其乃爲屠守居士空居閣校本。又著録《漢武外傳》一卷,云:"雜記漢武以後事。雖名外傳,實與漢武無涉。"③則《外傳》或當是明清人據原所附八人而增益六人成之,且多視爲二書矣。

　　《漢武內傳》取《漢武故事》中王母降武帝故事,增益虛設,遂將原來不足四百字之故事敷演幾至萬言,故事益加繁複,叙事益加詳贍。其間王母與上元夫人所談,多道家言,弘道之意甚明。

趙飛燕外傳

　　存。舊題漢伶玄撰。一卷。一題《飛燕外傳》。

　　《趙飛燕外傳》,《隋書・經籍志》及《舊唐書・經籍志》、《新唐書・藝文志》等無録,宋晁公武《郡齋讀書志》卷九傳記類始著録,云:"《趙飛燕外傳》一卷,右漢伶玄子于撰。茂陵卜理藏之於金縢漆櫃,王莽之亂,劉恭得之,傳於世,晉荀勖校上。"此後,陳振孫《直齋書録解題》卷七傳記類、《宋史・藝文志》傳記類、馬端臨《文獻通考・經籍考》卷二五亦著録,唯題名略有不同,《直齋

---

① 余嘉錫:《四庫提要辨證》卷一八子部九小説家類三"《漢武帝內傳》"條,(香港)中華書局 1974 年,第 1129 頁。
② 李劍國:《唐前志怪小説史》,人民文學出版社 2011 年,第 243 頁。
③ 錢曾撰,丁瑜點校;《讀書敏求記》卷二傳記"《漢武內傳》"、"《漢武外傳》",書目文獻出版社 1984 年,第 47 頁。

書録解題》、《文獻通考·經籍考》作《飛燕外傳》,《宋史·藝文志》與《郡齋讀書志》同,作《趙飛燕外傳》。

趙飛燕,即漢成帝趙皇后。《漢書》卷九七《外戚傳》有傳,其云:"孝成趙皇后,本長安宫人。初生時,父母不舉,三日不死,乃收養之。及壯,屬陽阿主家,學歌舞,號曰飛燕。成帝嘗微行出,過陽阿主,作樂。上見飛燕而説之,召入宫,大幸。有女弟復召入,俱爲婕妤,貴傾後宫。"

《趙飛燕外傳》今存,最早載於涵本《説郛》卷三二,題"《趙飛燕外傳》,一卷,漢伶玄",伶玄下小字注云:"字子于,潞水人,江東都尉。"末有伶玄自序一篇,其云:

玄字子于,潞水人。學無不通,知音,善屬文。簡率尚直樸,無所務(當作"矜")式,揚雄獨知之,然雄貪名矯激,子于謝不與交,雄深慊毁之。子于由司空小吏,歷三署,刺守州郡,爲淮南相,又有風情。哀帝時,子于老休,買妾樊通德,嬺之弟子不周之女也。有才色,知書,慕司馬遷《史記》,頗能言趙飛燕姊弟故事。子于閑居,命言,厭厭不倦。子于語通德曰:"斯人俱灰滅矣,當時疲精力,馳騖嗜欲蠱惑之事,寧知終歸荒田野草乎?"通德占袖,顧視燭影,以手擁髻,悽然泣下,不勝其悲。子于亦然。通德謂子于曰:"凡天淫於色,非慧男子不至也。慧則通,通則流,流不得其防,則萬物變態,爲溝爲壑,無所不往焉。禮義成則(當作"敗")之説,不能止其流,惟感之以盛衰奄忽之變,可以防其壞。今婢子所道趙后姊弟事,盛之至也,主君悵然有荒田野草之悲,衰之至也。婢子拊形屬影,識夫盛之不可留,衰之不可推,俄然相緣奄忽,雖婕妤聞此不少遺乎。幸主君著其傳,使婢子執研削道所記。"於是撰《趙后別傳》。

又附子于捽辱班躅而班彪《漢書》不載子于事:

子于爲河東都尉,班躅爲決曹,得幸太守,多所取受。

子于召躅,數其罪,捽辱之。躅從兄子彪,續司馬《史記》,絀
子于,無所收録。

又附桓譚語:

　　桓譚云:王莽時茂陵卜理者,不仕,以夏侯尚書授,時更
始二年,赤眉過茂陵,卜理棄圖書隱山中。劉恭入其廬,獲
金藤漆匱,發之乃得玄書。建武二年,賈子翊以書示予,曰
卜理之琴師玄云。

又附荀勗校語:

　　尚書臣勗校中書右伶玄《趙后傳》,竹簡磨滅,文義交
錯,不可具曉。謹與臣勗書同校定相證,別删去其不可詳
者,合爲一篇,其趙后、樊嬺亡所終,疑玄之闕文也。

宛本《説郛》卷一一一亦録,僅存傳文而無傳後所附伶玄自
序及其他。明人顧元慶又將其刊於《顧氏文房小説》,後又收入
《古今逸史》、《漢魏叢書》、《廣漢魏叢書》、《五朝小説》等明代叢
書中。

《郡齋讀書志》等書目著録《趙飛燕外傳》時題漢伶玄撰。伶
玄,《郡齋讀書志》稱其爲漢人,涵本《説郛》注云:"字子于,潞水
人,江東都尉。"《直齋書録解題》則稱其爲"河東都尉"。按兩漢
於郡置都尉,西漢無江東郡,有河東郡,《直齋書録解題》所云"漢
河東都尉"當較爲確妥,"江"乃"河"的訛字。

陳振孫對伶玄其人就已有懷疑,他説:"《飛燕外傳》一卷,稱
漢河東都尉伶玄子于撰。自言與揚雄同時,而史無所見。或云
僞書也。然通德擁髻等事,文士多用之;而禍水滅火一語,司馬
公載之《通鑑》矣。"陳氏所疑甚是。涵本《説郛》篇末有伶玄自
序,言及其生平經歷和作《趙飛燕外傳》的緣起、經過,其中多可
疑之處。如其自稱"由司空小吏歷三署,刺守州郡,爲淮南相"。

淮南相的地位是不低的①,但其人絶不見《漢書》等史籍,此可疑
一也。不過,其末所附河東都尉經歷似可釋此疑:"子于爲河東
都尉,班躅爲决曹,得幸太守,多所取受。子于召躅,數其罪,捽
辱之。躅從兄子彪續司馬《史記》,紬子于,無所收録。"與史載相
抵牾,班固於《漢書·叙傳》中自述世系,云壹生孺,孺生長,長生
回,回生況,況生三子伯、斿、穉。穉子彪,即班固父。班彪於班
躅爲從兄子,則躅應爲班況兄弟之子。然《叙傳》只言回生況。
並未言及班躅。伶玄在自序中所言身份,與其末所附桓譚之語
亦有矛盾之處,桓譚云:"王莽時,茂陵卜理者不仕,以夏侯《尚
書》授。時更始二年,赤眉過茂陵,卜理棄圖書隱山中,劉恭入其
廬,獲金藤漆匳,發之乃得玄書。建武二年,賈子翊以書示予曰:
卜理之琴師玄云。"這是把伶姓解釋爲優伶之伶,這與伶玄"歷三
署,刺守州郡,爲淮南相"的自序不一致,此可疑二也。又,從《外
傳》記叙看,文中人物淖夫人和昭儀有"禍水滅火"及"漢家火德"
之語②,而事實是漢代秦後,以"五德終始"學説確定漢德,或火
或水或土,終西漢之世,尚未能確定,直到東漢光武帝時才確定
爲火德③。如此傳確爲西漢末年伶玄作,則絶不會有此等語,更

①西漢郡太守、諸王國國相均秩二千石,郡都尉秩比二千石,都是地方高
　級官員。見《漢書·百官公卿表上》。
②傳文云:"宣帝時披香博士淖方成,教授宮中,號淖夫人,在帝後唾曰:
　'此禍水也,滅火必矣!'"又:"昭儀曰:'后妒我爾,以漢家火德,故以帝
　爲赤龍鳳。'"引文據涵本《説郛》卷三二所録《趙飛燕別傳》,陶宗儀等編
　《説郛三種》,上海古籍出版社1988年,第559頁下—562頁上。
③《漢書·郊祀志》贊曰:"漢興之初,庶事草創,唯一叔孫生略定朝廷之
　儀,若乃正朔、服色、郊望之事,數世猶未章焉。至於孝文,始以夏郊,而
　張倉據水德,公孫臣、賈誼更以爲土德,卒不能明。孝武之世,文章爲
　盛,太初改制,而兒寬、司馬遷等猶從臣、誼之言,服色數度,遂順黄德。
　彼以五德之傳從所不勝,秦在水德,故謂漢據土而克之。劉向父子以爲
　帝出於《震》,故包羲氏始受木德,其後以母傳子,終而復始,(轉下頁注)

不會出自淖夫人和昭儀之口，此可疑三也。

正因爲有這些疑點，故古今學者大多以爲此傳是後人僞託，所謂伶玄不過是僞託者的杜撰。洪邁《容齋五筆》卷七"盛衰不可常"，駁其所云揚雄不與交及班彪無所叙録之言不可信，云："東坡謂廢興成毀不可得而知。予每讀書史，追悼古昔，未嘗不掩卷而歎。伶子于叙《趙飛燕傳》，極道其姊弟一時之盛，而終之以荒田野草之悲，言盛之不可留，衰之不可推，正此意也……《飛燕別傳》以爲伶玄所作，又有玄自叙及桓譚跋語，予竊有疑焉。不唯其書太媟，至云揚雄獨知之，雄貪名矯激，謝不與交；爲河東都尉，捽辱決曹班躅，躅從兄子彪續司馬《史記》，絀子于無所叙録，皆恐不然。而自云：'成、哀之世，爲淮南相。'案，是時淮南國絶久矣，可昭其妄也。"①《四庫全書總目》亦云："其文纖靡，不類西漢人語。序末又稱玄爲河東都尉時，辱班彪之從父躅，故彪續《史記》不見收録。其文不相屬，亦不類玄所自言。後又載桓譚語一則，言更始二年劉恭得其書於茂陵卜理，建武二年賈子翊以示譚，所稱埋藏之金縢漆匱者，似不應如此之珍貴。又載荀勖校書奏一篇，《中經簿》所録，今不可考。然所校他書，無載勖奏者，何獨此書有之。又首尾僅六十字，亦無此體。大抵皆出於依託……據此，則班固在莽、歆之後，沿誤尚爲有因，淖方成在莽、歆之前，安得預有滅火之説，其爲後人依託，即此二語亦可以見，

（接上頁注）自神農、黄帝下歷唐、虞三代而漢得火焉。"注引鄧展曰："向父子雖有此議，時不施行。至光武建武二年乃用火德，色尚赤耳。"《後漢書・光武帝紀》："（建武二年）壬子，起高廟，建社稷於洛陽，立郊兆於城南，始正火德，色尚赤。"注："漢初土德，色尚黄，至此始明火德，徽幟尚赤，服色於是乃正。"亦見《四庫全書總目》卷一四三子部五十三小説家類存目一"《飛燕外傳》"條。

① 洪邁撰，孔凡禮點校：《容齋隨筆・容齋五筆》卷七《盛衰不可常》，中華書局 2006 年，第 905—906 頁。

安得以《通鑑》誤引，遂指爲真古書哉。"①周中孚《鄭堂讀書記》
卷六三小説家類"《飛燕外傳》"亦云："余謂是書當出於北宋之
世，故《通鑑》已引及之，而晁、陳兩家尚不以爲僞書也。其文固
不類西漢體，其事亦不能爲外人道也。在文士展轉援引，本屬常
事，而司馬公反引其最紕繆之語，以入史籍，則失考之甚矣。"②
汪之昌《漢人書叙》亦疑伶玄自序爲僞託③。魯迅先生更云："又
有《飛燕外傳》一卷，記趙飛燕姊妹故事，題漢河東都尉伶玄子于
撰，司馬光嘗取其'禍水滅火'語入《通鑑》，殆以爲真漢人作，然
恐是唐宋人所爲。"④朱東潤於《八代傳叙文學述論》云："《飛燕外
傳》自序作者伶玄字子于，潞水人，哀帝時爲淮南相。序稱……這
是逆探《漢書·藝文志》不録《飛燕外傳》以及《成帝紀》、《外戚傳》
不採用《外傳》的解釋。哀帝時人逆探東漢明帝時的著作，加以解
釋，已屬可疑。哀帝時無淮南國，伶玄何以得爲淮南相，事亦非
是。自序一則言樊通德'有才色，知書，慕司馬遷《史記》'，再則言
班'彪續司馬《史記》'，其實在班彪父子的時代，止稱《太史公書》，
不稱《史記》，有《漢書·藝文志》、《司馬遷傳》可考。所以這是一
部僞書，確然可見，不但因爲《隋》、《唐志》皆不著録，直至晁公武
《讀書志》方著其名，始可知爲僞作。"⑤李劍國先生於《傳奇之首：
〈趙飛燕外傳〉》云："古今學者大多以爲此傳是後人僞托，所謂伶

①永瑢等：《四庫全書總目》卷一四三子部小説家類存目一"《飛燕外傳》"
　　條，中華書局 1995 年，第 1216 頁上—中。
②周中孚撰、黄曙輝、印曉峰標校：《鄭堂讀書記》卷六三小説家類"《飛燕
　　外傳》一卷"條，上海書店出版社 2009 年，第 1029 頁。
③汪之昌：《青學齋集》卷二二《漢人書叙》，民國二十年（1931）新陽汪氏青
　　學齋刻本。
④魯迅：《中國小説史略》，《魯迅全集》第九卷，人民文學出版社 2005 年，第
　　41 頁。
⑤朱東潤：《八代傳叙文學述論》，復旦大學出版社 2006 年，第 51 頁。

玄不過是僞托者的杜撰。"又於《秦醇〈飛燕別傳〉考論》云："古今
學者除個別人不疑其僞外,大多以爲此傳是後人僞托,所謂伶玄
不過是僞托者的杜撰。"①

　　既疑伶玄爲僞託,則《趙飛燕外傳》之成書何時亦不能遽斷
焉,故而頗聚争訟。胡應麟認爲"然文體頗渾樸,不類六朝人",
"其文頗類東京":"《趙飛燕外傳》稱河東都尉伶玄撰,宋人或謂
爲僞書,以史無所見也。然文體頗渾樸,不類六朝。禍水滅火
事,司馬公載之《通鑑》,誠怪。如以詩文士引用爲疑,則非懸解
語也。玄本傳自言見詘史氏,當是後人所加。"又云:"楊用修謂
唐小説不如漢,而舉伶玄《趙飛燕傳》中一二語爲證。戊辰之歲,
余偶過燕中書肆,得殘刻十數紙,題《趙飛燕別集》,閲之乃知即
《説郛》中陶氏删本。其文頗類東京,而末載梁武答昭儀化鼅事,
蓋六朝人作,而宋秦醇子復補綴以傳者也。第端臨《通考》、漁仲
《通志》並無此目,而文非宋所能,其間叙才數事,多俊語。出伶
玄右,而淳質古健弗如。惜全帙不可見也。"②疑其出於東漢之
世。周中孚以爲"其文固不類西漢體","是書當出於北宋之
世"③。昌彼得在《説郛考》下篇《書目考》引周中孚語,又云:"按
是書隋唐史志及《崇文總目》不載,《太平廣記》收録小説至夥,亦
無其書,至南北宋之《紺珠集》中,始録其書,《郡齋讀書志》始著
於録,其爲北宋時人依託,當屬可信。"④認爲其或出於北宋之

① 李劍國:《傳奇之首:〈趙飛燕外傳〉》,《古典文學知識》2004 年第 1 期;李
　 劍國:《秦醇〈飛燕別傳〉考論》,載《古稊斗筲録——李劍國自選集》,南
　 開大學出版社 2004 年,第 330 頁。
② 胡應麟:《少室山房筆叢》卷三二丁部《四部正譌下》,卷二九丙部《九流
　 緒論下》,中華書局 1958 年,第 416 頁,第 377 頁。
③ 周中孚撰,黄曙輝、印曉峰標校:《鄭堂讀書記》卷六三小説家類"《飛燕
　 外傳》一卷"條,上海書店出版社 2009 年,第 1029 頁。
④ 昌彼得:《説郛考》下篇《書目考》,(臺灣)文史哲出版社 1979 年,第 227 頁。

世。魯迅先生又猜測其"然恐是唐宋人所爲"①。吴志達針對魯迅先生之言，認爲此書"作者當晚於漢代而早於唐宋，主要也是就文氣格調來考察其時代特徵，不類唐宋傳奇風範；況且傳奇小說在唐宋已卓然獨立一體，聲名顯赫如韓、柳、元稹、牛僧孺，都公然寫起傳奇小說來，似再無托古假冒之必要，如宋人譙川秦醇子復撰《趙飛燕別傳》，直署真實名字，毫不加假飾"②。薛洪績又以爲："這似乎説明《外傳》就是東晉前後這百年間的作品。爲了慎重起見，我看説《外傳》是唐代以前的兩晉南北朝時代的作品，大概還是可以的。"③又云："據筆者考察，當是兩晉間作品。"④侯忠義則"估計當爲東晉或南朝作品"⑤。

　　由此可知，歷代以來關於《趙飛燕外傳》成書何代，看法頗不一致。李劍國先生從其中所用"禍水滅火"、"漢爲火德"推測，此傳"斷非出自西漢，疑與東漢以下人作"。又根據《趙飛燕外傳》末又附有荀勖校書奏，認爲若此奏不僞，則傳當出東漢三國間，然後又進一步根據唐人和南朝詩文已引用《趙飛燕外傳》事典推測⑥，認爲大約是東漢至晉宋間之作品，而從其文字的古雅風格

① 魯迅：《中國小説史略》，《魯迅全集》第九卷，人民文學出版社 2005 年，第41 頁。
② 吴志達：《中國文言小説史》第二章《漢魏六朝的雜傳體小説》，齊魯書社1994 年，第 58 頁。
③ 薛洪績：《試論〈飛燕外傳〉的産生時代及其特出成就》，《學術研究叢刊》1984 年第 1 期。
④ 薛洪績：《試論〈飛燕外傳〉的産生時代及其特出成就》，《學術研究叢刊》，1984 年第 1 期；薛洪績：《傳奇小説史》，浙江古籍出版社 1998 年，第 33 頁。
⑤ 侯忠義：《漢魏六朝小説史》，春風文藝出版社 1989 年，第 37 頁；侯忠義：《中國文言小説史稿》，北京大學出版社 1990 年，第 31 頁。
⑥ 唐李商隱《可歎》詩："梁家宅裏秦宫人，趙后樓中赤鳳來。"用《外傳》趙后通燕赤鳳典。見程毅中《古小説簡目》引范寧考證，中華書局 1981 年，第37 頁。南朝徐陵《雜詩》"宫中本造鴛鴦殿"，本《外傳》："帝居（轉下頁注）

看，似乎出於東漢的可能性更大一些①。李劍國先生舉證頗詳
贍，辨析頗周全。不過也有人認爲苟奏和自序、桓譚語一樣也都
是僞託②。

　　陳振孫著録《飛燕外傳》云"然通德擁髻等事，文士多用之；
而禍水滅火一語，司馬公載之《通鑑》矣"。司馬光《資治通鑑》卷
三一成帝鴻嘉三年載成帝得趙飛燕事云："上微行過陽阿主家，
悦歌舞者趙飛燕，召入宫，大幸。有女弟，復召入，姿性尤醲粹，
左右見之，皆嘖嘖嗟賞。有宣帝時披香博士淖方成在帝後，唾
曰：'此禍水也，滅火必矣。'"實當取自《趙飛燕外傳》。其《通鑑
考異》亦引伶玄《趙后別傳》。又同卷永始元年載昭儀爲趙后掩
穢事云："趙后居別館，多通侍郎、宫奴多子者。昭儀嘗謂帝曰：
'妾姊性剛，有如爲人構陷，則趙氏無種矣。'因泣下悽惻。帝信
之，有白后奸狀者，帝輒殺之。由是后公爲淫恣，無敢言者。然
卒無子。"亦據《趙飛燕外傳》。蘇軾、黄庭堅詩亦有用其典者。

（接上頁注）鴛鴦殿便房省帝簿。"梁簡文帝《和湘東王名士悦傾城詩》：
"教歌公主第，學舞漢成宫。多游淇水上，好在鳳樓中。履高疑上砌，裙
開持畏風。"末二句本《外傳》趙后在太液池樹上歌舞《歸風送遠》之曲，
風大起而帝令侍郎馮無方持后履之事。見薛洪績《試論〈飛燕外傳〉的
産生時代及其特出成就》，《學術研究叢刊》1984年第1期。

① 李劍國：《宋代志怪傳奇敘録》（增訂本），中華書局2018年，第246頁。
又見李劍國《"傳奇之首"〈趙飛燕外傳〉》，載《古典文學知識》2004年第1
期。劍國先生的觀點亦在《中國小説通史》先唐卷第二章"漢代小説及
準小説"中的第三節對《趙飛燕外傳》的討論中體現出來。見李劍國、陳
洪主編《中國小説通史》先唐卷，高等教育出版社2007年，第118頁。

② 《四庫全書總目》卷一四三子部五十三小説類存目一"《飛燕外傳》"條
云："又載苟勖校書奏一篇，《中經簿》所録，今不可考，然所校他書，無載
勖奏者，何獨此書有之？又首尾僅六十字，亦無此體。大抵皆出於依
託。"《中國古代小説百科全書》也承襲了這種説法。見《中國古代小説
百科全書》，中國大百科全書出版社1998年，第750頁。

蘇詩如《九日舟中望見有美堂上魯少卿飲以詩戲之二首》其二、
《次韻王鞏獨眠》、《往在東武與人往反作粲字韻詩四首今黄魯直
亦次韻見寄復和答》、《記夢回文二首》，黄詩如《甯子與追和予岳
陽樓詩復次韻二首》、《和陳君儀讀太真外傳五首》。不唯司馬光
《資治通鑑》裁用《趙飛燕外傳》所載事典，六朝及唐人已多用之。
南朝徐陵《雜詩》有"宮中本造鴛鴦殿"句，即本《趙飛燕外傳》"帝
居鴛鴦殿便房省帝簿"之語。梁簡文帝《和湘東王名士悦傾城
詩》有"履高疑上砌，裾開持畏風"句，即本《趙飛燕外傳》趙后在
太液池榭上歌舞《歸風送遠》之曲，風大起而帝令侍郎馮無方持
后履事。唐李商隱《可歎》詩有"梁家宅裏秦宮人，趙后樓中赤鳳
來"句，即本《趙飛燕外傳》趙后通燕赤鳳事①。則《趙飛燕外傳》
六朝時已然流行，至唐宋而愈廣。

　　綜言之，飛燕姊妹事在西漢末當已播於人口，又據《趙飛燕
外傳》及其後伶玄自序、桓譚語及荀勖書奏，大抵可定此傳當成
於漢火德始定後之東漢間，最晚當不出魏晉。

　　《趙飛燕外傳》最早載於涵芬樓百卷本《説郛》卷三二，題
"《趙飛燕外傳》一卷，漢伶玄"撰，小注云"字子于，潞水人，江東
都尉"，傳後附伶玄自序、桓譚語及荀勖書奏，所附伶玄自序又稱
"於是撰《趙后别傳》"，故其或又稱《趙后别傳》。宛委山堂一百
二十卷本《説郛》卷一一一亦録，題"《趙飛燕外傳》，漢伶玄"撰，
傳後無伶玄自序、桓譚語及荀勖書奏。明人顧元慶又將其刊於
《顧氏文房小説》，題"《趙飛燕外傳》，漢江東都尉伶玄撰"，傳後
有伶玄自序、桓譚語及荀勖書奏。明代叢書《古今逸史》、《漢魏
叢書》、《廣漢魏叢書》、《五朝小説》等亦收録。《古今逸史》本題

---

① 分別見施元之《施注蘇詩》，任淵等《山谷詩注》，薛洪績《試論〈飛燕外
　傳〉的産生時代及其特出成就》，《學術研究叢刊》1984 年第 1 期；程毅中
　《古小説簡目》，中華書局 1981 年，第 37 頁。

"《趙后外傳》,漢潞水伶玄撰,明新安吳琯校",傳後有伶玄自序、桓譚語及荀勖書奏。《漢魏叢書》本題"《趙飛燕外傳》,漢潞水伶玄著,明新安程榮校";《廣漢魏叢書》本題"漢伶玄著,武林陳斗垣閲",傳後皆無伶玄自序、桓譚語及荀勖書奏。《五朝小説》本題"《趙飛燕外傳》,漢伶玄"撰,文后無伶玄自序、桓譚語及荀勖書奏。

　　據《趙飛燕外傳》後所附伶玄自序,作者於哀帝時年老退休,買得一妾,名樊通德,乃樊嬺弟子不周之女,通德爲伶玄詳説趙飛燕姊弟故事,文中所記,便出自其所講述①。

　　成帝后趙飛燕姊妹事傳揚頗廣,《漢書》卷九七《外戚傳》載其事略,至於小説傳記,漢唐間則有葛洪《西京雜記》載五事,王嘉《拾遺記》載一事。又或有《漢成帝内傳》,樂史《楊太真外傳》引其文云:"漢成帝獲飛燕,身輕欲不勝風,恐其飄翥,帝爲造水晶盤,令宫人掌之而歌舞。又製七寶避風臺,間以諸香,安於上,恐其四肢不禁也。"②以此窺之,則《漢成帝内傳》或亦多載飛燕姊妹事。而《趙飛燕外傳》尤可稱道,其以宫廷後妃爲對象,描寫西漢成帝趙后行事,筆墨重點集中于趙后及其妹合德與漢成帝的宫闈秘事,圍繞著後宫生活中司空見慣的爭寵話題,運用多種手法如對比映襯等,在一件件瑣碎宫闈之事的細緻叙述中,展現人物性格。而其描摹細微真切,述閨闈媟褻之狀有若目睹,並在客觀描述中又不動聲色地寄寓著作者"盛衰奄忽之變"、"荒田野草之悲"的理性批判和歷史感喟。

---

①《顧氏文房小説》本作樊嬺,涵本《説郛》本作樊嬺。樊嬺乃飛燕、合德姊妹的姑妹,丞光司帝者。據傳文,妹當作姊,即姑表姐。

②樂史:《楊太真外傳》,涵芬樓本《説郛》卷三八,陶宗儀等編《説郛三種》,上海古籍出版社 1988 年,第 642 頁下。

　　胡應麟嘗稱之云："《飛燕》，傳奇之首也。"①謂其開唐人傳奇之先鞭，誠非虛言。《趙飛燕外傳》叙宫闈秘事，亦啓小説宫廷題材之風氣，唐宋傳奇小説，故多隋煬帝、唐玄宗之宫闈故事，當是《外傳》影響之結果。而宋秦醇《趙飛燕別傳》更是本之此傳而成，秦醇於傳前序即明言："余里有李生世業儒術，一日家事零替，余往見之，墻角破筐中有古文數册，其間有《趙后別傳》，雖編次脱落，尚可觀覽。余就李生乞其文以歸，補正編次以成傳，傳諸好事者。"②文中昭儀入浴、昭儀進藥等處，承而廣之，至如"初夜絳帳中擁昭儀，帝笑聲吃吃不止"，乃徑直鈔襲。《金瓶梅》亦加襲用，踵事增華而已。而其文字間之隱隱香豔，亦竟濡染風氣，流而爲糜，乃至氾濫爲色情矣。

鍾離意別傳

　　輯存。佚名撰。

　　《鍾離意別傳》，《隋書・經籍志》無著録，作者、卷數不詳。《後漢書》李賢注等引其文，清人侯康《補後漢書藝文志》卷三史部雜傳類、姚振宗《後漢藝文志》卷二史部雜傳記類、顧櫰三《補後漢書藝文志》卷七、曾樸《補後漢書藝文志並考》卷六記傳志内篇第二之二均補録《鍾離意別傳》。《太平御覽經史圖書綱目》録《鍾離意別傳》，則其至宋初李昉等修《太平御覽》之時或尚存。

　　鍾離意，《後漢書》卷四一有傳，其云："鍾離意，字子阿，會稽山陰人也。"少爲郡督郵，舉孝廉，歷官至尚書，出爲魯相，以久病

①胡應麟：《少室山房筆叢》卷二九丙部《九流緒論下》，中華書局 1958 年，第 275 頁。

②秦醇：《趙飛燕別傳》，涵芬樓本《説郛》卷三二，陶宗儀等編《説郛三種》，上海古籍出版社 1988 年，第 562 頁上。

卒官。

《鍾離意別傳》作者今已無從考知，闕如。

《鍾離意別傳》今佚，其文今散見於諸書徵引，王仁俊據《後漢書・鍾離意傳》李賢注和《後漢書・志第二十・郡國二》劉昭注採得二節，録於《玉函山房輯佚書續編》之史編總類中。顧櫰三《補後漢書藝文志》卷七據諸書採得數節，但未作仔細校勘。朱東潤《八代傳叙文學述論》附輯《鍾離意別傳》，亦未周備。《漢魏六朝雜傳集》據諸書徵引，新輯其文，題《鍾離意別傳》。

今據諸書徵引，條列所存佚文如下：

一、鍾離意里籍。《太平御覽》卷二六四《職官部六十二・功曹參軍》引，其云："意，字子阿，會稽山陰人也。"

二、任延優文檄縣召鍾離意事。見於《北堂書鈔》卷六三《設官部十五・都尉一百一》"優文召處士"引。

三、鍾離意爲督郵三事。吳烏邑亭長受民酒禮、意封調還府不考事，見於《北堂書鈔》卷七七《設官部二十九・督郵一百七十》"爲視聽"引。對太守事，見於《北堂書鈔》卷七七《設官部二十九・督郵一百七十》"政舉大綱"引。吳中大疫事，見於《北堂書鈔》卷七七《設官部二十九・督郵一百七十》"露車不冠"、《太平御覽》卷二五三《職官部五十一・督郵》、卷七二二《方術部三・醫二》、卷七四二《疾病部五・疫癘》、《職官分紀》卷四一《督郵》"鍾離督郵民皆治"、《姑蘇志》卷三七《宦蹟一・鍾離意》引。

四、鍾離意爲功曹二事。意乃爲府立條式事，見於《北堂書鈔》卷三四《政術部八・任賢十九》"署鍾離意爲功曹威儀嚴肅"、《太平御覽》卷二六四《職官部六十二・功曹參軍》、《職官分紀》卷四一《司功參軍》"威儀嚴肅"引。意薦周樹事，見於《北堂書鈔》卷三七《政術部十一・公正三十一》"鍾離意白周樹"引。

五、揚州刺史夏君辟鍾離意事。見於《北堂書鈔》卷七三《設官部二十五・從事一百六十五》"三府側席"、《太平御覽》卷二六

五《職官部六十三·從事》、《職官分紀》卷四〇《諸從事》“聞有令
問”引。

六、鍾離意舉孝廉事。見於《北堂書鈔》卷七九《設官部三十
一·孝廉一百七十七》“鍾離意爲天下第一”引。

七、鍾離意爲議曹掾送囚徒事。見於《北堂書鈔》卷六八《設
官部二十·掾一百三十七》“鍾離意爲國用心”、《太平御覽》卷
二〇九《職官部七·司徒掾》、卷六四二《刑法部八·徒》、卷六九
五《服章部十二·襦》、《職官分紀》卷五《掾屬》“爲國用心平誠良
吏”引。

八、鍾離意爲瑕丘令遣户曹史檀建事。見於《北堂書鈔》卷
一二〇《武功部八·幡二十一》“齎幡白督郵”、《太平御覽》卷三
四一《兵部七十二·幡》引。

九、鍾離意爲東平瑕丘令懲處倪直父子事。見於《北堂書
鈔》卷七八《設官部三十·縣令一百七十六》“鷹化爲鳩暴虎成
狸”、卷一四三《酒食部二·總篇一》“兒直一飯五升”、《太平御
覽》卷二六八《職官部六十六·良令長下》、《職官分紀》卷四二
《縣令》“縛暴虎不用尺繩”、《天中記》卷三四《縣令》“暴虎成
狸”引。

一〇、鍾離意爲棠邑令而被徵事。見於《北堂書鈔》卷
六〇《設官部十二·諸曹尚書七十五》“鍾離至德”引。

一一、鍾離意爲尚書不受以交阯太守張恢贓物爲賜事。見
於《太平御覽》卷四二六《人事部六十七·清廉下》、卷六四一《刑
法部七·贓貨》、《天中記》卷二七《清廉》“委珠”引。

一二、鍾離意爲尚書僕射，解暨鄲事。見於《北堂書鈔》卷五
九《設官部十一·尚書僕射七十三》“排閤入諫”、《藝文類聚》卷
四八《職官部四·僕射》、《初學記》卷一一《職官部上·僕射第
四》“排閤曳履”、《太平御覽》卷二一一《職官部九·左右僕射》、
《職官分紀》卷八《左右僕射》“排閤入謀”引。

一三、鍾離意諫明帝作北宮事二條。見於《太平御覽》卷四五五《人事部九十六·諫諍五》、卷四五七《人事部九十八·諫諍七》引。

一四、鍾離意爲魯相修夫子車事。《後漢書》卷四一《鍾離意傳》"出爲魯相"李注、《後漢書·志第二十·郡國二·豫州·魯國》"有鐵有闕里孔子所居"劉昭注、四庫本《北堂書鈔》卷一三九《車部·車總篇一》"夫子車"、《藝文類聚》卷三八《禮部上·宗廟》、卷八四《寶玉部下·璧》、《太平御覽》卷五三五《禮儀部十四·釋奠立廟附》、卷七五八《器物部三·甕》、卷八〇六《珍寶部五·璧》、《事類賦》卷九《寶貨部·玉賦》"張伯懷之而見欺"引。

又,《文選》卷三六《文·天監三年策秀才文三首》"問朕本自諸生弱齡有志"李注、卷四〇《牋·百辟勸進今上牋一首》"且明公本自諸生取樂名教"李注、《北堂書鈔》卷一五六《歲時部四·寒篇二十五》"嚴遵學夜寒不得寢"、《藝文類聚》卷五《歲時下·寒》、《太平御覽》卷三四《時序部十九·寒》、卷三九三《人事部三十四·臥》引文注出《鍾離意別傳》而敘嚴遵事,《太平御覽》卷九六七《果部四·桃》、《事類賦》卷二六《果部·桃賦》"或出之而剖腹"、《天中記》卷五二《桃》"剖腹"、《廣博物志》卷四三《草木下》、《山堂肆考》卷二〇四《果品·桃子》"盜食御桃"引文注出《鍾離意別傳》而爲《周書》云云、《史記》云云,或不出《鍾離意別傳》,存疑。

鍾離意起家爲郡督郵,卒魯相。考《鍾離意別傳》佚文,存其生平大略。故《鍾離意別傳》雖有殘缺,而大體仍存。朱東潤以爲《鍾離意別傳》"篇幅既大,敘述也更細緻,字裡行間處處看到鍾離意底面目。這便是一篇有價值的作品"。朱東潤將《鍾離意別傳》與《後漢書·鍾離意傳》加以對比,指出雜傳在揭示人物個性方面之優勢,其云:"把《後漢書·鍾離意傳》合《別傳》比較,我們更看出史傳和一般傳敘底不同。范曄作史,本來以簡潔著名,所以在記載中,削去一切有關個性的細節,但是在《別傳》裏卻完全留着,我們更容易認識傳主底真相。"①朱東潤所言,肯定《鍾離意別傳》以大量細節呈現出鍾離意之個性,因而更加接近歷史真實之鍾離意。綜言之,《鍾離意別傳》所存諸事,雖平實而詳贍細緻,主要在於展現其忠君恤民、正直清廉、寬容仁厚之性。而爲魯相修夫子車得孔子素書事,虛誕離奇,則又近小説家言矣。

郭泰別傳三種

今見於諸書徵引郭泰別傳者有三:《郭林宗別傳》、《郭泰別傳》、《郭子別傳》,此三種郭泰別傳,清人侯康《補後漢書藝文志》卷三史部雜傳類、姚振宗《後漢藝文志》卷二史部雜傳記類、顧櫰三《補後漢書藝文志》卷七別傳類、曾樸《補後漢書藝文志並考》卷六記傳志内篇第二之二補録,或題《郭泰別傳》,或題《郭林宗別傳》,皆未加區分。

朱東潤云:"《郭林宗別傳》雜見《三國志注》、《世説新語注》、《後漢書注》及《太平御覽》諸書,所引或稱《郭泰別傳》,較之《郭林宗別傳》字句相同,大致是一篇傳,引用者隨意立名,便形似兩傳了。"②然不僅《郭林宗別傳》與《郭泰別傳》非一傳,且《郭泰別傳》、《郭林宗別傳》、《郭子別傳》三傳實各不相屬。姚振宗即懷疑三部郭泰傳記非一種。其《後漢藝文志》云:"又按《御覽經史圖書綱目》載《郭泰別傳》、《郭林宗別傳》,書中又引《郭子別傳》,似相傳不止一本。"曾樸《補後漢書藝文志並考》亦云:"……范書謂後之好事附益增張,故多華詞不經。可見當時爲泰立傳不止一家,今《御覽》四百三十四所引《林宗別傳》與《後漢書・黄憲

---

① 朱東潤:《八代傳叙文學述論》,復旦大學出版社 2006 年,第 58—59 頁。
② 朱東潤:《八代傳叙文學述論》,復旦大學出版社 2006 年,第 61 頁。

傳》所引《郭泰別傳》事同而辭異，疑《郭泰別傳》、《林宗別傳》係
二人作，非引書者隨意標題也。”然姚振宗、曾樸雖意識到不同，
“以無確據不敢分標”爲由，卻並未分別著錄。又，今人朱東潤
《八代傳敘文學述論》附輯《郭林宗別傳》，亦未作區別。

今檢諸書所引，《世說新語》劉孝標注、《北堂書鈔》、《藝文類
聚》既引《郭林宗別傳》，又引《郭泰別傳》；《記纂淵海》既引《郭林
宗別傳》，又引《郭子別傳》；《太平御覽》同時稱引《郭林宗別傳》、
《郭泰別傳》、《郭子別傳》，且于書前《太平御覽經史圖書綱目》並
錄《郭林宗別傳》、《郭泰別傳》。據劉孝標注《世說新語》引書之
例，以及李昉等編《太平御覽》引書之例，劉孝標及李昉等當確見
有《郭林宗別傳》、《郭泰別傳》及《郭子別傳》，則自南北朝至宋初
修《太平御覽》，當確有至少三種郭泰別傳流傳。

郭泰，范曄《後漢書》卷六八有傳，作郭太。其云：“郭太，字
林宗，太原界休人也。”李注云：“范曄父名泰，故改爲此太。”郭泰
早孤，母欲使給事縣廷。林宗曰：“大丈夫焉能處斗筲之役乎？”
就成皋屈伯彥學，三年業畢，博通墳籍。善談論，美音制。終生
不仕，閉門教授，弟子以千數。建寧二年（169）春，卒于家，時年
四十二。

郭林宗別傳

輯存。佚名撰。

《郭林宗別傳》，《隋書・經籍志》等史志書目無著錄，撰人、
卷數不詳。顧櫰三《補後漢書藝文志》卷七別傳類補錄。《太平
御覽經史圖書綱目》錄有《郭泰別傳》與《郭林宗別傳》兩種，且
《太平御覽》稱引《郭林宗別傳》者甚夥，則宋初此傳與《郭泰別
傳》當俱存，且大量爲《太平御覽》所採錄。

就諸書引《郭林宗別傳》、《郭泰別傳》佚文觀之，二傳確當各
不相屬。如《太平御覽》卷四〇九《人事部五十・交友四》、卷四

四四《人事部八十五·知人下》所引《郭林宗別傳》，與《世説新語·德行》第三條劉注、《後漢書》卷五三《黄憲傳》"或以問林宗"李注、《藝文類聚》卷二二《人部六·品藻》、《太平御覽》卷四四六《人事部八十七·品藻中》、《四六標準》卷二〇"叔度萬頃之陂世莫得而澄撓"等所引《郭泰別傳》，皆叙及郭林宗判袁閬、黄憲二人器量事，事同而文頗異。《太平御覽》引《郭林宗別傳》者云：

> 至汝南見袁閬，不宿而去，從黄憲三日乃去，過新蔡，薛勤問之曰："足下見袁奉高，不宿而去，從黄叔度乃彌日，何也？"泰曰："奉高之流，雖清而易挹；叔度汪汪，若千畝之陂，澄之不清，撓之不濁，難測量也。"

《世説新語》劉注、《後漢書》李注等引《郭泰別傳》云：

> 時林宗過薛恭祖，恭祖問曰："聞足下見袁奉高，車不停軌，鸞不輟軛；從叔度乃彌信宿也。"

> 薛恭祖問之，泰曰："奉高之器，譬諸汎濫，雖清易挹也。"

> 少遊汝南，先過袁閬，不宿而退；遂往從黄憲，累日方還。或問林宗，林宗曰："奉高之器，譬諸汎濫，雖清而易挹；叔度汪汪君子，若千萬頃陂，澄之不清，混之不濁，不可量也。"

同一事而叙述不同如此，非爲一傳可知。

《郭林宗別傳》雖久佚，然佚文散見諸書徵引。《漢魏六朝雜傳集》諸書稱引當出《郭林宗別傳》者，輯録其文。

今檢諸書徵引當出《郭林宗別傳》者，條列其佚文如下。

一、郭林宗貸錢遊學事。見於《太平御覽》卷四八五《人事部一二六·貧下》等引。

二、郭林宗與李膺交遊事。見於《北堂書鈔》卷一三七《舟部上·舟總篇一》"李郭仙舟"、《藝文類聚》卷七一《舟車部·舟》、《太平御覽》卷三八〇《人事部二十一·美丈夫下》、《記纂淵海》卷一九《論議部之十九·因人而重》、《翰苑新書前集》卷六九《薦辟》“李膺奇林宗”引。

三、朝廷徵郭林宗，林宗辭疾，闔門教授事。見於《太平御覽》卷六一三《學部七·教學》引。

四、郭林宗儀貌魁偉事。見於《太平御覽》卷三八八《人事部二十九·聲》引。

五、郭林宗遇雨折巾事。見於《北堂書鈔》卷一二七《衣冠部上·巾八》“遇雨”、“折角”、《藝文類聚》卷六七《服飾部·巾帽》、《太平御覽》卷六八七《服章部四·巾》引。

六、郭林宗盡交時彥及判袁閬、黃憲事。見於《太平御覽》卷四〇九《人事部五十·交友四》、卷四四四《人事部八十五·知人下》引。

七、郭林宗名顯，士爭歸之事。見於《太平御覽》卷六〇六《文部二十二·刺》引。

八、郭林宗宿逆旅，必洒掃事。見於《太平御覽》卷一九五《居處部二十三·逆旅》等引。

九、郭林宗拔茅容事。見於《藝文類聚》卷二〇《人部四·孝》、《太平御覽》卷四一四《人事部五十五·孝下》引。

一〇、郭林宗拔孟敏事。見於《世說新語·黜免》第六條劉注、《太平御覽》卷七五七《器物部二·甑》引。

一一、郭林宗判衛兹、圈文生事。見於《三國志》卷二二《衛臻傳》“太祖每涉郡境輒遣使祠焉”裴注等引。

一二、郭林宗判王柔、王澤兄弟事。見於《三國志》卷二七《王昶傳》“王昶字文舒太原晉陽人也”裴注引。

一三、郭林宗友魏德公事。見於《北堂書鈔》卷一四四《酒食部·粥篇十》“三進一訶”、“林宗以杯擲地”、《初學記》卷二六《服食部·粥第十三》“擲杯納橐”、《太平御覽》卷八五九《飲食部十七·糜粥》等引。

一四、郭林宗與宿仲琰事。見於《太平御覽》卷七七六《車部五·當》引。

另外，《格致鏡原》卷六二《蔬類一·韭》引一條，作《郭林宗別傳》，其云："林宗有友人，夜冒雨至，剪韭作炊餅，今洛人效之。"《編珠》卷四《補遺·黍稷部》"剪韭獻芹"引則作《後漢書》，其云："郭林宗見友來，夜冒雨剪韭作炊餅。"檢范曄《後漢書·郭太傳》，不載此事，其或出《郭林宗別傳》，亦或出謝承等《後漢書》。

於郭泰別傳三種中，《郭林宗別傳》存文最多。漢末，人物品評之風漸起，《郭林宗別傳》多載其人物鑑賞之事，正是此一風氣之縮影。當然，《郭林宗別傳》不僅載郭林宗鑒識人物之事，亦載其生平諸多細事，如求學之艱難、逆旅宿息之事以及生活中其他方方面面。其所凸現，作爲鑒識家、名士之郭林宗，性格完整而鮮明。

郭泰別傳

輯存。佚名撰。

《郭泰別傳》，《隋書·經籍志》史部雜傳類無著録，撰人、卷數均不詳。清人侯康《補後漢書藝文志》卷三史部雜傳類、姚振宗《後漢藝文志》卷二史部雜傳記類、曾樸《補後漢書藝文志並考》卷六記傳志内篇第二之二補録有《郭泰別傳》。

《郭泰別傳》今已散佚，其文散見於諸書徵引。《漢魏六朝雜傳集》據諸書稱引當出《郭泰別傳》者，新録其文。

今簡括諸書徵引當出《郭泰別傳》者，條列其佚文如下：

一、郭泰就屈伯彥學事。見於《北堂書鈔》卷九七《藝文部三·博學十二》"博通墳素"引。

二、郭泰有人倫鑒識事。見於《世説新語·政事》第一七條劉注引。

三、郭泰判袁閬、黃憲事。見於《世説新語·德行》第三條劉注、《後漢書》卷五三《黃憲傳》"或以問林宗"李注、《藝文類聚》卷二二《人部六‧品藻》、《太平御覽》卷四四六《人事部八十七‧品藻中》等引。

四、郭泰名顯,士爭歸之事。見於《後漢書》卷六八《郭太傳》"其見慕皆如此"李注、《北堂書鈔》卷一〇四《藝文部十‧刺五十三》"載刺盈車"引。

五、郭泰判王柔事。見於《太平御覽》卷二四一《職官部三十九‧北中郎將》、《職官分紀》卷三六《南北東西中郎將》"以武官顯"引。

六、郭泰論賈淑事。見於《太平御覽》卷五六一《禮儀部四十‧弔》引。

七、郭泰母喪,徐稺來吊事。見於《太平御覽》卷五六一《禮儀部四十‧弔》引。

八、鄉人見郭泰,皆於床下拜事。見於《太平御覽》卷五四二《禮儀部二十一‧拜》引。

九、郭泰家有書五千餘卷事。見於《北堂書鈔》卷一〇一《藝文部七‧藏書二十四》"林宗有書五千卷"引。

又,《記纂淵海》卷二〇《論議部之二十‧因惡累美》、卷八二《識見部之三‧曠達》、卷一二一《人情部之六‧仰羡》、卷一四〇《叙述部之二‧自新》、卷一七八《喪紀部之三‧墓銘》、《古今合璧事類備要前集》卷三四《賓主門‧交遊》"所至擇交"引數條,作東漢《郭泰傳》或後漢《郭泰傳》者,《後漢書‧郭太傳》不載,或文字大異《後漢書‧郭太傳》,疑或出《郭太別傳》。

郭泰有人倫鑒識之明,《郭泰別傳》云:"有人倫鑒識,題品海內之士,或在幼童,或在里肆,後皆成英彥六十餘人。"《郭泰別傳》乃多載郭泰之名士風神韻度及鑒識賞拔士類事,叙述多靈動,用語多秀逸,郭泰之聲口時見於紙外。

郭子別傳

輯存。佚名撰。

《郭子別傳》,《隋書・經籍志》等史志書目無著録,撰人、卷數不詳。《太平御覽經史圖書綱目》録《郭泰別傳》與《郭林宗別傳》,然不録《郭子別傳》。檢《太平御覽》,同時引《郭泰別傳》、《郭林宗別傳》與《郭子別傳》,其中引《郭泰別傳》、《郭林宗別傳》者甚夥,引《郭子別傳》者僅一條。

《郭子別傳》佚失殆盡,今存文一條,叙蔡伯喈告盧子幹、馬日磾爲郭先生碑頌無愧色事,見於《太平御覽》卷三八八《人事部二九・色》、《記纂淵海》卷七四《性行部之三十八・無愧》引,稱"林宗秀立高時,詹然淵渟",叙郭林宗之風神,頗得漢末以來人物品評繪形攝神之法。《太平御覽》卷三八八《人事部二十九・聲》引《郭林宗別傳》,稱"林宗儀貌魁梧,身長八尺,音聲如鐘,當時以爲准的"。實寫郭林宗外貌音聲,與《太平御覽》、《記纂淵海》所引《郭子別傳》之摹繪風神,顯然二途。且稱郭林宗爲"郭子"者,必非《太平御覽》及《記纂淵海》編纂者所改,其傳原名當即《郭子別傳》,定當爲郭林宗門人後學所作無疑。

《郭子別傳》,《漢魏六朝雜傳集》據《太平御覽》卷三八八引,輯録其文。

郭林宗有人倫鑒識之明,《後漢書・郭太傳》稱其"性明知人,好獎訓士類"。《郭泰別傳》稱"有人倫鑒識,題品海内之士,或在幼童,或在里肆,後皆成英彦六十餘人。"乃漢末著名人物鑒識家。關於其獎拔人物之事,在民間往往流傳。《後漢書・郭太傳》即云:"其獎拔士人,皆如所鑒。後之好事,或附益增張,故多華辭不經,又類卜相之書。今録其章章效於事者,著之篇末。"《郭林宗別傳》、《郭泰別傳》及《郭子別傳》當多"附益增張",與《東方朔傳》相類。又兼其叙述周備、描摹細膩,且常多諧趣,故而《郭林宗別傳》、《郭泰別傳》及《郭子別傳》,頗具故事性與情節性。

樊英別傳

　　輯存。佚名撰。

　　《樊英別傳》,《隋書・經籍志》無著録,著者、卷數皆不詳。
清人侯康《補後漢書藝文志》卷三史部雜傳類、姚振宗《後漢藝文
志》卷二史部雜傳記類、顧櫰三《補後漢書藝文志》卷七、曾樸《補
後漢書藝文志並考》卷六記傳志内篇第二之二均有補録。

　　《太平御覽經史圖書綱目》録《樊英別傳》,《太平廣記引用書
目》亦録《樊英列傳》,檢《太平廣記》卷七六《方士一・樊英》引一
條,注出《英別傳》,《太平廣記》卷一六一《感應一・樊英》引一
條,注出《英列傳》,文多同,當出《樊英別傳》,《太平廣記》卷一六
一《感應一・樊英》引注出《英列傳》者,“列”當爲“別”,蓋因形近
而訛,則《太平廣記引用書目》、《樊英列傳》亦當作《樊英別傳》。
《太平廣記》卷七六、卷一六一所引載樊英三事,即向西南噀以滅
成都市火事、被髮斫擊舍中以救郊生事及釋殿上鐘自鳴事,《太
平廣記》兩處所引當爲《樊英別傳》之節略。則宋初李昉等修《太
平御覽》、《太平廣記》時尚見此書,且於《太平御覽》、《太平廣記》
中加以引録。

　　樊英,《後漢書》卷八二上《方術列傳上》有傳,其云:“樊英,
字季齊,南陽魯陽人也。少受業三輔,習《京氏易》,兼明五經,又
善風角、星筭、《河》、《洛》七緯,推步災異。”州郡辟不應。順帝時
被徵入京,永建四年(129),拜五官中郎將。數月,英稱疾篤,詔
以爲光禄大夫,賜告歸。年七十餘,卒於家。

　　《樊英別傳》今佚,其文散見於各書徵引。顧櫰三《補後漢書
藝文志》卷七在著録時,據各書採得佚文數節,但未作校勘。《漢
魏六朝雜傳集》據諸書徵引,新輯其文,題《樊英別傳》。

　　今檢諸書徵引當出《樊英别傳》者,條列其所存佚文如下。

　　一、樊英答婢拜事。見於《太平御覽》卷四三二《人事部七十三·恭敬》、卷五四二《禮儀部二十一·拜》等引。

　　二、樊英西向漱水滅成都市火事。一事而異詞,一云樊英於壺山時,見於《藝文類聚》卷八〇《火部·火》、《事類賦》卷八《地部三·火賦》"樊英之神寧測"、《太平御覽》卷八六八《火部一·火上》引。一云樊英見天子後,見於《太平御覽》卷三八七《人事部二十八·唾》及《太平廣記》卷七六《方士一·樊英》、卷一六一《感應一·樊英》引。抑或《樊英别傳》有多本流傳,傳聞異詞。案:《後漢書·樊英傳》載樊英含水漱之救成都市火事,云是英隱壺山事。《楚國先賢傳·樊英》亦載,云是英隱壺山事。又,《汝南先賢傳·郭憲》言郭憲從駕南郊,含酒東北三潠救齊國失火,《後漢書·郭憲傳》亦載;《桂陽列仙傳·成武丁》言成武丁正旦大會,以酒沃廷中救臨武縣失火;《邵氏家傳·邵信臣》言邵信臣爲少府,時在丞相匡衡坐,含酒東向漱之救南陽失火;《神仙傳·欒巴》言欒巴爲尚書,正旦大會,飲酒西南噀之救成都市失火;《晉書·佛圖澄傳》言佛圖澄嘗與季龍升中臺,取酒噀之救幽州火災。以酒滅火之事,《後漢書·樊英傳》、《楚國先賢傳·樊英》、《樊英别傳》同載之,而《樊英别傳》同存兩説。郭憲以酒滅火事,《後漢書·郭憲傳》、《汝南先賢傳·郭憲》同載之。佛圖澄以酒滅火事,今存《佛圖澄别傳》佚文中無此事,但《晉書·佛圖澄傳》既載此事,《佛圖澄别傳》必載無疑。以酒滅火一事先後發生在樊英、郭憲、邵信臣、欒巴、成武丁、佛圖澄身上,如裴松之言"以爲理無二人俱有此事"①,何況六人具有此事。足見此事之

────────────

① 裴松之之言是針對《列異傳》載華歆爲借宿事與《晉陽秋》載魏舒借宿事相同而發的。見《三國志》卷一三《魏書·華歆傳》裴松之按語,中華書局 2011 年,第 405 頁。

傳聞屬性,雜傳之采摭不徵信實。

三、樊英被徵到京答帝詰難事。見於《太平御覽》卷四二八《人事部六十九・正直下》、《記纂淵海》卷七三《性行部之三十七・不屈》引。

四、樊英釋殿上鐘自鳴事。見於《世説新語・文學》第六一條劉注引。《太平廣記》卷七六《方士一・樊英》引一條,注出《英別傳》,《太平廣記》卷一六一《感應一・樊英》亦引。案:殿上鐘無故自鳴之事,又見於《東方朔傳》,恐是《樊英別傳》移植《東方朔傳》所載,以附益於樊英。

五、樊英被髮拔刀斫舍中救郤生事。見於《太平御覽》卷三七三《人事部十四・髮》引。《太平廣記》卷七六《方士一・樊英》引一條,注出《英別傳》,《太平廣記》卷一六一《感應一・樊英》亦引。

六、詔書賜樊英還家事。見於《北堂書鈔》卷五六《設官部八・左右光禄大夫四十二》“樊英委榮爲光禄大夫”、《藝文類聚》卷四九《職官部五・光禄大夫》、《太平御覽》卷二四三《職官部四十一・光禄大夫》、《職官分紀》卷四八《光禄大夫》“委榮辭禄不降其節”引。

樊英爲方術之士,入《後漢書・方術傳》。《後漢書・方術傳・樊英傳》云:“樊英字季齊,南陽魯陽人也。少受業三輔,習《京氏易》,兼明五經。又善風角、星筭、《河》、《洛》七緯,推步災異。”被徵入朝,“英既善術,朝廷每有災異,詔輒下問變復之效,所言多驗”。然于朝廷,“及後應對,又無奇謨深策,談者以爲失望”。檢《樊英別傳》佚文,知當多記其知災異而多驗事,如漱水滅成都市火事、被髮拔刀斫舍中救郤生事,頗涉虛誕,通之于小説者矣。

劉根別傳

　　輯存。佚名撰。

　　《劉根別傳》,《隋書・經籍志》史部雜傳類無著録,著者、卷數不詳。《隋書・經籍志》史部雜傳類著録有《劉君内記》一卷,題王珍撰。《舊唐書・經籍志》史部雜傳類、《新唐書・藝文志》子部道家類無著録,《通志・藝文略》道家傳類著録《劉真人内傳》一卷,注云"漢王珍遇劉根事";又著録《劉君内記》一卷,王珍賢撰。《通志》所録《劉君内記》當源自《隋書・經籍志》著録。至於《劉真人内傳》與《劉君内記》之關係,姚振宗《隋書經籍志考證》"《劉君内記》一卷"云:"此自是重出,又衍賢字。"姚振宗《後漢藝文志》卷二史部雜傳類"《劉根別傳》"條以爲《隋書・經籍志》所録的《劉君内記》即《劉根別傳》,姚氏云:"按《通志略》道家有《劉真人内傳》一卷,注云'漢王珍遇劉根事',似即此書。根,潁川人,隱居嵩山中……"姚氏所言似不甚確妥,蓋如《通志・藝文略》著録《劉君内記》或《劉真人内記》所言,它是記"王珍遇劉根事",而今所見《劉根別傳》佚文,不見有王珍事,如兩傳爲同一書,王珍遇劉根事當是其主要内容,或應存一鱗半爪,而今竟不存隻言片語。故竊以爲,《劉君内記》與《劉根別傳》或不是同一書。另外,葛洪《神仙傳》所載劉根之事中,有王珍從劉根學道事。

　　劉根,《後漢書》卷八二《方術傳》有傳,《神仙傳》卷八亦有傳。《後漢書・方術傳・劉根傳》云:"劉根者,潁川人也,隱居嵩山中。諸好事者自遠而至,就根學道。"太守史祈以根爲妖妄,乃收執詣郡。爲史祈所迫,根乃於祈前呼其亡父祖近親數十人鬼魂至。祈頓首請罪。根不應,忽然俱去,不知在所。

　　《太平御覽經史圖書綱目》録《劉根別傳》,則李昉等修《太平御覽》時或尚見此書。清人侯康《補後漢書藝文志》卷三史部雜傳類、姚振宗《後漢藝文志》卷二史部雜傳記類、曾樸《補後漢書藝文志並考》卷六記傳志內篇第二之二皆有補錄。

《劉根別傳》久佚,其文今散見於諸書徵引,無輯本。《漢魏六朝雜傳集》據諸書徵引,新輯其文,題《劉根別傳》。

今檢諸書徵引作《劉根別傳》者,條列其所存佚文如下。

一、劉根棄世學道入中嶽嵩山石室,身毛皆長一二尺,顏狀如年十五時。見於《藝文類聚》卷七《山部上·嵩高山》引。

二、潁川大疫,劉根助高府君除疫事。見於《太平御覽》卷七四《地部三十九·沙》、卷七四二《疾病部五·疫癘》等引。

三、以九寸明鏡照面獲長生之術。見於《白氏六帖事類集》卷四《鏡第二十六》"九寸明鏡"、《太平御覽》卷七一七《服用部十九·鏡》引。

四、燒服七歲男齒女髮及己頸垢得長生之術。見於《太平御覽》卷七二〇《方術部一·養生》引。

五、陳孜教袁仲陽服棗核中仁不生百病事。見於《藝文類聚》卷八七《菓部下·棗》、《太平御覽》卷九六五《果部二·棗》、《事類賦》卷二六《果部·棗賦》"或食仁而却邪"、《本草綱目》卷二九《果之一·棗》李時珍按引。

另,《北堂書鈔》卷一三三《服飾部二·杖二十二》"九節仰指日"、《太平御覽》卷七一〇《服用部十二·杖》等引一節,作《劉根別傳》,然敘孝武皇帝登少室見一女子以九節杖仰指日而問東方朔,朔爲解事。此敘漢武帝與東方朔事,遠在前漢,不及劉根,或不出《劉根別傳》。

又,《初學記》卷二一《文部·硯第八》"奪刺史借府君"引一條,作《劉道士傳》,其云:"劉根,字君安,能召鬼。張府君語曰:'聞君能使人見鬼,可使形見,不者,加戮。'根曰:'借府君前筆硯。'因書奏以扣几。須臾,五百鬼縛府君死父母至。"姚振宗《後漢藝文志》卷二史部雜傳記類著録《劉根別傳》時按云："《初學記》二十一引《劉道士傳》曰劉根字君安。"似視《劉道士傳》爲《劉根別傳》之異稱。劉根召鬼事,《後漢書·方術傳·劉根傳》及《神仙傳·劉根傳》皆言爲太守史祈所逼,此言爲張府君,當不出《後漢書》及《神仙傳》,而諸書引《劉根別傳》者亦無此文,固難確斷。亦存疑。

劉根爲方術之士,入《後漢書·方術傳》,《神仙傳》云："劉根字君安,長安人也。少時明五經,以漢孝成皇帝綏和二年舉孝廉,除郎中。後棄世道,遁入嵩高山石室中。"《劉根別傳》亦云:"根棄世學道,入中嶽嵩山石室中,峥嵘上,東南下五十丈。自崖北而入,冬夏不衣,身毛皆長一二尺,顏狀如年十五時。"因其入山學道,修神仙之術,後世乃以爲神仙。檢《劉根別傳》佚文,兩條爲服食去病延年之事,兩條爲以術除疫防病事,皆涉道術靈異,此傳蓋在於顯其術而證其爲仙者也。

附:劉君内記

佚。王珍撰。一卷。

《隋書·經籍志》史部雜傳類著録《劉君内記》一卷,題王珍撰。《舊唐書·經籍志》史部雜傳類、《新唐書·藝文志》子部道家類無著録,《通志·藝文略》道家傳類著録《劉真人内傳》一卷,注云"漢王珍遇劉根事";又著録《劉君内記》一卷,"王珍賢撰"。《通志》所録《劉君内記》當源自《隋書·經籍志》著録。

姚振宗《隋書經籍志考證》"《劉君内記》一卷"條云:"此自是重出,又衍賢字。"姚振宗以爲《劉真人内傳》當即《劉君内記》,《通志·藝文略》道家類兩録,是重出。姚振宗又於《後漢藝文志》卷二史部雜傳類"《劉根別傳》"條云:"按《通志略》道家有《劉真人内傳》一卷,注云'漢王珍遇劉根事',似即此書。根,穎川人,隱居嵩山中⋯⋯"以爲《劉真人内傳》即《劉根別傳》。即《劉

君內記》、《劉真人內傳》、《劉根別傳》爲同一傳而異稱。綜考之，
《劉真人內傳》當即《劉君內記》，《劉根別傳》及《劉道士傳》則非
《劉君內記》。

今存《後漢書·方術傳·劉根傳》、《神仙傳·劉根傳》、《劉
根別傳》及《劉道士傳》，四傳相較，《神仙傳》似最後出，《神仙
傳·劉根傳》當摭取《後漢書·方術傳·劉根傳》、《劉根別傳》、
《劉道士傳》所記而成。《神仙傳·劉根傳》有王珍事，當據《劉君
內記》，葛洪或見《劉君內記》。

元趙道一作《歷世真仙體道通鑑》卷二〇亦有《劉根傳》，其
所記劉根招鬼，太守姓名作“杜新”，與《後漢書·方術傳·劉根
傳》、《神仙傳·劉根傳》作“史祈”、《劉道士傳》作“張府君”又不
同，不知其所據，且無王珍事，趙道一或未見《劉君內記》。《劉君
內記》則至元代或已亡佚不見。

李郃別傳

輯存。佚名撰。

《李郃別傳》，《隋書·經籍志》等史志書目無録，著者、卷數
不詳。清人侯康《補後漢書藝文志》卷三史部雜傳類、姚振宗《後
漢藝文志》卷二史部雜傳記類、顧櫰三《補後漢書藝文志》卷七別
傳類、曾樸《補後漢書藝文志並考》卷六記傳志內篇第二之二均
有補録。

李郃，《後漢書·方術傳》有傳，其云：“李郃字孟節，漢中南
鄭人也。父頡，以儒學稱，官至博士。郃襲父業，遊太學，通五
經。善《河》、《洛》風星，外質樸，人莫之識。”始爲縣幕門候吏。
因觀星象而知使者微行，爲使者所奇，其使者一人後拜漢中太
守，郃猶爲吏，太守奇其隱德，召署户曹史。後舉孝廉，五遷尚書
令，又拜太常。元初四年(117)，代袁敞爲司空，數陳得失，有忠

臣節。在位四年,坐請託事免。安帝崩,北鄉侯立,復爲司徒。及北鄉侯病,郃等謀立順帝,有功,封郃涉都侯,辭讓不受。年八十餘,卒於家。

《太平御覽經史圖書綱目》録《李邱別傳》,檢《太平御覽》所引,唯卷二三六《職官部三十四・博士》引一條,作《李邱別傳》,四庫本《太平御覽》卷二三六作《李郃別傳》,其文與《藝文類聚》卷四六《職官部二・博士》所引《李郃別傳》多同,皆叙李郃數陳忠言事,"邱"當爲"郃",形近而訛。《初學記》卷一八《人部中・貧第六》"茅宅蓬廬"引一條,作《李邱別傳》,四庫本《北堂書鈔》卷一〇一《藝文部・寫書十七》"李卻賃書自給"引一條,作《李卻別傳》,其文與《北堂書鈔》卷一〇一《藝文部・寫書十七》"李郃賃書自給"、《太平御覽》卷四八五《人事部一百二十六・貧下》所引《李郃別傳》多同,皆叙李郃居貧不好治産事,"卻"亦當爲"郃",形近而誤。又,《太平御覽》卷七七九《奉使部三・奉使下》引一條,作《華陽李郃別傳》,文與《北堂書鈔》卷四〇《政術部・奉使四十》"循行州郡"、卷一五〇《天部二・星五》"使星向益部"引《李郃別傳》多同,皆叙觀星象而知使者微行事,則《華陽李郃別傳》當爲《李郃別傳》異稱。

《太平御覽經史圖書綱目》既録《李邱別傳》,則宋初修《太平御覽》時當或尚見此傳,其佚或在此後。今其文散見諸書徵引,顧櫰三《補後漢書藝文志》卷七在補録時輯得其佚文數節,但未作校勘。《漢魏六朝雜傳集》據諸書徵引,新輯其文,題《李郃別傳》。

今檢諸書徵引當出《李郃別傳》者,條列其所存佚文如下。

一、李郃居貧不好治産事。《北堂書鈔》卷一〇一《藝文部・寫書十七》"李郃賃書自給"、《太平御覽》卷四八五《人事部一百二十六・貧下》引作《李郃別傳》;《初學記》卷一八《人部中・貧第六》"茅宅蓬廬"引作《李邱別傳》,"邱"當爲"郃";四庫本《北堂書鈔》卷一〇一《藝文部·寫書十七》"李郃賃書自給"引作《李郃別傳》，"郃"當爲"郃"。"郕"、"郤"皆當因形近而誤。

二、郃居漢中，觀星象而知二使者微行至郡事。《北堂書鈔》卷四〇《政術部·奉使四十》"循行州郡"、卷一五〇《天部二·星五》"使星向益部"引作《李郃別傳》；《藝文類聚》卷一《天部上·星》引作《李郃傳》；《太平御覽》卷七七九《奉使部三·奉使下》引作《華陽李郃別傳》。考《李郃傳》及《華陽李郃別傳》之文，皆與《李郃別傳》大同而小異，當爲《李郃別傳》之異稱。

三、李郃諫太常豐通竇憲事。見於《北堂書鈔》卷七九《設官部三十一·孝廉一百七十七》"李郃絶榮"引。此條言"太常豐"，《後漢書·李郃傳》言"漢中太守"，即前巡行使者之一者也；又言李郃字"君換"，《後漢書·李郃傳》云"李郃字孟節"，不同如是。別傳多録傳聞，而傳聞異詞，《李郃別傳》此即是也。

四、李郃上書太后數陳忠言事。《藝文類聚》卷四六《職官部二·博士》引作《李郃別傳》，《太平御覽》卷二三六《職官部三十四·博士》引作《李郕別傳》，文多同，"郕"當爲"郃"，形近而訛，四庫本《太平御覽》卷二三六即作《李郃別傳》。

五、鄧騭弟豹爲將作大匠，李郃不舉豹事。見於《北堂書鈔》卷七六《設官部二十八·京尹一百六十七》"整頓京師檢御貴戚"、《太平御覽》卷二五二《職官部五十·尹》、《職官分紀》卷三八《河南尹》"整頓京師檢御貴戚"、《古今合璧事類備要後集》卷七一《守臣門·京尹》"檢御貴戚"、《翰苑新書前集》卷四二《京尹》"檢御貴戚"引。

六、李郃以郎謁者爲上林苑令。見於《太平御覽》卷二三二《職官部三十·上林苑令》引。

七、李郃侍祠南郊，奏祭六宗事。見於《太平御覽》卷五二八《禮儀部七·六宗》引。

八、李郃外貌奇異事。見於《太平御覽》卷三六四《人事部五・頭下》、卷三七〇《人事部十一・手》等引。

　　李郃以占星知朝廷使者巡行事，獲使者賞拔，舉孝廉，官至司空。雖入於《後漢書・方術傳》，《後漢書・方術傳・李郃傳》及《李郃別傳》所載，僅占星知朝廷使者來一事及於方術，其餘皆其爲官正直之事，與其他方術之士的傳記頗不相類。

附：李氏家書

　　輯存。佚名撰。

　　《李氏家書》，《隋書・經籍志》集部著録《雜逸書》六卷下小注云：“《李氏家書》八卷……亡。”則此書唐初修《五代史志》時已散亡。今《後漢書》劉昭注存其佚文三節録李郃上書三通，其一，《後漢書・志第八・祭祀中》“安帝即位……禮比太社也”劉注引一節，録李郃請祭六宗書；其二，《後漢書・志第十一・天文中》“兵起宮中是其應”劉注引一節，録李郃論天縣象以示吉凶書；其三，《後漢書・志第十八・五行六》“後二歲三月鄧太后崩”劉注引一節，録李郃論日蝕地震書。三條佚文皆叙李郃事。他處亦有徵引，但多據《後漢書》劉注，故不贅録。

陳寔別傳

　　輯存。佚名撰。

　　《陳寔別傳》，《隋書・經籍志》等史志書目無録，撰人、卷數均不詳。清人侯康《補後漢書藝文志》卷三史部雜傳類、姚振宗《後漢藝文志》卷二史部雜傳記類、顧櫰三《補後漢書藝文志》卷七別傳類、曾樸《補後漢書藝文志並考》卷六記傳志内篇第二之二皆補録。《太平御覽經史圖書綱目》録《陳寔別傳》，則宋初李昉等編纂《太平御覽》時其書或尚存。

陳寔,《後漢書》卷六二有傳,其云:"陳寔,字仲弓,潁川許人
也。出於單微,自爲兒童,雖在戲弄,爲等類所歸。"少作縣吏,常
給事廝役,後爲都亭佐,受業太學,繼而爲督郵,郡西門亭長,尋
轉功曹。司空黃瓊辟選理劇,補聞喜長,復再遷除太丘長。及後
逮捕黨人,事亦連寔。靈帝初,大將軍竇武辟以爲掾屬。中平四
年(187),年八十四,卒于家。

《陳寔別傳》已佚,顧櫰三《補後漢書藝文志》卷七在補録時
輯得其文數節,未作校勘,《漢魏六朝雜傳集》據諸書徵引,新輯
其文,題《陳寔別傳》。

今簡括諸書徵引當出《陳寔別傳》者,條列佚文如下。

一、陳寔爲郡功曹阻侯覽用吏事。見於《北堂書鈔》卷七七
《設官部二十九·功曹一百七十二》"善則稱君惡則稱己"、《太平
御覽》卷二六四《職官部六十二·功曹參軍》引。

二、陳寔曉諭梁上君子事。見於《太平御覽》卷四〇三《人事
部四十四·道德》、卷四九九《人事部一百四十·盜竊》引。

三、陳寔卒而海内赴者三萬人及蔡邕建碑刻銘事。見於《文
選》卷三八《表·爲范始興作求立太宰碑表》"君長一城亦盡刊刻
之美"李注、《北堂書鈔》卷一〇二《藝文部八·碑三十五》"建碑
刻銘"引。

陳寔之於漢季,又遇黨錮,其立身行事,存風範焉。故其卒
而蔡邕爲碑銘,赴者三萬人,謚文範先生。就佚文觀之,《陳寔別
傳》當多載其嘉言懿行,以彰其德性,其狀人物言動頗真切細緻,
如呼命子孫而實諭梁上君子,言語聲口,宛然目前。《後漢書·
陳寔傳》亦載此事,行文近似,豈其源出別傳哉?

梁冀別傳

輯存。佚名撰。

《梁冀別傳》，《隋書·經籍志》史部雜傳類無著録，卷數、撰人不詳。《舊唐書·經籍志》史部雜傳類、《新唐書·藝文志》史部雜傳記類以及《通志·藝文略》史類傳記類著録有“《梁冀傳》二卷”，此當即《梁冀別傳》。清人諸家《補後漢書藝文志》，或補録《梁冀傳》，或補録《梁冀別傳》。侯康《補後漢書藝文志》卷三史部雜傳類、顧櫰三《補後漢書藝文志》卷七別傳類補録《梁冀別傳》，姚振宗《後漢藝文志》卷二史部雜傳記類、曾樸《補後漢書藝文志並考》卷六記傳志内篇第二之二補録《梁冀傳》二卷。今所見諸書徵引，幾皆作《梁冀別傳》。《太平御覽經史圖書綱目》録《梁冀別傳》，則宋初李昉等編纂《太平御覽》時所見傳本當名《梁冀別傳》。

梁冀，梁統玄孫，《後漢書》卷三四有傳，其云：“冀，字伯卓。爲人鳶肩豺目，洞精矘眄，口吟舌言，裁能書計。少爲貴戚，逸游自恣。性嗜酒，能挽滿、彈棋、格五、六博、蹴鞠、意錢之戲，又好臂鷹走狗，騁馬鬥雞。初爲黄門侍郎，轉侍中，虎賁中郎將，越騎、步兵校尉，執金吾。”冀性佷暴，《後漢書·梁冀傳》多載其貪暴不法之事，延熹二年（159），桓帝與中常侍單超、具瑗、唐衡、左悺、徐璜等五人成謀誅冀。

朱東潤云：“《唐志》又有《梁冀傳》二卷、《何顒傳》一卷，大致其書唐代尚存，故得著録。”[1]《梁冀別傳》今則散佚，顧櫰三《補後漢書藝文志》卷七在補録時輯得其文數節。《漢魏六朝雜傳集》據諸書徵引，新輯其文，題《梁冀別傳》。

今檢諸書徵引當出《梁冀別傳》，條列佚文如下。

一、梁冀形貌好尚。見於《太平御覽》卷三六九《人事部十·肩》、卷七五四《工藝部十一·博》、卷七五四《工藝部十一·蹴鞠》、卷七五五《工藝部十二·彈棋》、卷七五五《工藝部十二·射

---

[1] 朱東潤：《八代傳叙文學述論》，復旦大學出版社 2006 年，第 54 頁。

數》引。計五節，各言其一面，《梁冀別傳》原文當連貫成文。《後漢書·梁冀傳》即併叙爲一節。

二、梁冀爲河南尹，居職恣暴，多爲非法事。見於《太平御覽》卷四九二《人事部一百三十二·虐》引。

三、梁冀愛監奴秦宮與冀妻通及爲非法事。見於《太平御覽》卷二三二《職官部三十·太倉令》、卷五〇〇《人事部一百四十一·奴婢》引。

四、梁冀妻孫壽姊夫宗炘、從弟孫安得官事。見於《北堂書鈔》卷五五《設官部七·太倉令三十七》"宗不知書"、《太平御覽》卷二三二《職官部三十·太倉令》、卷二四二《職官部四十·羽林監》引。

五、梁冀作狐尾單衣事。見於《太平御覽》卷六九一《服章部八·單衣》、《事類賦》卷一二《服用部·衣賦》"狐尾虎文之飾"、《格致鏡原》卷一五《冠服類三·衣》引。

六、梁冀奢僭事。見於《太平御覽》卷四九〇《人事部一百三十一·僭》引。

七、元嘉二年又加冀禮儀事。見於《後漢書·志第二十四·百官一》"順帝即位又以皇后父兄弟相繼爲大將軍如三公焉"劉昭注、《文獻通考》卷五九《職官考十三·大將軍》、《職官分紀》卷三三《大將軍》等引。

八、梁冀子嗣爲河南尹事。見於《太平御覽》卷三八二《人事部二十三·醜丈夫》引。

九、冀之專政，天爲見異，衆災並湊事。見於《後漢書·志第十五·五行三》"二年六月彭城泗水增長逆流"劉昭注、《文獻通考》卷二九六《物異考二·水災》引。

一〇、梁冀害常侍徐璜事。見於《後漢書·志第十八·五行六》"延熹元年五月甲戌晦日有蝕之在柳七度京都宿也"劉昭注、《文獻通考》卷二八二《象緯考五·日食》等引。

一一、冀婦女有不聊生髻事。見於《後漢書·志第十三·五行一》“桓帝元嘉中……墮馬髻者作一邊”劉昭注、《太平御覽》卷三七三《人事部一十四·髻》、《文獻通考》卷三一〇《物異考十六·服妖》引。

一二、子產治鄭，蒺藜不生，鴟梟不鳴。見於《北堂書鈔》卷三五《政術部九·德感二十二》“子產治鄭蒺藜不生”等引。不及梁冀，或是《梁冀別傳》中議論。

一三、冀迫殺大家，母宣服烏頭丸而死事。《太平御覽》卷九九〇《藥部七·烏頭》引作《梁冀傳》，四庫本《太平御覽》卷九九〇引作《漢書》。檢《後漢書·梁冀傳》，未見叙及此事，此《梁冀傳》或當是《梁冀別傳》。

又，冀妻甚有美色且善裝扮事。《珥玉集》卷一四《美人篇第一》引一條，作《梁冀傳》。《敦煌類書》録文篇《類林》“美人第卅六”二二一一三六一一三引一條，云出《梁冀傳》，亦叙此事，《後漢書·梁冀傳》亦載此事，文字互有同異。案，《後漢書·志第十三·五行一》“桓帝元嘉中……墮馬髻者作一邊”劉昭注、《太平御覽》卷三七三《人事部一十四·髻》、《文獻通考》卷三一〇《物異考十六·服妖》引《梁冀別傳》言及梁冀妻“不聊生髻”事，此《梁冀傳》或亦當是《梁冀別傳》。

梁冀以貪暴不法，爲桓帝所誅。《梁冀別傳》多載梁冀及其宗親姻戚貪侈驕縱、暴虐不法之事，其所載之事，《後漢書·梁冀傳》亦或有載，然或詳或略，或繁或簡，則往往不同。爲惡人作傳，彰其惡行，顯其醜態，名或曰以爲戒誡，然多取驚心駭世之事，間以秘聞街談，虛飾誇張，實則在於資獵奇談資。

董卓別傳

輯存，佚名撰，或以爲楊孚撰。

《董卓別傳》，《隋書·經籍志》無著錄，卷數不詳。侯康《補後漢書藝文志》卷三史部雜傳類、姚振宗《後漢藝文志》卷二史部雜傳記類、曾樸《補後漢書藝文志並考》卷六記傳志內篇第二之二、顧櫰三《補後漢書藝文志》卷七別傳類補錄。

董卓，《後漢書》卷七二有傳，其云："董卓字仲穎，隴西臨洮人也。性麤猛有謀。"少嘗遊羌中，與豪帥相結。始爲州兵馬掾，桓帝末，以六郡良家子爲羽林郎，從中郎將張奐爲軍司馬，共擊漢陽叛羌，破之，拜郎中。稍遷西域戊己校尉，坐事免。後爲并州刺史，河東太守。中平元年(184)，拜東中郎將，持節。隨張溫擊邊章、韓遂，封斄鄉侯，邑千户。中平六年(189)，徵卓爲少府，不肯就。及桓帝崩，乃入朝。脅太后，廢少帝，立陳留王，是爲獻帝。尋遷太尉，領前將軍事，加節傳斧鉞虎賁，更封郿侯。復進爲相國，入朝不趨，劍履上殿。卓掌朝政，淫樂縱恣，天下英雄討之。初平三年(192)，王允與吕布及僕射士孫瑞謀誅卓，計成，卓死，"士卒皆稱萬歲，百姓歌舞於道。長安中士女賣其珠玉衣裝市酒肉相慶者，填滿街肆"。

《後漢書·志第十三·五行一》"靈帝中平中京都歌曰承樂世董逃遊四郭……"劉昭注引一條云："卓改董逃爲董安。"稱"楊孚《卓傳》"，後世襲引此條者，如《樂府詩集》卷三四《相和歌辭·董逃行五解》、《古詩紀》卷一〇《樂府古辭·雜歌謠辭·董逃歌》、《古樂苑》卷一七《相和歌辭·董逃行》、《古樂苑》卷四四《雜歌謠辭·董逃歌》，亦稱"楊孚《卓傳》"。章宗源《隋書經籍志考證》及諸家《補後漢書藝文志》均據《後漢書》之《志第十三·五行一》劉注有引"楊孚《卓傳》"而定《董卓別傳》爲楊孚作。然據黃佐《廣州先賢傳》和歐大任《百越先賢志》，楊孚當爲章帝、和帝時人。侯康以爲"今仍題楊孚名而不敢必爲即撰《異物志》之人，或異人同姓名也"。姚振宗引侯康語，蓋其與侯康亦有類似疑問。曾樸亦疑焉，其云："考孚字孝先(一作孝元)，見《類聚》有《交州異物志》……豈漢末復有楊孚耶?"故其作者此處存疑。

《董卓別傳》久佚,《太平御覽經史圖書綱目》録《董卓別傳》,宋初李昉等編纂《太平御覽》時其書或尚存。其佚文今散見於諸書徵引,顧懷三《補後漢書藝文志》卷七在補録時輯得其佚文數節,未作校勘。《漢魏六朝雜傳集》據諸書徵引,新輯其文,題《董卓別傳》。

今簡括諸書徵引當出《董卓別傳》者,條列佚文如下。

一、董卓及其父君雅、弟旻名及字。見於《後漢書·董卓傳》"董卓字仲穎"李注引。

二、董卓北征立功獲賞悉分士卒事。見於《太平御覽》卷四七七《人事部一百十八·施惠下》引。

三、卓遣兵屠陽城二月社下民事。見於《太平御覽》卷三六四《人事部五·頭下》、卷四九二《人事部一百三十二·虐》引。

四、卓發成帝陵事。見於《後漢書·志第六·禮儀下》"司徒光禄勳備三爵如禮"劉昭注引。

五、卓誅殺袁紹家人事。見於《後漢書》卷七四上《袁紹傳》"乃誅紹叔父隗及宗族在京師者盡滅之"李注引。

六、卓拜太師,車服僭越事。見於《北堂書鈔》卷一四一《車部下·蓋二十三》"金華青蓋"、《太平御覽》卷四九〇《人事部一百三十一·僭》、卷七七六《車部五·蓋》、《事類賦》卷一六《服用部·車賦》"竿摩僭擬"引。

七、卓孫驕橫事。見於《編珠》卷二《儀衛部》"玉甲犀鎧"引。

八、卓會公卿,濫殺降人事。見於《太平御覽》卷三六六《人事部七·目》引。

九、呂布殺卓,百姓歡慶事。見於《太平御覽》卷八二八《資産部八·賣買》、卷八六三《飲食部二十一·肉》引。

一〇、卓冶鑄候望璇機儀事。見於《太平御覽》卷二《天部二·渾儀》引。

一一、卓改董逃爲董安事。見於《後漢書・志第十三・五行一》"靈帝中平中京都歌曰承樂世董逃遊四郭……"劉昭注、《樂府詩集》卷三四《相和歌辭・董逃行五解》、《古詩紀》卷一〇《樂府古辭・雜歌謠辭・董逃歌》、《古樂苑》卷一七《相和歌辭・董逃行》、卷四四《雜歌謠辭・董逃歌》引。

《董卓別傳》所載，多爲董卓得志後大行威福事，《後漢書・董卓傳》亦往往有載。觀《董卓別傳》與《後漢書・董卓傳》之文，《董卓別傳》常多細節，而《後漢書》多叙梗概。如董卓會公卿殺降人事，《後漢書・董卓傳》記其始末，言及鑿眼事云"次鑿其眼目"；《董卓別傳》則云："……責降者曰：'何不鑿眼！'應聲眼皆落地。"摹寫言語音聲，慘烈之狀，如在目前。於此亦可見雜傳與正史列傳之別。惜《董卓別傳》散佚殆盡，所存僅一鱗半爪，難窺其全貌。

蔡邕別傳

輯存。佚名撰。

《蔡邕別傳》，《隋書・經籍志》無著錄，撰人、卷數不詳。清人侯康《補後漢書藝文志》卷三史部雜傳類、姚振宗《後漢藝文志》卷二史部雜傳記類、顧櫰三《補後漢書藝文志》卷七、曾樸《補後漢書藝文志並考》卷六記傳志內篇第二之二均補錄。蔡邕多才藝，明曉漢代歷史，時人多推賞之，邕死，搢紳諸儒莫不流涕。北海鄭玄聞而歎曰："漢世之事，誰與正之！"兗州、陳留閒皆畫像而頌焉。民間亦多傳其故事，如《後漢書・蔡邕傳》所記"焦尾琴"事等即是。《蔡邕別傳》當出於此。

蔡邕，《後漢書》卷六〇有傳，其云："字伯喈，陳留圉人也。"蔡邕性篤孝，少博學，師事太傅胡廣。好辭章、數術、天文，妙操

音律。建寧三年（170），辟司徒橋玄府，玄甚敬待之。出補河平
長。召拜郎中，校書東觀。遷議郎。熹平四年（175），邕以經籍
去聖久遠，文字多謬，乃與五官中郎將堂谿典等奏求正定六經文
字。靈帝許之，邕乃自書丹於碑，使工鐫刻立於太學門外。邕於
朝多所奏諫，遂爲程璜所誣，徙朔方，居五原安陽縣。忤太守王
智，乃亡命江湖，遠跡吳會。中平六年（189），靈帝崩，董卓爲司
空，聞邕名高，辟之。稱疾不就。卓大怒。邕不得已，到，署祭
酒，甚見敬重。舉高第，補侍御史，又轉持書御史，遷尚書。三日
之間，周歷三臺。遷巴郡太守，復留爲侍中。初平元年（190），拜
左中郎將，從獻帝遷都長安，封高陽鄉侯。初平三年（192），及卓
被誅，邕在司徒王允坐，殊不意言之而歎，有動於色。允怒，收邕
治罪，遂死獄中。時年六十一。蔡邕曠世逸才，多識漢事，其撰
集漢事，未見録以繼後史。適作《靈紀》及《十意》，又補諸列傳四
十二篇，因李傕之亂，湮没多不存。所著詩、賦、碑、誄、銘、讚、連
珠、箴、弔、論議、《獨斷》、《勸學》、《釋誨》、《叙樂》、《女訓》、《篆
埶》、祝文、章表、書記，凡百四篇，傳於世。

　　《蔡邕別傳》久佚，時或見於諸書徵引，顧櫰三《補後漢書藝
文志》卷七在補録時輯得其文數節，未作校勘。《漢魏六朝雜傳
集》據諸書徵引，新輯其文，題《蔡邕別傳》。

　　今檢諸書徵引，條列佚文如下。

　　一、蔡邕遊學事。見於《北堂書鈔》卷九八《藝文部四·讀書
十四》“李則讀左氏舉一反三”、“通敏兼人”引。

　　二、蔡邕遊遷亭見屋椽竹可以爲簫事。見於《北堂書鈔》卷
一一一《樂部七·簫二十二》“有異聲”引。

　　三、蔡邕廚中聞爨火聲，得桐才爲燋尾琴事。見於《北堂書
鈔》卷一〇九《樂部九·琴十》“蔡邕焦尾”引。

　　四、蔡邕作《漢記》十意，遭事流離，上書自陳事。見於《後漢
書》卷六〇下《蔡邕傳》“奏其所著十意”李注引。

五、蔡邕死,東國稱蔡君,兗州、陳留圖畫其像事。見於《太平廣記》卷一六四《名賢·蔡邕》載録。

觀《蔡邕別傳》佚文,述及蔡邕少年遊學、亡命吳會、曉音善琴、作《漢記》等事,知《蔡邕別傳》當略及其生平行事本末,而尤重者當在逸聞軼事,如遷亭椽竹、爨桐燋尾之類。如高遷椽竹,《文士傳·蔡邕》亦載。蓋雜傳作者,好尚略同。

李固別傳

輯存。佚名撰。

《李固別傳》,《隋書·經籍志》史部雜傳類無著録,《舊唐書·經籍志》史部雜傳類、《新唐書·藝文志》史部雜傳記類著録,皆作"《李固別傳》七卷",部帙甚巨。《太平御覽經史圖書綱目》録《李固別傳》,宋初李昉等編纂《太平御覽》時其書或尚存。

李固,《後漢書》卷六三有傳,其云:"李固字子堅,漢中南鄭人,司徒郃之子也。"李固少好學,常步行尋師,不遠千里。遂究覽墳籍,結交英賢。四方有志之士,多慕其風而來學。陽嘉二年(133),公卿舉固對策,詔又特問當世之敝,爲政所宜。拜議郎,出爲廣漢雒令,至白水關,解印綬,還漢中,杜門不交人事。歲中,梁商請爲從事中郎。永和中,爲荆州刺史,徙太山太守,遷將作大匠、大司農。沖帝即位,以固爲太尉。建和元年(147年),爲梁冀所誣,下獄死,時年五十四。固所著章、表、奏、議、教令、對策、記、銘凡十一篇。弟子趙承等悲歎不已,乃共論固言跡,以爲《德行》一篇。

《李固別傳》作者今已無從考知,闕如。

《李固別傳》文今散見諸書徵引,諸書徵引或有作《李固外傳》、《李固列傳》者,"外"、"列"皆當爲"別"形近而訛。顧櫰三《補後漢書藝文志》卷七別傳類補録《李固別傳》,又有《李固外傳》，並各輯得佚文數條，未作校勘。《漢魏六朝雜傳集》據諸書徵引，新輯其文，題《李固別傳》。

今簡括諸書徵引出《李固別傳》者，條列其佚文如下。

一、李固隱狼澤山舉孝廉不就事。見於《北堂書鈔》卷七九《設官部三十一·孝廉一百七十七》"李固不就"引。

二、益州及司隸辟，李固不就、不許門徒稱從事掾事。見於《太平御覽》卷二六五《職官部六十三·從事》引。

三、李固見質帝暴疾而崩事。見於《太平御覽》卷八六〇《飲食部十八·餅》引。

四、李固死事。見於《太平御覽》卷四二八《人事部六十九·正直下》引。又，《記纂淵海》卷七《論議部·事理倒置》、卷一二〇《人情部·怨望》引京師謠諺"直如絃，死道邊，曲如鈎，反封侯"，作《李固外傳》，當是《李固別傳》之文。

五、李固死，弟子郭亮乞收固屍事。見於《太平御覽》卷三八五《人事部二十六·幼智下》、卷五四九《禮儀部二十八·屍》引。

又，《太平御覽》卷七一一《服用部十三·笈》引一條，云："固父爲三公，而固步行負笈千里從師。"作《李固傳》，與《後漢書·李固傳》之文相異，或當出《李固別傳》。

《舊唐書·經籍志》史部雜傳類、《新唐書·藝文志》史部雜傳記類著録《李固別傳》有"七卷"之多，載録當頗詳贍，當彙集李固生平事而盡録之，惜今僅存五六條。觀其文，摹寫言動，肖其音聲情狀，文采煥然。

李爕別傳

輯存。佚名撰。

《李爕別傳》，《隋書·經籍志》等史志書目無録，撰人、卷數均不詳。清人侯康《補後漢書藝文志》卷三史部雜傳類、姚振宗

《後漢藝文志》卷二史部雜傳記類、顧櫰三《補後漢書藝文志》卷七、曾樸《補後漢書藝文志並考》卷六記傳志内篇第二之二補録。

李燮，字德公，李固之子，《後漢書》卷六三《李固傳》附其傳。初，李固既策罷，知不免禍，乃遣三子歸鄉里。時燮年十三。姊文姬爲同郡趙伯英妻，賢而有智，乃託燮於其父門生王成。成乃將燮乘江東下，入徐州界内，令變名姓爲酒家傭。燮專精經學。十餘年閒，梁冀既誅而災眚屢見。明年，史官上言宜有赦令，又當存録大臣冤死者子孫，於是大赦天下，燮乃以本末告酒家，遂還鄉里，追服。姊弟相見。州郡禮命，四府並辟，皆無所就，後徵拜議郎，靈帝時拜安平相，遷河南尹。在職二年卒。

《李燮別傳》久佚，《太平御覽經史圖書綱目》録《李燮別傳》，宋初李昉等編纂《太平御覽》時其書或尚存。其文今散見諸書徵引，存二事而已。顧櫰三《補後漢書藝文志》卷七在補録時輯得佚文數節，未作校勘。《漢魏六朝雜傳集》據諸書徵引，新輯其文，題《李燮別傳》。

《李燮別傳》所存二事，一爲李燮逃亡及遇赦返家事。見於《太平御覽》卷六五二《刑法部十八·赦》引。一爲李燮爲官忠直事。見於《太平御覽》卷二五二《職官部五十·尹》、《職官分紀》卷三八《京兆尹》“吏民愛敬作歌”、《長安志》卷二《雍州·京兆尹》、《古今合璧事類備要後集》卷七一《守臣門·京尹》“幢蓋鼓吹”、《翰苑新書前集》卷四二《京尹》“幢蓋鼓吹”、《天中記》卷三四《京兆尹》“恩威愛訓”引。

今存《李燮別傳》二事，皆叙述詳盡，如李燮逃亡及遇赦事，《後漢書·李燮傳》亦載，其於遇赦之由，僅言“史官上言宜有赦令”，《李燮別傳》則全録史官之言。李燮爲官忠直事，始叙事始末，繼之議論，末又録吏民之諺歌，頗得叙事之法。

張純別傳

輯存。佚名撰。

《張純別傳》,《隋書·經籍志》等史志書目無著録,撰人、卷數皆不詳。清人侯康《補後漢書藝文志》卷三史部雜傳類、姚振宗《後漢藝文志》卷二史部雜傳記類、顧櫰三《補後漢書藝文志》卷七別傳類、曾樸《補後漢書藝文志並考》卷六記傳志内篇第二之二補録。

張純,《後漢書》卷三五有傳,其云:"張純字伯仁,京兆杜陵人也。高祖父安世,宣帝時爲大司馬衛將軍,封富平侯。父放,爲成帝侍中。"純少襲爵土,哀平間爲侍中,王莽時至列卿。建武五年(29),拜太中大夫,遷五官中郎將,又兼虎賁中郎將。建武二十年(44),代朱浮爲太僕。二十三年(47),代杜林爲大司空。中元元年(56)三月,薨,謚曰節侯。

《張純別傳》久佚,《太平御覽經史圖書綱目》録《張純別傳》,宋初李昉等編纂《太平御覽》時其書或尚存。顧櫰三《補後漢書藝文志》卷七在補録《張純別傳》時輯得其佚文一節。《漢魏六朝雜傳集》據《太平御覽》卷二四一《職官部三十九·虎賁中郎將》引,新輯其文,題《張純別傳》。

今所見《張純別傳》佚文,爲張純定郊廟冠婚喪紀禮儀事,云:"純,字伯仁。郊廟冠婚喪紀禮儀,多所正定。上甚重之,以純兼虎賁中郎將,一日數見。"張純在朝歷世,明習故事,東漢初建,舊章多闕,每有疑議,輒以訪純,多所正定。《後漢書·張純傳》即多載張純定朝廷儀禮事,於此可見《張純別傳》所記,當亦多此類。

馬融別傳

輯存。佚名撰。

《馬融別傳》,《隋書·經籍志》等史志書目無著録,撰人、卷數皆不詳。清人侯康《補後漢書藝文志》卷三史部雜傳類、姚振宗《後漢藝文志》卷二史部雜傳記類、顧櫰三《補後漢書藝文志》卷七別傳類、曾樸《補後漢書藝文志並考》卷六記傳志内篇第二之二補録。

馬融,《後漢書》卷六〇上有傳,其云:"馬融,字季長,扶風茂陵人也。"初,京兆摯恂以儒術教授,隱于南山,不應徵聘,融從其遊學,博通經籍。恂奇融才,以女妻之。永初二年(108),應大將軍鄧騭召,爲舍人。永初四年(110),拜爲校書郎中。奏頌忤鄧氏,滯於東觀,十年不得調。因兄子喪自劾歸。太后聞之怒,謂融羞薄詔除,欲仕州郡,遂令禁錮之。太后崩,安帝親政,召還郎署,復在講部。出爲河間王廐長史。時車駕東巡岱宗,融上東巡頌,帝奇其文,召拜郎中。及北鄉侯即位,融移病去,爲郡功曹。陽嘉二年(133),詔舉敦樸,城門校尉岑起舉融,徵詣公車,對策,拜議郎。大將軍梁商表爲從事中郎,轉武都太守。三遷,桓帝時爲南郡太守。忤梁冀,被劾在郡貪濁,免官,髡徙朔方。自刺不殊,得赦還,復拜議郎,重在東觀著述,以病去官。延熹九年(166)卒于家,年八十八。馬融才高博洽,爲世通儒,教養諸生,常有千數。涿郡盧植,北海鄭玄,皆其徒也。善鼓琴,好吹笛,達生任性,不拘儒者之節。著《三傳異同説》,又注《孝經》、《論語》、《詩》、《易》、《三禮》、《尚書》、《列女傳》、《老子》、《淮南子》、《離騷》,所著賦、頌、碑、誄、書、記、表、奏、七言、琴歌、對策、遺令,凡二十一篇。

《馬融別傳》久佚,《太平御覽經史圖書綱目》録《馬融別傳》,

宋初李昉等編纂《太平御覽》時其書或尚存。顧櫰三《補後漢書藝文志》卷七補録時輯得其文一節,《漢魏六朝雜傳集》據《藝文類聚》卷六九《服飾部上·帳》、《太平御覽》卷六九九《服用部一·帳》引,新輯其文,題《馬融別傳》。

《馬融別傳》今存佚文一節,叙馬融不拘儒者之節事,此事《後漢書·馬融傳》亦載,文字亦相近似,故難窺其貌。

附:馬融自叙

輯存。馬融撰。

《馬融自叙》,今存佚文二節,見於《世説新語》劉注、《太平御覽》等引,皆題云出《融自叙》。當爲馬融自撰。《漢魏六朝雜傳集》據諸書徵引,輯録其文,題《馬融自叙》。

今檢諸書徵引,條列二事如下。

一、馬融遇厄改行,往應鄧騭召事。見於《世説新語·文學》第一條劉注引。

二、馬融好音律,善吹笛、作《笛賦》事。見於《太平御覽》卷五八〇《樂部十八·笛》、四庫本《記纂淵海》卷七八《樂部·笛》引。

遇厄改行,往應鄧騭召事,《後漢書·馬融傳》亦載,文字相似。作《笛賦》事,《後漢書·馬融傳》亦言及,此《自叙》述及因由,可補《後漢書·馬融傳》之缺。

盧植別傳

輯存。佚名撰。

《盧植別傳》,《隋書·經籍志》等史志書目無著録,撰人、卷數均不詳。清人侯康《補後漢書藝文志》卷三史部雜傳類、姚振宗《後漢藝文志》卷二史部雜傳類、顧櫰三《補後漢書藝文志》卷七別傳類、曾樸《補後漢書藝文志並考》卷六記傳志內篇第二之二補錄。

盧植,《後漢書》卷六四有傳。其云:"盧植,字子幹,涿郡涿人也。身長八尺二寸,音聲如鐘,少與鄭玄俱事馬融,能通古今學,好研精而不守章句。"學終辭歸,闔門教授。建寧中,徵爲博士,乃始起焉。熹平四年(175),九江蠻反,四府選植才兼文武,拜九江太守,蠻寇賓服。以疾去官。復拜廬江太守,歲餘,徵拜議郎,轉爲侍中,遷尚書。中平元年(184),黃巾賊起,拜北中郎將,持節,以護烏桓中郎將宗員副,將北軍五校士,發天下諸郡兵征之。因拒賂小黃門左豐,爲其所讒,遂被檻車徵,皇甫嵩盛稱之,得免,復爲尚書。後忤董卓,免官。以老病求歸,懼不免禍,乃詭道從轘轅出。遂隱於上谷,不交人事。冀州牧袁紹請爲軍師。初平三年(192)卒。所著碑、誄、表、記凡六篇。

《盧植別傳》久佚,《太平御覽經史圖書綱目》錄《盧植別傳》,宋初李昉等編纂《太平御覽》時其書或尚見之。顧懷三《補後漢書藝文志》卷七在補錄時輯得其文一節,《漢魏六朝雜傳集》據《北堂書鈔》卷九二《禮儀部十三·葬三十二》"不用棺槨"、《太平御覽》卷五五五《禮儀部三十四·葬送三》引,新輯其文,題《盧植別傳》。

《盧植別傳》今存佚文,叙盧植臨終敕其子儉葬事,此事《後漢書·盧植傳》亦載。惜《盧植別傳》所存佚文僅此一節,難窺其貌。

王允別傳

輯存。佚名撰。

《王允別傳》,《隋書·經籍志》等史志書目無著錄,撰人、卷數均不詳。清人侯康《補後漢書藝文志》卷三史部雜傳類、姚振

宗《後漢藝文志》卷二史部雜傳記類、顧櫰三《補後漢書藝文志》
卷七別傳類、曾樸《補後漢書藝文志並考》卷六記傳志内篇第二
之二補録。

王允，《後漢書》卷六六有傳，其云："王允，字子師，太原祁人
也。"少爲郭林宗所賞。允少好大節，有志於立功，常習誦經傳，
朝夕試馳射。三公並辟，以司徒高第爲侍御史。中平元年
（184），黄巾賊起，特選拜豫州刺史。因得罪宦者，兩次下獄，幾
死，乃變易名姓，轉側河内、陳留間。及靈帝崩，乃奔喪京師。時
大將軍何進欲誅宦官，召允與謀事，請爲從事中郎，轉河南尹。
獻帝即位，拜太僕，再遷守尚書令。初平元年（190），代楊彪爲司
徒，守尚書令如故。三年（192），與士孫瑞、楊瓚謀誅董卓，事成。
卓部曲將李傕、郭氾等合謀爲亂，攻圍長安。城陷，遂被殺，時年
五十六。

《王允別傳》久佚，顧櫰三《補後漢書藝文志》卷七在補録時
輯得一節，未作校勘，《漢魏六朝雜傳集》據《北堂書鈔》卷七三
《設官部二十五・別駕一百六十一》"鄧盛馳傳"、《太平御覽》卷
二六三《職官部六十一・別駕》引，新輯其文。

《王允別傳》佚文今存一節，叙王允爭太守王球召路佛補吏
事。王允性剛棱疾惡，《王允別傳》所存路佛一事，即此類。《王
允別傳》或多載此等事。

何顒別傳

輯存。佚名撰。

《何顒別傳》，史志書目無著録，撰人不詳。《隋書・經籍志》
史部雜傳類著録《何顒使君家傳》一卷，《舊唐書・經籍志》史部
雜傳類、《新唐書・藝文志》史部雜傳記類著録《何顒傳》一卷。
今檢諸書徵引，未見作《何顒使君家傳》及《何顒傳》者，此《何顒

別傳》或即《何顒使君家傳》、《何顒傳》。

何顒,《後漢書》卷六七《黨錮列傳》有傳,其云:"何顒,字伯求,南陽襄鄉人也。少遊學洛陽,顒雖後進,而郭林宗、賈偉節等與之相好,顯名太學。"黨錮事起,陳蕃、李膺之敗,顒以與蕃、膺善,遂爲宦官所陷,乃變姓名,亡匿汝南間。所至皆親其豪桀,有聲荆豫之域。袁紹慕之,私與往來,結爲奔走之友。是時黨事起,天下多離其難,顒常私入洛陽,從紹計議。其窮困閉厄者,爲求援救,以濟其患。有被掩捕者,則廣設權計,使得逃隱,全免者甚衆。及黨錮解,辟司空府。每三府會議,莫不推顒之長。累遷。及董卓秉政,逼以爲長史,顒託疾不就,乃與司空荀爽、司徒王允等共謀卓。會爽薨,顒以它事爲卓所繫,憂憤而卒。

朱東潤云:"《唐志》又有《梁冀傳》二卷、《何顒傳》一卷,大致其書唐代尚存,故得著錄。"①《何顒別傳》今存文一節,見於《太平御覽》卷四四四《人事部八五·知人下》、卷七二二《方術部三·醫二》、卷七三九《疾病部二·總叙疾病下》、《醫説》卷一《三皇歷代名醫》等引。叙何顒有人倫鑒識,識同郡張仲景之事。

何顒有知人之鑒,所賞判者,卒如其言。又喜結交豪傑,尚俠義,黨錮之禍中,全免者甚衆。今存《何顒別傳》之文,乃叙其識張仲景事,其當多載此類,惜僅存支離片言,不得窺其全貌。

王閎本事

輯存。佚名撰。

《隋書·經籍志》等史志書目無著錄,侯康《補後漢書藝文志》卷三史部雜傳類、姚振宗《後漢藝文志》卷二史部雜傳記類、曾樸《補後漢書藝文志並考》卷六記傳志内篇第二之二補錄。

---

① 朱東潤:《八代傳叙文學述論》,復旦大學出版社 2006 年,第 54 頁。

《太平御覽經史圖書綱目》錄《王閎本事》。今見《太平御覽》卷三六八《人事部九·齒》引一節,其在宋初李昉等修《太平御覽》時或尚見之,散佚當在此後。《漢魏六朝雜傳集》據《太平御覽》卷三六八引輯得其文。又,姚振宗《後漢藝文志》"《王閎本事》"條案云:"王閎實乃心漢室者,自建武五年歸降後,不復見其事蹟。《御覽》七百十六引《漢名臣奏》曰:'王莽斥出王閎,太后憐之,閎伏泣失聲,太后親自以手巾拭閎泣。'前後書不載此事,當亦在本事中。"或是,然無明確稱引者,存疑。

揚雄自序

輯存。揚雄撰。

《漢書》卷八七《揚雄傳下》云:"贊曰:雄之自序云爾。"《隋書》卷七五《儒林·劉炫傳》言劉炫自爲贊云:"通人司馬相如、揚子雲、馬季長、鄭康成等,皆自叙風徽,傳芳來葉。余豈敢仰均先達,貽笑從昆。"則《揚雄自序》,頗得傳誦,劉知幾《史通·序傳》云:"觀揚雄已降,其自叙也,始以誇尚爲宗。"浦起龍案云:"《史記》而下有自序者,漢之班,宋之沈,南北史之李,與史遷而四耳,而旁及於相如、揚雄者,史傳即其自傳也。"又釋"揚雄自叙"云:"本傳顏注晉灼曰:晉大夫無揚侯。師古曰:雄之自叙譜牒,稱揚侯,蓋疎謬也。據此可見,《雄傳》皆《自叙》之文,其説必有所受也。前《相如自叙》注已見之。"《漢書·揚雄傳》當多據《揚雄自序》。

揚雄,《漢書》卷八七《揚雄傳》云:"揚雄字子雲,蜀郡成都人也。"揚雄少而好學,不爲章句,訓詁通而已,博覽無所不見。年四十餘,自蜀來至游京師,大司馬車騎將軍王音奇其文雅,召以爲門下史,薦雄待詔,歲餘,奏《羽獵賦》,除爲郎,給事黃門,與王莽、劉歆並。哀帝之初,又與董賢同官。及莽篡位,以耆老久次轉爲大夫,以病免,復召爲大夫。年七十一,天鳳五年(18)卒。

《揚雄自序》已佚,今見《文選》李注、《藝文類聚》有引《揚雄自序》者。姚振宗《漢書藝文志拾補》卷二《諸子略》第二補録《揚雄自序》,案云:"《類聚》、《選》注所引自叙之文,並見本傳。傳末云雄之自叙云爾。《史通・雜説》篇云班氏於司馬遷、揚雄,皆録其自叙以爲列傳也。"然班固當有增益删節,難定其何處爲《揚雄自序》之文。故《漢魏六朝雜傳集》新輯其文,僅輯録諸書稱引《揚雄自序》者,得其佚文四節。

王莽自本

輯存。王莽撰。

《王莽自本》,《漢書・藝文志》等史志書目無著録。《漢書・元后傳》開篇云"孝元皇后,王莽之姑也。莽自謂黄帝之後,其《自本》曰"云云,知王莽曾作《自本》,叙及王氏來歷世系。

王莽,《漢書》卷九九有傳,其云:"王莽字巨君,孝元皇后之弟子也。"莽父曼早死,孤貧,因折節爲恭儉。受《禮經》,師事沛郡陳參。大將軍王鳳病,莽侍疾,王鳳因以託太后及帝,拜爲黄門郎,遷射聲校尉。永始元年(前16),封莽爲新都侯,遷騎都尉光禄大夫侍中。綏和元年(前8),擢爲大司馬。哀帝即位,罷歸家,哀帝崩,太后拜莽爲大司馬,進太傅、安漢公號。元始五年(5),漢平帝崩,孺子嬰立,王莽爲假皇帝。初始元年(8),代漢自立,改國號曰新。至地皇四年(23),王莽爲義軍所殺,新滅。

《王莽自本》久佚,今僅見《漢書・元后傳》引一節,叙王氏之先人。

三將叙

輯存。嚴尤撰。

《三將敘》,《隋書·經籍志》等史志書目無著録,《舊唐書·經籍志》子部雜家類著録《三將軍論》一卷,題嚴尤撰;《新唐書·藝文志》子部雜家類著録嚴尤《三將軍論》一卷,或即《三將敘》。

嚴尤,字伯石,爲王莽時大臣,生卒之年與王莽相若。《漢書·王莽傳》始建國二年(10),"誅貉將軍陽俊、討穢將軍嚴尤出漁陽",天鳳三年(16),"大司馬陳茂以日食免,武建伯嚴尤爲大司馬"。《漢書·揚雄傳》云:"雄笑而不應。年七十一,天鳳五年卒。侯芭爲起墳,喪之三年。時大司空王邑、納言嚴尤聞雄死,謂桓譚曰⋯⋯"知天鳳五年(18),嚴尤爲納言。《漢書·匈奴傳》云:"因分其地,立呼韓邪十五子。莽將嚴尤諫曰⋯⋯"《漢書·王莽傳》:地皇三年(22),"納言大將軍嚴尤、秩宗大將軍陳茂擊荊州","嚴尤、陳茂破下江兵"。地皇四年(23),"唯嚴尤曰:'此不足怪也⋯⋯'","嚴尤、陳茂敗昆陽下,走至沛郡譙,自稱漢將,召會吏民。尤爲稱説王莽篡位天時所亡聖漢復興狀,茂伏而涕泣。聞故漢鍾武侯劉聖聚衆汝南稱尊號,尤、茂降之。以尤爲大司馬,茂爲丞相。十餘日敗,尤、茂并死。郡縣皆舉城降,天下悉歸漢"。《後漢書·光武帝紀》更始元年(23)十月,使奮威大將軍劉信擊殺劉望於汝南,并誅嚴尤、陳茂。則地皇四年即更始元年(23),嚴尤敗死。

《三將敘》當敘論樂毅、白起、王翦三將,久佚。嚴可均《全漢文》卷六一輯録,得佚文二節,題《三將軍論》。《漢魏六朝雜傳集》據諸書徵引輯録,得佚文二節,一敘白起事,見於《世説新語·言語》第一五條劉注、《北堂書鈔》卷一一五《武功部三·將帥四》"廉頗勇鷙忍恥"、《藝文類聚》卷一七《人部一·頭》引。其二敘王翦事,見於《太平御覽》卷四三七《人事部七十六·勇五》引。

劉勰《文心雕龍·論説》云:"嚴尤《三將》,敷述昭情,善入史體。"以今存之文觀之,其敘論三將當詳盡,以事立論,乃雜傳之體也。

卷　下

蜀王本記

　　輯存。揚雄撰。原一卷。

　　《蜀王本記》,《隋書·經籍志》、《舊唐書·經籍志》、《新唐書·藝文志》史部地理類皆著錄《蜀王本記》一卷,題揚雄撰。《册府元龜》卷五五五《國史部·採撰一》亦載:"揚雄爲郎,給事黃門,撰《蜀王本記》一卷。"常璩《華陽國志·序志》亦云:"司馬相如、嚴君平、揚子雲、陽城子玄、鄭伯邑、尹彭城、譙常侍、任給事等各集傳記,以作《本紀》。"常璩所列八家《蜀紀》,後皆散佚。

　　揚雄,《漢書》卷八七有傳,其云:"揚雄字子雲,蜀郡成都人也。"又云:"雄少而好學,不爲章句,訓詁通而已,博覽無所不見。爲人簡易佚蕩,口吃不能劇談,默而好深湛之思,清静亡爲,少耆欲,不汲汲於富貴,不戚戚於貧賤,不修廉隅以徼名當世。家産不過十金,乏無儋石之儲,晏如也。自有大度,非聖哲之書不好也;非其意,雖富貴不事也。顧嘗好辭賦。"孝成帝時,客有薦雄文似相如者,上召雄待詔承明之庭。揚雄仕成帝、哀帝、平帝三朝,爲給事黃門郎。王莽新朝時,爲太中大夫。著有《法言》、《方言》、《太玄經》、《揚子雲集》等,西漢著名的哲學家、文學家、語言學家。

　　《蜀王本記》史志書目多將其著錄於史部地理類,如宋王應

麟即將其録於《玉海》卷一五《地理·地理書》中,云:"志有揚雄
《蜀王本紀》一卷、譙周《三巴記》一卷、李充《益州記》三卷。"①當
源於《蜀王本記》多言及古蜀國之地理名物。然其重心所在,乃
是傳録古蜀帝王之事,又其名本記,顯係沿襲《史記》本紀之例而
作,其以人物爲中心之體制,亦屬於傳記之體。同時,其所傳又
不止一人,從今存佚文看,當是蜀地歷代多位蜀王之傳記,一如
《史記》之《五帝本紀》、《夏本紀》等,故其體例當屬雜傳類傳之
體。李劍國先生則視之爲雜傳體小説,其云:"《蜀王本紀》因爲
記述歷代古蜀王之事,所以稱作《本紀》,這顯然是採用了《禹本
紀》及《史記》的本紀體式。《蜀王本紀》涉及古蜀地理古跡,但並
非地理書,《隋書·經籍志》和兩《唐志》皆列入史部地理類,很不
合適。它以記叙望帝、開明帝及後代蜀王的事蹟爲主,體别接近
傳記,所以我們把它也看作雜傳小説。只不過它不同於《漢孝武
故事》之主要記載武帝事蹟。"②

　　《蜀王本記》,諸書徵引或作《蜀王本紀》,《太平御覽經史圖
書綱目》録《蜀王本紀》,又録揚雄《蜀王記》,此二書當即一書,或
不同傳本。則其宋初李昉等修《太平御覽》時尚存,且有不同傳
本,其當佚於此後。《類説》卷三六摘《蜀王本紀》六則,除《杜宇》外
皆非本書,蓋其書已爲後人竄亂③。朱東潤又據《太平御覽》卷
三七七引《蜀王本紀》言宕渠,云"前漢無此郡,所以這也顯然是
僞造"④,由此斷言《蜀王本紀》亦屬僞書。此或亦屬李劍國先生
所言後人竄亂改易所致。

① 王應麟:《玉海》卷一五《地理·地理書》"唐《華陽風俗録》",廣陵書社
　　2003 年,第 292 頁上。
② 李劍國:《唐前志怪小説史》,人民文學出版社 2011 年,第 234 頁。
③ 李劍國:《唐前志怪小説史》,人民文學出版社 2011 年,第 229 頁。
④ 朱東潤:《八代傳叙文學述論》,復旦大學出版社 2006 年,第 49 頁。

　　揚雄《蜀王本記》今存有明人鄭樸、清人王謨、洪頤煊、王仁俊、顧觀光、嚴可均多家輯本。鄭樸輯得《蜀王本紀》二條，《蜀王記》一條，共三條，載於其所編《揚子雲集》卷六中。王謨、洪頤煊、顧觀光據諸書採摭，互有詳略。顧本末二節"秦始皇葬於驪山"和"縣前有兩石"二條爲洪本所無，洪本"秦惠王遣張儀、司馬錯伐蜀"、"張儀伐蜀"、"李冰以秦時爲蜀守"三條顧氏又失採。王謨所輯録於《漢唐地理書鈔》中，洪頤煊所輯録於《問經堂叢書》之《經典集林》中，顧觀光所輯見於《武陵山人遺稿》之《古書逸文》中。王仁俊據《稽瑞》採得一節，據《琱玉集》卷一二、《法苑珠林》卷五採得二節，録於《玉函山房輯佚書補編》中，可補洪、顧、王謨所缺。嚴可均《前漢文》卷五三所録與洪頤煊本同，當是鈔録洪頤煊《經典集林》本。諸家輯本皆有脱漏缺遺，未得其全。《漢魏六朝雜傳集》據古書舊注，並參酌諸家，新輯其文，題《蜀王本紀》，庶幾最近其舊。

　　諸書徵引又有稱《蜀王紀》、《蜀本紀》者，或題揚雄，或不題撰者。又有稱《蜀紀》或《蜀記》者，如《史通》卷五《補注》即稱揚雄撰《蜀紀》，《蜀中廣記》卷九六《著作記第六·地理志部》"《蜀紀》"條亦云："《隋經籍志》云漢揚雄撰，載鼈叢以前洪荒之事，下迄西漢，有本紀，有傳，常璩、李膺多引用之。"而撰作《蜀紀》或《蜀記》者有多家，如王隱即有《蜀記》。此等文字皆斟酌而定，如稱揚雄作則録，無則存疑。

　　今簡括諸書徵引當出《蜀王本紀》者，以人名標目，條列佚文如下。

　　一、歷代蜀王。存文一節，見於《太平御覽》卷八八八《妖異部四·變化下》引。所叙自鼈叢始，依次言及柏濩、魚鳧、望帝、開明奇帝及其子，至秦惠王時蜀王。當是據原本删略而成。

　　二、黄帝娶蜀山氏女。存文一節，見於《丹鉛續録》卷三《考證》"蜀志遺事"、《譚苑醍醐》卷六"蜀志遺事"、《升庵集》卷四八

“蜀志遺事”引。

三、禹出生及娶妻生啟。存文一節，見於《史記》卷二《夏本紀第二》“夏禹名曰文命”正義、《初學記》卷九《帝王部·總叙帝王》“若水塗山”、《太平御覽》卷八二《皇王部七·夏帝禹》、卷五三一《禮儀部十·宗廟》、《通鑑地理通釋》卷八《七國形勢考上·西羌》、《天中記》卷四二《宗廟》“禹立廟”引。

四、蜀之先稱王者蠶叢、折權、魚易、俾明等。存文一節，見於《文選》卷四左思《蜀都賦》“夫蜀都者蓋兆基於上世開國於中古……”李注、卷六《魏都賦》“或魋髻而左言……或浮泳而卒歲”李注、卷四六王融《三月三日曲水詩序》“俛食來王左言……”李注、《藝文類聚》卷六《州部·益州》、《初學記》卷八《州郡部·劍南道第八》“其始王則有蠶叢杜宇”、《太平御覽》卷一六六《州郡部十二·益州》、《類説》卷三六《蜀本紀》“杜宇”、《錦繡萬花谷後集》卷六《成都府·益州》“蠶叢”、《廣博物志》卷九《斧斨上》引。

五、望帝杜宇。存文六節，見於《史記》卷一三《三代世表第一》“蜀王黄帝後世也”索隱、《文選》卷一五張衡《思玄賦》“竆令殪而尸亡兮取蜀禪而引世”李注、《古文苑》卷四《賦·蜀都賦》“昔天地降生杜陽密促之君則荆上亡尸之相”章注、《太平御覽》卷九二三《羽族部十·雟》、《事類賦》卷六《地部·江》“泝懸流於竆令”、《事物紀原》卷一〇《軍伍名額部五十一·杜宇》、楊慎《升菴集》卷七六“天嶲山”、《本草綱目》卷四九《禽之三》“杜鵑”集解、《天中記》卷五九《杜鵑》“望帝”、《蜀中廣記》卷三《名勝記第三·川西道·成都府三》、卷五《名勝記第五·川西道·成都府五》“郫縣”、卷五九《方物記第一·鳥》、卷七一《神仙記第一·川西道一》、《通雅》卷四五《動物》引。

六、開明帝鼈令。存文二節，見於《後漢書》卷五九《張衡傳》“竆令殪而尸亡兮取蜀禪而引世”李注、《蒙求集注》卷上“鼈令王蜀”、《事物紀原》卷一《天地生植部一·年號》引。

七、五丁力士。存文二節,見於《琱玉集》卷一二《壯力篇第二》、《藝文類聚》卷七《山部上·總載山》、《初學記》卷五《地部上·總載山第二》“五女兩童”、《白氏六帖事類集》卷二《交廣諸山第二十》“五丁徙山”、《太平御覽》卷五二《地部十七·石下》、《錦繡萬花谷前集》卷五《山嶽》“五丁”、《古今合璧事類備要前集》卷六《地理門·石》“玉女石”等引。又,《敦煌類書》錄文篇《類林》“壯勇第三十四”二二一—三四—〇六引一條,云出揚雄《蜀王記》,所叙事合上二節而文略異,《蜀王記》當作《蜀王本記》。

八、武都女子。存文一節,見於《三國志》卷三二《蜀書·先主傳》“上尊號即皇帝位於成都武擔之南”裴注、《後漢書》卷八二上《方術列傳上·任文公傳》“公孫述時蜀武擔石折”李注、《北堂書鈔》卷九四《禮儀部·冢墓四十二》“石鏡一枚”、卷一三六《服飾部五·鏡六十五》“石鏡表墓”、《初學記》卷五《地部上·石第九》“越履蜀鏡”、卷八《州郡部·劍南道第八》“石鏡銅梁”、《藝文類聚》卷六《地部·益州》、卷七〇《服飾部下·鏡》、《開元占經》卷一一三《人及神鬼占》“男化爲女”、《太平御覽》卷五二《地部十七·石下》、卷七一七《服用部十九·鏡》、《事類賦》卷七《地部·石賦》“或高懸蜀鏡”、《方輿勝覽》卷五四《漢州·山川》“武都山”、《輿地廣記》卷二九《成都府》“武擔山”、《天中記》卷七《山》“武擔”、卷四九《鏡》“石作鏡”、《蜀中廣記》卷六八《方物記第十·服用》、《説略》卷五《人紀》等引。

八、秦惠王滅蜀。存文四節。見於《史記》卷五《秦本紀第五》“九年司馬錯伐蜀滅之”索隱、《北堂書鈔》卷一一六《武功部四·謀策五》“秦王刻石牛”、《藝文類聚》卷九四《獸部中·牛》、卷九六《鱗介部上·蛇》、《天地瑞祥志》第十六《土》、《稽瑞》“露降如雪物化爲土”、《白氏六帖事類集》卷二九《牛第五十》“戰敵

伐蜀”、《太平御覽》卷三七《地部二·土》、卷二八五《兵部十六·
機略四》、卷三〇五《兵部三十六·征伐下》、卷三八六《人事部二
十七·健》、卷四七八《人事部一百十九·贈遺》、卷八一一《珍寶
部·金下》、卷八七三《休徵部二·土》、卷九〇〇《獸部十二·牛
下》、卷九三四《鱗介部六·蛇下》、《事類賦》卷七《地部·石賦》
“便金蜀滅”、卷九《寶貨部·金》“或遺之而得土”、卷二八《鱗介
部·蛇賦》“則有五丁拔梓潼之山”、《太平寰宇記》卷七四《劍南
西道三·眉州》“彭山縣”、《天中記》卷七《地》“金化”、卷五六
《蛇》“踏蛇”、《廣博物志》卷三七《珍寶》、《蜀中廣記》卷一二《名
勝記第十二·上川南道·彭山縣》等引。

　　九、張儀城成都。存文二節。見於《古文苑》卷四《賦·蜀都
賦》章注、《太平寰宇記》卷七二《劍南西道一·益州》“成都縣”、
“少城”、《資治通鑑》卷三《周紀三·慎靚王》“五年巴蜀相攻擊”
胡注、《蜀中廣記》卷一《名勝記第一·西道成都府一》、卷六
〇《方物記第二·鱗介》引。

　　一〇、蜀侯通。存文一節，見於《古文苑》卷四《賦·蜀都賦》
“王基既夷蜀侯尚叢”章注引。

　　一一、蜀侯惲。存文一節，見於《太平御覽》卷一一《天部十
一·祈雨》、《七國攷》卷一三《秦災異》“雨三月”、《天中記》卷三
《祈雨》“蜀侯雨”引。

　　一二、長人。存文一節，見於《法苑珠林》卷五《六道篇第
四·人道部》、《太平御覽》卷三七七《人事部十八·長絕域人》、
《説略》卷五《人紀》、《天中記》卷二一《長人》“宕渠獻”引。此節
云“宕渠郡獻長人”，宕渠，漢末建安二十三年（218），劉備分巴西
郡置，此云宕渠人獻，或出後人竄亂。

　　一三、石犀里。存文一節，見於《藝文類聚》卷九五《獸部
下·犀》、《太平御覽》卷八九〇《獸部二·犀》、《廣博物志》卷四
六《鳥獸第一》引。

一四、彭門。存文三節,見於《後漢書·志第二十三·郡國五》蜀郡"湔氐道"下劉昭注、《太平寰宇記》卷七三《劍南西道二·永康軍》"天彭山"、《海録碎事》卷三上《地部上·總載山門》"天彭闕"、《方輿勝覽》卷五五《永康軍·山川》"汶山"、《蜀中廣記》卷六《名勝記第六·川西道·成都府六》引。

一五、長昇橋。存文一節,見於《蜀中廣記》卷一《名勝記第一·川西道·成都府一》"長昇橋"引。

一六、青羊觀。存文一節,見於《太平御覽》卷一九一《居處部十九·市》、《太平寰宇記》卷七二《劍南西道一·益州》"青羊肆"、《方輿勝覽》卷五一《成都府路·成都府·道觀》"青羊觀"、《蜀中廣記》卷二《名勝記第二·川西道·成都府二》、《天中記》卷一六《市》"青羊"、《廣博物志》卷一二《靈異一》引。

一七、穿鹽井。存文一節,見於《太平御覽》卷八六五《飲食部二十三·鹽》、《天中記》卷四六《鹽》"穿井煮鹽"引。

一八、鸚鵡舟。存文一節,見於《編珠》卷四《補遺·舟楫部》"鸚鵡鸚鴿"、《北堂書鈔》卷一三七《舟部·舟總篇》"鸚鵡"、《初學記》卷二五《器用部·舟第十一》"鸚鵡鸚鴿"、《蜀中廣記》卷六八《方物記第十·舟車》、《山堂肆考》卷一八〇《器用·舟》"鸚鵡"引。

一九、大白船。存文一節,見於《編珠》卷四《補遺·舟楫部》"餘皇太白"、《北堂書鈔》卷一三七《舟部·舟總篇》"大白"、《初學記》卷二五《器用部·舟第十一》"餘皇太白"、《事類賦》卷一六《服用部·舟賦》"攻楚萬艘"、《太平御覽》卷七六九《舟部二·叙舟中》、《玉海》卷一四七《兵制·水戰》"吳乘舟餘皇"、《錦繡萬花谷續集》卷七《舟》"太白"、《廣博物志》卷四〇《器用二》引。

二〇、幽魄之曲、歸邪之曲。存文一節,見於《古詩紀》卷一〇《古逸第十》"幽魄之曲"、"歸邪之曲"引。

二一、雅州。存文一節,《蜀中廣記》卷一四《名勝記第十四上·川南道·雅州》引一條云:"楊用脩《蜀志補遺》引《蜀本紀》云云。"

又,《北堂書鈔》卷一〇六《樂部·歌篇二》"蜀王心愛留之乃歌"條引作"譙周《蜀王本紀》",其云:"武都有人,將其妻子女適蜀。不安水土,欲歸。蜀王心愛其女,留之,乃作東平之歌以樂之。"《三國志》卷三八《蜀書·秦宓傳》裴注引一條亦作"譙周《蜀本紀》",其文云:"禹本汶山廣柔縣人也,生於石紐,其地名剌兒坪,見《世帝紀》。"宋王應麟撰《玉海》卷四六《藝文》"《三國志》"條云:"《蜀志》注引孫盛《異同記》,又引《蜀記》、孫盛《蜀世譜》,譙周《蜀本紀》。"則譙周或撰《蜀本紀》一書,此二條今附錄於後,存疑焉。

一、禹生於石紐事。存文一節,見於《三國志》卷三八《蜀書·秦宓傳》"禹生石紐今之汶山郡是也"裴注引。

二、東平之歌事。存文一節,見於《北堂書鈔》卷一〇六《樂部·歌篇二》"蜀王心愛留之乃歌"引。

《蜀王本記》傳錄古蜀歷代帝王,廣採傳説,多存異文,與傳記之例頗不相合。常璩重寫蜀史時,曾對其傳説之虛誕大加批駁,於蜀王、蠶叢之間周迴三千歲事,云"安得三千歲";於鱉靈復生事,云"自古以來未聞死者能更生";於碧珠事,云"一人之血豈能致此";於杜宇化爲杜鵑事,云"子鵑鳥四海有之,何必在蜀"[1]。劉知幾對《蜀王本記》亦甚爲不滿,《史通·雜説下》云:"觀其《蜀王本記》,稱杜魄化而爲鵑,荆屍變而爲鼈,其言如是,何其鄙哉!"[2]吳曾《能改齋漫録》卷九《地理·蜀石牛》也針對五

---

[1] 常璩:《華陽國志》一二《序志》,《龍谿精舍叢書》刊顧千里校本,中國書店 1991 年,第 656 頁。

[2] 劉知幾撰,浦起龍釋:《史通通釋》卷一八《雜説下》,上海古籍出版社 1978 年,第 519 頁。

丁力士之事云:"此事尤近誣。"①故李劍國先生將其歸之於雜傳小説,稱其"史傳其體而語怪其實"②。《蜀王本紀》此一特質,於後世雜傳影響甚巨,漢魏六朝雜傳之廣採傳聞異説之大行其道,沿流揚波,《蜀王本紀》已兆其端焉。

列女傳

存。劉向撰。正傳八卷,續傳一卷。

《列女傳》,《漢書・藝文志》諸子略儒家類將其與《新序》等一併著録,《漢書・劉向傳》云:"向以爲王教由内及外,自近者始。故採取《詩》、《書》所載賢妃、貞婦、興國顯家可法則,及孽嬖亂亡者,序次爲《列女傳》,凡八篇,以戒天子。"劉向在《別録》中也説:"臣向與黃門侍郎歆所校《列女傳》,種類相從,爲七篇,以著禍福榮辱之效,是非得失之分,畫之於屏風四堵。"③《隋書・經籍志》、《舊唐書・經籍志》、《新唐書・藝文志》等均有著録。

《列女傳》爲劉向"採取《詩》、《書》所載賢妃、貞婦、興國顯家可法則,及孽嬖亂亡者"而成,目的在於"以著禍福榮辱之效,是非得失之分","以戒天子"。劉向,沛人,傳附見《漢書・楚元王傳》。字子政,原名更生,四十八歲時,即竟寧元年(前33)五月,漢元帝病死,成帝即位,閒置不用十餘年的劉向終於再次被啟用,此時始更名"向"。他是漢帝宗室,漢高祖劉邦同父少弟楚元王劉交的四世孫。歷仕宣、元、成、哀四朝,官至光禄大夫、中壘

---

① 吳曾:《能改齋漫録》卷九《地理・蜀石牛》,文淵閣《四庫全書》第850册,(臺灣)商務印書館1986年,第671頁上。
② 李劍國:《唐前志怪小説史》,人民文學出版社2011年,第235頁。
③ 姚振宗輯:《七略別録佚文》"臣向所叙《列女傳》八篇"條,《續修四庫全書》第916册,上海古籍出版社2002年,第567頁上。

校尉,故後人稱劉光禄、劉中壘。

　　劉向生平行事《漢書》本傳載之較詳,唯其生卒年《漢書·劉向傳》没有明確記載,僅云:"居列大夫宫前後三十餘年,年七十二卒,卒後十三歲而王氏代漢。"後世多據此推算劉向的生卒年,雖然大家所憑據都是此條記載,但卻出現了不同的結果,造成劉向生卒年有不同的説法:

　　其一爲劉向生於元鳳四年,即公元前77年,卒於建平元年,即公元前6年。葉德輝、吳修、王先謙等持此説。葉德輝云:"《漢紀》云'前後四十餘年',案傳言卒後十三年王氏代漢,則向卒於成帝建平元年,由建平元年上推,向生於昭帝元鳳四年。自既冠擢爲諫大夫至此實四十餘年,當以《漢紀》爲是。"吳修《續疑年録》亦推劉向生於元鳳四年,卒於建平元年。王先謙在引述二人之論後云:"蓋莽代漢在孺子嬰初始元年十二月,是年上距向卒正十三歲之後。"①今也有很多著述持此説,如湖南師院中文系編《中國歷代作家小傳》、倉修良、魏得良《中國古代史學史簡編》、祝瑞開《兩漢思想史》、李萬健《中國著名目録學家傳略》、孫欽善《中國文獻學史》、余慶蓉、王晉卿《中國目録學思想史》等②。

---

① 以上葉德輝語、吳修語、王先謙語,均見王先謙《漢書補注》卷三六《楚元王傳》第六,中華書局1983年,第966頁。
② 湖南師院中文系編《中國歷代作家小傳》在《劉向》傳中即云"劉向……生於漢昭帝元鳳四年(公元前七七年),死於漢成帝建平元年(公元前六年)",湖南人民出版社1979年;倉修良、魏得良《中國古代史學史簡編》在第三章第二節《漢代其它史家史著》一節中注云"劉向(約公元前77年—前6年)",黑龍江人民出版社1983年;祝瑞開《兩漢思想史》在《劉向劉歆的思想》一章中云:"劉向……約生於公元前77年(漢昭帝元鳳四年),卒於公元前6年(漢哀帝建平元年)",上海古籍出版社1989年;李萬健《中國著名目録學家傳略》在《目録學的開創者劉向劉歆(轉下頁注)

　　其二爲劉向生於元鳳二年,即公元前 79 年,卒於綏和元年,即公元前 8 年。錢大昕、錢穆等人持此説。錢大昕云:"依此推檢,向當卒於成帝綏和元年。"①錢穆編《劉向父子年譜》定劉向生於"昭帝元鳳二年壬寅(前 79)",卒於"綏和元年",並作了考證②。今之不少著述也持此説,如吕慧鵑等編《中國歷代著名文學家評傳》續編一、張家璠、閻崇東所著《中國古代文獻學家研究》、歐陽健《中國神怪小説通史》、吴志達《中國文言小説史》等③。

　　姚振宗同樣依據《漢書·劉向傳》中的這條材料又推出劉向卒於成帝綏和二年,即公元前 7 年。姚氏《七略别録佚文·叙》云:"劉中壘卒年史無明文,惟云卒後十三歲而王氏代漢,以王莽篡位之年計之,蓋卒於成帝綏和二年。"在《七略佚文·叙》中又説:"劉中壘蓋卒於成帝綏和二年。"④

　　周壽昌同樣還是依據《漢書·劉向傳》的這段文字又推出劉

　　(接上頁注)父子》一節中亦云:"劉向……生於漢元鳳四年(公元前 77),卒於漢建平元年(公元前 6)",書目文獻出版社 1993 年;孫欽善《中國文獻學史》在《劉向劉歆》一節中注云"劉向(約公元前 77—前 6)",中華書局 1994 年;余慶蓉、王晉卿《中國目録學思想史》在《劉向的目録工作與叙録思想》一節中也注云"劉向(公元前 77—公元前 6)",湖南教育出版社 1998 年。

① 王先謙:《漢書補注》卷三六《楚元王傳》第六,中華書局 1983 年,第 966 頁。
② 顧頡剛編著:《古史辨》第五册,錢穆《劉向父子年譜》,上海古籍出版社 1982 年,第 101—241 頁。
③ 吕慧鵑等編:《中國歷代著名文學家評傳》續編一,山東教育出版社 1988 年;張家璠、閻崇東:《中國古代文獻學家研究》,廣西師範大學出版社 1996 年;歐陽健:《中國神怪小説通史》,江蘇教育出版社 1997 年;吴志達:《中國文言小説史》,齊魯書社 1994 年。
④ 姚振宗:《七略别録佚文·叙》、《七略佚文·叙》,《續修四庫全書》第 916 册,上海古籍出版社 2002 年,第 556 頁下,第 575 頁下。

向“其卒當在成帝元延四年”①。

　　所依據的材料一樣，卻有不同的結果，究其原因，乃在於他們對《漢書·劉向傳》這段話中“卒後十三年而王氏代漢”的理解不同。持劉向生於元鳳四年（前77），卒於建平元年（前6）者，是定孺子嬰居攝三年或初始元年（8）爲王莽代漢之年；持劉向生於元鳳二年（前79），卒於綏和元年（前8）者，是定孺子嬰居攝元年（6）爲王莽代漢之年；姚振宗認爲劉向卒於成帝綏和二年（前7），是定孺子嬰居攝二年（7）爲王莽代漢之年；周壽昌認爲劉向卒年在成帝元延四年（前9），是定平帝元始五年（5）爲王莽代漢之年。

　　可以看出，解決劉向生卒年的關鍵在於確定“王氏代漢”之年，那麽，到底應該哪一年才是“王氏代漢”之年呢？因確定劉向生卒年的材料是《漢書·劉向傳》所言“居列大夫官前後三十餘年，年七十二卒，卒後十三歲而王氏代漢”，故確定王氏代漢之年，也應當依據《漢書》，而不應舍此而他求，即首先明確《漢書》是以何年爲王氏代漢之年的，然後據此上溯十三年，確定劉向卒年，再上溯七十二年，確定劉向生年。

　　考《漢書》，班固作有十二本紀，包括高祖、惠帝、高后、文帝、景帝、武帝、昭帝、宣帝、元帝、成帝、哀帝、平帝，即王莽所立孺子嬰不在帝紀之列。顯然，班固《漢書》不以孺子嬰爲漢帝，即《漢書》以西漢止於平帝之終，也就是說孺子嬰的時代不算在其中，由此可知，《漢書》是以孺子嬰居攝元年（6）爲王莽代漢之年。又考《漢書》之《王子侯表》、《外戚恩澤侯表》、《百官公卿表》等也都述及平帝之世而止，也可證《漢書》是以居攝元年爲王莽代漢之年。又《漢書·王莽傳》載，在居攝元年（6），王莽即稱“假皇帝”，

①周壽昌：《漢書注校補》卷三一，張舜徽主編《二十五史三編》本，岳麓書社1995年，第580頁。

竊取了漢之最高權力,成爲實際上的帝王,班固根據實際而定此年爲王莽代漢之年,是經過深思熟慮的有識之舉。所以,依據《漢書》,"王莽代漢"之年應是居攝元年(6),由此上溯十三年是綏和元年(前 8),此即劉向卒年,再上溯七十二年是元鳳二年(前 79),此即劉向生年。故錢大昕、錢穆等的推斷是合理的。

　　此結論與司馬光《資治通鑑》所記劉向生卒年相合,實際上,司馬光定劉向生卒年也是依據《漢書·劉向傳》的這段材料,這從它們的叙述文字幾乎完全相同可以得到證明。另外,《資治通鑑》即在孺子嬰居攝元年(6)前題"王莽",而不題孺子嬰,也是以居攝元年爲王莽代漢之年。可見司馬光在利用《漢書·劉向傳》時,對"卒後十三歲而王氏代漢"一語是有深入的分析和思考的。

　　劉向撰作此書,歷代以來均未有疑問,唯今人羅根澤以爲非劉向所作,劉向只是整理者,其云:"然則二書(《説苑》、《列女傳》),劉向時已有成書,已有定名,故劉向得讀而校之,其非作始劉向,毫無疑義。"又説:"知此等書爲當時所固有,以其次序零亂,故劉向又爲之整理排次。"①另外,由於此書大約在宋初已經散佚,後經王回重新編訂,所以,今天又有人認爲它是僞書,鄧瑞全等就將其列入僞書之列②。總觀歷代典籍著録和論説,羅氏之言自然是站不住腳的。而定其僞書,恐怕是鄧瑞全等人對僞書的理解過於寬泛所致,簡單地説,僞書是僞造之書,而今所見劉向的《列女傳》,並非出於僞造,只是它散佚了,經過重新輯録、編訂,内容還是劉向所作,竊以爲不應當將其視爲僞書。

　　劉向《列女傳》,《漢書·藝文志》諸子略儒家類著録"劉向所

①羅根澤:《〈新序〉、〈説苑〉、〈列女傳〉不作始於劉向考》,羅根澤編著《古史辨》第四册,上海古籍出版社 1982 年,第 227—229 頁。
②鄧瑞全、王冠英:《中國僞書綜考》史部六傳記類"《列女傳》"條,黄山書社 1998 年,第 339 頁。

序六十七篇”，注云“《新序》、《説苑》、《世説》、《列女傳頌圖》也。”即《列女傳》與《新序》、《説苑》、《世説》諸書共六十七篇，未單獨言及《列女傳》篇目卷數。《漢書·劉向傳》言及《列女傳》“凡八篇”，而其《别録》云“爲七篇”。有一卷之差。《隋書·經籍志》著録爲十五卷，《舊唐書·經籍志》著録爲二卷，《新唐書·藝文志》與《隋志》同，《崇文總目》著録爲八篇，《郡齋讀書志》著録爲八卷、續傳一卷，《通志·藝文略》著録爲十五卷，陳振孫《直齋書録解題》及《宋史·藝文志》著録爲九卷。據劉向《别録》和《漢書·藝文志》，《列女傳》原爲七篇，即七卷，《漢書·劉向傳》所言八卷，則是加上《頌》，與正傳合爲八篇。至宋時曾鞏等校書，由於屢經傳寫，《列女傳》已非原貌，曾鞏叙録，所見有兩本，一爲十五卷，如曾鞏在序中所言，是“離其七篇爲十四，與頌義凡十五篇”。此即後世十五卷本。一爲八卷本，是嘉祐年間，蘇頌據頌義復加編次校勘所定，此即後世八卷本之一種。後王回根據各篇頌之有無，“予以頌考之，每篇皆十五傳耳，則凡無頌者宜皆非向所奏書”，重新編定《列女傳》爲正傳七卷，頌一卷，號《古列女傳》。又定後人摻入之二十人爲一卷，號《續列女傳》。今傳本多襲用此本。《舊唐書·經籍志》所言的二卷，正如姚振宗所云，當是“無注本”，即僅録傳文之本。而《直齋書録解題》及《宋史·藝文志》九卷之稱，當是劉向八卷本《列女傳》合《續傳》一卷而成，與《郡齋讀書志》著録的《列女傳》八卷、續傳一卷的説法，只是正傳與續傳的分合之别。正如周中孚所言，諸書著録《列女傳》卷數的差異，是“當頌義及注分合之故爾”①。南宋嘉定七年（1214），武夷蔡驥刻《列女傳》，又將《頌》一卷，分拆散入各傳，“將頌義大序

---

① 周中孚：《鄭堂讀書記》卷二三史部九傳記類二總録，商務印書館 1959年，第 469—470 頁。

列於目録前,小序七篇散見目録中間,頌見各人傳後"①。成正傳七卷,又附續傳一卷爲第八卷。

　　《隋書・經籍志》著録有劉歆《列女傳頌》、曹植《列女傳頌》、繆襲《列女傳贊》②,而據《漢書・藝文志》,劉向《列女傳》八卷本中也有頌一卷,今所存《列女傳》正傳有頌,此頌多以爲是劉向所作。如曾鞏《古列女傳目録序》云:"今驗頌義之文,蓋向之自叙。"③王回亦持此見④。《四庫全書總目》也説:"其頌本向所作,曾鞏及回所言不誤。"《隋書・經籍志》、晁公武《郡齋讀書志》以爲《列女傳》中頌文是劉歆所作之頌,誤。《文選・思玄賦》李善注引劉歆《列女傳頌》云:"材女修身,廣觀善惡。"今本《列女傳頌》無此文,亦可證此頌非劉歆所作。但須注意的是,劉歆確實作過頌,《顔氏家訓・書證》云:"《列女傳》亦向所造,其子歆又作頌。"⑤《日本國見在書目録》雜傳家亦録有劉歆《列女傳頌》一卷,與《隋書・經籍志》所録相合。只是劉歆所作單行,已亡佚。姚振宗《隋書經籍志考證》"《列女傳頌》"條也説:"案本《志》載劉歆此頌,本自一帙,與其父書各不相涉,宋代相傳曹大家注本,乃以向《列女傳》原有之頌,歸之劉歆,自是舛誤……"所以,劉向《列女傳》有多頌,而今本中的頌文是劉向自作。

---

① 劉向:《古列女傳》蔡驥刻序,文淵閣《四庫全書》第 448 册,(臺灣)商務印書館 1986 年,第 8 頁上。

② 贊與頌相通,梁任昉《文章緣起》云:"漢劉歆作《列女傳贊》。"姚振宗《漢書藝文志拾補》卷二云:"贊、頌本相通也。"

③ 曾鞏:《古列女傳目録序》,《古列女傳》,《叢書集成初編》本,中華書局 1985 年,第 1 頁。

④ 王回:《古列女傳序》,《古列女傳》,《叢書集成初編》本,中華書局 1985 年,第 2—3 頁。

⑤ 顔之推:《顔氏家訓》卷六《書證篇》第十七,《龍谿精舍叢書》刻抱經堂校本,中國書店 1991 年,第 77 頁。

　　劉向之始作《列女傳》，原當分七門，即母儀、賢明、仁智、貞慎、節義、辯通、孽嬖，每門一篇，“篇十五人，爲一百五人”①，類聚相關故事。王回《古列女傳・序》云：“……而各頌其義，圖其狀，總爲卒篇。傳如《太史公記》，頌如《詩》之四言，而圖爲屛風云。”②其書輾轉傳寫，在流傳過程中竄入其他《列女傳》③之文，多出二十人，曾鞏等人依據有無頌文，在重新編訂時，認爲“陳嬰母及東漢以來凡十六事，非向書本然”④。王回認爲有頌者爲劉向原文，無頌者爲他書竄入之文，其云：“以頌考之，每篇皆十五傳耳，則凡無頌者宜皆非向所奏書，不特自陳嬰母爲斷也。”⑤這樣，就有二十傳可以肯定不是劉向《列女傳》文，由於“餘二十傳，其文亦奧雅可喜，非魏晉諸史所能作也，故又自周郊婦至東漢梁嫕等，以時次之，別爲一篇”⑥。這便是《續傳》一卷。所以，今本劉向《列女傳》實際上包括劉向所作的一百零四傳（其中卷一缺一傳）和竄入其書、後又析出的二十傳。曾鞏以爲《續傳》爲班昭所作，其説無證，不可信。晁公武在《郡齋讀書志》中又説“二十傳豈項原所作耶”，懷疑《續傳》就是項原的《列女後傳》。晁氏此

---

① 陳振孫撰，徐小蠻、顧美華點校：《直齋書録解題》卷七傳記類“《古列女傳》”條解題，上海古籍出版社 2006 年，第 193 頁。

② 王回：《古列女傳序》，《叢書集成初編》本《古列女傳》，中華書局 1985 年，第 1 頁。

③ 劉向作《列女傳》後，繼起而爲之者甚衆，《隋書・經籍志》就著録有高氏、項原、皇甫謐、綦母邃等人的《列女傳》或《列女後傳》，且這些書後來都散佚，故它們的佚文竄亂難辨。

④ 曾鞏：《古列女傳目録序》，《古列女傳》，《叢書集成初編》本，中華書局 1985 年，第 1 頁。

⑤ 王回：《古列女傳序》，《古列女傳》，《叢書集成初編》本，中華書局 1985 年，第 1—2 頁。

⑥ 王回：《古列女傳序》，《古列女傳》，《叢書集成初編》本，中華書局 1985 年，第 3 頁。

種猜測也不可靠,《四庫全書總目》對此有詳細辯駁,孫猛《郡齋讀書志校證》亦舉證駁之①。

另外,劉向《列女傳》今雖有傳本,但也有散佚之文,清孫志祖、王仁俊分別據《御覽》卷一三五採得其佚文一條,即黃帝妃嫫母事,其云:"黃帝妃曰嫫母,於四妃之班,居下,貌甚醜,而最賢,心每自退。"孫志祖將其録入其《讀書脞録》卷四,王仁俊録入其《經籍佚文》。

今所見劉向《列女傳》各本多源南宋蔡驥刊本,常見者有《文選樓叢書》影刻本(據南宋建安余氏勤有堂本)、顧氏小讀書堆重刊本(據南宋建安余氏勤有堂本)、明正德嘉靖本、明萬曆刊本、清四庫本。

《文選樓叢書》影刻本《列女傳》,即阮元子阮福按原本行格圖畫影摹刊行的小琅嬛仙館本,因收入《文選樓叢書》,故名。源於南宋建安余氏勤有堂刊本,明末清初錢謙益得之于南城廢殿,後歸錢曾。錢曾之後,此書歸秘閣,復流入民間,先藏於顧之逵,後歸阮元,阮元子阮福按原書行格圖畫影摹刊行,即此文選樓本。此本題《古列女傳》,有曾鞏、王回序,蔡驥刻跋,頌義大序列於目録前,小序在各篇目録下,傳文後附其人之頌,又各有圖。《叢書集成初編》用此本。

乾隆五十八年(1793),建安余氏本之内殿本曾爲顧之逵所得,時此本已佚去頌義大序及卷一《魯師氏母》一傳。嘉慶元年(1796),顧之逵請從弟顧廣圻董理,據余氏本文字,而削去圖畫,重雕印行。因余氏本也存有訛誤,廣圻作《考證》一卷附後。此即顧氏小讀書堆本。

傅增湘《藏園藏書經眼録》載明正德本,缺第七卷及續傳。

①晁公武撰,孫猛校證:《郡齋讀書志校證》,上海古籍出版社 1990 年,第369 頁。

嘉靖三十一年(1552)黄魯曾又曾刊《列女傳》,前有黄魯曾刊序,次王回序,其後目録,目録後爲曾鞏序,次朱衍序,次蔡驥序。無圖,每傳後附其人之頌,後又有黄魯曾仿頌所作贊語。此本收入《漢唐三傳》,故又稱《漢唐三傳》本,清《崇文書局彙刻書》本《列女傳》,即據此本。

明萬曆三十四年(1606)黄嘉育又刻《列女傳》,前有黄嘉育刻序,次王回序,次曾鞏序,次蔡驥跋,次目録,次小序,每傳前有圖。商務印書館《四部叢刊初編》據葉德輝觀古堂所藏此本影印,而無黄嘉育序。

《四庫全書》史部傳記類收録劉向《列女傳》,題《古列女傳》,據其提要,此本當以錢曾所藏余氏本爲底本,前有《御製古列女傳序》,云"宋嘉定間閩中所刊"云云,目録後附蔡驥跋,云"嘉定七年甲戌十二月初五日武夷蔡驥孔良拜手謹書"。則此本當又以嘉定七年蔡驥刊於閩中本校訂。無曾鞏、王回序,每類有小序,目録附《崇文總目序》、《蔡驥跋》,總爲八卷本,正傳七卷,頌附每人傳後,續傳一卷。

清代另有三家校注本,即王照圓《列女傳補注》十卷,包括《叙録》一卷、《校正》一卷;蕭道管《列女傳集解》十卷,包括《補遺》一卷、《附録》一卷;梁端《列女傳校注》八卷[1]。今董治安主編《兩漢全書》劉向卷收録《古列女傳》,"以《文選樓叢書》影刻南宋建安余氏勤有堂本(删去其圖)爲底本,參以《四部叢刊》影印明刊本、《四庫全書》本,以及清代王照圓、梁端、蕭道管三家校注本,整理入編"[2]。正傳《古列女傳》七卷,《續列女傳》一卷,題下

---

[1]《列女傳》今傳各本,張濤《劉向〈列女傳〉的版本問題》有概述。張濤:《劉向〈列女傳〉的版本問題》,《文獻》1989年第3期。

[2]董治安主編:《兩漢全書》第九册劉向卷,山東大學出版社2009年,第5043頁。

列古列女傳小序。每卷條列傳文，傳後附頌，卷末附校勘記。

卷一母儀傳十四傳：有虞二妃、棄母姜嫄、契母簡狄、啟母塗山、湯妃有㜪、周室三母、衛姑定姜、齊女傅母、魯季敬姜、楚子發母、鄒孟軻母、魯之母師、魏芒慈母、齊田稷母。

卷二賢明傳十五傳：周宣姜后、齊桓衛姬、晉文齊姜、秦穆公姬、楚莊樊姬、周南之妻、宋鮑女宗、晉趙衰妻、陶荅子妻、柳下惠妻、魯黔婁妻、齊相御妻、楚接輿妻、楚老萊妻、楚於陵妻。

卷三仁智傳十五傳：密康公母、楚武鄧曼、許穆夫人、曹僖氏妻、孫叔敖母、晉伯宗妻、衛靈夫人、齊靈仲子、魯臧孫母、晉羊叔姬、晉范氏母、魯公乘姒、魯漆室女、魏曲沃婦、趙將括母。

卷四貞順傳十五傳：召南申女、宋恭伯姬、衛宣夫人、蔡人之妻、黎莊夫人、齊孝孟姬、息君夫人、齊杞梁妻、楚平伯嬴、楚昭貞姜、楚白貞姬、衛宗二順、魯寡陶嬰、梁寡高行、陳寡孝婦。

卷五節義傳十六傳：魯孝義保、楚成鄭瞀、晉圉懷嬴、楚昭越姬、蓋將之妻、魯義姑姊、代趙夫人、齊義繼母、魯秋潔婦、周主忠妾、魏節乳母、梁節姑姊、珠崖二義、郃陽友娣、京師節女、上谷魏母（有目無文）。

卷六辯通傳十五傳：齊管妾婧、楚江乙母、晉弓工妻、齊傷槐女、楚野辯女、阿谷處女、趙津女娟、趙佛肸母、齊威虞姬、齊鐘離春、齊宿瘤女、齊孤逐女、楚處莊姪、齊女徐吾、齊太倉女。

卷七孽嬖傳十五傳：夏桀末喜、殷紂妲己、周幽褒姒、衛宣公姜、魯桓文姜、魯莊哀姜、晉獻驪姬、魯宣繆姜、陳女夏姬、齊靈聲姬、齊東郭姜、衛二亂女、趙靈吳女、楚考李后、趙悼倡后。

卷八續列女傳二十傳：周郊婦人、陳辯女、聶政姊、王孫氏母、陳嬰母、王陵母、張湯母、雋不疑母、楊夫人、霍夫人顯、嚴延年母、漢馮昭儀、王章妻女、班婕妤、趙飛燕姊娣、孝平王后、更始韓夫人、梁鴻妻、明德馬后、梁夫人嫕。

末附佚文三條：

魯師氏之母齊姜戒其女，云："平旦纚笄而朝，則有君臣之嚴。"（《毛詩·齊風·雞鳴》孔穎達正義）

瞽叟與象謀殺舜，使塗廩，舜告二女。二女曰："時唯其戕汝，時唯其焚汝，鵲如汝裳衣，鳥工往。"舜既治廩，戕旋階，瞽叟焚廩，舜往飛。復使浚井，舜告二女，二女曰："時亦唯其戕汝，時其掩汝。汝去裳衣，龍工往。"舜往浚井，格其入出，從掩，舜潛出。（洪興祖《楚辭補注·天問章句第三》）

黃帝妃曰嫫母，於四妃之班，居下，貌甚醜，而最賢，心每自退。（《太平御覽》卷一三五）

司馬遷作《史記》成，傳記體乃立。經《史記》列傳之清整規範，傳記文體終獲完善之模式而定型。至劉向作《列女傳》等，又將列傳取出，離紀傳體而獨行，雜傳乃立。此等人物傳，已"不在正史"①，即乃脱離正史而單行，成爲史之一體。

劉向所作《列女傳》等傳，如《隋書·經籍志》雜傳類序所言，乃雜傳之"始作"，其意義首先在於雜傳文體得以最終形成，雜傳亦因此成爲史之一體，雜傳之作自此興焉。且劉向《列女傳》等傳之類傳形式，亦爲後世類傳體式之根本。而"列女傳"之名，亦爲後世所繼承，踵武之作甚夥，史志有著録者就有皇甫謐《列女傳》、繆襲《列女傳贊》、項原《列女後傳》、綦母邃《列女傳》及《列女傳要録》等。此數事之外，《列女傳》等傳選材運材之方式，以典型性格、典型事件傳寫人物以及叙事之情節性等，復使其小説品格顯著，漢魏六朝雜傳之小説化傾向，與此關係甚密。

然也因其爲雜傳之"始作"，故其草創，仍有不足，如朱東潤尚批評云："劉向《列女傳》是一部抄襲的著作，所寫的人，不是疏謬迭見，便是奄然無生氣，所記更始韓夫人，總算有一點影子，但

___

① 魏徵等：《隋書·經籍志》史部雜傳類序，中華書局 2011 年，第 982 頁。

這篇是後來的續纂,與劉向原作無關……"①

列士傳

輯存。劉向撰。原二卷。

《列士傳》二卷,《漢書·藝文志》不見著録,《隋書·經籍志》史部雜傳類著録,《新唐書·藝文志》史部傳記類著録,均爲二卷。此書雖不見録於《漢書·藝文志》而《隋書·經籍志》史部雜傳類序亦云:"劉向典校經籍,始作《列仙》、《列士》、《列女》之傳。"

王應麟《玉海》卷五八録《列仙傳》、《列士傳》,並引《隋書·經籍志》此語②,則亦以爲劉向當有《列仙傳》、《列士傳》。劉向既作《列仙傳》、《列女傳》,作《列士傳》亦當可能。朱東潤即認爲:"宣帝畫圖漢列士,和劉向作《列士傳》,都是不爭的事實,所以縱使劉向本傳及《藝文志》都不載《列士傳》篇名,我們仍不妨認爲原在六十七篇總數之中。"但他又説:"但是《史記集解》、《索隱》、《正義》,《後漢書注》、《文選注》以及《御覽》諸卷所引《列士傳》二十幾條之中,沒有一個西漢的人物,這便和《論衡》底記載衝突了。縱使所畫之人,不妨偶有秦代以前的人物,但是所記之人,不應絶無漢代以後的列士,所以劉向縱有《列士傳》底著作,而殘留的作品,未必是劉向原書。"③

《初學記》卷一一《職官部·尚書令第三》"天臺畫省"引蔡質《漢官典職》云:"尚書奏事於明光殿,省中畫古烈士,重行書贊。"

①朱東潤:《八代傳叙文學述論》,復旦大學出版社 2006 年,第 100 頁。
②王應麟:《玉海·藝文》卷五八"漢列仙列士傳",廣陵書社 2003 年,第 1102 頁下。
③朱東潤:《八代傳叙文學述論》,復旦大學出版社 2006 年,第 45 頁。

《論衡·須頌篇》云："宣帝之時，畫圖漢列士，或不在於畫上者，子孫恥之。"《玉海·藝文》卷五七"漢《列士圖》"條引《論衡》此語①。可見，有德有行之士，於漢頗受尊重，劉向爲助教化而作《列女傳》，則又取列士之見於圖畫者以爲之傳，亦在情理之中。姚振宗《漢書藝文志拾補》卷二"劉向《列士傳》二卷"條按云："《論衡·須頌篇》有曰：'宣帝之時，畫圖漢列士，或不在於畫上者，子孫恥之。'又《初學記·職官部》引蔡質《漢官典職》曰：'尚書奏事於明光殿，省中畫古烈士，重行書贊。'或因此而畫圖而爲之傳，未可知也。"②不過，正如朱東潤所言，從今存諸書稱引《列士傳》佚文觀之，劉向《列士傳》或已非原貌。

《列士傳》久佚，佚文今散見於諸書徵引，又或作《烈士傳》。王仁俊據《琱玉集》卷十二採得一節，言伯夷、叔齊事，録於《玉函山房輯佚書補編》中③。《漢魏六朝雜傳集》據諸書徵引，新輯其文，得十六條、十七人事蹟，題作《列士傳》。

今檢諸書徵引當出《列士傳》者，以人名爲目，條列所存佚文如下：

一、伯夷、叔齊。存文四節，見於《琱玉集》卷一二《感應篇第四》、《路史》卷一三《後紀四·禪通紀·炎帝紀下》"逮聞淑媛之言遂擒薇終焉是爲伯夷叔齊"、《廣博物志》卷一六《職官上》、《古微書》卷二五《論語緯》"伯夷叔齊義遜龍犀"、《敦煌類書》録文篇《事森》"孝友"下二二三—〇三—二二、《説略》卷七《史別上》、

---

① 王應麟《玉海·藝文》卷五七"漢《列士圖》"，廣陵書社 2003 年，第 1077 頁下。

② 姚振宗《漢書藝文志拾補》卷二"劉向《列士傳》二卷"條，開明書店《二十五史補編》第二册，中華書局 1998 年，第 33 頁下。

③ 本人曾輯校劉向《列士傳》，可參看。熊明《劉向〈列士傳〉佚文輯校》，《文獻》2003 年第 2 期。

《留青日札》卷一七等處徵引。

二、徐衍。存文一節,見於《文選》卷三九《上書·鄒陽〈獄中上書自明〉》"徐衍負石入海"李注轉引《漢書音義》及《史記》卷八三《魯仲連鄒陽列傳》"徐衍負石入海"集解徵引。

三、鮑焦。存文一節,見於《史記》卷八三《魯仲連鄒陽列傳》"此鮑焦所以忿於世而不留富貴之樂也"索隱轉引晉灼云、《文選》卷三九《上書·鄒陽〈獄中上書自明〉》"此鮑焦所以忿於世而不留富貴之樂也"李注徵引。《敦煌類書》録文篇《事森》"廉儉篇"二二三—〇二—〇二引一條,言鮑焦事,云出《列女傳》,其云:"鮑焦:鮑焦者,不知何處人也。衣不絲麻,不食五穀,隱居深山,衣著木皮,喫花實,飲渭水,有無端之小人往窮之,謂鮑焦曰:'木實,渭水,天之所成,非汝所爲。'鮑焦立時不食,抱樹而死。"①此云"出《列女傳》"誤,當作《列士傳》。

四、羊角哀、左伯桃。存文一節,見於《後漢書》卷二九《申屠剛傳》"尚有没身不負然諾之信況於萬乘者哉"李注、《文選》卷五五《論五·劉孝標〈廣絶交論〉》"莫不締恩狎結綢繆想惠莊之清塵庶羊左之徽烈"李注、《太平御覽》卷一二《天部十二·雪》、卷四〇九《人事部五十·交友四》、卷四二二《人事部六十三·義下》、卷五五八《禮儀部三十七·塚墓二》、《景定建康志》卷四三《風土志二·諸墓》"左伯桃墓羊角哀墓並在溧水縣南四十五里儀鳳鄉孔鎮南大驛路西"考證、《六朝事蹟編類》卷下《廟宇門第十二》"荆將軍廟"、《墳陵門第十三》"左伯桃墓"、《錦繡萬花谷前集》卷一九《朋友》"遇雪先死"、《古今合璧事類備要前集》卷三三《師友門·朋友》"先友而死"、《古今事文類聚前集》卷二三《人道部·交友》"結爲死友"、《天中記》卷二〇《朋友》"死友"、《敦煌類書》録文篇《不知名類書甲》〔十一〕"仁義"二三一一一一一〇二徵引。

六、專諸。存文一節，見於《北堂書鈔》卷一二三《武功部十一·刀三十五》"專諸置魚"、《初學記》卷二二《武部·刀第三》"專諸持淩統舞"、《太平御覽》卷三四五《兵部七十六·刀上》徵引。

七、慶忌。存文一節，見於《編珠》卷二《居處部》"銅戶席門"、《白氏六帖事類集》卷三《門戶第二十一》"銅戶"、《太平御覽》卷一八四《居處部十二·戶》、《古今合璧事類備要別集》卷一五《宮室門·門戶》"作銅戶"徵引。

八、延陵季子。存文一節，見於《藝文類聚》卷八八《木部上·柏》、《事類賦》卷二五《木部·柏賦》"延陵表信而挂劍"徵引。

九、於陵子仲。存文二節，見於《史記》卷八三《魯仲連鄒陽列傳》"於陵子仲辭三公爲人灌園"集解、索隱徵引。

一〇、赤鼻。存文二節，事同而文異。一見於《北堂書鈔》卷一二二《武功部十·劍三十四》"雄劍雌劍"及"留劍屬妻"、《白氏六帖事類集》卷九《眉第十五》"三寸"、《太平御覽》卷三四三《兵部七十四·劍中》、卷三六七《人事部八·鼻》、《天中記》卷二二《眉》徵引；一見於《李太白集分類補注》卷四《關山月》"雄劍掛壁時時龍鳴不斷犀象繡澀苔生國恥未雪何由成名"集注、《集千家注杜工部詩集》卷六《前出塞九首之八》"雄劍四五動"注、《錦繡萬花谷前集》卷三三《劍》、《玉芝堂談薈》卷一四《七事受胎》、《廣博物志》卷三二《武功下》、《九家集注杜詩》卷五《前出塞九首之八》"雄劍四五動"注、卷二九《秋日夔州詠懷寄鄭監李賓客一百韻》"雄劍鳴開匣"注、卷三二《夜》"絶岸風威動寒房燭影微嶺猿霜外宿江鳥夜深飛獨坐親雄劍"注、《補注杜詩》卷五《前出塞九首之八》"雄劍四五動"注、《分門集注杜工部詩》卷一五《前出塞九首之八》"雄劍四五動"注、《杜詩詳注》卷二《前出塞九首之八》"雄劍四五動"注徵引。

一一、魏公子無忌。存文一節。見於《藝文類聚》卷六九《服飾部上·案》、卷九一《鳥部中·鷦》、《白氏六帖事類集》卷四《案第三十九》"鳩入案下"、《古今事文類聚後集》卷四三《羽蟲部·鷦》"罪殺鳩之鷦"、《古今合璧事類備要外集》卷五○《几杖門·几》"有鳩入案"、《廣博物志》卷四四《鳥獸一》徵引。

一二、朱亥。存文一節。見於《水經注》卷一九《渭水》"霸水又北逕秦虎圈東"、《文選》卷二一《詠史·盧諶〈覽古一首〉》"眥血下霑襟怒髮上衝冠"李注、《藝文類聚》卷八四《寶玉部下·璧》、《太平御覽》卷四三六《人事部七十七·勇四》、卷四八三《人事部一百二十四·怒》、《事類賦》卷二○《獸部·虎賦》"朱亥在檻而裂眥"、《太平寰宇記》卷二五《關西道一·雍州》"秦獸圈在通化門東二十五里"、《長安志》卷三《宮室一·秦·總叙宮殿苑囿》"獸圈"、《駢志》卷三"相如奉璧入秦怒髮衝冠朱亥奉璧入秦瞋目裂血"、《天中記》卷六○《虎》"虎圈"徵引。

一三、隱陵君。存文一節,見於《史記》卷四四《魏世家》"邊城盡拔文臺墮垂都焚"索隱徵引。

一四、馮煖。存文一節,見於《北堂書鈔》卷一二九《衣冠部下·袴褶二十七》"經冬無袴"、《太平御覽》卷二六《時序部十一·冬上》、卷四○五《人事部四十六·賓客》、卷六九五《服章部十二·袴》、《天中記》卷二○《賓客》"三客"、卷四七《袴》"經冬無袴"徵引。

一五、荆軻。存文二節,一見於《藝文類聚》卷一七《人部一·耳》、《太平御覽》卷三六六《人事部七·耳》、《天中記》卷二二《耳》"唾耳"徵引;一見於《史記》卷八三《魯仲連鄒陽列傳》"昔者荆軻慕燕丹之義白虹貫日太子畏之"集解及索隱、《文選》卷三九《上書·鄒陽〈獄中上書自明〉》"白虹貫日太子畏之"李注、《藝

文類聚》卷二《天部下・虹》、《初學記》卷二《天部・虹蜺第七》
"太子畏小人祥"、《太平御覽》卷一四《天部十四・虹蜺》、《古今
合璧事類備要前集》卷四《天文門・虹》"貫日"、《天中記》卷三
《虹》等處徵引。

　　一六、九賓。《史記》卷八一《廉頗藺相如列傳》"大王亦宜齋
戒五日設九賓於廷"索隱引，而不知所出，附於末。

　　《列士傳》傳諸列士，常只寫其人性格中之某一突出側面，且
在彰顯此一性格之時，亦只取或者虛造一二典型事。如《羊角
哀、左伯桃傳》，即以途中左伯桃讓糧與羊角哀，將生之希望讓與
朋友之事刻畫左伯桃，又以羊角哀爲友而殺身下地一事刻畫羊
角哀，由此表現二"士"捨生取義、"殁身不負然諾之信"之品格精
神。又如《朱亥傳》，以朱亥瞋目視虎而虎不敢動之事表現朱亥
之猛士風采，只此一事，朱亥之剛猛淋漓盡致矣。再如《魏公子
無忌傳》，以虛造之無忌不負一鳩之事彰顯其責任心，可謂精當
巧妙，對一隻小鳥尚且不負其對己之信任，況天下來奔之士乎？
《列士傳》之傳人，予後世傳記與小說之人物刻畫與塑造頗多
啓迪。

孝子傳

　　輯存。劉向撰。

　　《孝子傳》，史志書目均不言劉向有此書，亦不見著錄，而《文
苑英華》五〇二《策》所載許南容、李令琛《對》並言劉向修《孝子
圖》。許南容《對》云："京兆耆舊，光武創其篇；陳留神仙，阮蒼述
其事；梁雄作逸人之傳（一作記），劉向修孝子之圖。斯並賢者，
傳之不朽。"李令琛《對》云："京兆耆舊之篇，創於光武；陳留神仙
之傳，起自阮蒼；劉向修孝子之圖，梁鴻首逸人之記。"王應麟《玉

海・藝文》"漢《陳留耆舊傳》"條引許南容《對》此語①。《太平御覽經史圖書綱目》列劉向《孝子圖》。趙明誠《金石錄》卷二二《跋尾十二・北齊隴東王感孝頌》按云："劉向《孝子圖》云：'郭巨，河內溫人。'而酈道元注《水經》云：'平陰東北巫山之上有石室，世謂之孝子堂。'亦不指言何人之冢，不知長仁何所據，遂以爲巨墓乎？"今《日本國見在書目錄》雜傳家著錄有《孝子傳圖》一卷，未署撰人，姚振宗《漢書藝文志拾補》卷二諸子略"劉向《孝子圖傳》"云："諸家《孝子傳》不言有圖，此獨有圖，與《列女傳》相似類也。"似認爲劉向嘗作《孝子傳》。

　　劉向《孝子傳》其始或當有圖有傳，其後流傳中，圖乃亡佚，而文字因被徵引而略存一二。據許南容、李令琛及《太平御覽經史圖書綱目》，其始當名《孝子圖》，後因圖佚而僅存傳文，諸書徵引乃稱《孝子傳》。《法苑珠林》卷四九引郭巨、丁蘭、董永、大舜四事，云出劉向《孝子傳》。《太平御覽》卷四一一人事部引郭巨、董永二人之事，也題出自劉向《孝子傳》。前人既有此説，今又有明確題署之佚文見在，劉向作《孝子傳》當不虛。

　　劉向《孝子傳》今有茆泮林《十種古逸書》本、黃奭《漢學堂叢書》、《黃氏逸書考》本、王仁俊《玉函山房輯佚書續編》本等舊輯。茆泮林輯《古孝子傳》，據馬驌《繹史》卷十注採得舜事一節，又據《太平御覽》卷四一一採得郭巨、董永二人之事，共三節，題劉向《孝子傳》，錄於《十種古佚書》中；許克勤曾取而校錄。《龍谿精舍叢書》、黃奭《漢學堂叢書》、《黃氏逸書考》及《叢書集成初編》轉錄茆本。王仁俊據《法苑珠林》卷四九採得郭巨、丁蘭、董永、大舜四事。

　　檢諸書徵引，或作劉向《孝子傳》，或作劉向《孝子圖》。《漢

---

①王應麟：《玉海・藝文》卷五八"漢《陳留耆舊傳》"，廣陵書社 2003 年，第
　1103 頁下。

魏六朝雜傳集》據諸書徵引，新輯其文，得四人事蹟，題《孝子傳》。

今檢諸書徵引當出劉向《孝子傳》者，以人名爲目，條列所存佚文如下：

一、舜。存文一節，見於《法苑珠林》卷四九《忠孝篇第四十九·業因部》、《天中記》卷五八《鳳》"銜米"、《廣博物志》卷四四《鳥獸一》、《繹史》卷一〇《有虞紀》"《越絶書》：舜用其仇而王天下者……此爲王天下仇者舜後母也"引。朱東潤云："馬驌《繹史》卷十引劉向《孝子傳》一則，記舜舐父目，霍然即開，完全和瞽瞍底故事不同，大致也是無識者底妄造。"①以爲此條當非劉向《孝子傳》原文。雜傳之作，多取異文，此二者不同，亦不足怪。

舜孝其父瞽叟，事頗流傳。敦煌變文有《舜子變》，演繹其事，頗詳贍②。

二、郭巨。存文一節，見於《太平御覽》卷四一一《人事部五十二·孝感》、《法苑珠林》卷四九《忠孝篇第四十九·業因部》引。另，《敦煌類書》録文篇《北堂書鈔體甲》"〔孝〕"下三二一—〇一—〇三"郭巨埋子，地出黄金"引一條，作劉向《孝子〔傳〕》，文多闕略。

郭巨孝事，南北朝時宋躬《孝子傳》及今所見敦煌本《孝子傳》，亦載其事。宋躬《孝子傳》所傳，大略與劉向《孝子傳》同，敦煌本《孝子傳》則多有演飾。干寶《搜神記》、唐句道興《搜神記》演繹其事，與劉向《孝子傳》文字多異③。又，《敦煌類書》録文篇《事森》"孝友"二二三—〇三—一五條引一節，作《孝子傳》(原脱

---

①朱東潤：《八代傳叙文學述論》，復旦大學出版社 2006 年，第 46 頁。
②項楚：《敦煌變文選注》上編《舜子變》，中華書局 2006 年，第 324—345 頁。
③李劍國：《新輯搜神記》卷八"郭巨"，中華書局 2007 年，第 138 頁。

"孝"字,王三慶校注補)①。不知其所據爲劉向《孝子傳》,還是宋躬《孝子傳》,或又有別種《孝子傳》,亦未可知。魯迅先生對郭巨埋兒事頗厭惡,在《二十四孝圖》一文中云:"其中最使我不解,甚至於發生反感的,是'老萊娛親'與'郭巨埋兒'兩件事。"②

三、丁蘭。存文一節,見於《法苑珠林》卷四九《忠孝篇第四十九·業因部》引。

南北朝鄭緝之《孝子傳》亦有丁蘭事,文與此多異。敦煌本《孝子傳》亦有丁蘭事,正文今闕,存詩四句:"丁蘭列(刻)木作慈親,孝養之心感動神。圖舍忽然偷斬如,血流灑地真如人。"另《敦煌類書》錄文篇《新集文詞九經鈔》二四五—〇——三二一條引一節,作《孝子傳》,亦叙丁蘭事③。未知爲劉向《孝子傳》,或鄭緝之《孝子傳》,亦或二者之外別種《孝子傳》。又晉孫盛《逸人傳》亦有丁蘭事,與此所載不同。

四、董永。存文一節,見於《太平御覽》卷四一一《人事部五十二·孝感》、《法苑珠林》卷四九《忠孝篇第四十九·業因部》引。《太平御覽》卷四一一引來降者爲"織女",《法苑珠林》卷四九引則作"天女"。其他轉引或改寫者,或作織女,或作天女。敦煌本《孝子傳》作"織女",句道興《搜神記》作"天女",據其故事前後文意,當作"織女"爲是。又,《太平御覽》卷四一一引"董永"上原有"前漢"二字,《法苑珠林》卷四九引無"前漢"二字,劉向爲西漢人,不當有此稱,當無爲是。朱東潤云:"又一則載'前漢'董永

---

① 王三慶:《敦煌類書》錄文篇《事森》"孝友"二二三—〇三——五條,(臺灣)麗文文化事業股份有限公司 1993 年,第 241—242 頁。

② 魯迅:《二十四孝圖》,《魯迅全集》第 2 冊《朝花夕拾》,人民文學出版社 2005 年,第 261 頁。

③ 王三慶:《敦煌類書》錄文篇《新集文詞九經鈔》二四五—〇——三二一條,(臺灣)麗文文化事業股份有限公司 1993 年,第 339 頁。

事，稱爲‘前漢’，便不是劉向底著作了。"①以爲此條或非劉向
《孝子傳》原文。然《法苑珠林》卷四九引無"前漢"，《太平御覽》
卷四一一引有"前漢"，或爲引者所加。

　　董永事在後世流傳最廣，當多據劉向《孝子傳》，或抄録轉
載，或改寫增飾。敦煌本《孝子傳》亦載董永事，唐寫本類書殘卷
亦引此事，云出《孝子傳》②。又，《敦煌類書》録文篇《事森》"孝
友"二二三一〇三一一二條、《敦煌類書》録文篇《語對》〔廿六〕
"孝感"下三一一一二六一〇八"感妻"、《敦煌類書》録文篇《北堂
書鈔體甲》"〔孝〕"三二一一〇一一〇二條各引一節，云出《孝子
傳》，文字互有異同，未知是否皆據劉向《孝子傳》③。東晉干寶
《搜神記》有董永事，見於《太平廣記》卷五九引④。唐句道興《搜
神記》亦引劉向《孝子圖》⑤。又有《董永變文》，亦演其事，而愈
益詳盡委曲⑥。

　　董永事漢魏時當已在民間廣爲流傳，曹植詩《靈芝篇》用其
事，其云："董永遭家貧，父老財無遺。舉假以供養，備作致甘肥。
責家填門至，不知何用歸。天靈感至德，神女爲秉機。"梁蕭繹
《金樓子・志怪篇》囊括梗概云："神女爲董永織縑而免災。"唐釋

①朱東潤：《八代傳叙文學述論》，復旦大學出版社 2006 年，第 46 頁。
②羅振玉：《鳴沙石室古籍叢殘・唐寫本類書三種》，民國六年(1917)羅氏
　影印本。
③王三慶《敦煌類書》録文篇《事森》"孝友"二二三一〇三一一二條，(臺
　灣)麗文文化事業股份有限公司 1993 年，第 240—241 頁，録文篇《語對》
　〔廿六〕"孝感"下三一一一二六一〇八條，第 383 頁，録文篇《北堂書鈔體
　甲》"〔孝〕"三二一一〇一一〇二條，第 463 頁。
④李劍國：《新輯搜神記》卷八"董永"，中華書局 2007 年，第 136—137 頁。
　王重民：《敦煌變文集》卷八，人民文學出版社 1957 年，第 886 頁。
⑤王重民等：《敦煌變文集》卷八，人民文學出版社 1957 年，第 886—887 頁。
⑥項楚：《敦煌變文選注》上編《董永變文》，中華書局 2006 年，第 295—309 頁。

法琳《辯正論·十喻篇》亦稱其事云:"董永孝敬於天女。"東漢武梁祠畫像石亦有董永圖像,永父坐獨輪車(即鹿車)上,手持鳩杖,車上有一瓦罐,董永立父前,身對腳下竹筥,迴首望其父。董永頭頂空中,有一仙女,肩有雙翼,俯身向下。獨輪車右側有樹一株,樹下一孩童,正欲爬樹。圖中題字云:"董永,千乘人也。"①此畫像石所圖董永故事,或源自劉向《孝子傳》,抑正是其圖也未可知。

　　後世演繹董永事之小説戲曲甚夥,宋元時期有話本《董永遇仙記》(《清平山堂話本》),又有戲文《董秀才遇仙記》(錢南揚《宋元戲文輯佚》)。明又有傳奇顧覺宇《織錦記》(一名《天仙記》,《曲海總目提要》卷二五),佚;佚名《槐陰記》(《堯天樂》),佚;心一子《遇仙記》(《明清傳奇鈎沉》)。清又有傳奇《賣身記》(《古典戲曲存目彙考》卷一三),佚。劉向《孝子傳》董永事,亦開織女降凡先河,唐人小説乃有多篇,張薦《靈怪集·郭翰》(《太平廣記》卷六八)、杜光庭《神仙感遇傳·姚氏三子》(《太平廣記》卷六五)、《神仙感遇傳·郭子儀》(《太平廣記》卷一九)即是。

　　董永事之特別處在於,其孝感天,織女乃降。故其故事在後世之演繹,逐漸演變爲淒美之人神情戀故事,典型者如黄梅戲之《天仙配》。董永故事流傳,民間乃傅會遺蹟及祠廟遍布各地②。

　　劉向《孝子傳》傳孝子孝親事,其事往往出於事理之外,離奇虛誕。李劍國先生將孝子故事概括爲孝感母題,認爲其思想基礎有二,一曰孝道,一曰天人感應。將孝道和天意相結合,其意在於旌揚孝道。並總括孝感故事爲六類。劉向《孝子傳》中的郭巨故事,即是第三類,感天得金;而董永故事,乃第五類,感天償

①朱錫禄:《武氏祠漢畫像石》,山東美術出版社1986年,第107頁。
②李劍國先生有詳考,可看。李劍國:《唐前志怪小説輯釋》(修訂本),上海古籍出版社2011年,第296—303頁。

債。而董永故事，又有經典性意義①。劉向《孝子傳》孝子故事所開創之孝感情節模式，與儒家哲學之天人感應觀念相關，也與爲傳者之刻意追求相關，對爲傳者而言，日常生活中孝子對父母衣食住行無微不至之照顧，似還不足以顯示其至孝，於是別出心裁，在常理之外構設情節。故此類情節模式，雖不符合自然物理，卻與儒家天人感應觀念相契，契合孝義之“心理”、“至孝”之事理邏輯，乃是心理與事理之“真實”。

劉向《孝子傳》啓後世孝子故事纂輯之先鞭，僅漢魏六朝時期就有十餘部之衆，後世孝子故事累有纂輯，劉向《孝子傳》之啓發也。

陳留耆舊傳

輯存。圈稱、蘇林撰。原一卷，或三卷。

圈稱《陳留耆舊傳》，《隋書・經籍志》史部雜傳類著録圈稱《陳留耆舊傳》二卷。《史通・雜述》云：“若圈稱《陳留耆舊》、周斐《汝南先賢》、陳壽《益部耆舊》、虞預《會稽典録》，此之謂郡書者也。”

圈稱，《隋書・經籍志》著録圈稱《陳留耆舊傳》時題“漢議郎圈稱撰”。又，袁宏《後漢紀》：“桓帝永興元年……十一月……太尉袁湯致仕。湯，字仲河，初爲陳留太守，褒善叙舊，以勸風俗，嘗曰：‘不值仲尼，夷齊西山餓夫，柳下東國黜臣，致聲名不泯者，篇籍使然也。’乃使户曹吏追録舊聞，以爲《耆舊傳》。”姚振宗《後漢藝文志》卷二史部雜傳記類“圈稱《陳留耆舊傳》條”據此推測《陳留耆舊傳》唐時已亡，並以爲袁湯所使“户曹吏”即圈稱，此

---

① 李劍國：《略論孝子故事中的“孝感”母題》，《文史哲》2014 年第 5 期。

《陳留耆舊傳》即《隋書·經籍志》史部雜傳類所録圈稱《陳留耆
舊傳》二卷者，他説："又按：此與袁湯《耆舊傳》時代甚相近，疑即
湯使户曹吏所作者，圈稱或爲本郡户曹，後舉上計留爲郎，轉爲
議郎者歟？ 袁《紀》所言，似得之於本書序文，以重在袁湯，故未
於户曹吏下著圈稱姓名，斯則未可知耳。"姚氏所言有一定道理，
因爲袁宏《後漢紀》確言袁湯"乃使户曹吏追録舊聞，以爲《耆舊
傳》"，則袁湯並未實際撰作，撰作者是户曹吏。《隋書·經籍志》
史部地理類又著録有圈稱《陳留風俗傳》三卷，兩《唐志》則僅有
圈稱《陳留風俗傳》三卷。

　　蘇林《陳留耆舊傳》，《隋書·經籍志》史部雜傳類、《舊唐
書·經籍志》史部雜傳類、《新唐書·藝文志》史部雜傳記類均有
著録，唯《隋書·經籍志》作一卷，兩《唐志》作三卷。

　　蘇林，字孝友，外黄人。《三國志》卷二一《魏書·劉劭傳》
云："劭同時東海繆襲亦有才學……襲友人山陽仲長統……散騎
常侍陳留蘇林、光禄大夫京兆韋誕……等亦著文賦，頗傳於世。"
裴松之注又引《魏略》云："林字孝友，博學，多通古今字指，凡諸
書傳文間危疑，林皆釋之。建安中，爲五官將文學，甚見禮待。
黄初中，爲博士給事中。文帝作《典論》所稱蘇林者是也。以老
歸第，國家每遣人就問之，數加賜遺。年八十餘卒。"蘇林著述雖
多，而今俱散亡不存。

　　圈稱《陳留耆舊傳》，《隋書·經籍志》著録而兩《唐志》無著
録；蘇林《陳留耆舊傳》、《隋書·經籍志》著録時作"一卷"，兩《唐
志》著録時則作"三卷"，疑唐時圈稱《陳留耆舊傳》二卷已與蘇林
《陳留耆舊傳》一卷合併而僅題蘇林撰。圈稱《陳留耆舊傳》與蘇
林《陳留耆舊傳》二書均散佚，其文見於諸書徵引，而諸書徵引多
作《陳留耆舊傳》而不題撰者，二書之文遂混淆難以區別。侯康
《補三國藝文志》卷三史部雜傳類"蘇林《陳留耆舊傳》"條中云：
"案漢圈稱亦有此書，後人引《陳留耆舊傳》者甚多，未知爲圈書、

爲蘇書矣，惟《御覽》卷二百六十九引蘇林《廣舊傳》，蓋廣圈稱之書而作，故以‘廣舊’名，(《玉海・藝文》亦云魏蘇林《廣舊傳》一卷)。引書者又省陳留二字……”章宗源認爲題蘇林《廣舊傳》者，“廣舊”當是“耆舊”之誤。於《隋書經籍志考證》卷一三蘇林“《陳留耆舊傳》”條云：“……惟《太平御覽》職官部引仇香年四十召爲縣主薄，稱蘇林《廣舊傳》(廣舊當是耆舊之訛)，而不著陳留地名。”

　　陳留，古地名。春秋時期屬鄭國，名留邑。後爲陳國所並，更名爲陳留。秦始置縣，屬碭郡。西漢元狩元年(前 122)置郡，郡治即縣治。轄境大致爲今河南開封市及尉氏縣以東，寧陵縣以西，延津、長垣縣以南，杞縣、睢縣以北地區。其後或郡或國，郡治遷變。隋開皇初廢。東晉南朝又曾置僑郡，分別治小黄(今安徽亳州)、浚儀(今安徽壽縣)、陳留縣(今安徽太和)、石封(今安徽廣德)，隋初廢。圈稱、蘇林《陳留耆舊傳》所指，當即古陳留，非東晉以來之僑郡。

　　《説郛》中有題蘇林《陳留耆舊傳》者，涵本《説郛》卷七摘録一節，言魏尚事，宛本《説郛》卷五八輯存八節，言魏尚事二節，董宣事二節，高順、恒牧、范丹、吳祐事各一節。傅增湘取宛本《説郛》所録加以校訂。此外，又有黄奭、杜文瀾、王仁俊三家輯本，黄奭採録宛本《説郛》及其它諸書，定爲一卷，録於《漢學堂知足齋叢書》中；杜文瀾據《御覽》卷二六五、卷四六五採得二節，言高慎、爰珍事，録於《曼陀羅華閣叢書》中，王仁俊鈔録杜氏所輯爰珍一節，編於《經籍佚文》中。今又有吕友仁《〈陳留耆舊傳〉輯證》，見載於《河南師範大學學報》二〇〇八年第二期，其據諸書徵引，輯得“二十七事，涉及十六人，勒爲一卷”。劉緯毅據《太平廣記》卷二三四、《太平御覽》卷二六九，採得毛容、仇香事二節，題蘇林《陳留耆舊傳》；又據諸書徵引，採得高慎、高靖、吳祐、楊仁、范丹、虞延、董宣、劉昆、李充、魏尚、王業、王郎、爰珍、陳弇、

梁垣十五人事蹟及"豆花雨"一條，云"書名爲《陳留耆舊傳》者，
有東漢袁湯、圈稱與魏蘇林所撰三種，因佚文未署撰人，姑匯爲
一書，以備考"①。《漢魏六朝雜傳集》據諸書徵引，新輯其文，凡
諸書徵引作《陳留耆舊傳》者並皆輯録，得二十七人事蹟，題《陳
留耆舊傳》，圈稱、蘇林撰。

　　今檢諸書稱引出《陳留耆舊傳》者，以人名爲目，條列所存佚
文如下。

　　一、魏尚。存佚文二條。見於《藝文類聚》卷八九《木部中·
棘》、卷九二《鳥部下·雀》、《天地瑞祥志》第十八《禽總載·雀》、
《太平御覽》卷九二二《羽族部九·雀》、卷九五九《木部八·棘》、
《古今事文類聚後集》卷四五《羽蟲部·雀》"雀鳴復官"、《古今合
璧事類備要別集》卷七四《飛禽門·雀》"爵命之祥"、《廣博物志》
卷四五《鳥獸二》引。

　　二、高固、高慎、高式、高昌、高賜、高弘、高靖。存佚文二條。
見於《三國志》卷二四《魏書·高柔傳》"高柔字文惠陳留圉人也
父靖爲蜀郡都尉"裴注、《北堂書鈔》卷三八《政術部十二·廉潔
三十二》"甕瓴無儲"、"以清名爲基"、卷七三《設官部二十五·從
事一百六十五》"號曰臥虎"、卷七五《設官部二十七·太守中一
百六十六》"清名爲基"、《藝文類聚》卷一○○《災異部·蝗》、《太
平御覽》卷二六五《職官部六十三·從事》、卷五一二《宗親部
二·伯叔》、卷八三八《百穀部·麥》、《職官分紀》卷四○《諸從
事》"癡不語高孝甫"、《錦繡萬花谷前集》卷二三《才德》"臥虎"、
《天中記》卷四五《麥》"蝝蝗不食"、《廣博物志》卷一七《職官
下》引。

　　三、虞延。存佚文二節，見於《北堂書鈔》卷三七《政術部十
一·公正三十一》"治皇客"、《初學記》卷二○《政理部·囚第十》

_____

① 劉緯毅：《漢唐方志輯佚》，北京圖書館出版社 1997 年，第 17 頁。

“至冬休臘”、《太平御覽》卷六四二《刑法部八·囚》等引。

四、劉昆。存文一節,見於《北堂書鈔》卷三五《政術部九·德感二十二》“反風滅火”、《藝文類聚》卷八〇《火部·火》、《太平御覽》卷八六八《火部一·火上》、《事類賦》卷八《地部三·火賦》“施至化於劉昆”、四庫本《記纂淵海》卷五《災異部·火災》引。

五、仇香。存文一節,見於《北堂書鈔》卷七三《設官部二十五·主簿一百六十三》“少鷹鸇之志”引。

六、戴斌。存文一節,見於《北堂書鈔》卷七三《設官部二十五·主簿一百六十三》“拔劍屬聲”、《太平御覽》卷二六五《職官部六十三·州主簿》引。

七、褚禧。存文一節,見於《北堂書鈔》卷七七《設官部二十九·督郵一百七十》“褚禧稱史”引。

八、王業。存文一節,見於《北堂書鈔》卷一〇二《藝文部八·碑三十五》“民共立碑”、《太平御覽》卷八九二《獸部四·虎下》、《事類賦》卷二〇《獸部·虎賦》“或送王業之喪”、《廣博物志》卷四六《鳥獸第一》引。

九、李充。存佚文三節,見於《北堂書鈔》卷一四五《酒食部四·炙十八》“箸挾以噉”、“及温而食”、《藝文類聚》卷八八《木部上·柏》、《太平御覽》卷九五四《木部三·柏》、《事類賦》卷二五《木部·柏賦》“李充有傳刃之志”、《天中記》卷五一《柏》引。

一〇、吳祐、吳鳳、吳馮。存佚文六節,見於《後漢書》卷六四《吳祐傳》“祐辭謝而已守志如初後舉孝廉”李注、“祐在膠東九年”李注、“長子鳳官至樂浪太守少子愷新息令鳳子馮銅陽侯相皆有名於世”李注、《太平御覽》卷三七〇《人事部十一·指》、卷四六五《人事部·謠》、卷六九一《服章部八·單衣》、《天中記》卷四七《衣》“市衣與父”引。

一一、范丹。存文一節,見於《初學記》卷二四《居處部·園圃第十三》“法真不窺范丹自賫”、《太平御覽》卷一九七《居處部二十五·園圃》、《天中記》卷一五《園圃》“自賁”引。

一二、董宣。存文二節，見於《北堂書鈔》卷一四〇《車部·輿三》“簡輿”、《太平御覽》卷一八〇《居處部八·宅》、卷四二六《人事部六十七·清廉下》、卷七七四《車部三·輿》、《天中記》卷一四《宅》“塞咎”引。

一三、爰珍。存文一節，見於《太平御覽》卷四六五《人事部·歌》、《古詩紀》卷一八《漢第八·樂府古辭·雜歌謠辭·歌辭》、《爰珍歌》注及歌引。

一四、爰彌。存文一節，見於《太平御覽》卷五一二《宗親部二·伯叔》引。

一五、陳弆。存文一節，見於《太平御覽》卷八二三《資産部三·犁》引。

一六、恒牧。存文一節，見於《太平御覽》卷八四一《百穀部五·豆》、卷九九八《百卉部五·承露》、《天中記》卷四五《豆》“送萱豆”引。

一七、王郎。存文一節，見於《事類賦》卷一五《什物部·墨賦》“王郎既受於嘉惠”引。

一八、茅容。存文一節，見於《太平廣記》卷二三四《菲食·茅容》引。

一九、王孫骨。僅存其名，見於《元和姓纂》卷五“王孫”。

另，《太平御覽》卷八四一《百穀部五·豆》引一條，作《陳留耆舊傳》，云：“八月雨爲豆花雨。”不知爲何人事，繫於末。

又，《太平御覽》卷二二七《職官部二十五·侍御史》、《天中記》卷三二《侍御》“遮敕宮門”各引一條，作《陳留耆舊傳》，敍楊仁事。案：楊仁，《後漢書》卷七九下《儒林列傳下》有傳，云：“楊仁，字文義，巴郡閬中人也。”則楊仁非陳留人，《初學記》卷一二《職官部下·侍御史第八》“橫劍持戟”引一條，敍楊仁事，與《太平御覽》、《天中記》同，作陳壽《耆舊傳》，則此條當爲陳壽《益部耆舊傳》之文,《太平御覽》卷二二七、《天中記》卷三二引誤。《淵鑑類函》卷四四七《蟲豸部三·蚊三》"羅威撤帳"引一條,言羅威事,云出《陳留耆舊傳》,《初學記》卷一七《人部·孝第四》"杜孝投魚羅威進果"、《太平御覽》卷四〇三《人事部四十四·陰德》、卷九〇〇《獸部十二·牛下》、《事類賦》卷二二《獸部·牛賦》"置芻亦見於羅威"等引羅威事者,皆言出《廣州先賢傳》,並云:"羅威,字德仁,南海番禺人也。"則羅威事當出《廣州先賢傳》,《淵鑑類函》卷四四七引誤。故此二條不録。

　　劉知幾云:"汝潁奇士,江漢英靈,人物所生,載光郡國,故鄉人學者,編而記之……此之爲郡書者也。"①《陳留耆舊傳》即劉知幾所謂郡書也。傳陳留先賢事蹟,以彰陳留人文之勝,誇矜于時,顯揚郡望,又兼敦睦鄉里,遺范子弟。所載人物,皆一時之賢,大多道德超邁;所載之事,間或出於傳聞,事在虛實之間。如魏尚之占,螟蝗獨不食高式之麥,劉琨火災叩頭而雨,王業白虎送喪,等等。蓋在表彰人物品行而不計虛妄,合於事理而非事實。於後世之郡國之書,影響亦大也。

逸民傳頌

　　輯存。梁鴻撰。

　　《逸民傳頌》,梁鴻撰。《隋書·經籍志》等史志書目無著録,侯康《補後漢書藝文志》卷三史部雜傳類、曾樸《補後漢書藝文志並考》卷六記傳志内篇第二之二補録,作梁鴻《逸民傳頌》;姚振宗《後漢藝文志》卷二史部雜傳記類亦補録,作梁鴻《逸民傳》。

　　梁鴻,《後漢書》卷八三《逸民傳》有傳,其云:"梁鴻字伯鸞,

---

① 劉知幾撰,浦起龍釋:《史通通釋》卷一〇《雜述第三十四》,上海古籍出版社 1978 年,第 275 頁。

扶風平陵人也。"鴻父讓,王莽時爲城門校尉,封脩遠伯,使奉少昊後,寓於北地而卒。鴻時尚幼,以遭亂世,因卷席而葬。後受業太學,家貧而尚節介,博覽無不通,而不爲章句。學畢,乃牧豕於上林苑中。曾誤遺火延及它舍,鴻乃尋訪燒者,問所去失,悉以豕償之。其主猶以爲少。鴻乃以身居作償之。因爲執勤,不懈朝夕。鄰家耆老見鴻非恒人,乃共責讓主人,而稱鴻長者。於是始敬異焉,悉還其豕。鴻不受而去,歸鄉里。娶同縣孟氏女,夫妻同氣,有高義,鴻遂字之曰德曜,名孟光。共入霸陵山中,以耕織爲業,詠《詩》《書》,彈琴以自娱。仰慕前世高士,而爲四皓以來二十四人作頌。因東出關,過京師,作《五噫》之歌。肅宗聞而非之,求鴻不得。乃易姓運期,名燿,字侯光,與妻子居齊魯之閒。有頃,又去適吴。將行,作詩言志。遂至吴,依大家皋伯通。鴻於此潛閉著書十餘篇,卒,伯通等爲求葬地於吴要離冢傍葬之。葬畢,妻子歸扶風。

　　《後漢書·逸民傳》言梁鴻"仰慕前世高士,而爲四皓以來二十四人作頌",當即此《逸民傳頌》,計有漢初四皓以下共二十四人。皇甫謐《高士傳·序》亦云"梁鴻頌逸民",《史通·雜述》云:"若劉向《列女》、梁鴻《逸民》、趙采《忠臣》、徐廣《孝子》,此之謂別傳者也。"[1]浦起龍於"逸民"下注云:"二字恐誤,當云'高士。'""逸民"二字不誤。《文苑英華》卷五〇二《策》載許南容《對》云"梁雄作逸人之傳(一作記)",梁雄當作梁鴻,形近而譌。李令琛《對》云"梁鴻首逸人之記"。皆言梁鴻有逸民傳或逸人記。侯康《補後漢書藝文志》推測梁鴻《逸民傳頌》"則當日必已成書,每人各繫以傳也",即有傳有頌。

　　梁鴻《逸民傳頌》已佚,今存嚴平頌文一節。《漢魏六朝雜傳

①劉知幾撰,浦起龍釋:《史通通釋》卷一〇《雜述》,上海古籍出版社 1978年,第 274 頁。

集》據《文選》卷一九《賦·束晳〈補亡詩六首〉》"白華玄足在丘之曲堂堂處子無營無欲"李注引云"梁鴻安丘嚴平頌曰"者輯録其文,題《逸民傳頌》。

梁鴻《逸民傳頌》存文一節,難窺其貌,據其題名,當多傳四皓以下二十四人高逸之事,亦當多奇行殊事,或有可觀。

皇德傳

輯存。侯瑾撰。原三十卷。

《皇德傳》,侯瑾撰。《隋書·經籍志》史部雜史類著録《漢皇德紀》三十卷,並注云"漢有道徵士侯瑾撰,起光武至沖帝"。《舊唐書·經籍志》史部編年類、《新唐書·藝文志》史部編年類著録侯瑾《漢皇德紀》三十卷。

侯瑾,《後漢書》卷八〇下《文苑列傳下》有傳,其云:"侯瑾,字子瑜,敦煌人也。少孤貧,依宗人居。性篤學。"又云:"又案《漢記》撰中興以後行事,爲《皇德傳》三十篇。行於世。"沈約《宋書》卷九八《氐胡傳》云"(元嘉)十四年,茂虔奉表獻方物"及書籍中,有"《漢皇德傳》二十五卷",王應麟《玉海》卷五八《藝文》之傳類"《漢中興名臣列士傳》、《建武以來名臣傳》、《皇德傳》"條云:"……侯瑾,案《漢記》撰中興以後行事爲《皇德傳》三十篇,《唐志》正史類《皇德紀》三十卷,宋太祖時沮渠茂虔獻《漢皇德傳》二十五卷。"小注云:"《隋志》同,起光武至沖帝,《後漢·五行志》引《皇德傳》。"則茂虔所獻侯瑾《皇德傳》不全,僅二十五卷。但《隋書·經籍志》及《舊唐書·經籍志》、《新唐書·藝文志》著録皆爲三十卷,則至唐開元間尚有全本存世。《太平御覽經史圖書綱目》列《漢皇德傳》,則宋初李昉等修《太平御覽》,其書尚存。

據《後漢書·文苑傳》侯瑾本傳"爲《皇德傳》三十篇,行於世"之語,則其初當名《皇德傳》,《隋書·經籍志》等著録時稱《漢皇德紀》，"漢"字當爲後人所加。

　　侯瑾《皇德傳》今已散佚，而僅見於《太平御覽》等書徵引。張澍據《太平御覽》採得四節，又據《後漢書·五行志》（原作《漢書·五行志》，誤）採得一節，録於《二酉堂叢書》中，《叢書集成初編》收録《漢皇德傳》即用此本。《漢魏六朝雜傳集》據諸書徵引，新輯其文，得五事，題《皇德傳》。

　　今檢諸書徵引出《皇德傳》者，條列其佚文如下。

　　一、白虹貫下破軍。見於《後漢書·志第十八·五行六》"畢爲邊兵秋隗囂反侵安定"劉注引。

　　二、北鄉侯薨以王禮葬。見於《太平御覽》卷九一《皇王部十六·少帝北鄉侯》引。

　　三、蓋晉。見於《太平御覽》卷四二六《人事部六十七·清廉下》引。

　　四、世祖獵，路見二老翁。見於《太平御覽》卷八九一《獸部三·虎上》引。

　　五、侯瑾。見於《太平御覽》卷八二九《資産部九·傭賃》引作《漢皇德頌》。此條言侯瑾事，不當出於《皇德傳》正文，抑或其叙傳。

　　觀《皇德傳》佚文，多有星象、災異、休徵等讖緯之事，而如"世祖獵，路見二老翁即禽"之事，則又頗涉瑣細。亦非史傳之正體。

三國雜傳叙錄

卷　上

曹操別傳三種

　　今所見曹操之別傳有三,其一爲吳人《曹瞞傳》,其二爲佚名《曹操別傳》,其三爲佚名《魏武別傳》。

　　曹操,《三國志》卷一《魏書·武帝紀》云:"太祖武皇帝,沛國譙人也,姓曹,諱操,字孟德,漢相國參之後。桓帝世,曹騰爲中常侍大長秋,封費亭侯。養子嵩嗣,官至太尉,莫能審其生出本末。嵩生太祖。"曹操於漢末乘亂而起,建安元年(196),迎漢獻帝都許,天子假其節鉞,録尚書事。建安十八年(213),進封魏公。建安二十一年(216),爲魏王。建安二十五年(220)正月庚子,崩于洛陽,年六十六。謚曰武王,二月丁卯,葬高陵。其年十月,其子曹丕代漢,自立爲帝,國號魏,追尊曹操爲武皇帝,廟號太祖。

曹瞞傳

　　輯存。吳人撰。原一卷。

　　《曹瞞傳》,《隋書·經籍志》無著録,《舊唐書·經籍志》史部雜傳類、《新唐書·藝文志》史部雜傳記類著録《曹瞞傳》一卷,《舊唐書·經籍志》題"吳人作",《新唐書·藝文志》不題撰人。此傳早佚,裴松之注《三國志·武帝紀》多引其文,基本結構與主

要内容大致完整。除《三國志》裴注以外，其佚文也散見於其他
古籍舊典中。

　　書目中的著録，《曹瞞傳》首見於《舊唐書·經籍志》，並題云
"吳人作"，姚振宗認爲吳人指三國時吳國之人，作者姓名是"被
山"。其《三國藝文志》史部雜史類著録《曹瞞傳》，題"被山《曹瞞
傳》"，考證云："《藝文類聚》百穀部引被山《曹瞞傳》，則作是傳者
姓被名山，吳人也。邵思《姓解》云《古今人表》有被衣，爲堯師，
被音披。又有被雍，《左傳》有鄭大夫被瞻。漢有牂牁太守被條，
吳有被離，此被山之所自出歟？"姚振宗"被山"作《曹瞞傳》之説，
乃是誤讀《藝文類聚》之文而得出的錯誤結論。考《藝文類聚》卷
八十五《百穀部》引《曹瞞傳》文，此文之上是《風俗通》一段文字：
"……天愛斯民，扶助聖主，事有徵應，於是旅穀彌望，野繭被
山"，其下接"《曹瞞傳》曰"，姚氏把《風俗通》文中的末二字"被
山"誤與"《曹瞞傳》曰"相連，被山遂爲《曹瞞傳》作者。裴松之注
稱"吳人"，當是一個含混籠統的稱謂，或確乎不知其姓名。竊以
爲"吳人"當指三國時吳國人，而作者之姓名不詳，此傳當作於三
國晉滅吳之前。章宗源《隋書經籍志考證》、侯康《補三國藝文
志》及梁章鉅《三國志旁證》都認爲"吳人"指三國時吳人。漢魏
六朝雜傳，多爲"幽人處士"[1]或"方聞之士"[2]"因其志尚，率爾而
作"[3]，這些人多未留下姓名，《曹瞞傳》之作者亦屬此流。

　　朱東潤十分好奇裴松之注引稱吳人作《曹瞞傳》，"吳人是誰
呢？不得而知"。他根據《三國志》卷一《魏書·武帝紀》"夏五月

---

①焦竑：《國史經籍志》卷三傳記類序，《續修四庫全書》本，上海古籍出版
　社 2002 年，第 265 頁上。

②《宋三朝藝文志》傳記類序，馬端臨：《文獻通考·經籍考》雜史各門總雜
　傳類序引，華東師範大學出版社 1985 年，第 537 頁。

③魏徵等：《隋書·經籍志》雜傳類序，中華書局 2011 年，第 982 頁。

天子進公爵爲魏王”裴注引一節中稱司馬懿爲宣王，推論“這部書便像咸熙以後的作品”，但他認爲，這種推論行不通，“倘使我們假定《曹瞞傳》爲咸熙禪代以後的著作，便可以解答這兩個問題，然而裴松之‘吳人作’三字，又不容許我們作如此的假定。所以這一部書底作者，始終是一個謎。”在列舉《曹瞞傳》之與史實種種不符之後，特別是對華歆破壁牽伏皇后出一事之後，朱東潤又説：“就在這一點上，我們不妨假定《曹瞞傳》底完成，已在魏末的時候。”①朱東潤對《曹瞞傳》成書時代的判定，應該是有道理的。

　　《三國志》裴注引《曹瞞傳》，稱曹操或“太祖”，或“公”、“王”等，而他書引則多稱“操”或“曹操”等，對於這種區別，章宗源《隋書經籍志考證》“《曹瞞傳》一卷”條案云：“傳名‘曹瞞’，又係吳人所作，其言操少好飛鷹走狗，遊蕩無度；又佻易無威重，好音樂。及遣華歆入宮收伏后事，語皆質直不爲魏諱，故《世説》注、《文選》注（《爲袁紹檄豫州》注引操破梁孝王棺事）所引皆稱操名。（《藝文類聚》、《太平御覽》所引亦或稱操），惟《魏志》注多稱太祖，自係裴松之所改（他書亦有稱曹公、稱太祖，然不盡改其舊），非吳人原本。”章氏所言甚是，《三國志》裴松之注引《曹瞞傳》，於曹操之稱謂，當隨正文而有所改動。

　　今所見諸書徵引《曹瞞傳》之文多題作《曹瞞傳》，《太平御覽經史圖書綱目》錄有《曹瞞別傳》，《北堂書鈔》卷一二四《武功部十二·棒四十四》、《太平御覽》卷一三七《皇親部三·孝獻伏皇后》、卷三六七《人事部八·口》、卷三九一《人事部三二·笑》、卷六四九《刑法部一五·髡》、卷五四二《禮儀部二一·拜》、卷九六九《果部·梨》引作《曹瞞別傳》，考其文，與《曹瞞傳》同，當亦即《曹瞞傳》之異稱。

　　《曹瞞傳》已佚，其文今散見諸書徵引，今有嚴可均和汪之昌

①朱東潤：《八代傳叙文學述論》，復旦大學出版社 2006 年，第 77 頁，第 81 頁。

二人輯本,二家所輯均主要根據《三國志》裴注,嚴氏所輯録於其
《全三國文》卷七五中,汪氏所輯見録於其文集《青學齋集》(汪之
昌《青學齋集》,民國二十年家刊本)卷三六中。另外,顧櫰三《補
後漢書藝文志》卷七在補録《曹瞞傳》時輯得佚文數條。又,今人
朱東潤《八代傳敘文學述論》附輯《曹瞞傳》。諸家所輯,皆主要
依據《三國志》裴注,未作校勘。《曹瞞傳》佚文不僅僅見於《三國
志》裴注,他處尚多有引者,故四家所輯《曹瞞傳》皆多遺漏。《漢
魏六朝雜傳集》據諸書徵引,新輯其文,題《曹瞞傳》。

今簡括諸書所引,條列所存佚文如下:

一、曹操別名、小字。見於《三國志》卷一《魏書・武帝紀》
"姓曹諱操字孟德漢相國參之後"裴注、《世說新語・假譎》第一
條劉注、《太平御覽》卷五一二《宗親部二・伯叔》等引。

二、曹嵩出夏侯氏事。見於《三國志》卷一《魏書・武帝紀》
"曹騰爲中常侍大長秋封費亭侯養子嵩嗣官至太尉莫能審其生
出本末"裴注引。

三、曹操少時戲叔父事。見於《三國志》卷一《魏書・武帝
紀》"太祖少機警……故世人未之奇也"裴注、《太平御覽》卷九三
《皇王部十八・魏太祖武皇帝》、卷三六七《人事部八・口》、卷五
一二《宗親部二・伯叔》、卷七四三《疾病部六・陽病》、《記纂淵
海》卷一〇二《人倫部・諸父》引。

四、曹操爲洛陽北部尉事。見於《三國志》卷一《魏書・武帝
紀》"除洛陽北部尉遷頓丘令"裴注、《北堂書鈔》卷一二四《武功
部十二・棒四十四》"繕造五色"、《白氏六帖事類集》卷一三《鞭
扑第三十九》"五色棒"、《太平御覽》卷九三《皇王部十八・魏太
祖武皇帝》、卷三五七《兵部八十八・棓》引。

五、曹操破梁孝王棺收金寶事。見於《文選》卷四四《檄・陳
琳〈爲袁紹檄豫州〉》"而操帥將吏士親臨發掘破棺裸尸掠取金寶
至令聖朝流涕士民傷懷"李注引。

六、時人爲吕布及赤兔馬謡事。見於《三國志》卷七《魏書·吕布傳》"布有良馬曰赤兔"裴注、《後漢書》卷七五《吕布傳》"布常御良馬號曰赤菟能馳城飛塹"李注、《藝文類聚》卷九三《獸部上·馬》、《太平御覽》卷八九七《獸部九·馬五》、《事類賦》卷二一《獸部·馬賦》"赤兔乃比於吕公"引。

七、曹操屠彭城及取慮、睢陵、夏丘諸縣事。見於《三國志》卷一○《魏書·荀彧傳》"前討徐州威罰實行"裴注引。

八、曹操與許攸言事。見於《三國志》卷一《魏書·武帝紀》"士卒皆殊死戰大破瓊等皆斬之"裴注、《後漢書》卷七四上《袁紹傳》"操自將步騎五千人夜往攻破瓊等悉斬之"李注、《太平御覽》卷三一五《兵部四十六·掩襲上》引。

九、曹操得冀州大喜事。見於《三國志》卷一《魏書·武帝紀》"尚果循西山來臨滏水爲營"裴注引。

一○、袁尚兄子買事。見於《三國志》卷六《魏書·袁紹傳》"擊烏丸尚熙與烏丸逆軍戰敗走奔遼東公孫康誘斬之送其首"裴注引。

一一、曹操賞諸諫者事。見於《三國志》卷一《魏書·武帝紀》"九月公引兵自柳城還"裴注引。

一二、曹操與馬超戰敗渡河事。見於《三國志》卷一《魏書·武帝紀》"公自潼關北渡未濟超赴船急戰……公乃得渡"裴注、《北堂書鈔》卷一三五《服飾部四·胡牀四十》"曹操坐不起"、《藝文類聚》卷七○《服飾部下·胡牀》引。

一三、曹操與馬超戰乘寒筑沙爲城事。見於《水經注》卷一九《渭水》"又東過華陰縣北"、《三國志》卷一《魏書·武帝紀》"九月進軍渡渭"裴注、《後漢書》卷九《獻帝紀》"十六年秋九月庚戌曹操與韓遂馬超戰於渭南遂等大敗關西平"李注、《北堂書鈔》卷一一六《武功部四·謀策五》"起沙爲城"、《太平御覽》卷七四《地部三十九·沙》等引。

一四、曹操遣華歆勒兵入宮收獻帝皇后事。見於《三國志》卷一《魏書·武帝紀》"十一月漢皇后伏氏坐昔與父故屯騎校尉完書云……"裴注、《太平御覽》卷一三七《皇親部三·孝獻伏皇后》引。

一五、曹操征張魯至陽平事。見於《太平御覽》卷三一五《兵部四十六·掩襲上》引。

一六、廬江太守劉勳理明城事。見於《太平御覽》卷三一五《兵部四十六·掩襲上》引。

一七、曹操爲王後召司馬防叙舊事。見於《三國志》卷一《魏書·武帝紀》"夏五月天子進公爵爲魏王"裴注引。

一八、滅南陽侯音事。見於《三國志》卷一《魏書·武帝紀》"二十四年春正月仁屠宛斬音"裴注引。

一九、曹操更脩治北部尉廨事。見於《三國志》卷一《魏書·武帝紀》"冬十月軍還洛陽"裴注引。

二〇、曹操薨，夏侯惇追恨前言事。見於《三國志》卷一《魏書·武帝紀》"孫權遣使上書……王軍摩陂"裴注引。

二一、曹操起建始殿、徙美梨根傷出血而後寢疾事。見於《三國志》卷一《魏書·武帝紀》"二十五年春正月至洛陽……年六十六"裴注、《藝文類聚》卷八六《菓部上·梨》、《太平御覽》卷九六九《果部六·梨》等引。

二二、曹操無威重，好音樂，持法峻刻等事。見於《三國志》卷一《魏書·武帝紀》"謚曰武王二月丁卯葬高陵"裴注、《世説新語·假譎》第三條劉注、《北堂書鈔》卷九《帝王部九·責躬三十五》"截髮"、卷一一二《樂部八·倡優二十八》"好倡優"、卷一三六《服飾部五·囊八十》"盛細物"、《藝文類聚》卷一七《人部一·髮》、卷八五《百穀部·穀》、卷八五《百穀部·麥》、《太平御覽》卷九三《皇王部十八·魏太祖武皇帝》、卷三七三《人事部一十四·髮》、卷三九一《人事部三十二·笑》、卷五四二《禮儀部二十一·

拜》、卷六九一《服章部八・鞶囊》、卷七〇四《服用部六・囊》、卷
八三〇《資産部十・量》、《古今事文類聚後集》卷二二《穀菜部・
穀》"馬行犯麥"等引。

　　《舊唐書・經籍志》、《新唐書・藝文志》將《曹瞞傳》著録在
史部雜傳(或雜傳記)類中，姚振宗《三國藝文志》卷二史部雜史
類"被山《曹瞞傳》"條以爲《曹瞞傳》"書雖名傳，實與魏人所作
《魏武本紀》相類，書中亦兼及衆人事，與別傳記一人事蹟者不
同，故與家傳併入雜史"。與雜傳記專記一人事蹟的體例不符，
故其於《三國藝文志》中將《曹瞞傳》從雜傳類移入史部雜史類。
姚氏此舉不免略嫌牽强。以人名爲傳名的漢魏六朝雜傳，多屬
個人傳記，《曹瞞傳》亦不例外，且爲任何個人立傳，皆可能旁及
他人。章宗源《隋書經籍志考證》及侯康《補三國藝文志》即仍將
《曹瞞傳》著録於史部雜傳類中。

　　朱東潤對《曹瞞傳》之寫法頗贊賞，其云："《曹瞞傳》底作者，
雖然不能確定，但是對於傳主底個性，寫得非常活躍，尤其對於
他底一切小動作，小節目，都給予狠仔細的描寫。在這一點方
面，有些接近現代傳叙文學的意味，爲古代中國文學裡所罕見。"
"《曹瞞傳》底注重傳主個性，爲中國傳叙文學所罕見。"[1]侯康
《補三國藝文志》"《曹瞞傳》"條云："書出敵人之口，故於曹操奸
惡備載無遺，世所傳操爲夏侯氏子及破壁收后等事，皆出此書，
其中築沙城以渡渭一事、司馬建公舉操爲北部尉一事，裴松之頗
有疑辭，而終不敢斥爲非，蓋其書紀事多實也。"則《曹瞞傳》中所
述曹操之事，並非全出於捕風捉影。然《曹瞞傳》之傳曹操，非如
《三國志・武帝紀》，將其作爲一個時代之風雲人物，而是作爲個
體之普通人，故而其所呈現之曹操，明顯與史傳有別。傳中所記
之事，皆日常細事，即使涉及重大政治軍事活動，也主要是把筆

---

①朱東潤:《八代傳叙文學述論》，復旦大學出版社 2006 年，第 78 頁，第 82 頁。

墨用於其間之瑣碎事。且與《三國志》等相較，多有出入，朱東潤
曾舉三事，其一，袁忠爲沛相事；其二，曹操攻馬超事；其三，華歆
破壁牽伏皇后之説①。由此《曹瞞傳》之史傳性已不甚明顯和强
烈，而在其字裏行間，萌動着一種稚嫩但卻極富感染力之全新特
質，即小説品格②。

　　清人梁章鉅《三國志旁證》云："裴注但言《曹瞞傳》爲吳人所
作，不著其名，今書亦不傳，前明小説家所演，即據此耳。"梁氏所
言明人小説家據《曹瞞傳》而作小説，當即《三國演義》，《三國演
義》曹操形象之設計或形象定位，當在以"雄豪奸詐"爲主要品格
之"反面角色"③，其淵源於《曹瞞傳》中之曹操形象甚明。明人
高儒尚云羅貫中之作《三國演義》，乃是"據正史、採小説、證文
辭、通好尚"而成④。羅貫中廣採博聞，《曹瞞傳》當是其所採之
重要一種。又，後世戲劇舞臺上之曹操形象，追根溯源，皆當源
於《曹瞞傳》。

曹操别傳

　　輯存。佚名撰。

　　《曹操别傳》，諸史志書目無著録，顧櫰三《補後漢書藝文志》
卷七别傳類補録，其餘諸家補後漢或三國藝文志亦未補録。其
佚文見於《藝文類聚》、《太平御覽》等引。《太平御覽經史圖書綱
目》録《曹操别傳》，則宋初修《太平御覽》，當有其書。侯康以爲

①朱東潤：《八代傳叙文學述論》，復旦大學出版社 2006 年，第 78—81 頁。
②《曹瞞傳》的小説品格，拙文《〈曹瞞傳〉考論》一文中有較爲詳盡的分析，
　可參看。熊明：《〈曹瞞傳〉考論》，《古籍研究》2002 年第 1 期。又載於
　《魏晉南北朝文學與文化論文集》，南開大學出版社 2002 年。
③章培恒、駱玉明：《中國文學史》，復旦大學出版社 1996 年第 181 頁。
④高儒：《百川書志》卷之六《史志三·野史》"《三國志通俗演義》"條，上海
　古籍出版社 2005 年，第 82 頁。

《曹操別傳》實乃《曹瞞傳》之異稱。其《補三國藝文志》云："《藝文》、《御覽》又屢引《曹操別傳》,所稱人中有呂布,馬中有赤兔一條(《御覽》卷四百九十六)與此書合,魏梁孝王塚一條(《藝文》卷八十三),《文選·檄豫州》注正作《曹瞞傳》,則一書而異名耳。……或亦本一書而後人易其稱乎?"姚振宗《三國藝文志》引侯氏此說,可見他亦持相同看法。又,今人朱東潤《八代傳叙文學述論》附輯《曹瞞傳》,亦以《曹操別傳》爲《曹瞞傳》之異稱。

　　觀《太平御覽經史圖書綱目》録《曹操別傳》與《曹瞞別傳》,一前一後,排列緊鄰。如屬同書異名,《太平御覽》編纂者應有所覺察。《太平御覽》引書固有一書多稱而不加歸併之弊,但傳名如此接近、又列於一處者,或當不是同書異名。曹操爲一代梟雄,且行事頗多爭議,既然如吳人者尚且作傳,其故臣舊吏、受其恩蔭庇護者爲其作傳,亦當有之,故有數傳傳其事亦在情理之中。此種一人數傳之例甚夥。如嵇康即有別傳多種,嵇喜《嵇康傳》(見於《三國志·王粲傳》裴注稱引)、孫綽《嵇中散傳》(見於李善《文選注》卷二一《詠史》"吐論知凝神"下稱引)及佚名《嵇康別傳》(見於《文選注》卷二一《詠史》"龍性誰能馴"下和卷一六《思舊賦》"索琴而彈之"下稱引)。

　　又,《太平御覽》卷二六三《職官部六一·別駕》下引《曹操別傳》畢諶之事中,畢諶後來是"還以爲掾",《三國志·武帝紀》載同一事,而畢諶後來是"爲魯相"。如《曹操別傳》與《曹瞞傳》同屬一傳,則裴松之當應注意此一不同,而對於不同,裴氏往往列舉以存疑。如《曹瞞傳》中載曹軍渡渭事中"天寒"問題,裴松之即加按語云:"……或疑於時九月,水未應凍。臣松之按《魏書》:公軍八月至潼關,閏月北渡河,則其年閏八月也,至此容可大寒邪!"[1]

---

①陳壽撰,裴松之注:《三國志》卷一《魏書·武帝紀》,中華書局2011年,第36頁。

而此處抵牾明顯，裴氏置之不顧，其理難通。故亦可推知，此段
文字不屬於《曹瞞傳》文，裴氏或未曾見此傳。

《曹操別傳》作者今已無從考知，闕如。

《曹操別傳》今存佚文數節，《漢魏六朝雜傳集》據諸書徵引，
新輯其文。

今簡括諸書所引當出《曹操別傳》者，條列其佚文如下：

一、曹操爲典軍都尉，爲士卒所擊、潛身平河亭長舍事。見
於《太平御覽》卷四六七《人事部一百八·喜》引。

二、曹操發梁孝王冢事。見於《藝文類聚》卷八三《寶玉部
上·金》、《太平御覽》卷五五一《禮儀部三十·棺》、卷八一一《珍
寶部十·金下》、《太平寰宇記》卷一二《河南道十二·亳州》“梁
孝王墓在縣南五十里……行一里到藏内”引。

三、時人爲呂布及其駿馬謠謡事。見於《太平御覽》卷四九
六《人事部一百三十七·謡下》、《古詩紀》卷一九《漢第九·謠
語》“時人語”、卷一五六《別集第十二·志遺·歌謠》、《古樂苑》
卷四六《雜歌謠辭》“時人語”引。

四、曹操爲兗州宥畢諶逃亡事。見於《太平御覽》卷二六三
《職官部六十一·別駕》引。

五、曹操殺袁忠、桓邵、邊讓事。見於《太平御覽》卷六四七
《刑法部十三·殺》引。

六、曹操爲人佻易無威儀事。見於《古今事文類聚後集》卷
二一《肖貌部·笑》“大笑污幘”引。

“吳人”或當恨操，故其作《曹瞞傳》，多揭其姦惡。審《曹操
別傳》所存佚文，叙事則較客觀平實。既記其宥畢諶，又記其殺
袁忠、桓邵、邊讓，善惡並載，故其爲傳見史家之筆焉。

魏武別傳

輯存。佚名撰。

　　《魏武別傳》，諸史志書目無著録，諸家補後漢或三國藝文志，亦未補録。侯康以爲《魏武別傳》實乃《曹瞞傳》之異稱。其《補三國藝文志》云："《藝文》、《御覽》又屢引《曹操別傳》，……則一書而異名耳。《御覽》又引《魏武別傳》（卷四百三十一）稱操爲武皇帝，並載操子中山王袞事，或亦本一書而後人易其稱乎？"姚振宗《三國藝文志》引侯氏此説，可見他亦持相同看法。又，今人朱東潤《八代傳敘文學述論》附輯《曹瞞傳》，主要依據《三國志》裴注，亦以《魏武別傳》爲《曹瞞傳》之異稱。

　　《魏武別傳》作者今已無從考知，闕如。

　　《魏武別傳》今存佚文一節，《太平御覽》卷四三一《人事部七十二·儉約》引，注出《魏武別傳》，其云："武皇帝子中山恭王袞，尚儉約，教敕妃妾紡績織紝，習爲家人之事。"叙曹操子中山恭王袞尚儉約事。傳文稱曹操爲"武皇帝"，《曹瞞傳》既爲吳人所作，當不應尊稱曹操爲武皇帝。而此條《三國志》裴注又不見注引，他書（魏人之書）亦未見徵引或轉引，則此條佚文當不存在如《三國志》裴注之所謂"裴改"一類問題。且文內"武皇帝"之稱與傳名"魏武別傳"頗相一致，視之爲《曹瞞傳》之異稱，其理難通。另，《曹操別傳》佚文中，《太平御覽》卷二六三引畢諶事，亦稱曹操爲武皇帝，然他書所引《曹操別傳》皆稱操，則此條當是《太平御覽》據他書轉引，而他書改竄，《太平御覽》沿襲所致。與此不同。

　　《魏武別傳》以曹操謚爲傳名，敬意焉，或爲魏人受其恩蔭庇護者爲之，或當作於魏時。《魏武別傳》久佚，今存佚文一節。《漢魏六朝雜傳集》據諸書徵引，新輯其文。

　　就僅存佚文觀之，《魏武別傳》所記，非惟曹操而已，亦及其諸子焉。

鄭玄別傳

輯存。佚名撰。

《鄭玄別傳》,《隋書・經籍志》等史志書目無著録,卷數、撰人不詳。清人侯康《補後漢書藝文志》卷三史部雜傳類、姚振宗《後漢藝文志》卷二史部雜傳記類、顧櫰三《補後漢書藝文志》卷七別傳類、曾樸《補後漢書藝文志並考》卷六記傳志内篇第二之二均補録,姚振宗、顧櫰三題作《鄭玄別傳》,侯康、曾樸題作《鄭康成別傳》。

鄭玄,《後漢書》卷三五有傳,其云:“鄭玄,字康成,北海高密人也。”鄭玄少不樂爲吏,遂造太學受業,師事京兆第五元先,始通《京氏易》、《公羊春秋》、《三統曆》、《九章筭術》。又從東郡張恭祖受《周官》、《禮記》、《左氏春秋》、《韓詩》、《古文尚書》。以山東無足問者,乃西入關,因涿郡盧植,事扶風馬融。玄自游學,十餘年乃歸鄉里。黨事起,與同郡孫嵩等四十餘人俱被禁錮。何進等辟,俱不應。建安五年(200)六月卒,年七十四。遺令薄葬。

《鄭玄別傳》久佚,其文今散見諸書徵引,《太平御覽經史圖書綱目》録《鄭玄別傳》。清人勞格據《世説新語》劉注等採得佚文十三節,題《鄭康成別傳》,録於《月河精舍叢鈔》之《讀書雜識》卷一中。洪頤煊亦據諸書採得佚文一卷,題《鄭玄別傳》,録於《問經堂叢書》之《經典集林》中。王仁俊亦輯得一卷,題《鄭君別傳》,録於《玉函山房輯佚書續編》之史編總類。另外,顧櫰三在補録時亦輯得其文數節,四人所採之文多同而又有相異之處,蓋所據之本有異,且均有漏輯者。《漢魏六朝雜傳集》據諸書徵引,新輯其文,題《鄭玄別傳》。

今檢諸書稱引出《鄭玄別傳》者,條列其佚文如下:

一、玄秀眉明目。見於《藝文類聚》卷一七《人部一・目》、

《太平御覽》卷三六六《人事部七·目》引。

　　二、鄭玄年十一二正臘宴會言志事。見於《後漢書》卷三五《鄭玄傳》"得休歸常詣學官不樂爲吏父數怒之不能禁"李注、《北堂書鈔》卷一五五《歲時部三·蜡臘十三》"臘日遺在落者錢會"（四庫本作"正臘宴會"）、"鄭玄正臘漠然不及"、《藝文類聚》卷五《歲時下·臘》、《太平廣記》卷二一五《算術·鄭玄》引。

　　三、鄭玄著頌，侯相高其才爲修冠禮事。見於《太平御覽》卷五八八《文部四·頌》、卷八三九《百穀部三·禾》、卷九七八《菜茹部三·瓜》引。

　　四、玄年十七見大風起預言火災事。見於《太平御覽》卷八六八《火部一·火上》、《事類賦》卷八《地部·火賦》"伏鄭玄之先識"等引。

　　五、鄭玄目國淵事。見於《三國志》卷一一《魏書·國淵傳》"國淵字子尼樂安蓋人也師事鄭玄"裴注引。

　　六、鄭玄薦孫乾事。見於《三國志》卷三八《蜀書·孫乾傳》"孫乾字公祐北海人也先主領徐州辟爲從事"引。

　　七、鄭玄拔張逸事。見於《太平御覽》卷五四一《禮儀部二十·婚姻下》、《職官分紀》卷四二《小吏》"妻以弟女"引。

　　八、鄭玄見何進事。見於《北堂書鈔》卷一二七《衣冠部一·巾八》"鄭玄幅巾"引。

　　九、於袁紹坐，對應邵事。見於《太平御覽》卷四九一《人事部一百三十二·慚愧》引。

　　一〇、鄭玄作《發墨守》、《鍼膏肓》、《起廢疾》，何休嘆服事。見於《藝文類聚》卷五五《雜文部一·經典》、《太平御覽》卷六一〇《學部四·春秋》引。

　　一一、孔融教高密明鄭公鄉事。見於《太平御覽》卷一五七《州郡部三·鄉》引。

　　一二、黄巾拜鄭玄事。見於《北堂書鈔》卷八五《禮儀部六·

拜揖十二》“黄巾見鄭玄皆拜”、《太平御覽》卷五四二《禮儀部二十一·拜》引。

一三、玄病困戒子益恩事。見於《太平御覽》卷四五九《人事部一百·鑒戒下》、卷六五一《刑法部十七·禁錮》引。

一四、鄭玄爲孫名小同事。見於《三國志》卷四《魏書·高貴鄉公紀》“小同爲五更車駕親率群司躬行古禮焉”裴注、《白氏六帖事類集》卷六《母子第二十一》“遺腹小同”、《小名録》卷上“關內侯鄭小同玄之孫也”、《太平御覽》卷三六二《人事部三·名》等引。

一五、鄭玄遺令薄葬事。見於《北堂書鈔》卷九二《禮儀部十三·葬三十二》“赴會者千餘人”、“會葬千餘人”、《太平御覽》卷五四七《禮儀部二六·衰冠》、卷五五五《禮儀部三十四·葬送三》引。

一六、北海有鄭玄儒林講堂。見於《初學記》卷二四《居處部·堂第七》“北海有鄭玄儒林講堂”引。

一七、鄭玄改葬，建墓亭事。見於《續談助》卷四《殷芸小説》引。

一八、鄭玄生平事略。見於《世説新語·文學》第一條劉注引。

觀《鄭玄別傳》所存佚文，鄭玄生平經歷大致完整，其著墨處，尤在於述玄如何從一個有志少年成長爲受人敬仰之博學鴻儒這一過程。行文細緻、委曲而具有形象性，於不慌不忙之中，展現出鄭玄作爲學者與普通人之兩面，既雍容閑雅、親切可敬而又不可屈曲。

趙岐別傳

輯存。佚名撰。

　　《趙岐別傳》，《隋書・經籍志》等史志書目未見著録，著者、卷數不詳，顧櫰三《補後漢書藝文志》卷七別傳類、姚振宗《三國藝文志》卷二史部雜傳記類補録。章宗源《隋書經籍志考證》據《太平御覽》引補録，姚振宗《隋書經籍志考證》轉録章氏所補。

　　趙岐，《後漢書》卷六四有傳，其云："趙岐，字邠卿，京兆長陵人也。初名嘉，生於御史臺，因字臺卿。後避難，故自改名字，示不忘本土也。"有才藝，娶扶風馬融兄女。永興二年（154），辟司空掾，爲皮氏長，恥疾宦官，去官。京兆尹延篤復以爲功曹。爲中常侍唐衡兄玹構陷，逃難四方，賣餅北海市，爲安丘孫嵩所賑濟，延熹九年（166），乃應司徒胡廣之命。會南匈奴、烏桓、鮮卑反叛，公卿舉岐，擢拜并州刺史。岐欲奏守邊之策，未及上，會坐黨事免，因撰次以爲《禦寇論》。靈帝初，復遭黨錮十餘歲。中平元年（184），徵岐拜議郎。車騎將軍張温西征關中，請補長史。及獻帝西都，復拜議郎，稍遷太僕。及李催專政，使太傅馬日磾撫慰天下，以岐爲副。興平元年（194），詔書徵岐，曹操時爲司空，舉以自代。光禄勳桓典、少府孔融上書薦之，於是就拜岐爲太常。年九十餘，建安六年（201）卒。

　　《趙岐別傳》已佚，《太平御覽經史圖書綱目》録《趙岐別傳》，蓋宋時或尚見其書。今存其佚一節，即見於《太平御覽》徵引。顧櫰三《補後漢書藝文志》卷七據《太平御覽》採得佚文一條，未作校勘，《漢魏六朝雜傳集》搜檢諸書徵引，新輯其文。

　　《趙岐別傳》今所存佚文，叙趙岐自爲壽藏及敕其子事，見於《太平御覽》卷五五八《禮儀部三七・塚墓二》引，其文字與《後漢書・趙岐傳》略似，《後漢書・趙岐傳》當據《趙岐別傳》而成。又，《北堂書鈔》卷九四《禮儀部・冢墓四十二》"爲壽藏"引一節，題華嶠《後漢書》，其云："趙岐先自爲壽藏，圖季札、子産、晏嬰、叔向四像居賓位，又自畫其像居主位，皆爲贊頌。"《記纂淵海》卷七九《喪記部・阡隴》引一節，作"東漢《趙岐傳》"，其云："趙臺卿先自爲壽藏,圖季札、子産、晏嬰、叔向四像居賓位,又自畫其像居主位。"《白孔六帖》卷六五《葬五》"壽藏圖先賢"引一節,不注出處,云:"後漢趙岐將卒,先爲壽藏,圖季札、子産、晏嬰、叔向四賢像於賓位,畫己像主位,皆爲贊。"亦言及趙岐自爲壽藏事。

邴原別傳

輯存。佚名撰。

《邴原別傳》,《隋書·經籍志》等書志無著録,著者、撰人不詳。顧櫰三《補後漢書藝文志》卷七別傳類、侯康《補三國藝文志》卷三史部雜傳類、姚振宗《三國藝文志》卷二史部雜傳記類補録。

邴原,《三國志》卷一一《魏書》有傳,其云:"邴原,字根矩,北海朱虚人也。少與管寧俱以操尚稱,州府辟命皆不就。"黄巾起,邴原將家屬入海,住鬱洲山中,以黄巾方盛,遂至遼東。遼東太守公孫度欲殺劉政,原匿之。東萊太史慈當歸,邴原以劉政付之。後得歸,曹操辟爲司空掾。曹操征吴,從行,卒。

《邴原別傳》久佚,其佚文散見諸書徵引,《太平御覽經史圖書綱目》録《邴原別傳》。《三國志》卷一一《魏書·邴原傳》裴注引《邴原別傳》文頗詳,顧櫰三《補後漢書藝文志》卷七在補録時輯得其文數節,未作校勘。今人朱東潤《八代傳叙文學述論》附輯《邴原別傳》,主要依據《三國志》裴注,亦未作校勘。《漢魏六朝雜傳集》據諸書徵引,新輯其文。

今簡括諸書稱引《邴原別傳》者,條列其佚文如下:

一、邴原少時過書舍而泣事。見於《三國志》卷一一《魏書·邴原傳》"太祖征吴原從行卒"裴注、《世説新語·賞譽》第四條劉注、《北堂書鈔》卷九八《藝文部四·誦書十五》"一冬誦論語"、《太平御覽》卷三八五《人事部二十六·幼智下》、卷四八五《人事部一百二十六・貧下》、卷六一一《學部五・勤學》、卷七四七《工藝部四・書上》引。

二、邴原遊學事。見於《三國志》卷一一《魏書・邴原傳》"太祖征吴原從行卒"裴注、《文選》卷四一陳琳《爲曹洪與魏文帝書》"故頗奮文辭異於他日怪乃輕其家丘謂爲倩人"李注、《太平御覽》卷四〇四《人事部四十五・師》、卷八〇三《珍寶部二・珠下》引。

三、邴原爲功曹主簿,答孔融欲殺所愛一人事。見於《三國志》卷一一《魏書・邴原傳》"太祖征吴原從行卒"裴注、《北堂書鈔》卷七九《設官部三十一・孝廉一百七十七》"國之俊秀"、卷七九《設官部三十一・上計一百七十九》"鄭玄爲掾彭璆爲吏"引。

四、邴原將家人入鬱洲山中,孔融寄書事。見於《三國志》卷一一《魏書・邴原傳》"太祖征吴原從行卒"裴注引。

五、邴原在遼東,路樹成社事。見於《三國志》卷一一《魏書・邴原傳》"太祖征吴原從行卒"裴注、《北堂書鈔》卷八七《禮儀部八・社稷十七》"邴君行"、《太平御覽》卷五三二《禮儀部十一・社稷》、卷八三六《資産部十六・錢下》、《事類賦》卷一〇《寶貨部・錢賦》"邴原繫樹"引。

六、邴原在遼東救劉攀事。見於《藝文類聚》卷八三《寶玉部上・金》、《太平御覽》卷八一一《珍寶部十・金下》、《事類賦》卷九《寶貨部・金賦》"嘉邴原之見還"引。《三國志》卷一一《魏書・邴原傳》載此事是劉政。

七、邴原歸鄉事。見於《三國志》卷一一《魏書・邴原傳》"太祖征吴原從行卒"裴注、《世説新語・賞譽》第四條劉注、《太平御覽》卷九一六《羽族部三・鶴》、《事類賦》卷一八《禽部・鶴賦》"豈復畏鶉鷃之羅網"引。

八、邴原於鄉里講學事。見於《三國志》卷一一《魏書・邴原傳》"太祖征吴原從行卒"裴注引。

九、邴原爲曹操東閣祭酒事。見於《三國志》卷一一《魏書·邴原傳》"太祖征吳原從行卒"裴注、《北堂書鈔》卷三四《政術部八·禮賢二十》"攬履而起"、卷六九《設官部二十一·公府祭酒一百四十一》"太祖起迎邴原"、《太平御覽》卷四六七《人事部·喜》、卷四七四《人事部一百一十五·禮賢》引。

一〇、邴原爲曹操議曹掾，禮畢辭去不顧事。見於《太平御覽》卷二〇九《職官部七·司空掾》、《職官分紀》卷五《掾屬》"辭直去不顧"引。

一一、爲五官長史，怒答太子君父之問事。見於《三國志》卷一一《魏書·邴原傳》"太祖征吳原從行卒"裴注、《世說新語·輕詆》第十八條劉注、《藝文類聚》卷八一《草部上·藥》、《太平御覽》卷九八四《藥部一·藥》引。

一二、邴原生平事略。見於《世說新語·賞譽》第四條劉注引。

《邴原別傳》敘事詳盡委曲，既有簡略之概述，又有詳贍之細節，二者巧妙結合，不僅可以窺其生平大略，亦可見其日常生活之生動剪影。如太子燕會一節，朱東潤評云："衆人紛紜，寫盡當時一副可憐相，邴原那種夷然不屑的神態，真是躍然紙上。"①

管寧別傳

輯存。佚名撰。

《管寧別傳》，《隋書·經籍志》等諸書志未見著録，著者、卷數不詳。侯康《補三國藝文志》卷三史部雜傳類、姚振宗《三國藝文志》卷二史部雜傳記類補録。

管寧，《三國志》卷一一有傳，其云："管寧，字幼安，北海朱虛

①朱東潤：《八代傳敘文學述論》，復旦大學出版社 2006 年，第 64 頁。

人也。年十六喪父,中表愍其孤貧,咸共贈賵,悉辭不受,稱財以送終。長八尺,美須眉。"天下大亂,聞公孫度令行於海外,遂與原及平原王烈等至于遼東。黃初四年(223),詔公卿舉獨行君子,司徒華歆薦寧。文帝徵寧,遂將家屬浮海還郡。自黃初至于青龍,徵命相仍,常以八月賜牛酒。正始二年(241),特具安車蒲輪,束帛加璧聘焉。會寧卒,時年八十四。

《管寧別傳》已佚,《太平御覽經史圖書綱目》録《管寧別傳》,其今存佚文,即主要見於《太平御覽》徵引,《漢魏六朝雜傳集》據諸書徵引,輯録其文。

今檢諸書徵引,得其佚文二節,條列如下:

一、管寧至孝事。見於《北堂書鈔》卷一二九《衣冠部下·裘二十三》"狐貉以居"、《太平御覽》卷六九四《服章部十一·裘》、卷八一九《布帛部六·絮》引。

二、寧身長八尺,龍顏秀眉。見於《太平御覽》卷三六三《人事部四·形體》、卷三八七《人事部二十八·洟涙》引。

趙雲別傳

輯存。佚名撰。

《趙雲別傳》,《隋書·經籍志》等史志書目無著録,著者、卷數不詳。顧櫰三《補後漢書藝文志》卷七別傳類、侯康《補三國藝文志》卷三史部雜傳類、姚振宗《三國藝文志》卷二史部雜傳記類補録。章宗源《隋書經籍志考證》據《三國志》裴注補録,姚振宗《隋書經籍志考證》轉録章氏所補。

趙雲,《三國志》卷三六有傳,其云:"趙雲,字子龍,常山真定人也。"趙雲本屬公孫瓚,瓚遣劉備爲田楷拒袁紹,雲遂隨從,爲劉備主騎。及劉備爲曹操所追於當陽長阪,棄妻子南走,雲身抱後主,保護後主母甘夫人,皆得免難。遷牙門將軍。劉備定成都,以雲爲翊軍將軍。蜀後主建興元年(223),爲中護軍、征南將軍,封永昌亭侯,遷鎮東將軍。建興七年(229)卒,追謚順平侯。

《趙雲別傳》久佚,其佚文散見諸書徵引,《太平御覽經史圖書綱目》録《趙雲別傳》。顧櫰三《補後漢書藝文志》卷七補録時輯得其文數節,未作校勘。今人朱東潤《八代傳叙文學述論》附輯《趙雲別傳》,主要依據《三國志》裴注,亦未作校勘。《漢魏六朝雜傳集》據諸書徵引,新輯其文。

今檢諸書徵引,條列其佚文如下:

一、趙雲轉歸劉備事。見於《三國志》卷三六《蜀書·趙雲傳》"雲遂隨從爲先主主騎"裴注引。

二、趙雲不納趙範寡嫂及活夏侯蘭事。見於《三國志》卷三六《蜀書·趙雲傳》"先主入蜀雲留荆州"裴注、《白氏六帖事類集》卷一一《君臣相信第二十八》"蜀趙雲"引。

三、趙雲領留營司馬阻孫夫人帶走後主事。見於《三國志》卷三六《蜀書·趙雲傳》"先主入蜀雲留荆州"裴注引。

四、趙雲建議不分成都中屋舍及城外園地桑田事。見於《三國志》卷三六《蜀書·趙雲傳》"成都既定以雲爲翊軍將軍"裴注引。

五、曹劉争漢中,趙雲多次出入敵陣事。見於《三國志》卷三六《蜀書·趙雲傳》"成都既定以雲爲翊軍將軍"裴注、《北堂書鈔》卷一一六《武功部四·謀策五》"開門偃旗"、《太平廣記》卷一九一《驍勇一·趙雲》、《太平御覽》卷三七六《人事部一十七·膽》引。

六、趙雲諫劉備討孫權事。見於《三國志》卷三六《蜀書·趙雲傳》"成都既定以雲爲翊軍將軍"裴注引。

七、趙雲諫諸葛亮以軍資餘絹賜將士事。見於《三國志》卷三六《蜀書·趙雲傳》"軍退貶爲鎮軍將軍"裴注引。

八、後主劉禪詔謚雲順平侯事。見於《三國志》卷三六《蜀書·趙雲傳》"於是關羽張飛馬超龐統黃忠及雲乃追諡時論以爲榮"裴注引。

《趙雲別傳》今主要見存於《三國志·趙雲傳》裴注，檢視其所遺文字，當存其泰半。趙雲之生平行事，大略完整，且存其細節尤多。如叙趙雲不娶趙範寡嫂樊氏事，彰其以國事爲重、不計個人得失之品質；叙趙雲薦同鄉夏侯蘭，彰其"慎慮"；叙趙雲反對以"成都中屋舍及城外園地桑田分賜諸將"，彰其遠見卓識、思慮深廣；叙趙雲不分"軍資餘絹"，彰其賞罰分明、正直不貪。作爲將領，《趙雲別傳》又特叙戰争以顯其驍勇善戰，且以劉備"子龍一身都是膽也"之語畫龍點睛。

禰衡傳二種

今所見諸書徵引禰衡別傳者有二：即《平原禰衡傳》（或作《禰衡傳》）與《禰衡別傳》。

今見諸書徵引禰衡之別傳，或題《平原禰衡傳》者，或題《禰衡傳》者，或題《禰衡別傳》者三種，檢諸書所引《禰衡傳》者，考其文，多與《平原禰衡傳》相同，故二者當是一傳。

考題《平原禰衡傳》者和《禰衡別傳》者之文，二者事文多異，如關於禰衡去荆州事，《平原禰衡傳》云"衡知衆不悦，將南還荆州"，是自己前往荆州；而《禰衡別傳》記此事，是"乃以衡置馬上，兩騎挾送至南陽也"，是曹操"挾送"而去。二者不僅所載之事多有不同，文字叙述也多相異，如《平原禰衡傳》云："衡時年二十四，是時許都雖新建，尚饒人士。衡嘗書一刺懷之，字漫滅而無所適。"而《禰衡別傳》云："衡初遊許下，乃陰懷一刺，既到而無所之適，至於刺字漫滅。"又如《平原禰衡傳》云："衡字正平，十月朝黃祖在艨衝舟上。賓客皆會，作黍臛，既至，先在衡前，衡得便飽食，初不顧左右。"《禰衡別傳》云"十月朝黃祖於艨衝舟上，會設黍臛,衡年少在坐,黍臛至,先自飽食畢,搏弄戲擲,其輕慢如此。"故題《禰衡別傳》者與題《平原禰衡傳》者當不是一傳而異稱,應是各不相屬的兩傳。

禰衡,《後漢書》卷八〇下《文苑列傳下》有傳,其云:"禰衡,字正平,平原般人也。少有才辯,而尚氣剛傲,好矯時慢物。"興平中,避難荆州。建安初,遊許下。孔融深愛其才,薦之於曹操,操欲見之,而衡素相輕疾,不肯往,數有恣言。操懷忿,録爲鼓史。後坐大營門,以杖捶地大罵曹操。曹操遣送荆州劉表。後復侮慢於表,表送江夏太守黃祖。後又言不遜順,黃祖殺之。

平原禰衡傳

輯存。佚名撰。一作《禰衡傳》。

《平原禰衡傳》,《隋書·經籍志》等史志書目無著録,著者、卷數不詳。曾樸《補後漢書藝文志並考》卷六記傳志內篇第二之二補録《平原禰衡傳》,但其並未區分《平原禰衡傳》與《禰衡別傳》,視諸書所引《禰衡別傳》爲《平原禰衡傳》之異稱。

《平原禰衡傳》已佚,《漢魏六朝雜傳集》據諸書徵引,新輯其文,題《平原禰衡傳》。

今簡括諸書徵引,條列其佚文如下:

一、禰衡生平事略。見於《三國志》卷一〇《魏書·荀彧傳》"太祖雖征伐在外軍國事皆與彧籌焉"裴注注引。

二、禰衡於黃祖座作賦鸚鵡事。見於《太平御覽》卷五八七《文部三·賦》引。《後漢書·禰衡傳》載此事,大會賓客者,乃黃祖之子黃射,而非黃祖。

三、於艨衝舟上自食黍臛不敬黃祖被殺事。見於《太平御覽》卷八三三《資産部十三·鍛》引。

四、禰衡坐營門大罵曹操事。見於《北堂書鈔》卷一二八《衣冠部中·單衣十三》"禰衡坐大營門"引。

　　觀《平原禰衡傳》之文，當較爲簡省，相對短小，然禰衡之才華與狂傲品性顯然突出。其間所録禰衡言語，可見其聲口行爲，頗得其情狀。

禰衡别傳

　　輯存。佚名撰。

　　《禰衡别傳》，《隋書·經籍志》等史志書目無著録，著者、卷數不詳。

　　《禰衡别傳》已佚，《太平御覽經史圖書綱目》録《禰衡别傳》，則宋初修《太平御覽》，《禰衡别傳》尚見流傳。其佚文今見於《太平御覽》等徵引。顧櫰三《補後漢書藝文志》卷七别傳類、侯康《補後漢書藝文志》卷三史部雜傳類、姚振宗《後漢藝文志》卷二史部雜傳記類補録《禰衡别傳》，但顧氏、侯氏、姚氏皆未區分《平原禰衡傳》與《禰衡别傳》，視二書作一書。《漢魏六朝雜傳集》在《平原禰衡傳》之外，又據諸書徵引，輯《禰衡别傳》。

　　今簡括諸書徵引，條列其佚文如下：

　　一、禰衡初到許下事。見於《北堂書鈔》卷一○四《藝文部十·刺五十三》“禰衡懷刺”、《太平御覽》卷六○六《文部二十二·刺》引。

　　二、禰衡與孔融爲爾汝之交事。見於《續談助》卷四《殷芸小説》引一條，注出《衡列傳》，“列”當作“别”；又見《紺珠集》卷二《商芸小説》“爾汝交”、《類説》卷四九《殷芸小説》“爾汝交”引，不言出處，《太平廣記》卷二三五《交友》“禰衡”引一條，注出《本傳》，孫潛校本作出《禰衡列傳》。此或皆當出《禰衡别傳》。

　　三、禰衡爲鼓吏事。見於《太平御覽》卷七三九《疾病部二·狂》引。案，《太平御覽》卷七三九引作“衡爲鼓吏”，《後漢書·禰衡傳》作“乃召爲鼓史”，李注所引《文士傳》亦作“録用爲鼓史”，當作“鼓史”。《太平御覽》引誤。

　　四、禰衡坐大營門下數罵曹操被送南陽事。見於《太平御覽》卷三〇〇《兵部三十一·騎》、卷四六六《人事部·罵詈》各引。

　　五、寇柏松死及禰衡作板書弔寇柏松事。見於《北堂書鈔》卷一〇二《藝文部八·弔文三十八》"禰衡停馬"、《太平御覽》卷五九六《文部十二·弔文》引。

　　六、禰衡毀劉表所作章奏事。見於《太平御覽》卷八五〇《飲食部八·飯》引。

　　七、禰衡默寫蔡伯喈所作石碑不差一字事。見於《太平御覽》卷四三二《人事部七十三·彊記》、卷五八九《文部五·碑》引。

　　八、禰衡爲黄射賦鸚鵡事。見於《藝文類聚》卷五六《雜文部二·賦》引。

　　九、禰衡於艨衝舟上輕慢事。見於《北堂書鈔》卷一四四《酒食部三·臛篇五》"禰衡自飽"、《酒食部三·黍篇十四》"正平便自飽食"、"禰衡弄黍如故"、《太平御覽》卷二六《時序部十一·冬上》、卷八五〇《飲食部八·黍》引。

　　觀《禰衡別傳》之文,當詳於《平原禰衡傳》。如其叙曹操送禰衡往南陽事,曹操之言語心理,頗得其情。足見《禰衡別傳》善叙事理。

鍾會母張氏傳

　　輯存。鍾會撰。

　　《鍾會母張氏傳》,鍾會撰,《三國志》卷二八《魏書·鍾會傳》裴注引二節,裴注引前云"會爲其母傳"、"其母傳",《北堂書鈔》等引作《鍾會母傳》。清人侯康《補三國藝文志》卷三史部雜傳類、姚振宗《三國藝文志》卷二史部雜傳記類據諸書徵引補録,作

《鍾會母傳》。章宗源以裴注二節各爲一篇,在其《隋書經籍志考證》中補録二篇,一爲《鍾會爲其母傳》,一爲《生母傳》。姚振宗《隋書經籍志考證》轉録章氏所補,然僅録《鍾會母傳》,注鍾會撰。今人朱東潤《八代傳敘文學述論》附輯鍾會此文,題《張夫人傳》。今參酌其傳及章氏、侯氏、姚氏及朱東潤所題名,題其名爲《鍾會母張氏傳》。

　　鍾會,《三國志》卷二八有傳,其云:"鍾會字士季,潁川長社人,太傅繇小子也。"鍾會少敏惠夙成,及壯,有才數技藝,而博學精練名理,以夜續書,由是獲聲譽。正始中,以爲祕書郎,遷尚書中書侍郎。高貴鄉公即尊位,賜爵關內侯。毌丘儉作亂,大將軍司馬景王東征,會從,典知密事,事後會遷黃門侍郎,封東武亭侯。以討諸葛誕功,進爵陳侯。景元三年(262)冬,鍾會爲鎮西將軍、假節都督關中諸軍事。四年(263)秋,統十餘萬衆伐蜀。景元五年(264),滅蜀,欲據蜀,爲亂兵所殺,時年四十。

　　《鍾會母張氏傳》,《隋書·經籍志》等史志書目無著録,《三國志》卷二八《魏書·鍾會傳》裴注引二節,前後完整,似即全文,嚴可均據《三國志》裴注録爲一傳,題《母夫人張氏傳》,録於《全三國文》卷二五中。張溥《漢魏六朝百三家集》輯録《魏鍾司徒集》,誤以《三國志》裴注所引二節爲二篇,清人章宗源亦以爲二篇,在其《隋書經籍志考證》中補録爲二篇,一爲《鍾會爲其母傳》、一爲《生母傳》。姚振宗《三國藝文志》卷二史部雜傳記類"《鍾會母傳》"條云:"《隋志考證》又載有《生母傳》,蓋誤以傳注所引兩節爲二傳,此兩節實一篇也。"又,今人朱東潤《八代傳敘文學述論》附輯鍾會《張夫人傳》,主要依據《三國志》裴注,輯得二節,未作校勘。《漢魏六朝雜傳集》據諸書徵引,新輯其文,題《鍾會母張氏傳》。

　　今檢諸書徵引,《鍾會母張氏傳》存文二節:

　　一、孫氏讒毀、下藥母夫人等事。見於《三國志》卷二八《魏書·鍾會傳》"鍾會字士季……少敏惠夙成"裴注引。

二、母夫人教導鍾會等事。見於《三國志》卷二八《魏書·鍾會傳》"文王以事已施行不復追改"裴注引。

《北堂書鈔》卷一二九《衣冠部下·衣二十》"衣不過青"、《太平御覽》卷二二〇《職官部十八·中書侍郎》、卷六一三《學部七·教學》、卷六八九《服章部·衣》各引一條,作《鍾會母傳》,文略,不出《三國志》卷二八裴注所引。

《鍾會母張氏傳》以典型事例表現其母之品性爲人,且於叙述中大量引用其母之言談話語,頗可見其母之音聲笑貌。

蔡琰別傳

輯存。佚名撰。

《蔡琰別傳》,《隋書·經籍志》等史志書目無著録,著者、卷數不詳。侯康《補後漢書藝文志》卷三史部雜傳類、姚振宗《後漢藝文志》卷二史部雜傳記類補録,題《蔡琰別傳》;曾樸《補後漢書藝文志並考》卷六紀傳志内篇第二之二補録,題《蔡文姬別傳》;顧櫰三《補後漢書藝文志》卷七補録,題《蔡玉別傳》。章宗源《隋書經籍志考證》據《藝文類聚》補録,姚振宗《隋書經籍志考證》轉録章氏所補。

蔡琰,《後漢書》卷八四《列女傳》有傳,其云:"陳留董祀妻者,同郡蔡邕之女也,名琰,字文姬。博學有才辯,又妙於音律。"適河東衛仲道。夫亡無子,歸寧于家。興平中,天下喪亂,文姬爲胡騎所獲,没于南匈奴左賢王,在胡中十二年,生二子。曹操素與邕善,痛其無嗣,乃遣使者以金璧贖之,而重嫁于祀。祀爲屯田都尉,犯法當死,文姬詣曹操請之,得免。後爲曹操寫家藏舊書。其終不詳,或在建安末。

《蔡琰別傳》已佚,《太平御覽經史圖書綱目》録《蔡琰別傳》,

則其在宋初修《太平御覽》時當存。其佚文今散見諸書徵引，顧
櫰三《補後漢書藝文志》卷七補録時據《太平御覽》等書徵引採得
四節，王仁俊據《琱玉集》卷一二採得一節，録於《玉函山房輯佚
書補編》中。《漢魏六朝雜傳集》據諸書徵引，新輯其文，題《蔡琰
別傳》。

今檢諸書徵引，得其佚文四節：

一、蔡琰夜聽其父撫琴而知其斷第幾弦事。見於《藝文類
聚》卷四四《樂部四·琴》、《太平御覽》卷四三二《人事部七十
三·彊記》、卷五一九《宗親部九·女》、卷五七七《樂部十五·琴
上》、《事類賦》卷一一《樂部·琴賦》“漢則文姬”、《琱玉集》卷一
二《聰慧第一》引。

二、蔡琰於胡地作詩言志事。見於《北堂書鈔》卷一一一《樂
部七·笳二十三》“懷凱風之思”、《藝文類聚》卷四四《樂部四·
笳》、《太平御覽》卷五八一《樂部十九·笳》、《記纂淵海》卷一九
一《閨儀部三·文學》、《古今合璧事類備要前集》卷二八《親屬
門·寡婦》“感笳作詩”引。

三、蔡琰南歸時作詩言志事。見於《太平御覽》卷四八八《人
事部一百二十九·啼》引。

四、蔡琰爲曹操寫家藏舊典籍事。見於《北堂書鈔》卷一○
一《藝文部七·賜書二十八》“賜書四千卷”、卷一○四《藝文部
十·筆四五》“給筆寫書”、《太平御覽》卷七四七《工藝部四·書
上》引。

蔡琰乃著名才女，生漢末之世，一生坎坷。《蔡琰別傳》佚失
殆盡，所存之文，兩處言及其作詩言志，並録其詩。可推知此傳
當多存蔡琰詩文，凸現其亂世才女之不幸命運。則此傳亦可謂
知蔡琰，而善撰傳者矣。

荀采傳

　　輯存。佚名撰。

　　《荀采傳》，《隋書·經籍志》等史志書目無著録，著者、卷數不詳。侯康《補後漢書藝文志》卷三史部雜傳類、姚振宗《後漢藝文志》卷二史部雜傳記類、曾樸《補後漢書藝文志並考》卷六紀傳志内篇第二之二補録，題《荀采傳》。章宗源《隋書經籍志考證》據《藝文類聚》引補録，姚振宗《隋書經籍志考證》轉録章氏所補。

　　荀采，《後漢書》卷八四《列女傳》有傳，其云：

　　　南陽陰瑜妻者，潁川荀爽之女也，名采，字女荀。聰敏有才藝。年十七，適陰氏。十九産一女，而瑜卒。采時尚豐少，常慮爲家所逼，自防禦甚固。後同郡郭奕喪妻，爽以采許之，因詐稱病篤，召采。既不得已而歸，懷刃自誓。爽令傅婢執奪其刃，扶抱載之，猶憂致憤激，敕衛甚嚴。女既到郭氏，乃僞爲歡悦之色，謂左右曰：“我本立志與陰氏同穴，而不免逼迫，遂至於此，素情不遂，柰何？”乃命使建四燈，盛裝飾，請奕入相見，共談，言辭不輟。奕敬憚之，遂不敢逼，至曙而出。采因敕令左右辨浴。既入室而掩户，權令侍人避之，以粉書扉上曰：“尸還陰。”“陰”字未及成，懼有來者，遂以衣帶自縊。左右覘之不爲意，比視，已絶，時人傷焉。

　　《荀采傳》久佚，今存佚文一條，見於《藝文類聚》卷八〇《火部·燈》、《太平御覽》卷八七〇《火部三·燈》引，其云：“荀采，爽女。爲陰瑜妻，而夫早亡。爽逼嫁與太原郭奕，采入郭氏室，暮乃去其帷帳，建四燈，斂色正坐，郭氏不敢逼。”《漢魏六朝雜傳集》新輯其文。

　　荀采父荀爽，爲漢末經學家，兄弟八人，時人謂之“荀氏八龍”。《後漢書》卷六二有傳，其云：“爽字慈明，一名諝。幼而好學,年十二,能通《春秋》、《論語》。爽耽思經書,慶弔不行,徵命不應。潁川爲之語曰:'荀氏八龍,慈明無雙。'"延熹九年(166),太常趙典舉爽至孝,拜郎中。後遭黨錮,隱於海上,又南遁漢濱,積十餘年,以著述爲事,遂稱爲碩儒。黨禁解,五府並辟,司空袁逢舉有道,不應。後公車徵爲大將軍何進從事中郎,董卓輔政,因復就拜平原相。行至宛陵,復追爲光禄勳。視事三日,進拜司空。爽自被徵命及登臺司,九十五日。因從遷都長安。爽見董卓忍暴滋甚,必危社稷,其所辟舉皆取才略之士,將共圖之,亦與司徒王允及卓長史何顒等爲内謀。會病薨,年六十三。

陰瑜,其人不詳始末。郭奕,三國曹操司空軍祭酒郭嘉子,《三國志》卷一四《魏書·郭嘉傳》云:"奕爲太子文學,早薨。子深嗣。"裴注引《魏書》稱:"奕通達見理。奕字伯益,見王昶《家誡》。"

觀《後漢書·列女傳》之文,詳於此《荀采傳》,《藝文類聚》及《太平御覽》所引當非全傳。

華佗別傳

輯存。佚名撰。

《華佗別傳》,《隋書·經籍志》等史志書目無著録,著者、卷數不詳。顧櫰三《補後漢書藝文志》卷七别傳類、侯康《補三國藝文志》卷三史部雜傳類、姚振宗《三國藝文志》卷二史部雜傳記類補録。章宗源《隋書經籍志考證》據《三國志》裴注等補録,姚振宗《隋書經籍志考證》轉録章氏所補。朱東潤以爲《華佗別傳》"而且從内容看來,也可斷定是三國時代的産物"[1]。推測《華佗別傳》當成書于三國時期,所言甚是。

---

[1] 朱東潤:《八代傳叙文學述論》,復旦大學出版社 2006 年,第 62 頁。

　　華佗,《後漢書》卷八二下《方術列傳下》、《三國志》卷二九《方技傳》有傳,《後漢書·華佗傳》云:“華佗,字元化,沛國譙人也。一名旉。遊學徐土,兼通數經。曉養性之術,年且百歲而猶有壯容,時人以爲仙。”華佗精於方藥,處劑不過數種,心識分銖,不假稱量。針灸不過數處。若疾發結於内,針藥所不能及者,乃令先以酒服麻沸散,既醉無所覺,因刳破腹背,抽割積聚。若在腸胃,則斷截湔洗,除去疾穢,既而縫合,傅以神膏,四五日創愈,一月之間皆平復。華佗爲人性惡,難得意,且恥以醫見業,爲曹操治疾,去家思歸,乃就操求還取方,因託妻疾,數期不反,爲曹操所殺。

　　《華佗別傳》久佚,其佚文散見諸書徵引,《太平御覽經史圖書綱目》錄《華佗別傳》,其書宋初修《太平御覽》或尚有見。顧櫰三《補後漢書藝文志》卷七補錄時輯得其文數節,但未作校勘。《漢魏六朝雜傳集》據諸書徵引,新輯其文。

　　今檢諸書徵引,得其佚文十一節,條列其佚文如下:

　　一、華佗治兩脚躄不能行者事。見於《三國志·魏書》卷二九《方技傳·華佗傳》“佗針鬲隨手而差”裴注、《後漢書》卷八二下《方術列傳下·華佗傳》“佗之絕技皆此類也”李注引。

　　二、山陽太守廣陵劉景宗説華佗醫術事。見於《三國志·魏書》卷二九《方技傳·華佗傳》“成病竟發無藥可服以至於死”裴注、《後漢書》卷八二下《方術列傳下·華佗傳》“四五日創愈一月之間皆平復”李注引。

　　三、華佗治河内太守劉勳女左脚膝裏上瘡事。見於《三國志·魏書》卷二九《方技傳·華佗傳》“成病竟發無藥可服以至於死”裴注、《後漢書》卷八二下《方術列傳下·華佗傳》“四五日創愈一月之間皆平復”李注、《初學記》卷二〇《政理部·醫第七》“出蛇走獺”、《太平御覽》卷七四二《疾病部五·瘡》、《醫説》卷七《積》“蛇在皮中”、《錦繡萬花谷後集》卷三四《醫》“蛇從瘡中出”、

《古今合璧事類備要前集》卷五五《技術門・醫家》"醫瘡以犬"
等引。

　　四、華佗治人頭眩事。見於《三國志・魏書》卷二九《方技
傳・華佗傳》"成病竟發無藥可服以至於死"裴注、《後漢書》卷八
二下《方術列傳下・華佗傳》"四五日創愈一月之間皆平復"李注
引。又，《太平御覽》卷七四一《疾病部四・眩》引一條，作《華佗
別傳》，言嚴昕得頭眩事，文與此相近。

　　五、華佗治婦人寒熱注病事。見於《三國志・魏書》卷二九
《方技傳・華佗傳》"成病竟發無藥可服以至於死"裴注、《後漢
書》卷八二下《方術列傳下・華佗傳》"四五日創愈一月之間皆平
復"李注引。

　　六、華佗治人腹中半切痛事。見於《三國志・魏書》卷二九
《方技傳・華佗傳》"成病竟發無藥可服以至於死"裴注、《後漢
書》卷八二下《方術列傳下・華佗傳》"四五日創愈一月之間皆平
復"李注、《太平御覽》卷七四一《疾病部四・腹痛》引。

　　七、華佗爲甘陵相夫人取死胎。見於《太平御覽》卷三
六〇《人事部一・孕》引。

　　八、華佗緑裛爲祕要方事。見於《北堂書鈔》卷一〇四《藝文
部十・裛五十五》"緑裛有要方"引。

　　九、吳普從佗學，善禽戲事。見於《後漢書》卷八二下《方術
列傳下・華佗傳》"吾有一術……五曰鳥"李注、《記纂淵海》卷一
八八《仙道部之三・修養》"吾有一術……五曰鳥"引。

　　一〇、華佗語吳普勞動適宜事。見於《藝文類聚》卷七五《方
術部・養生》引。

　　一一、華佗授彭城樊阿用青黏事。見於《三國志・魏書》卷
二九《方技傳・華佗傳》"漆葉處所而有青黏生於豐沛彭城及朝
歌云"裴注、《後漢書》卷八二下《方術列傳下・華佗傳》"佗授以
漆葉青黏散"李注引。

　　觀《華佗別傳》佚文,《華佗別傳》當多載華佗醫治各種奇難
疾病事。其結構方式,每一事順次羅列,如《東方朔傳》。朱東潤
云:"《華佗別傳》見《三國志注》、《後漢書注》,所引雖詳,大抵和
《史記·倉公列傳》所載淳于意醫藥方案一類,很難看到傳主底
個性。"①華佗醫術高明,善疑難雜症,所救癒者甚眾。其治病事
當多在民間流傳,眾口傳之,神乎其神,故而多奇詭。《華佗別
傳》錄而載之,重在其事,以顯華佗之醫技,故頗有奇趣在焉。

葛仙公別傳

　　輯存。佚名撰。亦稱《葛仙翁別傳》或《葛仙公傳》。

　　《葛仙公別傳》,撰人不詳,諸書徵引多稱《葛仙公別傳》,又
或稱《葛仙翁別傳》、《葛仙公傳》、《葛仙翁列傳》,稱"列傳"者,當
是"別傳"之誤。《太平御覽經史圖書綱目》錄《葛仙翁別傳》,則
宋初修《太平御覽》,所見本當題《葛仙翁別傳》。

　　葛仙公即葛玄,《晉書》卷七二《葛洪傳》云:"葛洪,字稚川,
丹楊句容人也。祖系,吳大鴻臚。父悌,吳平後入晉,爲邵陵太
守。洪少好學,家貧,躬自伐薪以貿紙筆,夜輒寫書誦習,遂以儒
學知名。……尤好神仙導養之法。從祖玄,吳時學道得仙,號曰
葛仙公,以其鍊丹祕術授弟子鄭隱。洪就隱學,悉得其法焉。"可
知,葛仙公乃葛玄仙號。葛玄,《神仙傳》卷八有傳,其云:"葛玄,
字孝先,丹陽人也。生而秀穎,性識英明,經傳子史,無不該覽。
年十餘,俱失怙恃,忽歎曰:'天下有常不死之道,何不學焉。'因
遁跡名山,參訪異人,服餌芝朮,從仙人左慈受《九丹金液仙
經》。"

　　《隋書·經籍志》史部雜傳類著錄有《太極左仙公葛君內傳》

──────────
①朱東潤:《八代傳叙文學述論》,復旦大學出版社 2006 年,第 62 頁。

一卷，《舊唐書·經籍志》史部雜傳類著録與之同，並云“呂先生注”。《新唐書·藝文志》子部神仙家著録有“呂先生《太極左仙公葛君内傳》一卷”，章宗源《隋書經籍志考證》卷一三雜傳“《太極左仙公葛君内傳》”條云：“《靈佑宫道藏目録》有《太極葛仙公傳》一卷。”《宋史·藝文志》子部神仙家著録云：“吴先主孫氏《太極左仙公神仙本起内傳》一卷。”姚振宗《隋書經籍志考證》卷二〇史部雜傳類“《太極左仙公葛君内傳》”條案語云：“此題吴先主孫氏，豈吴大帝時敕撰者，若是，則《唐志》書吕先生皆吴先主之訛也。”

元末趙道一《歷世真仙體道通鑑》卷二三有《葛玄傳》。《歷世真仙體道通鑑》諸神仙傳記，其文多有所本，鈔綴他書原文，拼合而成。《歷世真仙體道通鑑》卷二三《葛玄傳》，當亦是如此。

又有《太極葛仙公傳》，一卷。收録於《正統道藏》洞玄部譜籙類，題“青元觀譚嗣先造”，傳前有朱綽《太極仙公傳序》，序末云“歲在丁巳二月朔朱綽序”。其序云：

　　仙道尚矣，繇神農氏雨師而來，代有人焉。至周老氏以清静無爲爲宗，學焉者奉之以爲教父，其道益顯白於天下。秦漢之君好長生，方士雲集，霧布飛騰變化者亦班班有人，載之傳記，不誣也。吾邑葛仙公，吴時得道而仙者也，距今蓋千二百年矣。種民相傳，觀宇祀事，逾久而逾盛，香燈晨夕崇奉如一日。然非夫道德有在，亦烏能臻此歟？余宦山東秩滿，丁家艱還鄉里，青元觀高士譚道林偕其同門友五人過余，袖書一通出以示余曰：此吾仙公傳也。觀本仙公故宅，仙公昇舉之後即宅爲觀以奉之，幾將千載矣。聞風訪道者恒至而問焉，患未有以語其詳也。先師竹巖翁有志於此有年所矣，聞嘗語吾曰：夫蔭其樹者猶愛其枝，矧學其道而可不知所自哉？昔吕先生嘗撰《仙公傳》一卷，《道藏》之毁有間矣，訪求未之獲也。世遠而事逸，事之逸，兹非吾山中之甚闕典歟，僅得閤皂山所記《仙公傳》一卷，此書是已。將鋟諸梓，病其弗備而未果也。既而先師厭世羽化，弟子將圖踵成先志，以無忘先師平素眷眷攸念。惟先生爲加潤色，而傳諸好事者，則豈惟山林是幸，抑亦一邑神明之觀也。余再三辭不獲命，乃受書讀數過。顧其敘次繁蕪而尚多放失，於是重加編次，爲傳一卷。《易》曰：神而明之，存乎其人。仙公之道神矣，學其道者，能修而明之，則真其人也，仙道亦烏有不可幾哉，道林勉之。竹巖翁姓貢氏，名惟琳。世家丹陽之柳茹，通儒者，善鼓琴，慕仙公之道而學焉者。道林受業師也。道林名嗣先，世家丹陽之於溪。師弟子皆丹陽望族云。歲在丁巳二月朔朱綽序。

由此序可知，此傳原爲譚嗣先所作，而譚嗣先得之於其師所收藏的"閤皂山所記《仙公傳》一卷"。譚嗣先請朱綽爲之潤色，"惟先生爲加潤色"。朱綽"顧其敘次繁蕪而尚多放失，於是重加編次，爲傳一卷"。則此傳實是經朱綽最後整理而成。

朱綽《太極仙公傳序》又言及"昔呂先生嘗撰《仙公傳》一卷，《道藏》之毀有間矣，訪求未之獲也"。則《隋書·經籍志》等著錄的《太極左仙公葛君內傳》一卷，當作爲道教典籍在道門流傳，其所記葛仙公諸事，亦爲道流所熟悉，"閤皂山所記《仙公傳》一卷"，或當對其有所取錄。元末趙道一《歷世真仙體道通鑑》卷二三《葛玄傳》，在朱綽前，亦或本《太極左仙公葛君內傳》一卷。然二書皆未提及"內傳"。《隋書·經籍志》等著錄的《太極左仙公葛君內傳》一卷者，或早已亡佚，而其所記葛玄事則散入他書中。

《歷世真仙體道通鑑》卷二三有《葛玄傳》，當非《葛仙公別傳》。《太平御覽》卷四九四《人事部一百三十五·詭詐》引一條，作《葛仙公別傳》，言葛仙公作術知一老人年齡事，《太極葛仙公傳》有此事，然非老人，乃一"道士"。而《歷世真仙體道通鑑》卷二三《葛玄傳》無此事，可知《歷世真仙體道通鑑》卷二三《葛玄傳》所據之本當非《葛仙公別傳》，或爲別一種《葛仙公傳》。《太極葛仙公傳》多引他書，引前著明某書云。其間多有"《別傳》云"。審其文字，多與《歷世真仙體道通鑑》卷二三《葛玄傳》同，但多有省削；亦有《太極葛仙公傳》稱"《別傳》云"，而不見《歷世真仙體道通鑑》卷二三有《葛玄傳》者。可知：《太極葛仙公傳》所本文獻中，當有所謂《葛仙公別傳》，然亦不止此書。《葛仙公別傳》有仙公設酒、酒杯自至事。見於《太平御覽》卷七五九《器物部四·杯》、《記纂淵海》卷一八八《仙道部之三·道術》等引。《歷世真仙體道通鑑》卷二三《葛仙公》亦有此事，而《太極葛仙公傳》無此事。

　　《葛仙公別傳》久佚，其佚文今散見《太平御覽》等書徵引。吳士鑑《補晉書藝文志》卷二史錄雜傳類補錄有《太極左仙公葛君内傳》；秦榮光《補晉書藝文志》卷二史部傳記類補錄有《葛仙公別傳》，卷三子部道家類補錄有《葛仙翁別傳》。《太平御覽經史圖書綱目》錄《葛仙翁別傳》，則宋初修《太平御覽》，所見本當題《葛仙翁別傳》。然葛玄道號葛仙公，今所見諸書徵引，亦多作《葛仙公別傳》，故定其名《葛仙公別傳》。《漢魏六朝雜傳集》據諸書徵引，新輯其文，題《葛仙公別傳》。

　　今簡括諸書稱引當出《葛仙公別傳》者，條列其佚文如下：

　　一、仙公與吳主坐於樹上請雨事。見於《太平御覽》卷一一《天部十一·祈雨》等引。

　　二、仙公設酒、酒杯自至事。見於《太平御覽》卷七五九《器物部四·杯》、《記纂淵海》卷一八八《仙道部之三·道術》等引。

　　三、仙公與客對食，吐飯成飛蜂事。見於《北堂書鈔》卷一四四《酒食部三·飯篇二》"吐出成蜂"、《藝文類聚》卷九七《蟲豸部·蜂》、《太平御覽》卷八五〇《飲食部八·飯》、卷九五〇《蟲豸部七·蜂》、《事類賦》卷三〇《蟲部·蜂賦》"吐口中而爲戲仙客何神"、《古今事文類聚後集》卷四八《蟲豸類·蜜蜂》"仙翁吐蜂"

等引。

四、仙公與客談語，時天大寒，作大火致煖事。見於《北堂書鈔》卷一五六《歲時部四·寒篇二十五》"葛仙翁與客談時天大寒"、《藝文類聚》卷五《歲時下·寒》、《白氏六帖事類集》卷一《火二十四》"吐火"、《太平御覽》卷三四《時序部十九·寒》、卷八六八《火部一·火上》、《事類賦》卷八《地部三·火賦》"仙翁吐之而待客"、《古今事文類聚前集》卷一二《天時部·冬》"仙翁吐火"引。

五、仙公江中投符事。見於《太平御覽》卷七三六《方術部十七·符》引。

六、仙公投錢入井又一一飛出事。見於《太平御覽》卷一八九《居處部十七·井》、卷八三六《資産部十六·錢下》、《事類賦》卷一〇《寶貨部下·錢賦》"勞仙翁之見呼"引。

七、仙公作術知一老人年齡事。見於《太平御覽》卷四九四《人事部一百三十五·詭詐》引。

八、孫堅不能害仙公事。見於《太平御覽》卷三九四《人事部三十五·行》引。

九、崑崙爲仙人所居事。見於《藝文類聚》卷七《山部上·崑崙山》、《白氏六帖事類集》卷二《崑崙山第九》"仙人居"、《太平御覽》卷三八《地部三·崑崙山》等引。

《太極葛仙公傳》多引"《別傳》云"，當是《葛仙公別傳》之文，共計十四條：

一、葛氏出葛天氏。

二、高祖廬遷勾容。

三、仙公父孝儒。

四、仙公出生，道士支道紀言其身份。

五、仙公十八九，與其叔彌言志。

六、天台桐相觀法輪寺爲三真降經之所。

七、仙公經行七十二處修煉。

八、仙公丹成作頌。

九、祭煉現鬼王。

一〇、吳主問道。

一一、嘉禾二年正月辭太子而去。

一二、見真王大帝。

一三、蜀郡李參問道。

一四、與玄沖言道。

又，《太極葛仙公傳》、《歷世真仙體道通鑑》卷二三《葛玄傳》文中，有未稱"《別傳》云"者，而事有多與《葛仙公別傳》同者，如大火致煖事、吐飯成飛蜂事、投錢入井又一一飛出事、設酒酒杯自至客前事、作術知一老人年齡事、江中投符事、請雨事。然其文字則多異。可知葛仙公此類事或傳聞頗廣，無論道教內外，爲其作傳者，皆錄而載之。

觀《葛仙公別傳》佚文，多爲葛仙公作法術事，別傳或當多載此類事。事幻奇而摹寫逼真，類於小說焉。

附：葛玄傳

諸書徵引又有作《葛玄傳》者，存文二節，附錄於此。

一、鶴鳴山石室中設自然座，有金華蓋。見於《太平御覽》卷六七七《道部十九·輿輦》引。

二、五帝真人並乘八景玉輿。見於《太平御覽》卷六七七《道部十九·輿輦》引。

附：太極左仙公葛君內傳

佚。呂先生撰。一卷。

《隋書·經籍志》史部雜傳類著録《太極左仙公葛君內傳》一卷，不題撰人。《舊唐書·經籍志》史部雜傳類著録《太極左仙公葛君内傳》一卷，吕先生注；《新唐書・藝文志》子部神仙家著錄吕先生《太極左仙公葛君内傳》一卷。《通志・藝文略》道家類著錄《太極左仙公葛君内傳》一卷，案云：“《隋志》已有此傳，而《唐》云吕先生撰。”《宋史・藝文志》子部道家類神仙家著錄吴先主孫氏《太極左仙公神仙本起内傳》一卷。章宗源《隋書經籍志考證》卷一三雜傳“《太極左仙公葛君内傳》”條云：“《靈佑宫道藏目錄》有《太極葛仙公傳》一卷。”姚振宗《隋書經籍志考證》卷二〇史部雜傳類“《太極左仙公葛君内傳》一卷”條案云：“此題吴先主孫氏，豈吴大帝時敕撰者，若是，則《唐志》書吕先生皆吴先主之訛也。”

朱綽《太極仙公傳序》云：“昔吕先生嘗撰《仙公傳》一卷，《道藏》之毁有間矣，訪求未之獲也。”則《隋書・經籍志》等著錄的《太極左仙公葛君内傳》一卷，當作爲道教典籍在道門流傳，其所記葛仙公諸事，亦爲道流所熟悉，“閤皂山所記《仙公傳》一卷”，或當對其有所取錄。元末趙道一《歷世真仙體道通鑑》卷二三《葛玄傳》，在朱綽前，亦或本《太極左仙公葛君内傳》一卷。然二書皆未提及“内傳”。《隋書・經籍志》等著錄的《太極左仙公葛君内傳》一卷者，或早已亡佚，而其所記葛玄事則散入他書中。

《太極左仙公葛君内傳》今不見古籍舊注稱引其文。

又，《太平御覽》卷六七五《道部十七》引又有《太極左仙公起居注》，計三節，其一見於《太平御覽》卷六七五《道部十七・冠》引，云：“太上三天錫仙公芙蓉晨冠。”其二見於《太平御覽》卷六七五《道部十七・帔》引，云：“太上三天錫仙公丹錦繡帔。”其三見於《太平御覽》卷六七五《道部十七・帬》引，云：“太上三天錫仙公緋羅帬。”

《太極左仙公起居注》不知誰氏所撰。

管輅別傳二種

今所見管輅別傳有二,其一爲管辰撰《管輅別傳》,其一爲佚名撰《管公明別傳》。

管輅,《三國志》卷二九《魏書·方技傳》有傳,其云:"管輅,字公明,平原人也。容貌粗醜,無威儀而嗜酒,飲食言戲,不擇非類,故人多愛之而不敬也。"正始九年(248)舉秀才,正元二年(255)八月,爲少府丞。正元三年(256)二月卒,年四十八。《三國志·方技傳·管輅傳》管輅答弟辰問云:"吾自知有分直耳,然天與我才明,不與我年壽,恐四十七八間……","吾額上無生骨,眼中無守精,鼻無梁柱,腳無天根,背無三甲,腹無三壬,此皆不壽之驗。又吾本命在寅,加月食夜生。天有常數,不可得諱,但人不知耳。吾前後相當死者過百人,略無錯也。"裴松之據此云:"又案輅自説,云'本命在寅',則建安十五年生也。至正始九年,應三十九,而傳云三十六,以正元三年卒,應四十七,傳云四十八,皆爲不相應也。"裴松之推測管輅當生於建安十五年(210),正元三年(256)卒,年四十七。

管輅別傳

輯存。管辰撰。原三卷。

《管輅別傳》,管辰撰,《隋書·經籍志》史部雜傳類、《舊唐書·經籍志》史部雜傳類、《新唐書·藝文志》史部雜傳記類均著録,《隋志》著録作"三卷",《舊唐書·經籍志》、《新唐書·藝文志》著録則作"二卷"。顧櫰三《補後漢書藝文志》卷七別傳類、丁國鈞《補晉書藝文志》卷二史録雜傳類、文廷式《補晉書藝文志》卷三史部雜傳類、秦榮光《補晉書藝文志》卷二史部傳記類、吳士鑑《補晉書經籍志》卷二史録雜傳類、黃逢元《補晉書藝文志》卷二史錄雜傳類亦有補錄。

　　管辰，輅弟，裴松之案云：“劉侯云：‘辰，孝廉才也。’……華長駿語云：‘……辰仕宦至州主簿、部從事，太康之初物故。’”據《三國志・管輅傳》，輅卒於正元三年（256）可推知，管辰卒太康初，其作《管輅別傳》，當在晉代魏之前，管輅去世後不久。丁國鈞等將其補錄入《晉書藝文志》不甚確妥。

　　《管輅別傳》已佚，其文今主要見於《三國志》裴注引。姚振宗《隋書經籍志考證》卷二〇史部雜傳類“《管輅傳》”條認爲：“《魏志》傳注載辰是傳，特多，似全錄其文，並其序亦載之。”《三國志》裴注所引之文，不甚連貫，多略於《三國志》本傳所載，裴注或有略而不取者。然管辰此傳，其叙管輅事，亦當未盡載，遺漏當頗多。裴松之案亦云：“劉侯云甚多此類，辰所載纔十一二耳。”裴注又引前長廣太守陳承祐口受城門校尉華長駿語云：“昔其父爲清河太守時，召輅作吏，駿與少小，後以鄉里，遂加恩意，常與同載周旋，具知其事。云諸要驗，三倍於傳。辰既短才，又年縣小，又多在田舍，故益不詳。”可知管輅事在民間流傳頗多，《管輅別傳》所載，不過其中小部分而已。管辰因才短、年小，且與管輅相處日少，故其所知管輅事也有限。

　　管辰《管輅別傳》，《太平御覽經史圖書綱目》錄《管輅別傳》，顧櫰三《補後漢書藝文志》卷七補錄時據《三國志》裴注等輯得其文數節。《漢魏六朝雜傳集》據諸書徵引，新輯其文，題《管輅別傳》，管辰撰。

　　今檢諸書徵引，條列其佚文如下：

　　一、管輅自少年喜觀天象及於單子春座發論事。見於《三國志》卷二九《魏書・方技傳・管輅傳》“管輅字公明平原人也……故人多愛之而不敬也”裴注、《藝文類聚》卷一七《人部一・膽》、《小名錄》卷上“司馬相如字長卿父母名之曰犬子長好讀書學擊劍慕藺相如乃更名”、《太平御覽》卷三七六《人事部十七・膽》、卷三八五《人事部二十六・幼智下》、卷六一七《學部十一・談論》引。

二、管輅與利漕民郭恩師友事及從輅學鳥鳴之候事。師友事見於《三國志》卷二九《魏書・方技傳・管輅傳》"父爲利漕利漕民郭恩兄弟三人……於是恩涕泣服罪"裴注引。學鳥鳴事見於《三國志》卷二九《魏書・方技傳・管輅傳》"輅又至郭恩家……流血驚怖"裴注引。

三、管輅爲列人令鮑子春説爻象事。見於《三國志》卷二九《魏書・方技傳・管輅傳》"廣平劉奉林婦病困……至秋發動一如輅言"裴注引。

四、管輅與安平太守王基作卦事、共論《易》及學《易》事。計三節。其一見於《北堂書鈔》卷一〇四《藝文部十・筆四十五》"大蛇銜筆"引。其二見於《三國志》卷二九《魏書・方技傳・管輅傳》"基大驚問其吉凶……後卒無患"裴注引。其三見於《三國志》卷二九《魏書・方技傳・管輅傳》"時信都令家婦女驚恐……家中皆愈"裴注等引。

五、管輅答清河王經難事。見於《三國志》卷二九《魏書・方技傳・管輅傳》"清河王經去官還家輅與相見……經爲江夏太守"裴注引。

六、管輅答渤海劉長仁難曉鳥鳴事。見於《三國志》卷二九《魏書・方技傳・管輅傳》"輅至安德令劉長仁家……來殺我壻"裴注引。

七、管輅答列人典農王弘直問風事。見於《三國志》卷二九《魏書・方技傳・管輅傳》"輅至列人典農王弘直許……直果爲渤海太守"裴注引。

八、管輅與諸葛原等論聖人著作之原事。見於《三國志》卷二九《魏書・方技傳・管輅傳》"館陶令諸葛原遷新興太守……舉坐驚喜"裴注、《北堂書鈔》卷九八《藝文部四・談講十三》"高談之客",《藝文類聚》卷二九《人部十三・別上》、《初學記》卷一八《人部中・離別第七》、《太平御覽》卷三八〇《人事部二十一・美丈夫下》、卷四八九《人事部一百三十・別離》、《古今事文類聚續集》卷一五《燕飲部・戒酒》"臨別戒飲"引。

九、管輅與族兄孝國占二客死事。見於《三國志》卷二九《魏書・方技傳・管輅傳》"輅族兄孝國……雙魂無宅"裴注引。

一〇、管輅爲北黌文學事。見於《三國志》卷二九《魏書・方技傳・管輅傳》"初應州召……正始九年舉秀才"裴注、《世説新語・文學》第九條劉注、《北堂書鈔》卷三四《政術部八・任賢十九》"橄爲文學"、卷七三《設官部二十五・從事一百六十五》"管輅爲文學從事"、"再見便轉"、《藝文類聚》卷五五《雜文部一・談講》、《太平御覽》卷二六三《職官部六十一・別駕》、卷六三二《治道部十三・薦舉下》引。

一一、管輅於何晏處論《易》事。見於《三國志》卷二九《魏書・方技傳・管輅傳》"晏曰過歲更當相見"裴注、《世説新語・規箴》第六條劉注、《世説新語・排調》第二一條劉注、《太平御覽》卷四〇〇《人事部四十一・凶夢》引。

一二、管輅卜何晏、鄧颺事。見於《三國志》卷二九《魏書・方技傳・管輅傳》"輅還邑舍……然後舅氏乃服"裴注引。

一三、管輅答魏郡太守鍾毓難《易》事。見於《三國志》卷二九《魏書・方技傳・管輅傳》"始輅過魏郡太守鍾毓……乃覺寤云"裴注引。

一四、管輅與劉邠論《易》事。見於《三國志》卷二九《魏書・方技傳・管輅傳》"平原太守劉邠取印囊及山鷄毛著器中……以光休寵"裴注引。

一五、管輅與清河令徐季龍論龍虎及占獵事。見於《三國志》卷二九《魏書・方技傳・管輅傳》"清河令徐季龍使人行獵……惟以梳爲枇耳"裴注、《文選》卷四七《頌・聖主得賢臣頌》

“虎嘯而谷風冽龍興而致雲氣”李注、《太平御覽》卷九三〇《鱗介部二·龍下》引。

一六、管輅占毌丘氏事。見於《水經注》卷一六《榖水》“榖水又東，逕魏將作大將毌丘興墓南”、《北堂書鈔》卷九四《禮儀部十五·冢墓四十二》“四危以備法當滅族”引。

一七、管輅占雨事。見於《三國志》卷二九《魏書·方技傳·管輅傳》“後得休過清河倪太守……共爲歡樂”裴注、《編珠》卷一《天地部》“少男風童女電”、《藝文類聚》卷二《天部下·雨》、《天中記》卷三《雨》“刻雨期”引。

一八、管辰叙管輅。見於《三國志》卷二九《魏書·方技傳·管輅傳》“辰問其故……年四十八”裴注、《太平御覽》卷三九〇《人事部三十一·言語》等引。

如管辰《管輅別傳》中言管輅“既有明才，遭朱陽之運，于時名勢赫奕，若火猛風疾。當塗之士，莫不枝附葉連。賓客如雲”，著名於時，而又多故事，傳於衆口。觀《管輅別傳》，其體類於《東方朔傳》、《華佗別傳》，一一羅列諸事。而如占卜、射覆之類，往往頗涉誕妄，類事近小説，故而衆人樂傳。

管公明別傳

輯存。佚名撰。

管辰撰《管輅別傳》，叙管輅事，遺漏當頗多。裴松之案亦云：“劉侯云甚多此類，辰所載纔十一二耳。”裴注又引前長廣太守陳承祐口受城門校尉華長駿語云：“昔其父爲清河太守時，召輅作吏，駿與少小，後以鄉里，遂加恩意，常與同載周旋，具知其事。云諸要驗，三倍於傳。辰既短才，又年縣小，又多在田舍，故益不詳。”可知管輅事在民間流傳頗多，《管輅別傳》所載，不過其中小部分而已。裴松之又云：“近有閻纘伯者，名纘，該微通物，有良史風。爲天下補綴遺脱，敢以所聞列于篇左。皆從受之於大人先哲,足以取信者,冀免虛誣之譏云爾。"據此,閭纘當補録不少管辰《管輅別傳》所不載者。裴注引劉太常者叙二事,中書令史紀玄龍叙一事,城門校尉華長駿叙三事。皆當管辰《管輅別傳》所不載者。故管辰之外,爲管輅作傳者又或有之。《太平御覽經史圖書綱目》録《管輅別傳》,又録《管公明別傳》,則宋初修《太平御覽》,所見管輅別傳當有二本,一爲管辰之《管輅別傳》,一爲《管公明別傳》。此《管公明別傳》,即管辰之外,他人所撰管輅別傳之一種。

《管公明別傳》佚文今散見諸書徵引,《漢魏六朝雜傳集》搜檢諸書,輯録其文,題《管公明別傳》。

今檢諸書徵引,得其佚文三節,條列如下:

一、管輅占信都令家中婦女盡驚疾病事。見於《北堂書鈔》卷一二三《武功部十一·矛三十八》"鬼持矛"、《太平御覽》卷三四七《兵部七十八·弓》引。

二、管輅占雨事。見於《北堂書鈔》卷一五一《天部三·風篇十六》"少女風"、《藝文類聚》卷一《天部上·風》、《初學記》卷一《天部·天第一》"姮娥月少女風"、《天部·風第六》"大王少女"、《白氏六帖事類集》卷一《風第十三》"少女"、《古今事文類聚前集》卷三《天道部·風》"占少女風"、《古今合璧事類備要前集》卷二《天文門·風》"少女"引。

三、管輅占失婢及火災事。見於《初學記》卷二九《狐第十三》"持火聽冰"、《白氏六帖事類集》卷二九《狐第六十二》"持火"、《太平御覽》卷七二五《方術部六·卜上》引。

《管公明別傳》或類於管辰《管輅別傳》,然其與《管輅別傳》所載,或互有詳略,管辰《管輅別傳》載管輅事,"纔十一二耳",《管公明別傳》所載當較《管輅別傳》多。《管輅別傳》賴《三國志》裴注,幾存全文,《管公明別傳》則僅賴《太平御覽》引而存一二事而已。

李先生傳

輯存。佚名撰。又名《南陽李先生傳》。

李先生，據《李先生傳》，"名曠，字祖和，南陽人。"其餘無所知。

《李先生傳》，《隋書·經籍志》等史志書目無著録，著者、卷數不詳。章宗源《隋書經籍志考證》卷一三史部雜傳類云"《李先生傳》，卷亡，不著録"。《通志·藝文略》子類道家類著録《李先生傳》一卷。《太平御覽經史圖書綱目》録《南陽李先生傳》，據《李先生傳》，李先生是南陽人，則《南陽李先生傳》當即此傳。今諸書徵引，皆作《李先生傳》，故題其名《李先生傳》。

《李先生傳》久佚，《漢魏六朝雜傳集》搜檢諸書，輯録其文，題《李先生傳》。

今檢諸書徵引，得佚文二節，條列如下：

一、李先生起霧避劉備事。見於《北堂書鈔》卷一五一《天部二·霧篇十一》"起霧半天"、《太平御覽》卷一五《天部十五·霧》、《事類賦》卷三《天部·霧賦》"若夫祖和半天"等引。

二、神人告李先生知其本末事。見於《太平御覽》卷九七七《菜茹部二·薑》等引。

據《李先生傳》佚文二事觀之，李先生當爲三國時神仙家，類於葛仙公，有仙術。《李先生傳》今存二事，皆神奇虛幻，一如小説。

蒲元别傳

輯存。佚名撰。

《蒲元别傳》，《隋書·經籍志》等史志書目無著録，作者、卷

數不詳。姚振宗《三國藝文志》卷二史部雜傳記類補錄。章宗源
《隋書經籍志考證》據《藝文類聚》引補錄《蒲元傳》，姚振宗《隋書
經籍志考證》引章氏書，然作《蒲元別傳》。

　　嚴可均據《藝文類聚》和《太平御覽》輯得兩節，錄於其《全三
國文》卷六二中，繫於姜維名下，前者題《蒲元傳》，後者題《蒲元
別傳》。檢《三國志·姜維傳》及其他典籍，未有云姜維撰《蒲元
傳》者，不知嚴氏何據而題姜維撰。今徐公持作《魏晉文學史》將
《蒲元別傳》繫於姜維："更有奇者，姜維有一'傳'存世，此即《蒲
元別傳》。"①其或據嚴可均題署。

　　檢諸書徵引，題《蒲元傳》與題《蒲元別傳》者文多同，恐爲一
書，故姑且視二者爲一傳，且題其名曰《蒲元別傳》。

　　《蒲元別傳》久佚，其佚文今散見諸書徵引。《漢魏六朝雜傳
集》據諸書徵引，新輯其文，題《蒲元別傳》。

　　今檢諸書徵引，條列如下：

　　一、蒲元爲諸葛亮作木牛事。見於《北堂書鈔》卷六八《設官
部二十·掾一百三十七》"蒲元作木牛"、《職官分紀》卷五《掾屬》
"推意作一腳牛"各引一節，作《蒲元別傳》。

　　二、蒲元鑄刀、辨蜀江水事。見於《編珠》卷二《居處部》"斬
鐵刀切玉劍"引一節，作《蒲元別傳》；《北堂書鈔》卷一二三《武功
部十一·刀三十五》"蒲元得之天然"、《藝文類聚》卷六○《軍器
部·刀》、《太平御覽》卷三四五《兵部七十六·刀上》、《天中記》
卷九《水》"大金元精諸葛孔明"、《蜀中廣記》卷六九《方物記第十
一·兵器》各引一節，作《蒲元傳》。

　　錢鍾書《管錐編》言及蒲元辨水之事，云後世陸鴻漸、李德裕
辨水事，乃是繼踵蒲元。其云："按《全唐文》卷七二一張又新《煎
茶水記》引無名氏《煮茶記》載李季卿請陸鴻漸品茶，'命軍士謹

①徐公持：《魏晉文學史》，人民文學出版社 1999 年，第 237 頁。

信者挈瓶操舟深詣南零。俄水至，陸以杓揚其水曰，江則江矣，非南零者，似臨岸之水。傾至半，陸又杓揚之曰，自此南零者矣。使蹶然駭伏’（亦見《太平廣記》卷三九九《陸鴻漸》引《水經》）；《太平廣記》卷三九九《零水》（出《中朝故事》）記李德裕辨金山下水與建業石城下水：皆似踵蒲元事。”①蓋此事亦如漱水滅火事。多人共有，此亦雜傳多得之傳聞使然。某事典型，故後來類似者多加以移植、附著，輾轉沿襲。

《蒲元別傳》之傳蒲元，以今存文字觀之，乃在於神其技藝。如徐公持言：“而《別傳》述其事幾近於神，可視爲一小説。”又評其價值云：“如姜維《蒲元別傳》，上承劉向，下啟魏晉，於志人小説領域別開生面。”②

司馬徽別傳

輯存。佚名撰。

《司馬徽別傳》，《隋書·經籍志》等史志書目無著録，著者、卷數不詳。顧櫰三《補後漢書藝文志》卷七別傳類、侯康《補後漢書藝文志》卷三史部雜傳類、姚振宗《後漢藝文志》卷二史部雜傳記類、曾樸《補後漢書藝文志並考》卷六記傳志内篇第二之二補録。

司馬徽，據《司馬徽別傳》，“字德操，潁川陽翟人。”《三國志》卷三七《蜀書·龐統傳》云：“龐統字士元，襄陽人也。少時樸鈍，未有識者。潁川司馬徽清雅有知人鑒，統弱冠往見徽，徽採桑於樹上，坐統在樹下，共語自晝至夜。徽甚異之，稱統當南州士之冠冕，由是漸顯。”司馬徽有知人之鑒，少年龐統爲司馬徽所稱

①錢鍾書：《管錐編》第三册，中華書局1996年，第1099頁。
②徐公持：《魏晉文學史》，人民文學出版社1999年，第238頁，第222頁。

賞,由是顯名。裴注引《襄陽記》云:"諸葛孔明爲卧龍,龐士元爲鳳雛,司馬德操爲水鏡,皆龐德公語也。"司馬徽與龐德公善,"德操嘗造德公,值其渡沔,上祀先人墓,德操徑入其室,呼德公妻子,使速作黍,'徐元直向云有客當來就我與龐公譚。'其妻子皆羅列拜於堂下,奔走供設。須臾,德公還,直入相就,不知何者是客也。德操年小德公十歲,兄事之,呼作龐公"。龐統爲龐德公從子,少未有識者,惟德公重之,年十八,使往見司馬徽。司馬徽與語,既而歎曰:"德公誠知人,此實盛德也。"

《司馬徽別傳》久佚,其佚文今主要見於《世説新語》劉注及《太平御覽》等徵引,《太平御覽經史圖書綱目》録《司馬徽別傳》,宋初修《太平御覽》,或見其本。顧懷三《補後漢書藝文志》卷七在補録時據《太平御覽》輯得佚文三條。《漢魏六朝雜傳集》據諸書徵引,新輯其文。以《世説新語·言語》第九條劉注所引爲主,校以《山谷内集詩注》卷一三《次韻任道食荔枝有感三首》"一錢不直程衞尉,萬事稱好司馬公"任淵注、《太平御覽》卷三八二《人事部二十三·醜丈夫》、卷八二五《資産部五·蠶》等引,成一節,叙司馬徽五事。

一、人問人物,徽皆言佳事。

二、推己豬與妄認徽豬者。

三、劉表子琮往候徽事。

四、有人臨蠶求簇箔者,徽自棄其蠶而與之事。

五、劉表不識司馬徽事。

《世説新語》劉注引最詳,且前後連貫,有概論,亦有事實,叙司馬徽婉約遜遁、智而能愚之性。《司馬徽別傳》叙事有法,讀其文字,如耳聞目睹。

附:董正別傳

輯存。佚名撰。

　　《董正別傳》,《隋書・經籍志》等史志書目無著録,侯康《補三國藝文志》卷三史部雜傳類、姚振宗《三國藝文志》卷二史部雜傳記類補録。章宗源《隋書經籍志考證》據《藝文類聚》引補録,姚振宗《隋書經籍志考證》轉録章氏所補。

　　今所見諸書所引作《董正別傳》者,或叙司馬徽事,或叙劉廙事,而無一涉董正。侯康、姚振宗亦頗懷疑此傳或有誤。侯康《補三國藝文志》卷三史部雜傳類在補録時云:"不載正事,而載劉廙事,殊不可曉。"

　　董正,《北堂書鈔》卷七三《設官部二十五・別駕一百六十一》"齎傳假董正"引《廣州先賢傳》云:"董正,字伯和,南海人也。時州治蒼梧郡,張使君舉正,三辟不就。後更辟書,正難重違州意,從詣州,使君聞已在遠,命書佐齎別駕從事假正,正慚俯就,復上傳送本郡也。"《太平御覽》卷三八五《人事部二十六・幼智下》引《廣州先賢傳》云:"董正,字伯和,南海人。少有令姿,貧寒不戚,耽意術籍,志在規俗。年十五,通《毛詩》、《三禮》、《春秋》。"姚振宗認爲《董正別傳》當作於三國時期,其在《三國藝文志》卷二史部雜傳記類補録時又云:"案區大任《百越先賢志》云熹平末張角、袁術起難,天下亂,正每觀天象,知漢曆之不長,輒掩涕太息。建安中卒。葬番禺之東,衆爲刻碑,表曰:'有漢徵士董君之墓。'則正卒於漢建安中,是傳當作於漢吳之間。"

　　今所見諸書稱引出《董正別傳》者,存三節佚文:

　　一、叙司馬徽推己豬與妄認徽豬者。見於《藝文類聚》卷九四《獸部中・豕》、《太平御覽》卷九〇三《獸部十五・豕》、《記纂淵海》卷四三《性行部之七・不争》等引。

　　二、叙劉表子琮往候司馬徽事。見於《北堂書鈔》卷一三六《服飾部五・刷七十五》"歸更刷頭"引。

　　三、劉廙見司馬徽事。見於《太平御覽》卷八二二《資産部二・耕》引,作《董正則傳》,"則"當爲"別"字因形近而訛。

就叙司馬徽推己豬與鄰人、劉琮候司馬徽二事觀之，其文與《司馬徽別傳》多同，或即《司馬徽別傳》，諸書徵引誤題爲《董正別傳》。而叙劉廙候司馬徽事者，不見於今所存《劉廙別傳》佚文，或出其文，然難於遽斷。檢《三國志》卷二一《魏書·劉廙傳》，其云：“劉廙，字恭嗣，南陽安衆人也。年十歲，戲於講堂上，潁川司馬德操拊其頭曰：‘孺子，孺子，黄中通理，寧自知不？’”則知司馬徽曾對其加以品題，故此節文字或亦出《司馬徽別傳》，今且俱附於《司馬徽別傳》後。

孔融別傳

輯存。佚名撰。

《孔融別傳》，《隋書·經籍志》等史志書目無著録，撰人、卷數不詳。顧櫰三《補後漢書藝文志》卷七別傳類、侯康《補後漢書藝文志》卷三史部雜傳類、姚振宗《後漢藝文志》卷二史部雜傳記類、曾樸《補後漢書藝文志並考》卷六記傳志内篇第二之二補録。

《後漢書·孔融傳》李注等引又有《孔融家傳》者，《隋書·經籍志》史部雜傳類又著録《孔氏家傳》。章宗源《隋書經籍志考證》、姚振宗《隋書經籍志考證》、《後漢藝文志》及侯康《補後漢書藝文志》以爲三書爲一書之異稱。侯康《補後漢書藝文志》“《孔融別傳》”條云：“本傳注兩引《融家傳》，核以《御覽》三百八十五所引即《別傳》也。餘見《藝文》七十三、《御覽》三百九十六、四百廿八，其事皆見范書中。與范書異者，本傳稱年十歲，詣河南尹李膺，《別傳》作詣漢中李公（李固）。考融卒於建安十三年，年五十六，則年十歲，當桓帝延熹五年，是時李固誅死已久，而李膺正以延熹二年徵，再遷河南尹。《別傳》誤也。”今人朱東潤以《太平御覽》卷三八五所引，與《後漢書·孔融傳》注引《孔融家傳》“語句相合，所以疑《孔融別傳》即《孔融家傳》之別稱”①。今所見諸書徵引，既有《孔融別傳》，亦有《孔融家傳》，而《隋書·經籍志》史部雜傳類又著録《孔氏家傳》，《孔融別傳》與《孔融家傳》似非一傳。文字雖略有所同，然多不相涉。而《孔氏家傳》則已全亡，不見古籍舊注稱引其文。《漢魏六朝雜傳集》輯《孔融別傳》，後附《孔融家傳》。

　　孔融，《後漢書》卷七〇有傳，其云：“孔融，字文舉，魯國人，孔子二十世孫也。”孔融幼有異才。年十歲，隨父詣京師，見河南尹李膺，爲其所賞。年十三喪父，哀悴過毀，扶而後起，州里歸其孝。性好學，博涉多該覽。後辟司徒楊賜府，既而何進辟融，舉高第，爲侍御史。與中丞趙舍不同，託病歸家。後辟司空掾，拜中軍候，遷虎賁中郎將。會董卓廢立，忤卓旨，轉爲議郎。時黄巾寇數州，而北海最爲賊衝，卓乃諷三府同舉融爲北海相。融到郡，收合士民，多所作爲，在郡六年，劉備表領青州刺史。建安元年（196），爲袁譚所攻，奔東山，妻子爲譚所虜。及獻帝都許，徵融爲將作大匠，遷少府。忤曹操，免官，歲餘，復拜太中大夫。曹操既積嫌忌，乃羅織罪名，下獄棄市。時年五十六。所著詩、頌、碑文、論議、六言、策文、表、檄、教令、書記凡二十五篇。

　　《孔融別傳》久佚，其文散見諸書徵引，《太平御覽經史圖書綱目》録《孔融別傳》，則宋初修《太平御覽》，尚見此傳。顧櫰三《補後漢書藝文志》卷七在補録時據《太平御覽》等書徵引採得數節，有脱誤。《漢魏六朝雜傳集》據諸書徵引，新輯其文，題《孔融別傳》。

　　今檢諸書徵引，條列其佚文如下：

　　一、孔融爲宙第六子。見於《隸釋》卷六《孔謙碣》及《寶刻叢編》卷二引。

_____

①朱東潤：《八代傳敍文學述論》，復旦大學出版社 2006 年，第 63 頁。

二、孔融少時分梨取小者及見李膺事。見於《世説新語·言語》第三條劉注、《記纂淵海》卷一一一《人倫部之十·世契》等引。

三、曹操託楊彪與術婚姻欲治之，孔融理論事。見於《太平御覽》卷四二八《人事部六十九·正直下》引。

四、孔融嘲曹操制酒禁事。見於《北堂書鈔》卷一四八《酒食部七·酒六十》"天有酒旗之星地有酒泉之郡"引。

五、孔融嘆客與酒事。見於《藝文類聚》卷七三《雜器物部·樽》引。

六、孔融引貌似蔡邕虎賁士同坐事。見於《太平御覽》卷三九六《人事部三十七·相似》引。

七、孔融每食奉饘一盛魚一首以祭事。見於《北堂書鈔》卷一四四《酒食部三·粥篇十》"奉饘以祭"引。

朱東潤就《孔融別傳》中人物相稱"高明"等云："所以從語氣方面看，《孔融別傳》保留了當時對語底神態，因此實際的價值，也許在史傳及《世説》之上。"[1]《孔融別傳》今存佚文諸事，《後漢書·孔融傳》多有載，觀其文字，或詳於《後漢書·孔融傳》。往往於細微處見傳主之個性品行，此乃漢魏六朝別傳之典型特徵，亦漢魏六朝雜傳之共性也。

附：孔融家傳

輯存。佚名撰。

《孔融家傳》，《隋書·經籍志》等史志書目無著録。顧櫰三《補後漢書藝文志》卷七別傳類、侯康《補後漢書藝文志》卷三史部雜傳類、姚振宗《後漢藝文志》卷二史部雜傳記類、曾樸《補後漢書藝文志並考》卷六記傳志内篇第二之二補録。家傳者，或以

---

[1] 朱東潤：《八代傳叙文學述論》，復旦大學出版社 2006 年，第 63 頁。

孔融爲主而又及其家人，爲別傳之一種也。其作者，多是其族人或後學。《孔融家傳》作者已不可考知。

《孔融家傳》其文主要見於《後漢書・孔融傳》李注徵引，今存文四條。《漢魏六朝雜傳集》據諸書徵引，新輯其文，題《孔融家傳》。

今檢諸書徵引，條列其佚文如下：

一、孔融少時分梨取小者事。見於《後漢書》卷七○《孔融傳》"父宙太山都尉融幼有異才"李注、《蒙求集注》卷下"姜肱共被孔融讓果"引。

二、孔融見漢中李公事。見於《後漢書》卷七○《孔融傳》"年十歲隨父詣京師時河南尹李膺"李注引。漢中李公者，李固也。李注案云："李固，漢中人，爲太尉，與此傳不同也。"作李固誤，當爲李膺。

三、孔襃字文禮。見於《後漢書》卷七○《孔融傳》"儉與融兄襃有舊亡抵於襃不遇"李注引。

四、客言於何進，稱孔融英雄特傑事。見於《後漢書》卷七○《孔融傳》"融客有言於進曰孔文舉有重名"李注引。

《孔融家傳》存文較少，難窺其貌，所載事似與《孔融別傳》多同，而有異詞，如孔融少時見李膺事，而《孔融家傳》云是見李固。

附：孔氏家傳

佚。佚名撰。五卷。

《隋書・經籍志》史部雜傳類著録《孔氏家傳》五卷，不題撰人。《通志・藝文略》著録同。

章宗源《隋書經籍志考證》"《孔氏家傳》五卷"條以爲諸書所引《孔融別傳》即《孔氏家傳》，云："《世説・言語》篇注、《後漢書・孔融傳》注、《太平御覽》人事部並引《孔融家傳》，皆記融事。《藝文類聚》雜器物部引融坐上客常滿，樽中酒不空語，《北堂書鈔》酒食部融每旦以饘一盛、魚一首以祭,並作《孔融別傳》。"姚振宗以爲此《孔氏家傳》爲會稽孔氏之家傳。其《隋書經籍志考證》"《孔氏家傳》五卷"條引章氏考證,案云:"《晉書》載孔愉、孔汪、孔安國、孔祗、孔坦、孔嚴、孔群、孔沈諸列傳云,會稽山陰人,其先世居梁國,曾祖潛,太子少傅,漢末避地會稽,因家焉。祖竺,吳豫章太守,父恬,湘東太守,從兄侃,大司農,俱有名江左。又《南史》有孔靖、孔琇之、孔奐、孔琳之、孔覬諸列傳,亦會稽山陰人。疑此五卷是會稽孔氏,《晉書》、《南史》之所取資者。"侯康《補後漢書藝文志》"《孔融別傳》"條亦以爲《孔融別傳》即《孔氏家傳》。《孔氏家傳》非《孔融別傳》,不宜相混。

《孔氏家傳》今不見古籍舊注稱引其文。

諸葛亮別傳

輯存。佚名撰。

《諸葛亮別傳》,《隋書·經籍志》等史志書目無著録,著者、卷數不詳。顧櫰三《補後漢書藝文志》卷七別傳類、姚振宗《三國藝文志》卷二史部雜傳記類補録。章宗源《隋書經籍志考證》據《太平御覽》引補録,姚振宗《隋書經籍志考證》轉録章氏所補。

諸葛亮,《三國志》卷三五有傳,其云:"諸葛亮,字孔明,琅邪陽都人也。漢司隸校尉諸葛豐後也。父珪,字君貢,漢末爲太山郡丞。"亮早孤,從父玄爲袁術所署豫章太守,玄將亮及亮弟均之官。會漢朝更選朱皓代玄。玄素與荆州牧劉表有舊,往依之。玄卒,亮躬畊隴畝,好爲《梁父吟》。徐庶薦之於劉備,由是劉備遂詣亮,凡三往,乃見。爲説三分之計,遂出輔劉備,連吳抗曹。先主於蜀中稱尊號,亮以丞相録尚書事,假節。張飛卒後,領司隸校尉。章武三年(223)春,先主於永安病篤,召亮於成都,屬以後事。建興元年(223),後主封亮武鄉侯,開府治事。頃之,又領益州牧。建興十二年春，亮悉大衆由斜谷出，以流馬運，據武功五丈原，與司馬宣王對於渭南。其年八月，疾病，卒于軍，時年五十四。

《諸葛亮別傳》久佚，《太平御覽經史圖書綱目》録《諸葛亮別傳》，其或於宋初尚存。今僅見《太平御覽》卷四三〇《人事部七十一·信》引其文一條，顧櫰三《補後漢書藝文志》卷七在補録時據以輯録，《漢魏六朝雜傳集》亦據此新輯其文。此條叙殺張郃之戰事。《三國志》卷三五《蜀書·諸葛亮傳》載其事，云："九年，亮復出祁山，以木牛運，糧盡退軍，與魏將張郃交戰，射殺郃。"然《諸葛亮別傳》於此事叙述甚詳，特於得勝之由，著墨尤多。

姚振宗《三國藝文志》"《諸葛亮別傳》"條云："章宗源《隋志考證》曰《諸葛亮別傳》見《太平御覽》，張澍輯《諸葛故事》曰：'《蒲元傳》云元於斜谷爲諸葛亮造刀三千口'云云，與《諸葛別傳》同。"今所見《諸葛亮別傳》無此文字，疑姚振宗有誤。《三國志·蜀書·諸葛亮傳》云："亮性長於巧思，損益連弩，木牛流馬，皆出其意；推演兵法，作八陳圖，咸得其要云。"裴注引《魏氏春秋》亦云諸葛亮作連弩、《諸葛亮集》載作木牛流馬法。由此觀之，《諸葛亮別傳》當亦載此類事，惜其散佚。

又，《太平御覽》卷七六二《器物部七·磨》引一條，作《諸葛亮別傳》，言孫權饗費褘，以作《麥賦》，諸葛恪作《磨賦》事，其云："孫權常饗蜀使，費褘停食餅，索筆作《麥賦》，恪亦請筆作《磨賦》。"四庫本《太平御覽》卷七六二引"麥"作"人"，"恪"作"褘"。疑當作《諸葛恪別傳》，《三國志》卷六四《吳書·諸葛恪傳》裴注引《諸葛恪別傳》亦言此事。

費褘別傳

輯存。佚名撰。

《費禕別傳》,《隋書·經籍志》等史志書目無録,撰人、卷數皆不詳。顧櫰三《補後漢書藝文志》卷七别傳類、侯康《補三國藝文志》卷三史部雜傳類、姚振宗《三國藝文志》卷二史部雜傳記類據諸書徵引補録。章宗源《隋書經籍志考證》據《三國志》裴注引補録,姚振宗《隋書經籍志考證》轉録章氏所補。

費禕,《三國志》卷四四有傳,其云:"費禕,字文偉,江夏鄳人也。"少孤,依族父伯仁。伯仁姑,益州牧劉璋之母也。璋遣使迎仁,仁將禕游學入蜀。會先主定蜀,禕遂留益土。先主立太子,禕爲舍人,遷庶子。後主踐位,爲黄門侍郎。諸葛亮以初從南歸,以禕爲昭信校尉使吴。還,遷爲侍中。亮北住漢中,請禕爲參軍。建興八年(230),轉爲中護軍,後又爲司馬。諸葛亮卒,禕爲後軍師。頃之,代蔣琬爲尚書令。琬自漢中還涪,禕遷大將軍,録尚書事。延熙七年(244),魏軍次于興勢,假禕節,率衆往禦之。還封成鄉侯。延熙十六年(253)歲首大會,魏降人郭循在坐。禕歡飲沈醉,爲循手刃所害,謚曰敬侯。

《費禕別傳》已佚,《太平御覽經史圖書綱目》録《費禕別傳》,則宋初修《太平御覽》,或尚見其本。佚文今散見諸書徵引,顧櫰三《補後漢書藝文志》卷七在補録時輯得其文數節。《漢魏六朝雜傳集》據諸書徵引,新輯其文。

今檢諸書徵引,條列其佚文如下:

一、費禕撰次孫權所問,事事條答。見於《三國志》卷四四《蜀書·費禕傳》"禕辭順義篤據理以答終不能屈"裴注、《太平御覽》卷四九七《人事部一百三十八·酣醉》引。

二、費禕答孫權贈寶刀事。見於《三國志》卷四四《蜀書·費禕傳》"權甚器之謂禕曰君天下淑德必當股肱蜀朝恐不能數來也"裴注、《北堂書鈔》卷一二三《武功部十一·刀三十五》"討不庭也"、《藝文類聚》卷六〇《軍器部·刀》、《白氏六帖事類集》卷四《刀第十九》"贈"、《太平御覽》卷三四五《兵部七十六·刀上》、卷四七八《人事部一百十九·贈遺》引。

三、費禕諫喻魏延與楊儀事。見於《太平御覽》卷四九六《人事部一百三十七·鬬争》引。

四、董允嘆才力不如費禕事。見於《三國志》卷四四《蜀書·費禕傳》“頃之代蔣琬爲尚書令”裴注、《北堂書鈔》卷五九《設官部十一·尚書令七十二》“費禕識悟”、《藝文類聚》卷四八《職官部四·尚書令》、《太平御覽》卷四三二《人事部七十三·聰敏》引。

五、費禕雅性謙素事。見於《三國志》卷四四《蜀書·費禕傳》“琬固讓州職禕復領益州刺史禕當國功名略與琬比”裴注引。

六、費禕次子恭事略。見於《三國志》卷四四《蜀書·費禕傳》“子承嗣爲黄門侍郎承弟恭尚公主”裴注引。

費禕乃蜀漢名臣，《費禕別傳》多載其軍國大事間之細行微態，摹寫細緻，費禕之品性，顯然可見。多録生活細事，且描摹入微，此亦漢魏六朝雜傳傳人之一典型特徵也。

任嘏別傳

輯存。佚名撰。

《任嘏別傳》，《隋書·經籍志》等史志書目無録，撰人、卷數皆不詳。侯康《補三國藝文志》卷三史部雜傳類、姚振宗《三國藝文志》卷二史部雜傳記類據諸書徵引補録。章宗源《隋書經籍志考證》據《三國志》裴注引補録，姚振宗《隋書經籍志考證》轉録章氏所補。

《任嘏別傳》作者，姚振宗《三國藝文志》卷二史部雜傳記類“《任嘏別傳》”條以爲此別傳似是任嘏“故吏程威、劉固、上官崇等所撰也”。姚振宗所據言，乃是《三國志》卷二七《魏書·王昶傳》裴注引《任嘏別傳》末云：“嘏卒後，故吏東郡程威、趙國劉固、河東上官崇等，録其事行及所著書奏之。詔下祕書，以貫群言。”
然所謂“録其事行及所著書”者，語焉不詳，不能遽斷此别傳即是
東郡程威、趙國劉固、河東上官崇所作。故其作者暫闕之。

　　任嘏，字昭先，樂安博昌人。《三國志》卷二七《魏書·王昶
傳》載王昶戒子姪書言及任嘏：“樂安任昭先，淳粹履道，内敏外
恕，推遜恭讓，處不避洿，怯而義勇，在朝忘身。吾友之善之，願
兒子遵之。”《後漢書·鄭玄傳》言及任嘏幼時曾爲鄭玄所賞：“其
門人山陽郗慮，至御史大夫；東萊王基、清河崔琰、著名於世。又
樂安國淵、任嘏，時並童幼，玄稱淵爲國器，嘏有道德。其餘亦多
所鑒拔，皆如其言。”《後漢書·鄭玄傳》李賢注云：“淵字子尼，魏
司空掾，遷太僕。嘏字昭光，魏黄門侍郎也。”昭光當作昭先。任
嘏先後爲臨菑侯庶子、相國東曹屬、尚書郎。文帝時，爲黄門侍
郎。累遷東郡、趙郡、河東太守。

　　《任嘏别傳》已佚，《太平御覽經史圖書綱目》録《任嘏别傳》，
則宋初修《太平御覽》時，或尚見其本。其文今散見諸書徵引，
《漢魏六朝雜傳集》據諸書徵引，新輯其文。

　　今檢諸書徵引，條列其佚文如下：

　　一、任嘏生平事略。鄉人語“蔣氏翁，任氏童”事、其父任旐
事、任嘏八歲喪母至孝事、十四始學號神童事、賣魚取値如常事、
買牲口取本價事、比居者擅耕嘏地事、邑中争訟皆詣嘏質事、每
納忠言輒手書壞本事。見於《三國志》卷二七《魏書·王昶傳》
“樂安任昭先淳粹履道……吾友之善之願兒子遵之”裴注引。

　　二、鄉人語“蔣氏翁，任氏童”事。見於《古樂苑》卷四七《雜
歌謠辭·三國》“蔣氏翁任氏童”引。

　　三、任嘏八歲喪母至孝事。見於《太平御覽》卷三八五《人事
部二十六·幼智下》引。原作“傅嘏”，誤，當作“任嘏”。

　　四、賣魚取値如常事。見於《太平御覽》卷四〇三《人事部四
十四·道德》、卷四二六《人事部六十七·清廉下》引。

五、每納忠言輒手壞其本事。見於《北堂書鈔》卷五八《設官部十·給事黃門侍郎六十三》"任嘏淑慎"、《藝文類聚》卷四八《職官部四·黃門侍郎》、《太平御覽》卷四三〇《人事部七十一·謹慎》、《職官分紀》卷六《門下省·門下侍郎》"每納忠言輒壞其本"引。又，《初學記》卷一二《職官部下·黃門侍郎第二》"畫成圖書壞本"、《太平御覽》卷二二一《職官部十九·黃門侍郎》引作《王嘏別傳》，"王嘏"當作"任嘏"。亦爲《任嘏別傳》文。

六、比居者擅耕嘏地事。見於《太平御覽》卷八二二《產資部二·耕》引。

七、任嘏爲人純粹愷悌。見於《初學記》卷一七《人部·賢第二》"虛己忘心"引。

第二至七事，不出《三國志》卷二七《魏書·王昶傳》裴注所引《任嘏別傳》。然諸書所引，亦可爲參酌之資，故皆羅列於此。觀《任嘏別傳》佚文，所述皆日常細事，而皆在於凸現任嘏之性行，如《任嘏別傳》所言："嘏爲人淳粹愷悌，虛己若不足，恭敬如有畏。其脩身履義，皆沈默潛行，不顯其美，故時人少得稱之。"

孟宗別傳

輯存。佚名撰。

《孟宗別傳》，《隋書·經籍志》等史志書目無著錄，著者、卷數不詳。侯康《補三國藝文志》卷三史部雜傳類、姚振宗《三國藝文志》卷二史部雜傳記類據諸書徵引補錄。章宗源《隋書經籍志考證》據《初學記》引補錄，姚振宗《隋書經籍志考證》轉錄章氏所補。

孟宗，即孟仁，《三國志》卷四八《吳書·三嗣主傳·孫晧傳》"司空孟仁卒"裴注引《吳錄》云："仁，字恭武，江夏人也。本名宗，避晧字，易焉。"《吳錄》載其逸事，《楚國先賢傳》亦有孟宗傳。

孟宗少貧,從南陽李肅學。其母爲作厚褥大被,或問其故,母曰:
"小兒無德致客,學者多貧,故爲廣被,庶可得與氣類接也。"其讀
書夙夜不懈,肅奇之,曰:"卿宰相器也。"初爲驃騎將軍朱據軍
吏,將母在營。既不得志,又夜雨屋漏,因起涕泣,以謝其母,母
曰:"但當勉之,何足泣也?"據亦稍知之,除爲監池司馬。自能結
網,手以捕魚,作鮓寄母,母因以還之,曰:"汝爲魚官,而以鮓寄
我,非避嫌也。"遷吳令。時皆不得將家之官,每得時物,來以寄
母,常不先食。及聞母亡,犯禁委官,特爲減死一等,復使爲官。
先後爲豫章太守、光祿勳等官,孫晧寶鼎三年(268)爲司空,建衡
三年(271)卒。

　　《孟宗別傳》已佚,《太平御覽經史圖書綱目》錄《孟宗別傳》,
其本宋初或尚有見。其文今散見於諸書徵引,《漢魏六朝雜傳
集》據諸書徵引,新輯其文。

　　今檢諸書徵引,得其佚文三節,條列如下:

　　一、孟宗初爲雷池監奉魚於母事。見於《太平御覽》卷四一
三《人事部五十四・孝中》引。

　　二、孟宗爲豫章太守民思其惠事。見於《太平御覽》卷二六
二《職官部六十・良太守下》、卷三六二《人事部三・名》、《職官
分紀》卷四一《郡太守》"生子以孟爲名"引。

　　三、孟宗爲光祿勳飲酒吐麥飯事。見於《北堂書鈔》卷五三
《設官部五・光祿勳二十》"孟宗德行純素"、《初學記》卷一二《職
官部下・光祿卿第十六》"歡至德薦名士"、《太平御覽》卷二二九
《職官部二十七・光祿卿》、卷七四三《疾病部六・嘔吐》、卷八
五○《飲食部八・飯》、《職官分紀》卷一八《卿少卿》"吐麥飯"引。

　　《孟宗別傳》今存文三條,皆細小瑣事,然敘述從容,真切如
畫,頗可見孟宗性情。

胡綜別傳

輯存。佚名撰。

《胡綜別傳》,《隋書·經籍志》等史志書目無著録,撰人、卷數皆不詳。侯康《補三國藝文志》卷三史部雜傳類、姚振宗《三國藝文志》卷二史部雜傳記類據諸書徵引補録。章宗源《隋書經籍志考證》據《藝文類聚》引補録,姚振宗《隋書經籍志考證》轉録章氏所補。

胡綜,《三國志》卷六二有傳,其云:"胡綜,字偉則,汝南固始人也。"少孤,母將避難江東。孫策領會稽太守,綜年十四,爲門下循行,留吳與孫權共讀書。策薨,權爲討虜將軍,以綜爲金曹從事,從討黃祖,拜鄂長。權爲車騎將軍,都京,召綜還,爲書部,與是儀、徐詳俱典軍國密事。綜與賀齊掩襲並虜得晉宗,加建武中郎將。魏拜權爲吳王,封綜亭侯。權下都建業,綜爲侍中,進封鄉侯,兼左右領軍。後爲偏將軍,兼左執法,領辭訟。吳孫權赤烏六年(243)卒。凡自權統事,諸文誥策命,鄰國書符,略皆綜之所造也。

《胡綜別傳》已佚,《太平御覽經史圖書綱目》録《胡綜別傳》,則宋初修《太平御覽》時尚見其本。其文今散見諸書徵引,《漢魏六朝雜傳集》據諸書徵引,新輯其文,得一節,叙其釋掘地所得銅匣來由事,表現胡綜博物多識。見於《北堂書鈔》卷一三五《服飾部四·匣五十》"銅匣"、卷一三五《服飾部四·如意三十二》"白玉如意"、《藝文類聚》卷七〇《服飾部下·如意》、《太平御覽》卷七〇三《服用部五·如意》、卷八〇五《珍寶部四·玉下》、《太平廣記》卷一九七《博物》"胡綜"、《事類賦》卷九《寶貨部·玉賦》"胡綜如意"、《古今事文類聚續集》卷二八《器用部·雜器用》"白玉如意"、《古今合璧事類備要外集》卷六〇《傘扇門》"如意玉如意"等引。

陸績別傳

輯存。佚名撰。

《陸績別傳》,《隋書·經籍志》等史志書目無著録,撰人、卷數皆不詳。清人侯康《補三國藝文志》卷三史部雜傳類、姚振宗《三國藝文志》卷二史部雜傳記類據諸書徵引補録。章宗源《隋書經籍志考證》據《太平御覽》引補録,姚振宗《隋書經籍志考證》轉録章氏所補。

陸績,《三國志》卷五七有傳,其云:"陸績,字公紀,吳郡吳人也。父康,漢末爲廬江太守。"陸績年六歲見袁術,懷橘三枚,欲歸遺母。爲袁術所奇。孫策在吳,張昭、張紘、秦松論治天下之策,陸績與言,昭等異焉。孫權統事,辟爲奏曹掾,以直道見憚,出爲鬱林太守,加偏將軍。年三十二卒。陸績雖有軍事,著述不廢,作渾天圖,注《易》釋《玄》,皆傳於世。

《陸績別傳》已佚,《太平御覽經史圖書綱目》録《陸績別傳》,則其本至宋初或尚有存。其文今散見諸書徵引,《漢魏六朝雜傳集》據諸書徵引,新輯其文。

今檢諸書徵引,得其佚文二節:

一、太守王朗命陸績爲功曹郡内大治事。見於《太平御覽》卷二六四《職官部六十二·功曹參軍》引。

二、陸績年少與張紘等論治天下當修道德事。見於《太平御覽》卷四〇五《人事部四十六·賓客》引。

《陸績別傳》存文且少,難窺其貌,然觀陸績論治天下當以道德爲上之論事,其當以此類逸事爲主,以顯其特出。

桓階別傳

輯存。佚名撰。

《桓階別傳》，《隋書·經籍志》等史志書目無著録，撰人、卷數皆不詳。侯康《補三國藝文志》卷三史部雜傳類、姚振宗《三國藝文志》卷二史部雜傳記類據諸書徵引補録。章宗源《隋書經籍志考證》據《初學記》補録，姚振宗《隋書經籍志考證》轉録章氏所補。

桓階，《三國志》卷二二《魏書》有傳，其云："桓階，字伯緒，長沙臨湘人也。"仕郡功曹。太守孫堅舉階孝廉，除尚書郎。曹操與袁紹相拒於官渡，桓階説太守張羨歸曹操。曹操定荆州，辟爲丞相掾主簿，遷趙郡太守。魏國初建，爲虎賁中郎將侍中。曹丕踐阼，遷尚書令，封高鄉亭侯，加侍中。徙封安樂鄉侯，病卒，又追贈關内侯。

《桓階別傳》已佚，《太平御覽經史圖書綱目》録《桓階別傳》，則宋初修《太平御覽》時，或尚見其本。其文今散見諸書徵引。清陳運溶輯《桓階別傳》，録於《麓山精舍叢書》第一集《歷朝傳記九種》中。《漢魏六朝雜傳集》據諸書徵引，新輯其文。

今檢諸書徵引，條列其佚文如下：

一、桓階爲曹操主簿事。見於《北堂書鈔》卷六九《設官部二十一·主簿一百四十》"内經百度之規外諮千里之策"引。

二、桓階爲趙郡太守及在郡俸盡，食醬䣫事。見於《北堂書鈔》卷三六《政術部十·威嚴二十六》"威能震敵"、卷三八《政術部十二·廉潔三十二》"食豆䣫"、卷七五《設官部二十七·太守中一百六十六》"俸盡食醬䣫"、"德懷遠人"、卷一四六《酒食部五·醢三十六》"食醬䣫"、《太平御覽》卷二六二《職官部六十·良太守下》、卷四三一《人事部七十二·儉約》、《職官分紀》卷四一《郡太守》"威能震敵"引。

　　三、桓階爲趙郡太守期月之間增户萬餘、路不拾遺事。《太平御覽》卷八二二《産資部二・耕》、卷八四〇《百穀部四・粟》引。

　　四、桓階爲尚書令貧儉事。見於《初學記》卷一二《職官部下・黄門侍郎第二》"二子並拜三代不徙"、《太平御覽》卷二二一《職官部十九・黄門侍郎》、卷四八五《人事部一百二十六・貧下》、《職官分紀》卷六《門下侍郎》"子無褌"等引。

　　《桓階别傳》今存佚文,有桓階爲曹操主簿事,桓階爲趙郡太守事,桓階爲尚書令事。由此觀之,《桓階别傳》當循其爲官生涯,載録其嘉行懿範,其間又往往録曹操、曹丕之褒揚之詞,桓階之簡約自守、治世之能,彰矣。朱東潤以爲《桓階别傳》是"當時的傳叙裏,作僞底形跡最爲顯著者"之一,認爲桓階自接於曹操、曹丕父子,因而大受信賴,是曹魏初期的重臣,至於其清儉,更是笑談。《桓階别傳》所載事,真實性大可懷疑①。朱東潤認爲傳叙文學之真實性很重要,他對《桓階别傳》作僞的認定,是從其傳叙文學觀念出發所作判斷。然爲傳主避諱,則是雜傳之通病,蓋雜傳之作,往往出於親舊,此不可避免之必然也。

何晏别傳

　　輯存。佚名撰。

　　《何晏别傳》,《隋書・經籍志》等史志書目無著録,著者、卷數不詳。侯康《補三國藝文志》卷三史部雜傳類、姚振宗《三國藝文志》卷二史部雜傳記類據諸書徵引補録。章宗源《隋書經籍志考證》據《太平御覽》引補録。

---

① 朱東潤:《八代傳叙文學述論》,復旦大學出版社 2006 年,第 86—87 頁。

　　何晏,字平叔。《三國志》卷九《魏書》有傳,其云:"晏,何進孫也。母尹氏,爲太祖夫人。晏長於宫省,又尚公主,少以才秀知名,好《老》、《莊》言,作《道德論》及諸文賦著述凡數十篇。"正始十年(249),高平陵之變中,因黨附曹爽,爲司馬懿所誅。

　　《何晏別傳》已佚,其文散見諸書徵引,《漢魏六朝雜傳集》據諸書徵引,新輯其文。

　　今檢諸書徵引,得其佚文三節,條列如下:

　　一、何晏少時養於魏宫事。見於《初學記》卷一九《人部下·美丈夫第一》"班伯甚麗何晏絶美"、《太平御覽》卷三八〇《人事部二十一·美丈夫下》、卷三九三《人事部三十四·坐》、《記纂淵海》卷四一《性行部之五·穎悟》、卷一一一《人倫部之十·異姓》引。

　　二、何晏少有慧心事。見於《太平御覽》卷三八五《人事部二十六·幼智下》引。

　　三、何晏參與曹爽宴集清談事。見於《北堂書鈔》卷九八《藝文部四·談講十三》"清談雅論"及"妙哉論道盡其理矣"引。

　　何晏爲魏晉名士,加之儀容俊美,有"行步顧影"之譽。其名士之行,清談之言,頗傳於衆口,《世説新語》亦載之。《何晏別傳》當多載此類,惜其散佚殆盡,甚以爲憾。

諸葛恪別傳

　　輯存。佚名撰。

　　《諸葛恪別傳》,《隋書·經籍志》等史志書目無録,著者、卷數不詳。侯康《補三國藝文志》卷三史部雜傳類、姚振宗《三國藝文志》卷二史部雜傳類據諸書徵引補録。

　　諸葛恪,《三國志》卷六四《吴書》有傳,其云:"諸葛恪,字元遜,瑾長子也,少知名。"弱冠拜騎都尉,與顧譚、張休等侍太子登講論道藝，並爲賓友。從中庶子轉爲左輔都尉。拜撫越將軍，領丹楊太守，有功，拜威北將軍，封都鄉侯。陸遜卒，遷大將軍，假節，駐武昌，代遜領荆州事。孫權不豫，而太子少，乃徵恪以大將軍領太子太傅。權疾困，召恪、孫弘及太常滕胤、將軍吕據、侍中孫峻，屬以後事。初頗得人心，後固執出兵魏國，漸失衆心。吴孫亮建興二年（253），爲孫峻所殺，時年五十一。

　　《諸葛恪别傳》已佚，《太平御覽經史圖書綱目》錄《諸葛貉别傳》，“諸葛貉”當作“諸葛恪”，即宋初修《太平御覽》，《諸葛恪别傳》或尚存。其文今散見諸書徵引，《漢魏六朝雜傳集》據諸書徵引，新輯其文。

　　《諸葛恪别傳》，今所見諸書徵引之文，《三國志》卷六四《吴書·諸葛恪傳》“恪之才捷皆此類也”裴注引一節最詳，叙恪五事，皆爲諸葛恪與他人嘲謔事：諸葛恪與蜀使費禕互嘲事，孫權問恪如何更肥澤事，孫權問恪與滕胤優劣事，諸葛恪與范慎互嘲事，諸葛恪與太子互嘲事。

　　其餘諸書所引，不出《三國志》裴注之外。

　　一、諸葛恪與蜀使費禕互嘲事，見於《藝文類聚》卷二五《人部九·嘲戲》、《太平御覽》卷四六六《人事部·嘲戲》引。

　　二、費禕作《麥賦》、恪作《磨賦》事。見於《北堂書鈔》卷一四四《酒食部三·餅篇十三》“停食作賦”、《藝文類聚》卷八五《百穀部·麥》、《白氏六帖事類集》卷二四《春十七》“磨賦”、《太平御覽》卷八三八《百穀部二·麥》等引。又，《太平御覽》卷七六二《器物部七·磨》引一條，作《諸葛亮别傳》，言孫權饗費禕，以作《麥賦》，諸葛恪作《磨賦》事，其云：“孫權常饗蜀使，費禕停食餅，索筆作《麥賦》，恪亦請筆作《磨賦》。”四庫本《太平御覽》卷七六二引“麥”作“人”，“恪”作“禕”。疑當作《諸葛恪别傳》，《三國志》卷六四《吴書·諸葛恪傳》裴注引《諸葛恪别傳》亦言此事。

　　三、孫權問恪如何更肥澤事。見於《太平御覽》卷三七八《人事部十九・肥》引。

　　四、諸葛恪與范慎互嘲事。見於《北堂書鈔》卷一三五《服飾部四・瑠五十六》"穿耳附珠"、《太平御覽》卷七一八《服用部二十・瑠珥》引。

　　又,《太平御覽》卷八三〇《資産部一〇・針》引一條,叙諸葛恪對韓文晃事,云出《諸葛元遜傳》。《太平廣記》卷二四五《詼諧一》"諸葛恪"條亦載,云出《啟顔録》,下又有太子嘲恪一事。太子嘲恪事出《諸葛恪別傳》,此亦或當出《諸葛恪別傳》。而《諸葛元遜傳》者,當即是《諸葛恪別傳》。

　　今所見《諸葛恪別傳》佚文,皆爲諸葛恪詼諧、俊辯之事,一如《東方朔傳》載東方朔"詼諧、逢占、射覆"之事。蓋諸葛恪之詼諧、俊辯,當時著名,又多與吳主孫權有關,當頗爲傳揚。此類雜傳專記人物某一特殊方面,各事獨立而又不離中心,多篇幅漫長,《諸葛恪別傳》或亦然,惜其散佚。

獻帝傳

　　輯存。佚名撰。一名《漢獻帝傳》。

　　《獻帝傳》,《隋書・經籍志》等史志書目無著録,著者、卷數不詳。《隋書・經籍志》史部雜史類著録《漢靈獻二帝紀》三卷,注云:"漢侍中劉芳撰,殘缺。梁有六卷。"《舊唐書・經籍志》史部編年類著録《漢靈獻二帝紀》六卷,劉艾撰,《新唐書・藝文志》史部編年類著録劉艾《漢靈獻二帝紀》六卷。此《漢靈獻二帝紀》,乃是合《靈帝紀》與《獻帝紀》而成。《獻帝紀》又稱《漢帝傳》。姚振宗以爲《漢帝傳》或爲其早期名,《隋書經籍志考證》史部雜史類"《漢靈獻二帝紀》"條案云:"《初學記》引稱《漢帝傳》,似是劉艾書之本名,至魏明帝青龍二年,山陽公薨之後,乃更名《獻帝傳》,殆入晉以後,與《靈帝紀》合爲一帙,乃定名爲《靈獻二帝紀》。"其早年在《後漢藝文志》卷二史部編年類"劉艾《漢靈獻二帝紀》"條按云："章氏所舉《初學記》、《御覽》引《漢帝傳》、《獻帝傳》,自是以'獻'爲'漢',以'紀'爲'傳',皆稱引偶誤者。考《獻帝傳》載禪代衆事,又言山陽公薨(見《魏志·文紀》、《明紀》注),自是魏晉人作,別爲一書。章氏乃以《獻帝傳》歸之劉艾,謂《漢志》有《高祖傳》、《孝文傳》,艾既爲獻作《紀》,又更爲《傳》,是必不然。"此論近實,《獻帝紀》爲劉艾所作,《獻帝傳》乃別爲一書。而其於《隋書經籍志考證》所言《獻帝紀》書名之變遷,則頗有見地。關於《獻帝紀》與《獻帝傳》之爲二書,徐冲作《〈獻帝紀〉與〈獻帝傳〉考論》一文①,辨之甚詳。朱東潤以爲《獻帝傳》即劉艾所作《獻帝紀》②,誤。

漢獻帝劉協,東漢末帝,《後漢書》卷九有本紀,其云："孝獻皇帝諱協,靈帝中子也。母王美人,爲何皇后所害。中平六年……九月甲戌,即皇帝位,年九歲。"在位三十一年,用初平(4)、興平(2)、建安(25)年號。漢末群雄蜂起,中平六年(189),爲董卓所擁立,建安二十五年(220),曹操死,禪位於曹丕,曹丕封其爲山陽公,魏曹丕青龍二年(234年)薨,時年五十四,葬禪陵,諡曰孝獻皇帝。

《獻帝傳》已佚,其佚文今散見《三國志》裴注等徵引,多或作《獻帝傳》,或作《漢獻帝傳》。《漢魏六朝雜傳集》據諸書徵引,新輯其文,題《獻帝傳》。

今檢諸書徵引,條列其佚文如下:

一、劉協即帝位事。見於《後漢書·禮儀志·禮儀上》"皆於高祖廟如禮謁"劉昭注引。

二、獻帝使侍御史侯汶爲饑民作糜粥事。見於《北堂書鈔》

①徐冲:《〈獻帝紀〉與〈獻帝傳〉考論》,《首都師範大學學報》2018年第6期。
②朱東潤:《八代傳叙文學述論》,復旦大學出版社2006年,第74—75頁。

卷一四四《酒食部三·糜篇九》“爲飢民作糜”、“作得滿兩盂”、《太平御覽》卷八五九《飲食部一七·糜粥》引。

　　三、馬騰出生及其父馬平事。見於《後漢書》卷七二《董卓傳》“初卓之入關要韓遂馬騰共謀山東”李注引。

　　四、董卓軍劫掠人民事。見於《後漢書》卷七二《董卓傳》“皆棄其婦女輜重御物符策典籍略無所遺”李注引。

　　五、董卓乘青蓋車事。見於《太平御覽》卷七七三《車部二·叙車下》引。

　　六、王允、王立爲獻帝誦《孝經》事。見於《藝文類聚》卷六九《服飾部·簟》引。

　　七、獻帝遷洛陽事。見於《太平御覽》卷四八六《人事部一二七·餓》引。

　　八、曹操懼虎賁執刀儀仗事。見於《太平御覽》卷三八七《人事部二十八·汗》引。

　　九、沮授簡況。見於《後漢書》卷七四上《袁紹傳》“騎都尉沮授聞而諫曰”李注引。

　　一〇、沮授説袁紹迎漢獻帝事。見於《三國志》卷六《魏書·袁紹傳》“圖還説紹迎天子都鄴紹不從”裴注引。

　　一一、沮授諫袁紹興兵事。見於《三國志》卷六《魏書·袁紹傳》“簡精卒十萬騎萬匹將攻許”裴注引。

　　一二、沮授預言袁紹必敗事。見於《三國志》卷六《魏書·袁紹傳》“太祖救延與良戰破斬良”裴注引。

　　一三、沮授諫袁紹渡河事。見於《三國志》卷六《魏書·袁紹傳》“再戰禽紹大將紹軍大震”裴注等引。

　　一四、沮授爲曹操所俘事。見於《三國志》卷六《魏書·袁紹傳》“沮授不及紹渡爲人所執詣太祖”裴注引。

　　一五、先帝詔進曹操爲魏王事。見於《三國志》卷一《魏書·武帝紀第一》“夏五月天子進公爵爲魏王”裴注引。

一六、秦朗父秦宜禄事。見於《三國志》卷三《魏書·明帝紀》"冬十月步度根部落大人戴胡阿狼泥等詣并州降朗引軍還"裴注引。

一七至三七,共二十一條,獻帝禪位曹丕事,見於《三國志》卷二《魏書·文帝紀》"册曰……饗兹萬國以肅承天命"裴注引。

三八、魏王登壇受禪事。見於《三國志》卷二《魏書·文帝紀》"改延康爲黄初大赦"裴注引。

三九、漢獻帝薨諸事。見於《三國志》卷三《魏書·明帝紀》"三月庚寅山陽公薨……葬以漢禮"裴注引。

徐冲以爲"《獻帝傳》可能採取了編年體的形式",舉《三國志》卷一《魏書·武帝紀》"建安二十一年夏五月,天子進公爵爲魏王"條裴松之注引等,得出結論:"《獻帝傳》中的這部分内容,面貌接近于紀傳體王朝史中的'本紀'。雖然涉的主要是建安末乃至山陽公時代的内容,但可以推測這一形式應貫徹始終,構成《獻帝傳》的基本體例。""《獻帝傳》書寫的時間範圍覆蓋了獻帝一生,從獻帝即位經漢魏禪代至於山陽公卒。内容廣及這一時段内的多種史事,並不限於獻帝的個人經歷。文本結構可能近于荀悦《漢紀》,即以編年體爲基本體例同時插叙人物小傳的複合結構。"①徐冲所言事實不虛,然這種體製與結構,實雜傳慣常之體製與結構,非《獻帝傳》之獨有,如《鍾離意别傳》,編年結構頗明顯;《郭林宗别傳》叙及其所拔舉人物,即插叙其人小傳。

今存《獻帝傳》佚文,於建安二十五年(220),禪位於曹丕諸事最詳,裴松之注所引,詳述此間各種表奏册詔,大略可見當時情狀。尤所謂禪代禮儀之過程、儀式,頗得留存。於此也可知,《獻帝傳》當多存此類史料。而沮授相關事,亦頗多。由此觀之,漢末諸人事,《獻帝傳》當載録詳贍,其卷帙當繁,惜其散落。

①徐冲:《〈獻帝紀〉與〈獻帝傳〉考論》,《首都師範大學學報》2018年第6期。

荀彧別傳

輯存。佚名撰。

《荀彧別傳》,《隋書·經籍志》等史志書目無著録,著者、卷數不詳。顧櫰三《補後漢書藝文志》卷七別傳類、侯康《補三國藝文志》卷三史部雜傳類、姚振宗《三國藝文志》卷二史部雜傳記類據諸書徵引補録。章宗源《隋書經籍志考證》據《三國志》裴注補録,姚振宗《隋書經籍志考證》轉録章氏所補。侯康在《補三國藝文志》中認爲:"書中稱曹操爲太祖,司馬懿爲宣王,則非漢晉人作明矣。"即此傳當作於三國時期。

荀彧,《三國志》卷一〇、《後漢書》卷七〇有傳,《三國志》卷一〇《魏書·荀彧傳》云:"荀彧字文若,潁川潁陰人也。祖父淑,字季和,朗陵令。當漢順、桓之間,知名當世。有子八人,號曰八龍。彧父緄,濟南相。叔父爽,司空。彧年少時,南陽何顒異之,曰:'王佐才也。'"永漢元年(189),舉孝廉,拜守宮令。董卓之亂,求出補吏。除亢父令,遂棄官歸。先從袁紹,初平二年(191),彧去紹從曹操,爲曹操重要謀士。建安元年(196),曹操奉迎天子都許,天子拜曹操大將軍,進彧爲漢侍中,守尚書令。建安十七年(212),曹操軍至濡須,彧疾留壽春,以憂薨,時年五十,謚曰敬侯。

《荀彧別傳》已佚,其文今主要見於《三國志》裴注等徵引。顧櫰三《補後漢書藝文志》卷七在補録時採得其佚文三節。《漢魏六朝雜傳集》據諸書徵引,新輯其文。

今檢諸書徵引,得其佚文三節,條列如下:

一、曹操上表贊荀彧、以功封荀彧爲萬歲亭侯事。見於《三國志》卷一〇《魏書·荀彧傳》"八年太祖録彧前後功表封彧爲萬歲亭侯"裴注引。

二、曹操上表贊荀彧功、增其户邑事。見於《三國志》卷一〇《魏書·荀彧傳》"十二年復增彧邑千户合二千户"裴注引。

三、荀彧多興制度,爲鍾繇所推諸事。見於《三國志》卷一〇《魏書·荀彧傳》"彧疾留壽春以憂薨時年五十謚曰敬侯明年太祖遂爲魏公矣"裴注引。

荀彧爲曹操重要謀士,其策多爲曹操所用,《荀彧別傳》今所存佚文,其中二節爲曹操表文,一節爲荀彧與曹操論治道事及他人評價。如傳言,荀彧"從容與太祖論治道,如此之類甚衆,太祖常嘉納之"。由此觀之,《荀彧別傳》或多載此類。

附:荀氏家傳

輯存。荀伯子撰。

《荀氏家傳》,《隋書·經籍志》無著錄,《舊唐書·經籍志》史部雜譜牒類、《新唐書·藝文志》史部雜傳記類著錄,《荀氏家傳》十卷,題荀伯子撰。

荀伯子,南朝宋時人,《宋書》卷六〇有傳,其云:"荀伯子,潁川潁陰人也。祖羨,驃騎將軍,父猗,祕書郎。伯子少好學,博覽經傳,而通率好爲雜戲,遨遊閭里,故以此失清塗。解褐爲駙馬都尉,奉朝請,員外散騎侍郎。著作郎徐廣重其才學,舉伯子及王韶之並爲佐郎,助撰晉史……立朝正色,外内憚之,凡所奏劾,莫不深相謗毀,或延及祖禰,示其切直,又頗雜嘲戲,故世人以此非之。出補司徒左長史,東陽太守。元嘉十五年(438),卒官,時年六十一,文集傳於世。"

《三國志》卷一〇《魏書·荀彧傳》云荀彧"祖父淑,字季和,朗陵令。當漢順、桓之間,知名當世。有子八人,號曰八龍"。裴注引《續漢書》曰:"淑有高才,王暢、李膺皆以爲師,爲朗陵侯相,號稱神君。"裴注引張璠《漢紀》曰:"淑博學有高行,與李固、李膺同志友善,拔李昭於小吏,友黃叔度于幼童,以賢良方正徵,對策

譏切梁氏，出補朗陵侯相，卒官。八子：儉、緄、靖、燾、詵、爽、肅、
旉。"魏晉荀氏興起於荀淑，枝葉漸繁，遂爲大族。此《荀氏家傳》
之撰作，蓋在顯其人物也。如《荀氏家傳》云："惟我之先，至於有
晉，人物盈朝，袞衣暐曄，六世九公，不亦偉乎。磊落瓌奇，光照
六合，已獨步於古今，拊萬姓而駭之矣。中興，丞相王公歎曰：
'勛已後，榮寵莫二，爲天下貴門矣。'"

　　《荀氏家傳》已佚，章宗源《隋書經籍志考證》卷一三雜傳類
"《荀氏家傳》"條考證云："……《太平御覽》禮儀部引之尤詳，是
知此書至宋尚存。"其文今散見諸書徵引，存荀氏三十四人事及
序一節，《漢魏六朝雜傳集》據諸書徵引，新輯其文。

　　今檢諸書徵引，條列其佚文如下：

　　一、叙荀氏人物繁盛。似爲《荀氏家傳》序。見於《初學記》
卷一八《人部中·貴第四》、《太平御覽》卷四七〇《人事部一百一
十一·貴盛》等引。

　　二、荀巨伯事。見於《世説新語·德行》第九條劉注引。

　　三、荀爽事。共計四節：荀爽幼爲杜喬所稱二節，見於《太平
御覽》卷三八五《人事部二十六·幼智下》、卷四〇四《人事部四
十五·師》引。荀爽對策一節，見於《藝文類聚》卷四〇《禮部
下·謚》、《太平御覽》卷五四五《禮儀部二十四·喪紀下》、卷五
六二《禮儀部四十一·謚》引。荀爽爲光禄勳三日拜司空一節，
見於《北堂書鈔》卷五二《設官部四·司空九》"荀爽百日至司
空"、《藝文類聚》卷四七《職官部三·司空》、《太平御覽》卷二〇
八《職官部六·司空》、《職官分紀》卷二《三公》"白衣登三公"、
《記纂淵海》卷一二五《人事部之四·驟貴》引。

　　四、荀悦事。見於《太平御覽》卷三八〇《人事部二十一·美
丈夫下》引。

　　五、荀衍、荀諶、荀紹、荀融、荀閎、荀煇事。見於《三國志》卷
一〇《魏書·荀彧傳》"太祖之征袁尚也……功封列侯"裴注引。

六、荀彧事。共計五節：荀彧爲曹操及諸將起宅第事一節，
見於《太平御覽》卷一八一《居處部九·第》引。荀彧德行周備事
三節，見於《文選》卷五九《碑文下·齊故安陸昭王碑文》"蓋百代
之儀表千年之領袖"李注、《藝文類聚》卷二一《人部五·德》、《太
平御覽》卷四〇三《人事部四十四·道德》引。鍾繇以荀彧比顏
子一節，見於《太平御覽》卷四〇三《人事部四十四·道德》引。

七、荀曇、荀昱事。見於《三國志》卷一〇《魏書·荀彧傳》
"荀攸字公達彧從子也祖父曇廣陵太守"裴注引。

八、荀藐事。見於《北堂書鈔》卷七八《設官部三十·縣令一
百七十六》"鳳凰集境"、《太平御覽》卷二六八《職官部六十六·
良令長下》、《職官分紀》卷四二《縣令》"爲政以德"、《古今事文類
聚外集》卷一四《縣官部·縣尹》"鳳集其境"、《古今合璧事類備
要後集》卷七九《縣官門·知縣》"鳳集其境"引。

九、荀攸事。共計二節：荀攸爲軍師一節，見於《北堂書鈔》
卷六三《設官部十五·都護一百二》"公達軍國皆掌"引。曹操稱
賞荀攸一節，見於《北堂書鈔》卷八五《禮儀部六·拜揖十二》"拜
公達於床下"、《太平御覽》卷五四二《禮儀部二十一·拜》引。

一〇、荀衢、荀祈、荀憺事。見於《三國志》卷一〇《魏書·荀
攸傳》"謂叔父衢曰……由是異之"裴注引。

一一、荀惲、荀俣、荀詵、荀寓事。見於《三國志》卷一〇《魏
書·荀彧傳》"俣弟詵大將軍從事中郎皆知名早卒"裴注引。

一二、荀顗事，共計二節：顗爲司空定禮儀事一節，見於《北
堂書鈔》卷五二《設官部四·司空九》"荀顗定禮儀"、"荀顗德望
清重"、《太平御覽》卷二〇八《職官部六·司空》引。荀顗年踰耳
順孝順事一節，見於《初學記》卷一七《人部·孝第四》"曾閔荀
何"、《藝文類聚》卷二〇《人部四·孝》引。

一三、荀粲事。見於《太平御覽》卷四〇九《人事部五十·交
友四》引。

一四、荀頵、荀崧事。見於《三國志》卷一〇《魏書·荀彧傳》"惲子甝嗣爲散騎常侍進爵廣陽鄉侯年三十薨子頵嗣"裴注引。

一五、荀勖事。共計二節:荀勖少年爲鍾繇所奇事一節,見於《太平御覽》卷三八五《人事部二十六·幼智下》引。荀勖作書與吳事一節,見於《藝文類聚》卷三一《人部十五·贈答》引。

一六、荀藩事。見於《太平御覽》卷二〇八《職官部六·司空》引。

一七、荀組事。見於《太平御覽》卷二〇八《職官部六·司徒下》、《職官分紀》卷二《三公》"舊望清重"引。

一八、荀邃事。共計四節:拜太子洗馬事一節,見於《北堂書鈔》卷六六《設官部十八·太子洗馬一百二十七》"以弱冠登"引。遷光禄大夫事一節,見於《北堂書鈔》卷五六《設官部八·左右光禄大夫四十二》"荀邃善論"引。爲戴若思推重事一節,見於《北堂書鈔》卷六六《設官部十八·太子洗馬一百二十七》"才經文雅"、《職官分紀》卷二八《太子左春坊》"累葉重光才經文雅弱冠登朝"、《古今事文類聚外集》卷二《東宮官部·司經》"文雅登朝"、《古今合璧事類備要後集》卷四四《東宮官·總東宮官》"作詩頌"引。荀邃夫人有至行事一節,見於《太平御覽》卷四〇三《人事部四十四·陰德》、《太平御覽》卷四九六《人事部一百三十七·諺下》引。

一九、荀闓事。見於《太平御覽》卷二四三《職官部四十一·光禄大夫》引。

二〇、荀愷事。共計二節:荀愷小而智事一節,見於《太平御覽》卷三六三《人事部四·字》引。荀愷爲晉武帝侍中事一節,見於《三國志》卷一〇《魏書·荀彧傳》"咸熙中開建五等爰以著勳前朝改封愷南頓子"裴注引。

二一、荀惺事。見於《北堂書鈔》卷六五《設官部十七·太子左右衛率一百二十》"茂仲動可觀採"、《太平御覽》卷二四七《職

官部四十五・右衞率》、《職官分紀》卷三〇《太子左右衞府率副
率》"直侍衞之美者"引。

　　二二、荀隱事。見於《世説新語・排調》第九條劉注引。

　　二三、荀羨事。共計二節：荀羨少年及尚公主事一節，見於
《初學記》卷一〇《帝戚部・駙馬第七》"天姻國婚"、《太平御覽》
卷一五四《皇親部二十・公主下》、卷三八〇《人事部二十一・美
丈夫下》、卷三八九《人事部三十・容止》引。荀羨與沛國劉真
長、太原王仲祖、陳郡商洪源並著情契事一節，見於《太平御覽》
卷四〇九《人事部五十・交友四》引。

　　觀今存《荀氏家傳》佚文，其載録多簡省，或僅存姓字而已。
且所載録，率爲嘉行懿範，褒美之辭滿篇。此亦家傳之常式也。

孫資別傳

　　輯存。佚名撰。

　　《孫資別傳》，《隋書・經籍志》等史志書目無著録，著者、卷
數不詳。侯康《補三國藝文志》卷三史部雜傳類、姚振宗《三國藝
文志》卷二史部雜傳記類據諸書徵引補録。章宗源《隋書經籍志
考證》據《三國志》裴注補録，姚振宗《隋書經籍志考證》轉録章氏
所補。

　　《孫資別傳》作者，陳壽《三國志》卷一四《魏書・劉放傳》裴
松之案語云："本傳及諸書並云放、資稱贊曹爽，勸召宣王，魏室
之亡，禍基於此。資之別傳，出自其家，欲以是言掩其大失，然恐
負國之玷，終莫能磨也。"侯康《補三國藝文志》"《孫資別傳》"條
引裴松之語，亦以爲是。《孫資別傳》作者當是孫資後人或其門
人故吏。其作此傳，在於"欲以是言掩其大失"，朱東潤以爲此傳

是當時"作僞底行跡最顯著者"之一①,認爲傳中所載事多失實。

孫資,字彦龍。與劉放履歷相似。《三國志》卷一四《魏書·劉放傳》云:"魏國既建,與太原孫資俱爲祕書郎。先是,資亦歷縣令,參丞相軍事。文帝即位,放、資轉爲左右丞。數月,放徙爲令。黃初初,改祕書爲中書,以放爲監,資爲令,各加給事中;放賜爵關内侯,資爲關中侯,遂掌機密。"黃初三年(222),放進爵魏壽亭侯,資關内侯。明帝即位,尤見寵任,同加散騎常侍;進放爵西鄉侯,資樂陽亭侯。太和末,吴遣將周賀浮海詣遼東,招誘公孫淵。帝欲邀討之,朝議多以爲不可。惟資決行策,果大破之,進爵左鄉侯。放善爲書檄,三祖詔命有所招喻,多放所爲。青龍初,俱加侍中、光禄大夫。景初二年(238),遼東平定,以參謀之功,各進爵,封本縣,放方城侯,資中都侯。又云:"齊王即位,以放、資決定大謀,增邑三百,放并前千一百,資千户;封愛子一人亭侯,次子騎都尉,餘子皆郎中。正始元年(240),更加放左光禄大夫,資右光禄大夫,金印紫綬,儀同三司。六年(245),放轉驃騎,資衛將軍,領監、令如故。七年(246),復封子一人亭侯,各年老遜位,以列侯朝朔望,位特進。曹爽誅後,復以資爲侍中,領中書令。嘉平二年(250),放薨,謚曰敬侯。子正嗣。資復遜位歸第,就拜驃騎將軍,轉侍中,特進如故。嘉平三年(251)薨,謚曰貞侯。子宏嗣。"

《孫資別傳》已佚,其文主要見於《三國志》裴注等書徵引,今人朱東潤《八代傳叙文學述論》附輯《孫資別傳》,主要依據《三國志》裴注,未作校勘。《漢魏六朝雜傳集》據諸書徵引,新輯其文。

今檢諸書徵引,得其佚文六節,條列如下:

一、孫資爲王允所奇、爲荀彧稱賞事。見於《三國志》卷一四《魏書·劉放傳》"太原孫資俱爲祕書郎先是資亦歷縣令參丞相

———————

① 朱東潤:《八代傳叙文學述論》,復旦大學出版社 2006 年,第 86 頁。

軍事"裴注引。

二、孫資舉河東計吏薦賈逵事。見於《三國志》卷一五《魏書·賈逵傳》"由是留七日郡從逵言故得無敗"裴注引。

三、孫資諫魏明帝用兵事。見於《三國志》卷一四《魏書·劉放傳》"資樂陽亭侯"裴注引。

四、孫資立朝爲公諸事。見於《三國志》卷一四《魏書·劉放傳》"是歲俱加侍中光禄大夫"裴注引。

五、孫資對魏明帝萬年後計事。見於《三國志》卷一四《魏書·劉放傳》"帝獨召爽與放資俱受詔命遂免宇獻肇朗官太尉亦至登牀受詔然後帝崩"裴注引。

六、孫資因曹爽變易舊章辭疾事。見於《三國志》卷一四《魏書·劉放傳》"各年老遜位以列侯朝朔望位特進"裴注引。

觀《孫資別傳》佚文，多記孫資立身爲公、襄贊朝廷事，誠如裴松之言"資之別傳，出自其家"無疑。

劉廙別傳

輯存。佚名撰。

《劉廙別傳》，《隋書·經籍志》等史志書目無著録，著者、卷數不詳。侯康《補三國藝文志》卷三史部雜傳類、姚振宗《三國藝文志》卷二史部雜傳記類據諸書徵引補録。章宗源《隋書經籍志考證》據《三國志》裴注補録，姚振宗《隋書經籍志考證》轉録章氏所補。

劉廙，《三國志》卷二一有傳，其云："劉廙，字恭嗣，南陽安衆人也。年十歲，戲於講堂上，潁川司馬德操拊其頭曰：'孺子，孺子，黃中通理，寧自知不？'"其兄望之爲劉表所害，廙懼，奔揚州，歸曹操。曹操辟爲丞相掾屬，轉五官將文學。魏國初建，爲黃門侍郎，徙署丞相倉曹屬。文帝即王位，爲侍中，賜爵關內侯。黃初二年(221)卒。廙著書數十篇，及與丁儀共論刑禮，皆傳於世。

《劉廙別傳》已佚，今存佚文四節，皆見於《三國志》卷二一《魏書·劉廙傳》裴注徵引。《漢魏六朝雜傳集》據以新輯其文。

今檢諸書徵引，條列其佚文如下：

一、劉廙道路爲牋謝劉表事。見於《三國志》卷二一《魏書·劉廙傳》"廙懼奔揚州"裴注引。

二、劉廙戒其弟偉與魏諷交好事。見於《三國志》卷二一《魏書·劉廙傳》"太祖令曰叔向不坐弟虎古之制也特原不問"裴注引。

三、劉廙上表論治道事。見於《三國志》卷二一《魏書·劉廙傳》"生於父母可以死效難用筆陳"裴注引。

四、劉廙年四十二卒。見於《三國志》卷二一《魏書·劉廙傳》"文帝即王位爲侍中賜爵關内侯黃初二年卒"裴注引。

又，《群書治要》卷四七有題《劉廙別傳》者，爲劉廙八篇論政之文。然目録作《劉廙政論治要》。嚴可均《全三國文》卷三四"劉廙"據以輯録，題"《政論》"，案云："《隋志》法家，梁有《政論》五卷，魏侍中劉廙撰，亡。舊、新《唐志》著於録，至宋復亡。廙字恭嗣，南陽安衆人，《三國志》有傳。稱廙著書數十篇，乃與丁儀共論刑禮，皆傳於世。今所見僅《群書治要》載有八篇，題爲《劉廙別傳》，而目録作《政論》。據裴松之所引別傳，似與《政論》各爲一書，則目録作《政論》者是也。各書都未引見，《治要》有此，彌復可貴，因録出，以廣其傳。嘉慶乙亥歲。"嚴可均所言是，《群書治要》内文所題或妄。然《劉廙別傳》今存佚文，觀之，兩載劉廙牋、表之文，則《劉廙別傳》或多載其書論表記。今存疑，依嚴可均所録，姑視其非《劉廙別傳》之文。

劉廙爲人有先見之明，且有治世之才，《劉廙別傳》今存佚文載其戒弟劉偉事及與劉表牋、上曹操表，正在顯其智識與才具也。

虞翻別傳

輯存。佚名撰。

《虞翻別傳》,《隋書・經籍志》等史志書目無著錄,著者、卷數不詳。顧櫰三《補後漢書藝文志》卷七別傳類、侯康《補三國藝文志》卷三史部雜傳類、姚振宗《三國藝文志》卷二史部雜傳記類據諸書徵引補錄。章宗源《隋書經籍志考證》據《三國志》裴注引補錄,姚振宗《隋書經籍志考證》轉錄章氏所補。侯康於《補三國藝文志》中云:"書中直稱孫策、孫權名,則非吳人撰,然亦當三國時人也。"

虞翻,《三國志》卷五七有傳,其云:"虞翻,字仲翔,會稽餘姚人也。"王朗、孫策先後命爲功曹,出爲富春長。孫權以爲騎都尉。翻數犯顏諫爭,權不能悦,又性不協俗,多見謗毀,坐徙丹楊涇縣。翻性疏直,數有酒失。權與張昭論及神仙,翻指昭曰:"彼皆死人,而語神仙,世豈有仙人邪!"權積怒非一,遂徙翻交州。虞翻雖處罪放,而講學不倦,門徒常數百人。又爲《老子》、《論語》、《國語》訓注,皆傳於世。在南十餘年,年七十卒。歸葬舊墓,妻子得還。

《虞翻別傳》已佚,其文今主要見於《三國志》裴注等徵引,顧櫰三《補後漢書藝文志》卷七在補錄時輯得其文數節,未作校勘。《漢魏六朝雜傳集》據諸書徵引,新輯其文。

今檢諸書徵引,得其佚文四節,條列如下:

一、虞翻爲王朗功曹事。見於《三國志》卷五七《吳書・虞翻傳》"朗謂翻曰卿有老母可以還矣"裴注、《白氏六帖事類集》卷一九《奔喪二十九》"奉使復命乃奔喪"引。《虞翻別傳》載此事,言虞翻喪父,在王朗敗走之後,"會遭父喪,以臣使有節,不敢過家,星行追朗至候官"。而《三國志・虞翻傳》言則是在虞翻往見王朗之前，"翻時遭父喪，衰絰詣府門"。故《三國志・虞翻傳》裴注引"然後奔喪"下又有："而傳云孫策之來，翻衰絰詣府門，勸朗避策，則爲大異。"裴松之存此異說。

二、權即尊號虞翻因上書事。見於《三國志》卷五七《吴書・虞翻傳》"雖處罪放而講學不倦門徒常數百人"裴注引。

三、虞翻作《易注》等成，奏上事。見於《三國志》卷五七《吴書・虞翻傳》"又爲老子論語國語訓注皆傳於世"裴注引。

四、虞翻遺令儉葬事。見於《北堂書鈔》卷九二《禮儀部十三・葬三十二》"老子兩卷樂好道德"引。

觀《虞翻別傳》所存佚文，多載其學術，其篇制當十分宏大。虞翻"數犯顔諫争，權不能悦，又性不協俗，多見謗毁"；加之"性疏直，數有酒失"。爲孫權所不能容，遂徙交州，終老於此。虞翻爲學問家，"講學不倦，門徒常數百人。又爲《老子》、《論語》、《國語》訓注，皆傳於世"。《虞翻別傳》載其作《易注》、條理鄭玄解《尚書》違失處。《虞翻別傳》所載，亦是當時重要學術史料。

楊彪別傳

輯存。佚名撰。

《楊彪別傳》，《隋書・經籍志》等史志書目未見著録，撰人、卷數不詳。顧櫰三《補後漢書藝文志》卷七别傳類、侯康《補三國藝文志》卷三史部雜傳類、姚振宗《三國藝文志》卷二史部雜傳記類補録。

楊彪，楊震曾孫。《後漢書》卷五四《楊震傳》附其傳，其云："彪，字文先，少傳家學。初舉孝廉，州舉茂才，辟公府，皆不應。"熹平中，以博習舊聞，公車徵拜議郎。遷侍中、京兆尹。徵還爲侍中、五官中郎將，遷潁川、南陽太守，復拜侍中，三遷永樂少府、太僕、衛尉。中平六年(189)，代董卓爲司空，其冬，代黃琬爲司徒。興平元年(194)，代朱儁爲太尉，録尚書事。及李傕、郭汜之亂，彪盡節衛主，及車駕還洛陽，復守尚書令。建安元年(196)，從東都許。曹操託彪與術婚姻，誣以欲圖廢置，奏收下獄，劾以大逆。賴孔融説曹操，得免。四年(199)，復拜太常，十年(205)免。十一年(206)，諸以恩澤爲侯者皆奪封。彪見漢祚將終，遂稱腳攣不復行，積十年。及魏文帝受禪，欲以彪爲太尉，固辭。年八十四，黃初六年(225)卒于家。

《楊彪別傳》已佚，今存佚文一節，云："魏文帝令彪著布單衣，待以賓客之禮。"見於《太平御覽》卷六九一《服章部八·單衣》、《事類賦》卷一二《服用部·衣賦》"魏文之待楊彪"引。《太平御覽經史圖書綱目》録《楊彪別傳》，其本宋初或尚見流傳。顧櫰三《補後漢書藝文志》卷七在補録時據《太平御覽》輯得此條佚文，《漢魏六朝雜傳集》亦據以新輯其文。

邊讓別傳

輯存。佚名撰。

《邊讓別傳》，《隋書·經籍志》等史志書目未見著録，著者、卷數不詳。顧櫰三《補後漢書藝文志》卷七別傳類、侯康《補三國藝文志》卷三史部雜傳類、姚振宗《三國藝文志》卷二史部雜傳記類補録。

邊讓，《後漢書》卷八〇下《文苑列傳下》有傳，其云："邊讓，字文禮，陳留浚儀人也。少辯博，能屬文。作《章華賦》，雖多淫麗之辭，而終之以正，亦如相如之諷也。"何進聞讓才名，欲辟命之，恐不至，詭以軍事徵召，既到，署令史，進以禮見之。出爲九江太守，不以爲能也。初平中，王室大亂，讓去官還家。恃才氣，不屈曹操，多輕侮之言。建安中，其鄉人有搆讓於操，操告郡就殺之。文多遺失。

《邊讓別傳》已佚，今存佚文一節，叙孔融薦邊讓於曹操事。見於《北堂書鈔》卷一三四《服飾部三·被二十七》"九州之被"、《太平御覽》卷六九一《服章部八·單衣》、卷六九三《服章部十·襜褕》、卷七〇七《服用部九·被》、《事類賦》卷一二《服用部·衣賦》"邊讓襜褕"引。《太平御覽經史圖書綱目》録《邊讓別傳》，宋初或尚見其本。顧懷三《補後漢書藝文志》卷七在補録時據《太平御覽》採得此節佚文，未作校勘。《漢魏六朝雜傳集》據諸書徵引，新輯其文。

邊讓爲漢末文士，知名一時，何進辟，孔融、王朗、蔡邕皆賞其才氣，《後漢書·邊讓傳》載，蔡邕深敬之，以爲讓宜處高任，乃薦於何進。《邊讓別傳》又言孔融薦之於曹操。惜《邊讓別傳》散佚，文字所存少，難窺其貌。

樓承先別傳

輯存。佚名撰。

《樓承先別傳》，《隋書·經籍志》等史志書目無著録，著者、卷數不詳。侯康《補三國藝文志》卷三史部雜傳類、姚振宗《三國藝文志》卷二史部雜傳類補録。

樓承先，名玄，字承先。《三國志》卷六五有傳，其云："樓玄，字承先，沛郡蘄人也。"孫休時爲監農御史。孫皓即位，與王蕃、郭逴、萬彧俱爲散騎中常侍，出爲會稽太守，入爲大司農。孫皓以玄爲宫下鎮禁中候，主殿中事，數迕皓意，漸見責怒，又爲人所誣，遂被詔詰責，送付廣州。《三國志·吳書·樓玄傳》云孫皓命交阯將張奕殺玄，"玄一身隨奕討賊，持刀步涉，見奕輒拜，奕未忍殺。會奕暴卒，玄殯斂奕，於器中見敕書，還便自殺"。裴松之注引《江表傳》云："皓遣將張奕追賜玄鴆，奕以玄賢者，不忍即宣詔致藥，玄陰知之，謂奕曰：'當早告玄，玄何惜邪？'即服藥死。"
與《三國志》異。裴松之以爲《江表傳》所言於理爲長："以玄之清
高，必不以安危易操，無緣驟拜張奕，以虧其節。且禍機既發，豈
百拜所免？《江表傳》所言，於理爲長。"

　　《樓承先別傳》已佚，其文散見諸書徵引，或作《樓承先別
傳》，或作《婁承先別傳》，或作《婁承先傳》，《太平御覽經史圖書
綱目》錄《婁承先別傳》，《三國志》卷六五《吳書·樓玄傳》作"樓
玄"，故從《三國志·樓玄傳》，題《樓承先別傳》。《漢魏六朝雜傳
集》據諸書徵引，新輯其文。

　　今檢諸書徵引，得其佚文三節，條列如下：

　　一、樓玄到廣州徘徊虞翻故宅事。見於《藝文類聚》卷六四
《居處部四·宅舍》、《太平御覽》卷一八〇《居處部八·宅》引。

　　二、山越反民爲樓氏收拾釜甑事。見於《太平御覽》卷七五
七《器物部二·釜》引。

　　三、樓玄常著戎服事。見於《北堂書鈔》卷一三六《服飾部
五·屬八十五》"未嘗脱屬"引。

　　樓玄生孫吳末世，遭際如此，讓人感慨。《樓承先別傳》所存
佚文，叙其徘徊虞翻故宅，"哀咽悽愴，不能自勝耳"。頗得人物
情狀，樓承先悼虞翻，亦自悼也。

程曉別傳

　　輯存。佚名撰。

　　《程曉別傳》，《隋書·經籍志》等史志書目無著錄，撰人、卷
數不詳。侯康《補三國藝文志》卷三史部雜傳類、姚振宗《三國藝
文志》卷二史部雜傳類補錄。

　　程曉，魏衛尉程昱孫。《三國志》卷一四《魏書·程昱傳》附
其傳，其云："曉，嘉平中爲黃門侍郎。……曉遷汝南太守，年四

十餘,薨。”又,裴注引《世語》云:“曉字季明,有通識。”

《程曉別傳》佚失殆盡,今存佚文一節,見於《三國志》卷一四《魏書·程昱傳》附《程曉傳》“曉遷汝南太守年四十餘薨”裴注引,云“曉大著文章多亡失,今之存者不能十分之一”。《漢魏六朝雜傳集》據《三國志》裴注輯其文。

程曉時以文章稱,而著述零落,惜哉。《三國志·魏書·程曉傳》僅存其上疏論“校事放橫”事。《程曉別傳》散佚殆盡,其事蹟亦不彰。

傅巽別傳

輯存。佚名撰。

《傅巽別傳》,《隋書·經籍志》等史志書目無著録,著者、卷數不詳,侯康《補三國藝文志》卷三史部雜傳類、姚振宗《三國藝文志》卷二史部雜傳記類補録。

傅巽,《三國志》卷六《魏書·劉表傳》“琮舉州降,備奔走夏口”裴注引《傅子》曰:“巽,字公悌,瓌偉博達,有知人鑒。辟公府,拜尚書郎,後客荆州,以説劉琮之功,賜爵關内侯。文帝時爲侍中,太和中卒。巽在荆州,目龐統爲半英雄,證裴潛終以清行顯,統遂附劉備,見待次於諸葛亮,潛位至尚書令,並有名德。及在魏朝,魏諷以才智聞,巽謂之必反,卒如其言。”

《傅巽別傳》佚失殆盡,今僅存佚文一節,《太平御覽》卷三二二《兵部五十三·勝》引,叙衛臻領選、舉傅巽爲冀州刺史而魏文帝歎賞事。云:“衛臻領選,舉傅巽爲冀州刺史,文帝曰:‘巽,吾腹心臣也,不妨與其籌筭帷幄之中,決勝千里之外,不可授以遠任。’”《漢魏六朝雜傳集》據《太平御覽》輯得其文。

潘勖別傳

輯存。佚名撰。

《潘勖別傳》,《隋書·經籍志》等史志書目未見著録,著者、卷數不詳。侯康《補三國藝文志》卷三史部雜傳類、姚振宗《三國藝文志》卷二史部雜傳記類補録。

潘勖,《三國志》卷二一《魏書·衛覬傳》附《潘勖傳》云:"建安末,尚書右丞河南潘勖,黄初時,散騎常侍河内王象,亦與覬並以文章顯。"潘勖建安末爲尚書右丞,裴注引《文章志》曰:"勖,字元茂,初名芝,改名勖,後避諱。或曰勖獻帝時爲尚書郎,遷右丞。詔以勖前在二千石曹,才敏兼通,明習舊事,敕并領本職。數加特賜。二十年,遷東海相。未發,留拜尚書左丞。其年病卒,時年五十餘。魏公九錫策命,勖所作也。"

《潘勖別傳》已佚,今存佚文一節,見於《太平御覽》卷四〇三《人事部四四·道德》引,云"勖寬賢容衆,與天下人等休戚,同有無,不以家財爲己有"。《太平御覽經史圖書綱目》録《潘勖別傳》,其本於宋初或尚可見。《漢魏六朝雜傳集》據《太平御覽》輯得其文。

曹植別傳

輯存。佚名撰。

《曹植別傳》,《隋書·經籍志》等書志未見著録,著者、卷數不詳,侯康《補三國藝文志》卷三史部雜傳類、姚振宗《三國藝文志》卷二史部雜傳記類補録。

曹植,《三國志》卷一九有傳,其云:"陳思王植,字子建。年十歲餘,誦讀《詩》、《論》及辭賦數十萬言,善屬文。"性簡易,不治威儀。輿馬服飾，不尚華麗。每進見難問，應聲而對，特見寵愛。建安十六年（211），封平原侯。十九年（214），徙封臨菑侯。幾爲太子者數矣，而植任性而行，不自彫勵，飲酒不節。文帝御之以術，矯情自飾，宮人左右，並爲之説，故遂定爲嗣。文帝即王位，植與諸侯並就國。黄初二年（221），貶爵安鄉侯，其年改封鄄城侯。三年（222），立爲鄄城王。四年（223），徙封雍丘王。六年（225），帝東征，還過雍丘，幸植宫。太和元年（227），徙封浚儀。二年（228），復還雍丘。三年（229），徙封東阿。六年（232）二月，以陳四縣封植爲陳王。曹植十一年中而三徙都，常汲汲無歡，遂發疾薨，時年四十一。

《曹植別傳》佚失殆盡，今存佚文一節，見於《太平御覽》四五九《人事部一百·鑒戒下》引，宋初或尚見其本。此節叙曹操征孫權使植留守而戒之事，《三國志·魏書·曹植傳》亦載，文字多同。又陳維崧《陳檢討四六》卷一《賦·述祖德賦并序》"暨夫仲子實號三張時則族望淹華門墻清峻長兄既繡虎羅胸"注引一條，題《曹植別傳》，其云："子建七步成章，世目爲繡虎。"不知所據何本，抑或據何書轉録。然《類説》等則云出《玉箱雜記》，《類説》卷四録《玉箱雜記》七條，第二條"繡虎"云："曹植七步成章，號繡虎。"《海録碎事》卷九下"時號喻物門"引同。故其或出《玉箱雜記》。

賈逵別傳

輯存。佚名撰。

《賈逵別傳》，《隋書·經籍志》等史志書目無著録，撰人不詳。

賈逵，《三國志》卷一五有傳，其云："賈逵，字梁道，河東襄陵人也。自爲兒童，戲弄常設部伍。祖父習異之，曰：'汝大必爲將

率。'口授兵法數萬言。"初爲郡吏,守絳邑長。後舉茂才,除澠池
令。以喪祖父去官,司徒辟爲掾,以議郎參司隸軍事。曹操征馬
超,至弘農,以逵領弘農太守。以罪,撾折腳,坐免,曹操復以爲
丞相主簿,頃拜諫議大夫,與夏侯尚並掌軍計。曹操崩洛陽,逵
典喪事。文帝即王位,以鄴縣户數萬在都下,多不法,乃以逵爲
鄴令。月餘,遷魏郡太守。大軍出征,復爲丞相主簿祭酒。從至
黎陽,至譙,以逵爲豫州刺史。黄初中,與諸將並征吴,破吕範於
洞浦,進封陽里亭侯,加建威將軍。太和二年(228),魏明帝使逵
督前將軍滿寵、東莞太守胡質等四軍征吴,救曹休。會病篤,薨,
謚曰肅侯。

《賈逵別傳》佚失殆盡,其佚文今存一節,見於《太平御覽》卷
七六三《器物部八・斧》引,云:"逵廟一柏樹,有人竊來斫伐,始
投斧數下,斧刃仍折於樹中。"乃賈逵身後事。《太平御覽經史圖
書綱目》録《賈逵別傳》,其本至宋初或尚有見。《漢魏六朝雜傳
集》據此輯得其文。

孫權傳

輯存。佚名撰。

《孫權傳》,《隋書・經籍志》等諸書志未見著録,《北堂書鈔》
卷三〇《政術部四・錫命五》引三條。孔廣陶校《北堂書鈔》云:
"顯直二句不見《吴志・孫權傳》,或是孫權別傳,本《鈔》錫命,此
篇凡三引《孫權傳》,下文崇謙一條、掩討一條,皆不見今本《吴
志》。"其或爲單行之別傳。《漢魏六朝雜傳集》據此輯録其文,題
其名曰《孫權傳》。

孫權字仲謀,孫堅爲下邳丞時,生權。建安五年(200),策
薨,以事授權。權哭未及息。策長史張昭等改易權服,扶令上
馬,使出巡軍。張昭、周瑜等謂權可與共成大業,故委心而服事

焉。周瑜、程普、吕範等爲將率。招延俊秀，聘求名士，魯肅、諸葛瑾等始爲賓客。魏明帝曹叡太和三年（229），南郊即皇帝位，是爲吳黃龍元年。太元二年（252）二月，大赦，改元爲神鳳，夏四月，權薨，時年七十一，謚曰大皇帝。秋七月，葬蔣陵。

毌丘儉記

輯存。佚名撰。原三卷。

《毌丘儉記》，《隋書·經籍志》史部雜傳類、《舊唐書·經籍志》史部雜傳類、《新唐書·藝文志》史部雜傳記類皆著録“《毌丘儉記》三卷”。侯康《補三國藝文志》卷三史部雜傳類補録，云：“《魏志·明帝紀》注引《毌邱儉志記》云，時以儉爲宣王副也（宣王時伐遼東）。當即出此書，未知爲儉記事之作，抑他人記儉事也。”姚振宗《三國藝文志》卷二史部雜史類補録，録侯康語，另略述毌丘儉生平。

毌丘儉，《三國志》卷二八有傳，其云：“丘儉字仲恭，河東聞喜人也。父興，黃初中爲武威太守，伐叛柔服，開通河右，名次金城太守蘇則。討賊張進及討叛胡有功，封高陽鄉侯。入爲將作大匠。”儉襲父爵，爲平原侯文學。明帝即位，爲尚書郎，遷羽林監。以東宮之舊，甚見親待。出爲洛陽典農，遷荆州刺史。魏明帝青龍中，以儉有幹策，徙爲幽州刺史，加度遼將軍，使持節，護烏丸校尉。以定遼東功，進封安邑侯。遷左將軍，假節監豫州諸軍事，領豫州刺史，轉爲鎮南將軍。正元二年（255）正月，矯太后詔，罪狀大將軍司馬景王，移諸郡國，舉兵反，敗，爲安風津都尉部民張屬射殺。

《毌丘儉記》久佚，今僅見《三國志》卷三《魏書·明帝紀》“二年春正月詔太尉司馬宣王帥衆討遼東”裴注引“《毌丘儉志記》”云：“時以儉爲宣王副也。”侯康以爲此即《毌丘儉記》，姚振宗氏也有相似看法,並認爲此傳出自他人之手而非自撰。其《隋書經籍志考證》"《毌丘儉記》三卷"條案云:"《晉書·宣帝本紀》云晉國初建,追尊曰宣王。案,晉國初建於文王平蜀之後,儉之時未有此稱號,紀注引文云爲宣王副,則非儉自記,從可知矣。"《三國志》卷三裴注引稱"《毌丘儉志記》",志、記連用,頗不類。以此文觀之,似爲他人記儉事。

徐穉別傳

　　輯存。佚名撰。

　　《徐穉別傳》,《隋書·經籍志》等史志書目不録,曾樸《補後漢書藝文志並考》卷六記傳志内篇第二之二補録。周楞伽輯注《殷芸小説》卷三後漢人七六録,案云:"此條據《續談助》,原注'出《穉別傳》'。余嘉錫謂:'《徐穉別傳》不見他書,所存只此一條。章宗源《隋書經籍志考證》及諸家補《後漢書·藝文志》者均不著録,近人曾樸作《補志》,始據此條録入之。'"[1]

　　徐穉,漢末高士,《後漢書》卷五三有傳,其云:"徐穉,字孺子,豫章南昌人也。家貧,常自耕稼,非其力不食。恭儉義讓,所居服其德。屢辟公府,不起……靈帝初欲蒲輪聘穉,會卒,時年七十二。"

　　《徐穉別傳》作者不詳,周楞伽輯注《殷芸小説》卷三後漢人七六録此條又案云:"據注三所引《豫章記》,既已涉及三國吳永安時事,則此《徐穉別傳》作者當非後漢人也。"今見《太平御覽》卷一九四《居處部二十二·亭》引《豫章記》云:"徐孺子墓在郡南十四里,曰白社亭。吳嘉禾中,太守長沙徐熙於墓塚種松,太守南陽謝景於墓側立碑。永安中,太守梁郡夏侯嵩於碑邊立思賢

---

[1] 殷芸編纂,周楞伽輯注:《殷芸小説》,上海古籍出版社 1984 年,第 78 頁。

亭。松、碑、亭今並在。松大合抱，亭世世修治，至今謂之謝君亭。"今存《徐穉別傳》佚文言及思賢亭，據《豫章記》，建亭在吴永安（258—264）中，則此傳當作於建此亭後，作者亦當是此間人。

《徐穉別傳》已佚，今存佚文一節，見於續談助卷四所録《殷芸小説》引，言建思賢亭事。

許劭別傳

輯存。佚名撰。

《許劭別傳》，《隋書·經籍志》等史志書目無録，撰人不詳。

《許劭別傳》今存佚文一條，見於《續談助》卷四所録《殷芸小説》引。周楞伽輯注《殷芸小説》據此輯録此條，案云："此條據《續談助》，原注：'出《劭別傳》。'查《許劭別傳》不見他書，所存僅此一條。《隋書·經籍志》有《汝南先賢傳》三卷，魏周斐撰，已佚。蓋斐爲汝南中正，欲以激濁揚清爲務，故爲先賢作傳，並表揚劭之名德於朝也。"①

許劭，《後漢書》卷六八有傳，其云："許劭，字子將，汝南平輿人也。少峻名節，好人倫，多所賞識。若樊子昭、和陽士者，並顯名於世。故天下言拔士者，咸稱許、郭。"初爲郡功曹，太守徐璆甚敬之。司空楊彪辟，舉方正、敦樸，徵，皆不就。及孫策平吴，劭與繇南奔豫章而卒，時年四十六。

《許劭別傳》作者已不可考，今存《許劭別傳》佚文，言及汝南中正周斐，則作者當與周斐同時或在其後，《隋書·經籍志》著録周斐《汝南先賢傳》，題"魏周斐"，知其爲三國時魏人，則作《許劭別傳》者，亦當魏三國時人，或三國晉初人。

---

① 殷芸編纂，周楞伽輯注：《殷芸小説》，上海古籍出版社1984年，第87頁。

卷　下

聖賢高士傳贊

輯存。嵇康撰。原三卷。

嵇康《聖賢高士傳贊》，《三國志》卷二一《魏志・王粲傳》裴注引嵇康兄嵇喜爲其所作之傳云：“撰録上古以來聖賢、隱逸、遁心、遺名者，集爲傳贊，自混沌至於管寧，凡百一十有九人，蓋求之於宇宙之内，而發之乎千載之外者矣，故世人莫得而名焉。”《晉書・嵇康傳》亦云：“撰上古以來高士爲之傳贊，欲友其人於千載也。”《隋書・經籍志》史部雜傳類著録《聖賢高士傳贊》三卷，題嵇康撰，周續之注。《宋書・周續之傳》云：“常以嵇康《高士傳》得出處之美，因爲之注。”則嵇康的《聖賢高士傳贊》有南朝宋周續之注。《舊唐書・經籍志》史部雜傳類著録嵇康《高士傳》三卷，又著録周續之《上古以來聖賢高士傳贊》三卷。《新唐書・藝文志》史部雜傳記類著録嵇康《聖賢高士傳》八卷，又著録周續之《上古以來聖賢高士傳贊》三卷。於此可見，《舊唐書・經籍志》、《新唐書・藝文志》認爲“傳”爲嵇康所作，而“贊”爲周續之作，而不言周續之注。據嵇喜言，嵇康所作是“集爲傳贊”，表明嵇康所作包括“傳”和“贊”，又據《隋書・經籍志》，周續之所作爲“注”，則《舊唐書・經籍志》、《新唐書・藝文志》誤以“贊”屬周續之，嚴可均輯嵇康《聖賢高士傳・序》亦以爲《舊唐書・經籍志》、

《新唐書·藝文志》誤。又《新唐書·藝文志》著録作“八卷”，不知所出。

　　嵇康，《三國志》卷二一《魏書·王粲傳》、《晉書》卷四九有傳。《晉書·嵇康傳》云：“嵇康，字叔夜，譙國銍人也。其先姓奚，會稽上虞人，以避怨徙焉。銍有嵇山，家於其側，因而命氏。”嵇康善談理，又能屬文，其高情遠趣，率然玄遠。與魏宗室婚，拜中散大夫。與陳留阮籍、河内山濤，豫其流者河内向秀、沛國劉伶、籍兄子咸、琅邪王戎，爲竹林之游，世謂“竹林七賢”。復與東平吕安相友善，後安爲兄所枉訴，以事繫獄，辭相證引，遂被收下獄。鍾會説司馬昭殺之。《晉書·嵇康傳》云“時年四十”。嵇康之生卒年，歷來看法有異，生年有建安二十一年（216）、建安二十四年（219）、黄初四年（223）、黄初五年（224）、黄初六年（225）五説；卒年有正元二年（255）、景元三年（262）、景元四年（263）、景元五年（264）四説。李劍國先生“以爲嵇康的生卒年應定爲黄初六年（225年）至景元五年（264年）”，其説可信[1]。

　　《聖賢高士傳贊》之外，嵇康又作《太師箴》，亦足以明帝王之道焉。復作《聲無哀樂論》等，甚有條理。《三國志》之《魏書·王粲傳》裴注引《魏氏春秋》云：“康所著諸文論六七萬言，皆爲世所玩詠。”《隋書·經籍志》集部著録《嵇康集》十三卷，注云：“梁十五卷，録一卷。”《舊唐書·經籍志》、《新唐書·藝文志》著録《嵇康集》十五卷，《崇文總目》、《宋史·藝文志》及其它宋代書目著録《嵇康集》十卷。關於《嵇康集》的流變存亡，魯迅先生曾詳加考索，可參看[2]。今通行本爲明黄省曾所輯《嵇康集》，共十卷，魯迅先生又據此校勘，並附有《嵇康集逸文》，甚爲精善。除本集

①李劍國：《嵇康生卒年新考》，《南開學報》1985 年第 3 期。
②魯迅：《嵇康集著録考》及附録《嵇康集考》，《魯迅輯録古籍叢編》第四卷《嵇康集》，人民文學出版社 1999 年，第 134 頁，第 42 頁。

所載詩文論難等之外,嵇康又曾注《左傳》,《隋書·經籍志》經部及《釋文叙錄》載其有《春秋左氏傳音》三卷,佚,馬國翰據《釋文》採得五節,據《史記索隱》和宋庠《國語補音》採得二節,錄於其《玉函山房輯佚書》經部春秋類中。

嵇康《聖賢高士傳贊》已佚,其文散見諸書徵引,《太平御覽經史圖書綱目》錄嵇康《高士傳》。有嚴可均、馬國翰、王仁俊三家輯本,嚴可均所輯錄於《全三國文》卷五二中,其云:"今檢群書,得五十二傳,五贊,凡六十一人。"唐鴻學據嚴本加以校勘,增加了三人,共六十四人,並收入《怡蘭堂叢書》中。馬國翰據諸書採得約五十人,錄於其《玉函山房輯佚書》史編雜傳類中。馬本較嚴本少十一人,即少廣成子、襄城小童、巢父、壤父、老子、原憲、范蠡、段干木、莊周、田生、韓福。但馬氏從《聖賢群輔錄》中所採求仲、平仲二人,又爲嚴氏所無,其中,馬氏所採的安丘(邱)望之、逢萌、徐房、李邵公(曇)、王遵數人事較嚴本爲善。王仁俊據《太平御覽》卷五一〇採得蔣詡事一節,錄於其《玉函山房輯佚書補編》中。可見,嵇康《聖賢高士傳贊》今僅存六十多人事蹟,與原本"凡百一十有九人"之數,相差一半。今人戴明揚作《嵇康集校注》(人民文學出版社 1962 年),附錄其所輯《聖賢高士傳贊》,得六十二傳,六十九人事蹟。

《漢魏六朝雜傳集》參酌嚴氏、馬氏及王氏三家及戴明揚所輯,新輯其文,得廣成子、小童、巢父、許由、壤父、善卷、石户之農、子支伯、伯成子高、卞隨、務光、商容、關令尹喜、康市子、狂接輿、榮啟期、長沮、桀溺、荷蓧丈人、顏闔、市南宜僚、太公任、漢陰丈人、項橐、莊周、於陵仲子、小臣稷、延陵季子、范蠡、屠羊説、閭丘先生、被裘公、段干木、魯連、亥唐、涓子、周豐、顏歜、河上公、田生、司馬季主、司馬相如、班嗣、鄭仲虞、韓福、安丘望之、臺佟、尚長、禽慶、逢萌、徐房、李雲、王尊、王真、李邵公、蔣詡、求仲、羊仲、薛方、龔勝、孔休、井丹六十二人事蹟。並據《隋書·經籍志》

著錄,題《聖賢高士傳贊》。又諸書徵引,皆不言所出何卷,故不得而知此六十二人原在何卷,《漢魏六朝雜傳集》略以時代先後,輯錄其文,題其名曰《聖賢高士傳贊》。

今檢諸書徵引,以人名標目,條列其佚文如下。

一、廣成子。存佚文一節,見於《藝文類聚》卷三六《人部二十・隱逸上》引。

二、小童。存佚文一節,見於《藝文類聚》卷三六《人部二十・隱逸上》引。

三、巢父。存佚文一節,見於《藝文類聚》卷三六《人部二十・隱逸上》引。

四、許由。存佚文二節,見於《藝文類聚》卷三六《人部二十・隱逸上》、《太平御覽》卷五六《地部二十一・阿》引。

五、壤父。今存佚文一節,見於《藝文類聚》卷三六《人部二十・隱逸上》引。

六、善卷。存佚文一節,見於《藝文類聚》卷三六《人部二十・隱逸上》、《太平御覽》卷二六《時序部十一・冬上》、卷八一九《布帛部六・絺綌》引。

七、石户之農。存佚文一節,見於《藝文類聚》卷三六《人部二十・隱逸上》、《太平御覽》卷五〇九《逸民部九・逸民九》等引。

八、子支伯。存佚文一節,見於《藝文類聚》卷三六《人部二十・隱逸上》、《太平御覽》卷五〇九《逸民部九・逸民九》引。子支伯,《太平御覽》卷五〇九引作“子州友父”,《吕氏春秋》卷二《仲春紀第二・二月紀》作“子州友父”,《後漢書》卷三九《周磐傳》李注引一條《高士傳》作“支父”,《莊子・讓王》作“子州支父”,郭象注云:“父音甫,支父,字也,即支伯。”則“子州支父”即“支伯”,《吕氏春秋》及《太平御覽》作“友父”者,或因形近而譌。

九、伯成子高。存佚文一節,見於《藝文類聚》卷三六《人部二十·隱逸上》、《太平御覽》卷五〇九《逸民部九·逸民九》引。

　　一〇、卞隨、務光。存佚文一節，見於《太平御覽》卷五〇九《逸民部九·逸民九》等引。

　　一一、商容。存佚文一節，見於《藝文類聚》卷三四《人部十八·懷舊》、《太平御覽》卷五〇九《逸民部九·逸民九》引。

　　一二、關令尹喜。存佚文一節，見於《太平御覽》卷五〇九《逸民部九·逸民九》引。

　　一三、狂接輿。存佚文一節，見於《太平御覽》卷五〇九《逸民部九·逸民九》引。

　　一四、榮啟期。存佚文一節，見於《太平御覽》卷五〇九《逸民部九·逸民九》引。

　　一五、長沮、桀溺。存佚文一節，見於《太平御覽》卷五〇九《逸民部九·逸民九》引。

　　一六、荷蓧丈人。存佚文一節，見於《太平御覽》卷五〇九《逸民部九·逸民九》引。

　　一七、顏闔。存文一節，見於《太平御覽》卷五〇九《逸民部九·逸民九》引。

　　一八、市南宜僚。存文一節，見於《太平御覽》卷五〇九《逸民部九·逸民九》引。

　　一九、太公任。存文一節，見於《太平御覽》卷五〇九《逸民部九·逸民九》引。

　　二〇、漢陰丈人。存文一節，見於《太平御覽》卷五〇九《逸民部九·逸民九》引。

　　二一、項橐。存文一節，見於《文選》卷二〇《公讌·皇太子釋奠會作詩一首》"庶士傾風萬流仰鏡"李注引。《文選》卷二〇李注引此條下又有"注曰：'言與萬物同流匹也'"。嚴可均認爲此注出周續之注，且周注今僅存此條。馬國翰輯嵇康《聖賢高士傳》亦錄此注於後。

二二、莊周。存文一節,見於《藝文類聚》卷三六《人部二十·隱逸上》引。

二三、於陵仲子。存文一節,見於《太平御覽》卷三九二《人事部三十三·嚬》引。

二四、小臣稷。存文一節,見於《太平御覽》卷五〇九《逸民部九·逸民九》引。

二五、延陵季子。存文一節,見於《太平御覽》卷五〇九《逸民部九·逸民九》引。

二六、范蠡。存文一節,見於《太平御覽》卷五〇九《逸民部九·逸民九》引。

二七、屠羊説。存文一節,見於《太平御覽》卷五〇九《逸民部九·逸民九》等引。

二八、閭丘先生。存文一節,見於《藝文類聚》卷三六《人部二十·隱逸上》、《太平御覽》卷五〇九《逸民部九·逸民九》引。

二九、被裘公。存文一節,見於《藝文類聚》卷三六《人部二十·隱逸上》、《太平御覽》卷二二《時序部七·夏中》。被裘公或作披裘公,“被”、“披”同。又,《敦煌類書》録文篇《語對》〔十五〕“高尚”下三一一一五一〇八“負薪”引一條,作《高士傳》,出嵇康書,或出皇甫謐書,不能確斷。

三〇、段干木。存文一節,見於《藝文類聚》卷三六《人部二十·隱逸上》引。

三一、魯連。存文一節,見於《藝文類聚》卷三六《人部二十·隱逸上》、《太平御覽》卷五一〇《逸民部十·逸民十》引。

三二、亥唐。存文一節,見於《太平御覽》卷五〇九《逸民部九·逸民九》等引。

三三、涓子。存文一節,見於《太平御覽》卷五〇九《逸民部九·逸民九》引。

三四、周豐。存文一節,見於《太平御覽》卷五一〇《逸民部十·逸民十》引。

三五、顔歊。存文一節,見於《太平御覽》卷五一〇《逸民部十·逸民十》引。

三六、河上公。存文一節,見於《太平御覽》卷五一〇《逸民部十·逸民十》引。

三七、田生。存文一節,見於《藝文類聚》卷三六《人部二十·隱逸上》引。

三八、司馬季主。存文一節,見於《太平御覽》卷五一〇《逸民部十·逸民十》、《記纂淵海》卷五五《性行部之十九·韜藏》引。

三九、司馬相如。存文一節,見於《世説新語·品藻》第八〇條“子猷云未若長卿慢世”劉注、《文選》卷二三《詠懷·秋懷詩一首》“雖好相如達不同長卿慢”李注引。

四〇、班嗣。存文一節,見於《藝文類聚》卷三六《人部二十·隱逸上》、《太平御覽》卷五一〇《逸民部十·逸民十》引。

四一、鄭仲虞。存文一節,見於《北堂書鈔》卷六〇《設官部十二·諸曹尚書七十五》“淡泊無欲”、《藝文類聚》卷三六《人部二十·隱逸上》、《太平御覽》卷五一〇《逸民部十·逸民十》引。

四二、韓福。存文一節,見於《藝文類聚》卷三六《人部二十·隱逸上》引。

四三、安丘望之。存文二節,見於《後漢書》卷一九《耿弇傳》“父况字俠游以明經爲郎與王莽從弟伋共學老子於安丘先生”李注、《太平御覽》卷九六八《果部五·李》等。

四四、臺佟。存文一節,見於《後漢書》卷八三《逸民傳·臺佟傳》“佟載病往謝刺史乃執贄見佟曰”引。

四五、尚長、禽慶。存文一節,見於《文選》卷二六《行旅上·初去郡一首》“畢娶類尚子薄游似邴生”李注、《藝文類聚》卷三六《人部二十·隱逸上》引。尚長,或作向長,《文選》卷二六《行旅上·初去郡一首》“畢娶類尚子薄游似邴生”李注又云：“尚、向不同，未詳孰是。”《後漢書》卷八三《逸民傳·向長傳》作“向長”，其云：“向長，字子平……”嵇康《與山巨源絶交書》作“尚長”，或作尚長爲是。

四六、逢萌、徐房、李雲、王尊。存文二節，見於《太平御覽》卷四〇九《人事部五十·交友四》、《後漢書》卷八三《逸民傳·逢萌傳》“時人謂之論曰避世牆東王君公”李注引。

四七、王真、李邵公。存文一節，見於《太平御覽》卷五一〇《逸民部十·逸民十》、卷六一一《學部五·勤學》引。

四八、蔣詡。存文一節，見於《太平御覽》卷五一〇《逸民部十·逸民十》等引。

四九、求仲、羊仲。存文一節，見於《海録碎事》卷九下《時號數稱門》“二仲”引。

五〇、薛方。存文一節，見於《太平御覽》卷五一〇《逸民部十·逸民十》引。

五一、龔勝。存文一節，見於《太平御覽》卷五一〇《逸民部十·逸民十》引。

五二、孔休。存文二節，見於《太平御覽》卷七四二《疾病部五·瘡》、卷七四三《疾病部六·陽病》引。

五三、井丹。存文一節，見於《世説新語·品藻》第八〇條“子猷云未若長卿慢世”劉注、《太平御覽》卷四一〇《人事部五十一·請交不許》引。

諸書徵引作《高士傳》，或當出嵇康《聖賢高士傳賛》者，得五人，《漢魏六朝雜傳集》彙集於皇甫謐《高士傳》後。

一、卞隨、務光。見於《文選》卷一八《音樂下·長笛賦》“激朗清厲隨光之介也”李注引。

二、屠羊説。見於《古今合璧事類備要別集》卷八三《畜産門·羊》“説亦屠羊”引。

　　三、石户之農。見於《海録碎事》卷八下《隱逸門》"石户農"引。

　　四、班嗣。見於《太平御覽》卷四一〇《人事部五十一·父子交》引。

　　五、嵇康。見於《敦煌類書》録文篇《類林》"音瞽歌舞第卅五"二二一—三五一—一五引一條、《記纂淵海》卷八二《識見部之三·曠達》引。《南史·阮孝緒傳》云："初,孝緒所撰《高隱傳》中篇所載一百三十七人,劉歊、劉訏覽其書曰:'昔嵇康所贊,缺一自擬,今四十之數,將待吾等成耶?'對曰:'所謂荀君雖少,後事當付鍾君,若素車白馬之日,輒獲麟於二子。'歊、訏果卒,乃益二傳。及孝緒亡,訏兄絜録其所遺行次篇末,成絶筆之意云。"劉歊、劉訏言及嵇康作《聖賢高士傳贊》曾"缺一自擬",即云嵇康《聖賢高士傳贊》中有其自傳。然《類林》此條叙嵇康被誅時事,顯然非其"自擬"之傳。此二條或出他人所補,或周續之據嵇康自傳注補。

　　嵇康《聖賢高士傳贊》合"聖賢"與"高士"於一體,頗見創意。"聖賢"與"高士"本是兩種意義上的人物,"聖賢"在儒家傳統裏,是周、孔、湯、武一類人物,而"高士"則是巢父、許由一類人物。嵇康將此兩者結合,名其傳爲"聖賢高士"。其"聖賢"顯然已經與儒家傳統意義上之聖賢觀念不同,從其傳録之人物看,傳統意義上之"聖賢"如周公、孔子並不在其列,而是如季札、老子、莊子、范蠡等"高士",可見,嵇康所指"高士"即"聖賢","聖賢"即"高士"。

　　劉知幾於《史通》中數次批評嵇康《聖賢高士傳》之虛妄失實,云："嵇康撰《高士傳》,取《莊子》、《楚辭》二漁父事,合成一篇。夫以園吏之寓言,騷人之假説,而定爲實録,斯已謬矣。況此二漁父者,較年則前後別時,論地則南北殊壤,而輒併之爲一,豈非惑哉?苟如是,則蘇代所言雙擒蚌鷸,伍胥所遇渡水蘆中,斯並漁父善事,亦可同歸一録,何止揄袂緇帷之林,濯纓滄浪之水,若斯而已。"又説:"莊周著書,以寓言爲主,嵇康述《高士傳》,多引其虚辭,至若神有混沌,編諸首録。苟以此爲實,則其流甚多,至如黿鼇競長,蚿蛇相鄰,鳶鳩笑而後言,鮒魚忿以作色。向使康撰《幽明録》、《齊諧記》,並可引爲真事矣。夫識理如此,何爲而薄周孔哉?"①又云:"嵇康《高士傳》,好聚七國寓言。"②朱東潤從"傳叙文學底價值,全靠牠底真實"觀念出發,認爲"嵇康《聖賢高士傳贊》三卷,是一部極享盛名而没有價值底著作"。"從傳叙文學底立場論嵇康《高士傳》没有價值,因爲這和劉向《列女傳》一樣,也是'不出胸臆,非由機杼'。《列女傳》總算還是摭集經傳所記,縱使荒謬如'夏姬再爲夫人,三爲王后'這類的記載,幸虧夏姬尚有其人,祗是一個記載失實。嵇康《高士傳》便更差了。傳中所載諸人如子州支父、石户之農、許由、善卷、卞隨、務光,都是子虚無有之類,已經奇了,更奇的則如劉知幾《史通·雜説》所言……"③劉知幾是以史家眼光觀之,朱東潤則是在強調傳叙文學真實之觀念上立論,故而皆耿耿於《聖賢高士傳》之多背事實。

　　嵇康一生服膺老、莊,潛心玄學,越名教而任自然,追求一種"心無措乎是非,而行不違乎道"的人生境界④。其《聖賢高士傳贊》採摭寓言、假説,收羅其所謂"聖賢高士",乃在於借歷代"聖

---

① 劉知幾撰,浦起龍釋:《史通通釋》卷一八《雜説下》,上海古籍出版社1978年,第522—523頁。

② 劉知幾撰,浦起龍釋:《史通通釋》卷五《採撰》,上海古籍出版社1978年,第116頁。

③ 朱東潤:《八代傳叙文學述論》,復旦大學出版社2006年,第5頁,第89頁,第89—90頁。

④ 嵇康:《釋私論》,《魯迅輯録古籍叢編》第四卷《嵇康集》,人民文學出版社1999年,第83頁。

賢高士"之名行而表現自我,投射自我。加之其傳人叙事的形象
化手法,其間又多雜"寓言"、"假説",頗具小説品格,故魯迅先生
稱其爲"唐人傳奇文的祖師":"但六朝人也並非不能想像和描
寫……就是嵇康的《聖賢高士傳贊》、葛洪的《神仙傳》,也可以看
作唐人傳奇文的祖師的。李公佐作《南柯太守傳》,李肇爲之贊,
這就是嵇康的《高士傳》法。"①

　　嵇康《聖賢高士傳贊》於後世影響頗大,南朝宋周續之爲之
注,而後來模仿其體例、沿襲其題材之撰作不絶,代有其作,僅魏
晉南北朝時期就有多部,包括:皇甫謐《高士傳》、《逸士傳》、《達
士傳》、張顯《逸民傳》、虞槃佐《高士傳》、孫綽《至人高士傳贊》、
習鑿齒《逸人高士傳》、孫盛《逸人傳》、阮孝緒《高隱傳》、袁淑《真
隱傳》、周弘讓《續高士傳》等。

英雄記

　　輯存。王粲撰。原十卷。一題《漢末英雄記》。

　　《英雄記》,王粲撰。《隋書·經籍志》史部雜史類著録《漢末
英雄記》八卷,題王粲撰,并注云:"殘缺,梁有十卷。"《舊唐書·
經籍志》史部雜史類著録《漢末英雄記》十卷,題王粲等撰,《新唐
書·藝文志》史部雜史類著録王粲《漢書英雄記》十卷。《隋書·
經籍志》、兩《唐志》將其著録在雜史類中,不甚確妥,它應是雜傳
作品,朱東潤將其視爲漢末傳叙文學之一種,其云:"《隋志》及兩
《唐志》都把《英雄記》歸入雜史類,此書久亡,究屬何若,無從揣
測。據後人輯本,此書不妨認爲傳叙文學底一種。"②視之爲雜

---

① 魯迅:《六朝小説和唐代傳奇文有怎樣的區別》,《魯迅全集》第六卷《且
　介亭雜文二集》,人民文學出版社 2005 年,第 335 頁。
② 朱東潤:《八代傳叙文學述論》,復旦大學出版社 2006 年,第 68 頁。

傳，應更接近其體製。《四庫全書》即將其收入史部傳記類中。

　　王粲，《三國志》卷二一有傳。其云：“王粲，字仲宣，山陽高平人也。曾祖父龔，祖父暢，皆爲漢三公。父謙，爲大將軍何進長史。進以謙名公之胄，欲與爲婚，見其二子，使擇焉，謙弗許。以疾免，卒於家。”獻帝西遷，王粲徙長安，左中郎將蔡邕見而奇之。年十七，司徒辟，詔除黄門侍郎，以西京擾亂，皆不就。乃之荆州依劉表。表以粲貌寢而體弱通侻，不甚重也。表卒。粲勸表子琮，令歸曹操。曹操辟粲爲丞相掾，賜爵關内侯。後遷軍謀祭酒。魏國既建，拜侍中。博物多識，問無不對。時舊儀廢弛，興造制度，粲恒典之。王粲善屬文，舉筆便成，無所改定。著詩、賦、論、議垂六十篇。建安二十一年（216），從征吳。二十二年（217）春，道病卒，時年四十一。

　　王粲建安二十二年（217）卒，《隋書・經籍志》著録其書卻云《漢末英雄記》，懷疑此題爲後人所加，並由此也懷疑作者非王粲一人。姚振宗《隋書經籍志考證》卷一三史部雜史類“《漢末英雄記》”條案云：“《續漢郡國志》會稽郡注引《英雄交争記》，言初平三年事，似其書本名《英雄交争記》。其中不盡王粲一人之作，故《舊唐志》題王粲等。”朱東潤以爲姚振宗之言是“持平之論，但是也許竟是三國時代的作品，託名王粲，亦未可知”[1]。孫啓治、陳建華《古佚書輯本目録》也據《舊唐書・經籍志》題王粲等撰，而以爲其非王粲一人所作[2]。但《四庫全書總目》傳記類存目説：“案粲卒於建安中，其時黄星雖兆，玉步未更，不應名書以漢末，似後人之所追題。然考粲《從軍詩》中已稱曹操爲聖君，則儼以魏爲新朝，此名不足怪矣。”朱東潤以爲稱“聖君”非即“懷新朝之

① 朱東潤：《八代傳叙文學述論》，復旦大學出版社2006年，第68頁。
② 孫啓治、陳建華編：《古佚書輯本目録》“《英雄記》”條考證，中華書局
　　1997年，第175頁。

意”，“漢魏之間，聖字底用法狠普遍”，“‘君’字不但指天子，府主舉主皆可稱君，因此對於府主便也有君臣之義，今人稱爲二重宗主主義”。順便指出《四庫全書總目》對漢魏時代的不瞭解，糾正了《四庫全書總目》的錯誤①。考《三國志》裴注等諸書徵引，多作《英雄記》，僅《太平御覽》卷四三七《人事部七十六・勇五》、卷四三八《人事部七十九・烈士》、卷五二六《禮儀部五・祭禮下》、《職官分紀》卷四〇《刺史》“食不重味藍縷繩履”條注數條引作《漢末英雄記》，故或其本題《英雄記》。《隋書・經籍志》及《新唐書・藝文志》僅言王粲撰，《舊唐書・經籍志》或傳寫之誤，不足爲據。《太平御覽經史圖書綱目》同時録有《漢宋英雄記》（“宋”字疑當爲“末”字）、王粲《英雄記》，或此書在宋時同存有二不同傳本也。

　　《英雄記》原有十卷，至唐代就已有散佚而僅存八卷，宋代諸家書志無録，周中孚《鄭堂讀書記》云：“至晁氏以後諸家皆不著録，則其佚久矣。”②明代王世貞輯得四十四人，爲一卷，惜其所輯不注出處。宛本《説郛》卷五七輯存四十多人事蹟，題《英雄記鈔》，傅增湘取而校之，《五朝小説》在魏晉小説雜傳家中採録數節。然宛本《説郛》多有誤取他書者，計有：袁紹一節，劉表一節，劉備二節，諸葛亮一節，張遼二節，文聘一節，許褚一節，王脩一節，孔融一節，孔融一節，華歆一節，張昭一節，顧雍一節，張紘一節，周瑜二節，魯肅一節，黃蓋二節，甘寧三節，丁奉一節，虞翻一節。

　　今有黃奭、杜文瀾輯本，黃奭據《三國志》裴注等采得五十多人事，定爲一卷，較爲完善，見録於其《漢學堂叢書》、《漢學堂知

---

① 朱東潤：《八代傳叙文學述論》，復旦大學出版社 2006 年，第 68 頁。
② 周中孚：《鄭堂讀書記》卷二三史部九傳記類二“《英雄記鈔》”條，商務印書館 1959 年，第 472 頁。

足齋叢書》及《黄氏逸書考》中，杜文瀾據《後漢書·五行志》採得一節，題《英雄記逸文》，録於其《曼陀羅華閣叢書》中，但此條黄奭輯本亦載。

《漢魏六朝雜傳集》新輯其文，得王匡、陳蕃、董卓、尚栩、何苗、周毖、伍瓊、吕布、高順、逢紀、王國、丁原、韓馥、孔伷、橋瑁、李傕、郭汜、孔融、袁成、袁紹、袁譚、袁熙、袁尚、臧洪、陳容、袁遺、陳温、陳瑀、袁術、劉子惠、耿武、閔純、劉表、張羨、劉虞、劉翊、公孫瓚、關靖、張楊、曹純、涼茂、劉焉、劉範、劉璋、龐羲、劉備、張咨、孫堅、劉岱、曹操、周瑜五十一人事蹟，另有佚文二條，不知出何人。諸書徵引，皆不言所出何卷，故不得而知所得佚文原隸屬何卷，《漢魏六朝雜傳集》略以時代先後，輯録其文，題《英雄記》。

今檢諸書徵引，以人名標目，條列其佚文如下。

一、王匡。存文二節，見於《後漢書》卷九《獻帝紀》"後將軍袁術河内太守王匡各執而殺之"李注、卷七二《董卓傳》"時河内太守王匡"李注、卷七四上《袁紹傳》"河内太守王匡"李注、《北堂書鈔》卷一二五《武功部十三·弩四十七》"徐州彊弩"、《太平御覽》卷三四八《兵部七十九·弩》、卷四七七《人事部一百十八·施惠下》引。

二、陳蕃。存文一節，見於《世説新語·品藻》第一條劉注引。

三、董卓。存文十七節，見於《史記》卷六《秦始皇本紀》"金人十二重各千石置廷宫中"正義、《三國志》卷六《魏書·董卓傳》"董卓字仲穎隴西臨洮人也"裴注、"徵拜并州刺史河東太守"裴注、"卓遂將其衆迎帝於北芒還宫"裴注、"眶眦之隙必報人不自保"裴注、"築郿塢高與長安城埒積穀爲三十年儲"裴注、"宗族内外並列朝廷"裴注、"遂殺卓夷三族……凡所殺三人餘莫敢動"裴注、卷六《魏書·董二袁劉傳》"評曰董卓狼戾賊忍暴虐不仁自書

契已來殆未之有也”裴注、卷六《魏書・袁紹傳》“紹讓侯不受頃
之擊破瓚於易京并其衆”裴注、《後漢書》卷七二《董卓傳》“有人
書呂字於布上……卓不悟”李注、“使皇甫嵩攻卓弟旻於郿塢殺
其母妻男女盡滅其族”李注、《後漢書・志第十三・五行一》“靈
帝之末京都童謠曰……此爲非侯非王上北芒者也”劉昭注、《藝
文類聚》卷八三《寶玉部上・金》、《太平御覽》卷九二《皇王部十
七・廢帝弘農王》、卷二〇二《封建部五・縣君》、卷二五〇《職官
部四十八・司隸校尉》、卷二五二《職官部五十・尹》、卷六四五
《刑法部十一・烹》、卷七六〇《器物部五・匕》、卷八一一《珍寶
部十・金下》、卷九〇〇《獸部十二・牛下》、卷三五二《兵部八十
三・戟上》引《魏志》下小注、《事類賦》卷九《寶貨部・金》“得董
卓之遺塢”、《册府元龜》卷八九四《總錄部・謠言》“靈帝時京都
歌曰”條注、《職官分紀》卷三八《京兆尹》“明智有餘”等引。

　　四、尚栩。存文四節，見於《文選》卷四三《書下・與山巨源
絕交書》“吾每讀尚子平臺孝威傳慨然慕之想其爲人”李注、《北
堂書鈔》卷一三三《儀飾部四・牀十五》“梨牀”、《太平御覽》卷二
六四《職官部六十二・功曹參軍》、卷三七二《人事部十三・踝》、
卷三九二《人事部三十三・嘯》、卷七三九《疾病部二・陽狂》引。
尚栩或作向栩，尚子平即尚長，或作向長。此四節，《文選》卷四
三《書下・與山巨源絕交書》“吾每讀尚子平臺孝威傳慨然慕之
想其爲人”李注、《太平御覽》卷二六四《職官部六十二・功曹參
軍》引作尚栩、尚子平，餘皆作向栩。《後漢書》卷八一《獨行列
傳・向栩傳》云：“向栩，字甫興，河内朝歌人，向長之後也。”李注
云：“《高士傳》向長，向字作尚字。”又，《文選》卷四三李注引無
“尚栩先人”四字。嵇康《與山巨源絕交書》及《文選》卷二六《行
旅上・初去郡一首》“畢娶類尚子薄游似邴生”李注、《藝文類聚》
卷三六《人部二十・隱逸上》引嵇康《高士傳》皆作“尚長”，或當
作尚栩、尚子平爲是。

五、何苗。存文一節，見於《三國志》卷六《魏書·董卓傳》"時進弟車騎將軍苗爲進衆所殺"裴注引。

六、周毖、伍瓊。存文一節，見於《三國志》卷六《魏書·董卓傳》"以爲毖瓊等通情賣己皆斬之"裴注、《後漢書》卷七二《董卓傳》"乃任吏部尚書漢陽周珌侍中汝南伍瓊"李注引。

七、吕布。存文二十節，見於《三國志》卷七《魏書·吕布傳》"由是李傕等遂相結還攻長安城"裴注、"卓死後六旬布亦敗"裴松之案、"與張楊合紹令衆追之皆畏布莫敢逼近者"裴注、"布東奔劉備"裴注、"不獲事露布走河内"裴注、"布自稱徐州刺史"裴注、"布大喜即聽登往并令奉章謝恩"裴注、"于是遣奉從之勦大破敗"裴注、"敗走還保城不敢出"裴注、"布因指備曰是兒最叵信者"裴注、《後漢書》卷五八《臧洪傳》"請兵不獲告去何罪復見斫刺"李注、《文選》卷四〇《彈事·奏彈曹景宗一首》"若使郢部救兵微接聲援"李注、《北堂書鈔》卷一二四《武功部十二·戟三十九》"拔戟斫几"、"吕布射戟"、卷一二五《武功部十三·箭四十八》"藥箭"、《藝文類聚》卷一七《人部·耳》、卷四四《樂部四·箏》、《太平御覽》卷三五二《兵部八十三·戟上》、卷三五八《兵部八十九·鞍》、卷三六六《人事部七·耳》、卷四一七《人事部五十八·忠勇》、卷四九六《人事部一百三十七·鬬爭》、卷五七六《樂部十四·箏》、卷七四六《工藝部三·射下》、卷八一九《布帛部六·綿》、卷八三八《百穀部二·麥》、卷八六〇《飲食部十八·餅》、卷八九二《獸部四·虎下》、《事類賦》卷二〇《獸部·虎》"縛急更憐於吕布"等引。

八、高順。存文一節，見於《三國志》卷七《魏書·吕布傳》"布與宫順等皆梟首送許然後葬之"裴注、《後漢書》卷七五《吕布傳》"布乃自往求之其督將高順諫止"李注引。

九、逢紀。存文二節，見於《三國志》卷六《魏書·袁紹傳》"譚求益兵配等議不與譚怒殺紀"裴注、"内欲襲馥馥懷不自安"

裴注、《後漢書》卷七〇《荀彧傳》"審配逢紀盡忠之臣任其事"李注、卷七四上《袁紹傳》"紹客逢紀謂紹曰"李注引。

一〇、王國。存文一節,見於《三國志》卷一〇《魏書·賈詡傳》"唯漢陽閻忠異之謂詡有良平之奇"裴注、《後漢書》卷七一《皇甫嵩傳》"忠知計不用因亡去"李注、卷七二《董卓傳》"而劫故信都令漢陽閻忠"李注引。

一一、丁原。存文一節,見於《三國志》卷七《魏書·呂布傳》"原將兵詣洛陽"裴注、《後漢書》卷七二《董卓傳》"殺執金吾丁原而并其衆"李注引。

一二、韓馥。存文二節,見於《三國志》卷一《魏書·武帝紀》"冀州牧韓馥"裴注、《後漢書》卷七二《董卓傳》"以尚書韓馥爲冀州刺史"李注、《太平御覽》卷八六三《飲食部二十一·肉》引。

一三、孔伷。存文一節,見於《三國志》卷一《魏書·武帝紀》"豫州刺史孔伷"裴注、《後漢書》卷七二《董卓傳》"陳留孔伷爲豫州刺史"李注、卷七四上《袁紹傳》"豫州刺史孔伷"李注引。

一四、橋瑁。存文一節,見於《三國志》卷一《魏書·武帝紀》"東郡太守橋瑁"裴注、《後漢書》卷七四上《袁紹傳》"東郡太守橋瑁"李注引。

一五、李傕。存文二節,見於《三國志》卷六《魏書·董卓傳》"傕汜稠擅朝政"裴注、《後漢書》卷七二《董卓傳》"分遣其校尉李傕郭汜張濟"李注、《北堂書鈔》卷一五六《歲時部四·凶荒二十八》"穀斛五千豆麥二十萬"、《太平御覽》卷三五《時序部二十·凶荒》引。

一六、郭汜。存文一節,見於《三國志》卷六《魏書·董卓傳》"傕汜稠擅朝政"裴注引。

一七、楊奉、韓暹。存文一節,見於《三國志》卷六《魏書·董卓傳》"暹奉不能奉王法……爲劉備所殺"裴注引,

一八、孔融。存文一節,見於《太平御覽》卷九六五《果部

二・棗》、《事類賦》卷二六《果部・棗》“治中賦之而均土”等引。

一九、袁成。存文一節，見於《三國志》卷六《魏書・袁紹傳》“自安以下四世居三公位由是勢傾天下”裴注、《後漢書》卷七四上《袁紹傳》“父成五官中郎將”李注、《太平御覽》卷三八六《人事部二十七・健》、卷四九六《人事部一百三十七・諺下》引。

二〇、袁紹。存文十三節，見於《三國志》卷六《魏書・袁紹傳》“以大將軍掾爲侍御史”裴注、“即表授爲監軍奮威將軍”裴注、“馥懷懼從紹索去往依張邈”裴注、“無何起至溷自殺”裴注引、卷七《魏書・臧洪傳》“故旋時之間不蒙觀過之貸而受夷滅之禍”裴注、卷三〇《魏書・烏丸鮮卑東夷傳》“紹矯制賜蹋頓難峭王汗魯王印綬皆以爲單于”裴注、《後漢書》卷五八《臧洪傳》“故不蒙觀過之貸而受夷滅之禍”李注、卷七四上《袁紹傳》“追感幼孤又行父服”李注、“紹有姿貌威容愛士養名”李注、“橫刀長揖徑出”李注、“率兵馳還請以拒紹馥又不聽”李注、“護軍逢紀與配不睦”李注、“馥自懷猜懼辭紹索去”李注、“賊有陶升者自號平漢將軍”李注、《北堂書鈔》卷一二三《武功部十一・刀三十五》“橫刀長揖”、卷一二五《武功部十三・弩四十七》“千張前發”、《太平御覽》卷二二七《職官部二十五・侍御史》、卷二四一《職官部三十九・建義中郎將》、卷三四五《兵部七十六・刀上》、卷三四八《兵部七十九・駑》、卷三五六《兵部八十七・兜鍪》、卷三五七《兵部八十八・楯下》、卷三八九《人事部三十・容止》、卷四〇五《人事部四十六・賓客》、卷四〇九《人事部五十・交友四》、卷四七五《人事部一百十六・待士》等引。

二一、袁譚。存文一節，見於《三國志》卷二五《魏書・辛毗傳》“譚使毗詣太祖求和”裴注引。

二二、袁熙、袁尚。存文四節，見於《北堂書鈔》卷一一八《武功部六・攻戰十一》“大石擊門”、卷一五六《歲時部四・寒篇二十五》“寒不可忍”、《太平御覽》卷三一七《兵部四十八・攻圍上》、卷三四八《兵部七十九·弩》、卷四二二《人事部六十三·義下》、卷四三八《人事部七十九·烈士》引。

二三、臧洪、陳容。存文一節,見於《太平御覽》卷四一八《人事部五十九·忠貞》、卷四二二《人事部六十三·義下》引。

二四、袁遺。存文二節,見於《三國志》卷一《魏書·武帝紀》"山陽太守袁遺"裴注、《後漢書》卷七四上《袁紹傳》"山陽太守袁遺"李注等引。

二五、陳溫、陳瑀。存文一節,見於《三國志》卷六《魏書·袁術傳》"殺揚州刺史陳溫領其州"裴注引。

二六、袁術。存文一節,見於《後漢書》卷七四上《袁紹傳》"山陽太守袁遺"李注、《語林》卷四《言語第二》"曹公以楊太尉與袁公路婚將誣以同逆"引。

二七、劉子惠。存文一節,見於《後漢書》卷七四上《袁紹傳》"治中劉惠勃然曰興兵爲國安問袁董"李注引。

二八、耿武、閔純。存文一節,見於《後漢書》卷七四上《袁紹傳》"馥長史耿武別駕閔純騎都尉沮授聞而諫曰"李注引。

二九、劉表。存文二節,見於《三國志》卷六《魏書·劉表傳》"帶甲十餘萬"裴注、《語林》卷四《言語第二》"許氾與劉玄德並在劉荊州坐"引。

三〇、張羨。存文一節,見於《三國志》卷六《魏書·劉表傳》"長沙太守張羨叛表"裴注、《後漢書》卷七四下《劉表傳》"表遣兵攻圍破羨平之"李注引。

三一、劉虞。存文四節,見於《三國志》卷八《魏書·公孫瓚傳》"乃以劉虞爲幽州牧"裴注、"虞以功即拜太尉封襄賁侯"裴注、"脅訓斬虞"裴注、《北堂書鈔》卷三八《政術部十二·廉潔三十二》"食不重殽"、卷一三六《服飾部五·屨八十一》"藍縷繩履"、《太平御覽》卷二五八《職官部五十六·良刺史下》、《職官分紀》卷四〇《刺史》"食不重味藍縷繩履"引。

　　三二、劉翊。存文一節，見於《太平御覽》卷四一九《人事部六十·仁惻》引。

　　三三、公孫瓚。存文十二節，見於《三國志》卷八《魏書·公孫瓚傳》"瓚遂驕矜記過忘善多所賊害"裴注、"瓚軍數敗乃走還易京固守"裴注、"中塹爲京特高十丈自居焉積穀三百萬斛"裴注、"紹爲地道突壞其樓稍至中京"裴注、《水經注》卷九《淇水》"清河又東北逕界城亭東水上有大梁謂之界城橋"、《北堂書鈔》卷一一七《武功部五·騎八》"健騎數千"、卷一四五《酒食部四·脯篇十六》"屠牛作脯"、"觴酒致脯"、卷一五六《歲時部四·凶荒二十八》"桑椹爲糧"、《藝文類聚》卷九三《獸部上·馬》、《太平御覽》卷三五《時序部二十·凶荒》、卷七三《地部三十八·橋》、卷三五七《兵部八十八·楯下》、卷四二二《人事部六十三·義下》、卷四三七《人事部七十六·勇五》、卷五二六《禮儀部五·祭禮下》、卷六八七《服章部四·幘》、卷八七〇《火部三·炬》、卷八九七《獸部九·馬五》、《事類賦》卷二一《獸部·馬賦》"公孫之群騎皆白"引。

　　三四、關靖。存文一節，見於《三國志》卷八《魏書·公孫瓚傳》"瓚遂止不出"裴注引。

　　三五、張楊。存文一節，見於《三國志》卷八《魏書·張楊傳》"遂還野王即拜爲大司馬"裴注引。

　　三六、曹純。存文一節，見於《三國志》卷九《魏書·曹仁傳》"仁弟純"裴注、《藝文類聚》卷四八《職官部四·黃門侍郎》、《太平御覽》卷二二一《職官部十九·黃門侍郎》、卷三八四《人事部二十五·幼智上》、《職官分紀》卷六《門下侍郎》"年十六"引。

　　三七、涼茂。存文一節，見於《三國志》卷一一《魏書·涼茂傳》"甚見敬禮卒官"裴注引。

　　三八、劉焉。存文一節，見於《三國志》卷三一《蜀書·劉焉傳》"焉擊殺岐龍"裴注引。

　　三九、劉範。存文二節，見於《三國志》卷三一《蜀書·劉焉傳》"時焉子範爲左中郎將"裴注、"範應時見殺於是收誕行刑"裴注引。

　　四〇、劉璋。存文二節，見於《三國志》卷三一《蜀書·劉焉傳》"率衆擊劉表"裴注、卷三一《蜀書·劉璋傳》"趙韙稱兵内向衆散見殺皆由璋明斷少而外言入故也"裴注、《册府元龜》卷四百五十二《將帥部·識闇》"蜀劉璋爲益州牧"條注引。

　　四一、龐羲。存文一節，見於《三國志》卷三一《蜀書·劉璋傳》"故以羲爲巴西太守領兵禦魯"裴注引。

　　四二、劉備。存文五節，見於《三國志》卷三二《蜀書·先主傳》"後爲高唐尉遷爲令"裴注、"先主轉軍海西"裴注、"先主還小沛"裴注、"曹公自出東征"裴注、"曹公南征表會表卒"裴注引。

　　四三、張咨。存文一節，見於《三國志》卷四六《吳書·孫破虜傳》"南陽太守張咨聞軍至晏然自若"裴注、《後漢書》卷七五《袁術傳》"會長沙太守孫堅殺南陽太守張咨"李注引。

　　四四、孫堅。存文三節，見於《三國志》卷四六《吳書·孫破虜傳》"卓兵見堅士衆甚整不敢攻城乃引還"裴注、"單馬行峴山爲祖軍士所射殺"裴注、《後漢書》卷七四下《劉表傳》"堅爲流箭所中死餘衆退走"李注引。

　　四五、劉岱。存文一節，見於《三國志》卷四九《吳書·劉繇傳》"繇兄岱字公山歷位侍中兗州刺史"裴注引。

　　四六、曹操。存文三節，見於《水經注》卷一四《大遼水》"又東南過房縣西"、《北堂書鈔》卷九《帝王部九·誡懼三十六》卷"咋舌血"、《藝文類聚》卷二《天部下·霧》、卷一七《人部·舌》、《初學記》卷二《天部·霧第六》"涿野夢澤"、《太平御覽》卷一五《天部十五·霧》、卷三六七《人事部八·舌》、卷五七四《樂部十二·舞》等引。

　　四七、周瑜。存文一節，見於《藝文類聚》卷八〇《火部·

火》、卷七七一《舟部四·筏》、卷八六八《火部一·火上》、卷八七〇《火部三·炬》引。

又有佚文二節，未言及人物，不知所屬。其一，鄴中大饑事，《太平御覽》卷三五《時序部二十·凶荒》引；其二，手巾事，《太平御覽》卷七一六《服用部十八·手巾》引。

《英雄記》所載，往往有史不及書者，如朱東潤言："《英雄記》所記呂布、袁紹、公孫瓚諸人事較備，文字生動，可補史傳所未詳。"①漢末社會動盪，群雄並起，於時代之風雲際會中各顯其能，無論成敗，他們之行事功業皆有可圈可點之處。王粲《英雄記》即是一部專門傳録此時代英雄之類傳，無論這些人所作所爲是對是錯，也不管後人對他們作何種評價，王粲皆稱爲英雄，此種不以成敗論英雄之觀念做法，不同於成則侯、敗則賊之正統歷史觀，不顧歷史評判之嚴肅性，完全是個人立場之人物傳寫。故而其所傳人物多見性情，且兼叙事有法，行文搖曳生姿，王粲之叙事能力亦充分可見焉。

三輔決録

輯存。趙岐撰。原七卷，或十卷。

趙岐《三輔決録》，《隋書·經籍志》史部雜傳類、《舊唐書·經籍志》史部雜傳類、《新唐書·藝文志》史部雜傳記類均有著録，唯卷數略異，《隋書·經籍志》、《舊唐書·經籍志》著録作七卷，《新唐書·藝文志》著録作十卷。《日本國見在書目録》雜傳家亦著録作七卷，則其實恐七卷，後析爲十卷。

趙岐，《後漢書》卷六四有傳，其云："趙岐字邠卿，京兆長陵人也。初名嘉，生於御史臺，因字臺卿，後避難，故自改名字，示

---

① 朱東潤：《八代傳叙文學述論》，復旦大學出版社 2006 年，第 68 頁。

不忘本土也。"趙岐少明經,有才蓺,娶扶風馬融兄女。年三十餘,有重疾,臥蓐七年,自慮奄忽,乃爲遺令,其後疾瘳。永興二年(154),辟司空掾,議二千石得去官爲親行服,朝廷從之。其後爲大將軍梁冀所辟,爲陳損益求賢之策,冀不納。舉理劇,爲皮氏長。會河東太守劉祐去郡,而中常侍左悺兄勝代之,岐恥疾宦官,即日西歸。京兆尹延篤復以爲功曹。後因得罪中常侍唐衡兄玹,乃與從子戬逃避之。後諸唐死滅,因赦乃出。延熹九年(166),乃應司徒胡廣之命。會南匈奴、烏桓、鮮卑反叛,公卿舉岐,擢拜并州刺史。岐欲奏守邊之策,未及上,會坐黨事免。中平元年(184),徵岐拜議郎。車騎將軍張溫西征關中,請補長史,別屯安定。大將軍何進舉爲敦煌太守。及獻帝西都,復拜議郎,稍遷太僕。曹操時爲司空,舉以自代。光祿勳桓典、少府孔融上書薦之,於是就拜岐爲太常。年九十余,建安六年(201)卒。

趙岐《三輔決録・序》云:"三輔者,本雍州之地。"漢景帝二年(前155年)分内史爲左、右内史,與主爵中尉(後改爲主爵都尉)同治長安城中,所轄皆京畿之地,故合稱"三輔"。《漢書・景帝紀》:"三輔舉不如法令者皆上丞相、御史請之。"武帝太初元年(前104年)改左、右内史、主爵都尉爲京兆尹、左馮翊、右扶風。轄境相當今陝西中部地區。

趙岐《三輔決録》後散佚,涵本《説郛》卷三摘録一節,宛本《説郛》卷五十九輯得十五節,傅增湘曾對其加以校勘。《五朝小説》及《五朝小説大觀》、《古今説部叢書》各鈔録宛本《説郛》數節。今有張澍、茆泮林、黄奭、王仁俊等多家輯本,張澍所輯録於《二酉堂叢書》、《知服齋叢書》第二集、《關中叢書》第一集中,茆泮林所輯録於《十種古逸書》中,黄奭所輯録於《漢學堂叢書》、《黄氏逸書考》中,王仁俊所輯録於《玉函山房輯佚書續編》之史編總類中。諸家輯本中,以茆泮林所輯最善,黄奭所輯與茆本同，唯編次略異，茆氏從諸書中共採得九十四事，王仁俊據《姓解》採得題《三輔決録》之文八節，據《蒙求》自注採得題《三輔録》之文三節，爲諸本所無，可補所缺。

趙岐《三輔決録》又有晉摯虞注，後也隨《三輔決録》一併散佚，各家在輯録《三輔決録》佚文時，也附輯此注，茆泮林輯有摯虞注三十六事，王仁俊據《稽瑞》採得注文一節。

趙岐作《三輔決録》當不在一時，《三國志·荀彧傳》裴注云："（嚴）象同郡趙岐作《三輔決録》，恐時人不盡其意，故隱其書，唯以示象。"嚴象爲揚州刺史，建安五年爲孫策廬江太守李術所殺，趙岐曾以其書示象，則在嚴象死前已有成書，而摯虞《三輔決録注》有嚴象事，則嚴象也被收録入《決録》中，趙岐建安六年卒，此表明直至他死前，仍在對其書作補充，故本書將此書繫於三國時期。

趙岐《三輔決録》經摯虞作注後，便以此本流行於世，侯康《補後漢書藝文志》卷三史部雜傳類"趙岐《三輔決録》"條以《後漢書·隗囂傳》注引《決録》中有"平陵之王，惠孟鏘鏘，激昂囂述，困於東平"之語而認爲"其書似有韻語作贊"，姚振宗在《後漢藝文志》及《隋書經籍志考證》、曾樸在《補後漢書藝文志並考》中均引侯康此語，可見，他們也有相似的看法，曾樸又舉出有韻語之處："案《太平御覽》二百十八引杜陵韋伯考，鬻書力養親，既登常伯，貂璫煌煌，承事尤謹。又九百三引五門子孫凡民之伍，皆韻語。"則後行世的《三輔決録》當有傳、有贊、有注，但由於其文散佚，現在已難於區分，張澍在輯録時對此特加留意，注意區別。趙岐傳與摯虞注之分別，朱東潤云："大致古書標引，録注並列者，如《魏志·明帝紀》注引'《三輔決録》曰'又引'注曰'，這裡無須置疑。其次一事兩引，録注並稱者，如士孫瑞事，《後漢書·董卓傳》注引作録，《魏志·董卓傳》注引作注，大抵是注非録，因爲略注稱録，人之常情，稱録爲注，本在意外。第三所述之事，在趙

岐身後者,必然是注非録:例如《魏志·荀彧傳》注引《三輔決
録》,馬超殺韋康事,在建安十七年,《後漢書·獻帝紀》注引同書
金禕、耿紀、韋晃被殺事,在建安二十三年,趙岐卒於建安六年,
皆不及見,其文爲注無疑。"①

趙岐緣何作此書,《三輔決録·序》云:

> 三輔者,本雍州之地,世世徙公卿吏二千石及高訾,皆
> 以陪諸陵。五方之俗雜會,非一國之風,不但系於《詩·
> 秦》、《豳》也。其爲士好高尚義,貴於名行。其俗失則趣執
> 進權,唯利是視。余以不才,生於西土,耳能聽而聞故老之
> 言,目能視而見衣冠之疇,心能識而觀其賢愚。常以玄冬,
> 夢黃髪之士,姓玄名明,字子真,與余寤言,言必有中,善否
> 之間,無所依違,命操筆者書之。近從建武以來,暨於斯今,
> 其人既亡,行乃可書,玉石朱紫,由此定矣,故謂之《決
> 録》矣②。

此序文言明《三輔決録》撰作之緣由、起訖與所録人物之去
取標準。其中所言《三輔決録》之成,是"黃髪之士,姓玄名明,字
子真"者命"操筆者書之",出於玄虛,目的是以此説明其書對人
物的評判出於神定而非自己之見。朱東潤曾就此叙云:"《三輔
決録》底價值在作者底一篇序。""這裡見出趙岐所注意者,不僅
是外表底事態,同時注意到心理底不同。就所見所聞,加以衷心
的判斷,這就是所謂《決録》。而且因爲其人已死,所以定論始能
成立,這些要點都和現代傳叙文學底觀念相合。"③劉知幾把此
書視爲譜牒之書,他在《史通》中説:"譜牒之作,盛於中古,漢有

①朱東潤:《八代傳叙文學述論》,復旦大學出版社 2006 年,第 65 頁。

②范曄:《後漢書》卷六四《趙岐傳》李賢注引,中華書局 2011 年,第 2124—
　2125 頁。

③朱東潤:《八代傳叙文學述論》,復旦大學出版社 2006 年,第 65 頁,第 66 頁。

趙岐《三輔決録》，晉有摯虞《族姓記》……”①張澍不同意劉知幾譜牒之説，他説：“據其自序並昔人徵引逸篇，其書不類譜牒，至摯虞之注，與陳壽等三書亦不相侔，劉氏所考未爲精確，大抵簡者爲録，詳者爲注。”②竊以爲張澍所言爲是。

《三輔決録》所録人物，三國時人著述間已有提及。陶潛《群輔録》有“大鴻臚韋孟達、上黨太守公孫伯達、河陽長魏仲達”，案云：“右並扶風平陵人，同時齊名，世號三達。孟達名彪，丞相賢五世孫，明帝時人。見《漢書》及《決録》。”又有“韋權字孔衡，權弟瓚，字孔玉，瓚弟矩，字孔規”，案云：“右太尉掾韋子才之三子，皆修仁義，兄弟孝友，逢盜賊，一人病不能去，兄弟相慕，兵至，俱死。時人稱之。號韋三義。見《三輔決録》。”又有“孝廉杜陵金敞字元休（位至兗州刺史）、上計掾長陵第五巡字文休（興先之子。興先名種，司空伯魚之孫，名士也。不詳巡位所至，時辟太尉掾）、杜陵韋端字甫休（位至涼州牧、太尉）”，案云：“右同郡齊名，時人號之京兆三休，並以光武元年察舉。見《三輔決録》。”則《三輔決録》中當有韋孟達、公孫伯達、魏仲達及韋權、韋瓚、韋矩、金敞、第五巡、韋端九人。

茆泮林所輯《三輔決録》，録於《十種古逸書》中，得一○二人，計有：

竇建、何比干、接子、鄭樸、嚴尊、韋元成、劉龔、彌强、范仲公、張仲蔚、蔣詡、王邑、金敞、第五巡、韋端、卓茂、杜恕、馬后、馬援、茂陵馬氏、王元、耿援、史苞、鮑恢、郭伋、第五頡、辛繕、孫晨、井丹、梁松、竇攸、玉氏、韋孟達、公孫伯達、魏達、晉文經、晉馮、

① 劉知幾撰，浦起龍釋：《史通通釋》卷三《書志》第八，上海古籍出版社 1978 年，第 74 頁。
② 張澍：《三輔決録序》，《三輔決録》，《二酉堂叢書》本，清道光元年武威張氏二酉堂刻本。

周季貞、張宇、何敞、馮豹、梁鴻、賈逵、丁邯、王調、曹成、樂己、耿
實、趙牧、曹衆、摯恂、蘇章、崔瑗、士孫奮、王諶、馬融、法真、趙
襲、趙無忌、陳重、弭生、賈彪、魯寬、韋約、宋酆、孟他、田鳳、鄭
逴、嚴象、士孫瑞、士孫萌、馬日磾、周奐、游殷、張既、游楚、韋康、
韋誕、馬氏五人、金旋、金褘、射咸、射援、項仲山、郭詳、邱訢、吉
閎、張氏、何氏、竇元、王豹、摯茂、龐勃、韋伯考、畢雲、韋權、韋
瓚、韋矩、希海、渦尚、侵恭、段氏。

　　另有地名宮室者十節，計有：竇氏青山、辟雍、未央宮、甘泉
宮、長安門、昆明池、酆鎬、京兆、扶風、馮翊。又補遺三節，即：鯽
魚、便橋、何比干。

　　張澍所輯《三輔決録》，録於《二酉堂叢書》等中，得一○五
人，析爲二卷，計有：

　　卷一：趙岐、趙襲、趙磐、趙無忌、矯慎（附馬瑶）、摯峻、摯恂、
摯茂、安丘望之、梁鴻、高恢、鄭樸、張仲蔚、蔣詡、求仲、羊仲、韓
康、項仲山、王邑、法真、姜岐、丁邯、竇攸、丘訢、曹衆、孫晨、辛
繽、韋豹、公孫晨、韋彪、曹成、周季貞、長安劉氏、范仲公、井丹、
趙牧、樂恢、韋權、韋瓚、韋矩、韋彪、第五頡、郭汲、金日磾、張宇、
龐勃。

　　卷二：竇玄（字叔高）、王諶、金敞、第五巡、韋端、賈彪、郭祥、
樂恢、樂己、賈逵、蘇章、杜恕、馮豹、馬融、王調、韋伯考、何比干、
張氏、何氏、何敞、馬援、段氏、魯寬、田鳳、韋元成、馬日磾、馬后、
馬氏兄弟五人、王惠孟、陳欽、弭生、弭彊、射援、金旋、士孫奮、士
孫瑞、士孫萌、張既、游殷、游楚、孟佗、韋誕、韋康、嚴象、金褘、耿
援、史苞、耿寶、玉況、侵恭、渦尚、接昕、希海、弭升、周奐、王豹、
劉龔、竇建、宋酆。

　　另有地名宮室十二節：甘泉宮、未央宮、鎬、大丘城、辟雍、武
帝後宮八區、長安城西門便橋、長安、扶風、馮翊、雒陽、京兆。又
有“鯽魚”一條，張澍案云：“此文係《三秦記》，今入三秦記中。”

王仁俊《玉函山房輯佚書續編》史編總類輯《三輔決録》，計十人：侵恭、接昕、渦尚、弭伴、弭彊、彌牟、彌叔、希海、求仲、射咸。又輯《三輔決録注》一節，言鴇雛事。又輯《三輔録》三節，即扶風張氏、蔣詡、孫晨。

就今存佚文觀之，趙岐《三輔決録》載録簡略，往往麤具姓氏、字號、爵里，兼録一二典型事而已，故劉知幾目之爲譜牒。然其載事論斷，實頗得法，叙述既細，間以諺謡、童歌、讖言，人物之品性與一時之風尚，多得見之。又，摯虞注所存不多，然亦值得注意，趙岐所載過簡者，經摯虞一注，往往分明。朱東潤即云："趙岐底紀載，經過摯虞底注釋，纔成爲骨肉停勻的文字。"①

汝南先賢傳

輯存。周斐撰。原五卷，或三卷。

《汝南先賢傳》，周斐撰。《隋書·經籍志》史部雜傳類著録《汝南先賢傳》五卷，題魏周斐撰；《舊唐書·經籍志》史部雜傳類著録《汝南先賢傳》三卷，題周裴撰；《新唐書·藝文志》史部雜傳記類著録周斐《汝南先賢傳》五卷。《舊唐書·經籍志》著録題"周裴"，"裴"當誤。《史通·雜述》云："若圈稱《陳留耆舊》、周斐《汝南先賢》……此之謂郡書者也。"章宗源《隋書經籍志考證》卷一三在考證此書時云："《史通》外篇注作《汝南先賢行狀》，《世説》注、諸書所引皆稱傳，惟《太平御覽》人事部引胡定在喪，雪覆其屋事作行狀。"認爲其書名或作《汝南先賢行狀》。案，胡定，潁川人，非汝南人，《汝南先賢傳》當不載胡定事。《太平御覽》卷四八五《人事部一百二十六·貧下》引一節，叙胡定事，作《汝南先

①朱東潤：《八代傳叙文學述論》，復旦大學出版社 2006 年，第 67 頁。

賢行狀》，文與《藝文類聚》卷三五引作《先賢行狀》者多同，恐出
《先賢行狀》，《汝南先賢行狀》或當作《先賢行狀》。

　　周斐，生平不詳，《隋書·經籍志》著録時題"魏周斐"，而宛
本《説郛》輯存《汝南先賢傳》佚文題"晉周斐"，《隋書·經籍志》
著録所題，當較爲可信，周斐當主要活動於漢末及三國曹魏時
期。王隱《晉書》叙周恢言及其事。《世説新語·品藻》第八條言
及周弘武，劉注引王隱《晉書》云："周恢，字弘武，汝南人。祖斐，
永寧少府。父隆，州從事。恢仕至秦相。秩中二千石。"①則其
當曾爲永寧少府。又，《續談助》卷四鈔録殷芸《小説》，有稱"汝
南中正周裴"者，其云："汝南中正周裴表稱許劭，高節遺風，與郭
林宗、李元禮、盧子幹、陳仲弓齊名，邵特有知人之鑒。自漢中葉
以來，其狀人取士，援引扶持，進導招致，則有郭林宗；若其看形
色，目童齓，斷冤滯，擿虚名，誠未有如劭之懿也。嘗以簡別清濁
爲務，有一士失其所，便謂投之潢污，雖負薪抱關之類，吐一善
言，未曾不有尋究欣然。"②此"周裴"當作"周斐"，周楞伽輯注
《殷芸小説》此條，已據《隋書·經籍志》徑改③。則周斐漢末嘗
爲汝南中正。又，《晉書》卷六一《周浚傳》云："周浚字開林，汝南
安成人也。父裴，少府卿。"案，"裴"亦當作"斐"。據此，則周斐
有子浚、隆，皆仕晉而有名於時。周斐作《汝南先賢傳》，周楞伽
輯注《殷芸小説》輯録此條案云："《隋書·經籍志》有《汝南先賢
傳》三卷，魏周斐撰，已佚。蓋斐爲汝南中正，欲以激濁揚清爲
務，故爲先賢作傳，並表揚劭之名德於朝也。"④

---

①劉義慶撰，劉孝標注，余嘉錫箋疏，周祖謨等整理：《世説新語箋疏》中卷
　下《品藻》第 8 條劉注，上海古籍出版社 1996 年，第 507 頁。
②晁載之：《續談助》，《叢書集成初編》本，中華書局 1985 年，第 82 頁。
③殷芸編著，周楞伽輯注：《殷芸小説》，上海古籍出版社 1984 年，第 86 頁。
④殷芸編著，周楞伽輯注：《殷芸小説》，上海古籍出版社 1984 年，第 87 頁。

　　汝南，古地名，春秋戰國時汝南屬蔡國。西漢漢高祖二年（前 205 年）始建汝南郡，郡治在上蔡（今河南駐馬店）。景帝前元二年（前 155 年），置汝南國，立其子劉非爲汝南王。三年（前 154 年），徙劉非爲江都王，汝南國除爲郡。建安十八年（213 年），曹操析汝南郡之城父及沛郡數縣置譙郡。又析汝南郡、江夏郡置弋陽郡。東晉曾置僑郡，以江夏爲汝南，非此《汝南先賢傳》所指。

　　《汝南先賢傳》久佚，其佚文今散見諸書徵引。章宗源《隋書經籍志考證》魏周斐“《汝南先賢傳》五卷”條，曾考列其佚文所見在。侯康《補三國藝文志》亦有考，姚振宗《隋書經籍志考證》魏周斐“《汝南先賢傳》五卷”條轉錄侯氏、章氏所考。《太平御覽經史圖書綱目》錄周斐《汝南先賢傳》，宋初李昉等編《太平御覽》或尚見其書。涵本《說郛》卷七摘引二節，當出周斐原書，此外，宛本《說郛》卷五八輯錄有《汝南先賢傳》文，題“晉周斐”撰，共十九節，計有：鄭敬、周燮、戴良、蔡順、袁安、周舉、薛苞、周燕、范仲翁、李宣、葛玄、郭憲、黃憲、范滂、周防。其中鄭敬、葛玄各二節，另有“寒食”一節，又有“薛直”事一節，“薛直”當作“薛苞”。《五朝小說》及《五朝小說大觀》錄五節，不出宛本《說郛》之外。今有黃奭、王仁俊二家輯本，黃奭據諸書徵引所輯，錄於其《漢學堂知足齋叢書》之《子史鉤沈》中，雖較爲完備，惜取錄仍有遺漏，且未作精心校勘。王仁俊據《稽瑞》採得二節，錄於其《玉函山房輯佚書補編》中，叙蔡從、應從（即蔡順、應頊）事，此二節爲宛本《說郛》所無，可補宛本《說郛》和黃奭輯本。《漢魏六朝雜傳集》據諸書徵引，新輯其文，題《汝南先賢傳》，得三十九人，計有：許劭、黃憲、黃浮、黃穆、陳曄、薛勤、薛苞、周乘、周燕、周燮、周防、周舉、周盤、鄭敬、袁安、袁閎、袁閬、應順、應頊、郭憲、范滂、陳蕃、李宣、李篤、李鴻、闞敞、王威、王納、王恢、趙規、謝甄、許嘉、許慎、戴良、蔡順、屈霸、郭亮、殷煇、繆彤。

　　今檢諸書徵引，以人名標目，條列如下：

　　一、許劭。存文一節，見於《三國志》卷二三《魏書·和洽傳》"洽同郡許混者許劭子也清醇有鑒識明帝時爲尚書"裴注、《文選》卷四六《序下·王文憲集序》"豈非希世之儁民瑚璉之宏器"李注、《北堂書鈔》卷三六《政術部十·疾惡二十七》"饕餮流放潔士盈朝"引。

　　二、黃憲。存文三節。見於《北堂書鈔》卷三二《政術部六·去官十七》"遁以疾歸"、卷七九《設官部三十一·孝廉一百七十七》"黃憲爲高"、《初學記》卷一七《人部上·賢第二》"天授神輔"、《太平御覽》卷三八五《人事部二十六·幼智下》、卷四○二《人事部四三·叙賢》、卷四○三《人事部四十四·道德》引。

　　三、黃浮。存文一節，見於《北堂書鈔》卷三六《政術部十·明察二十五》"爲政清明"、卷三七《政術部十一·公正三十一》"雖同歲子所不能赦"、卷六○《設官部十二·尚書令史八十》"黃浮奉公憂職"、《太平御覽》卷二六八《職官部六十六·良令長下》、《職官分紀》卷八《令史書令史》"奉公憂職"、卷四二《縣令》"政治清明號神君"引。

　　四、黃穆。存文一節，見於《初學記》卷二○《政理部·薦舉第四》"齎函投板"等引。

　　五、陳曄。存文一節，見於《太平御覽》卷二六八《職官部六十六·良令長下》引。

　　六、薛勤。存文三節，見於《北堂書鈔》卷三四《政術部八·任賢十九》"拔賢舉善"、《太平御覽》卷四一○《人事部五十一·父子交》、卷四四四《人事部八十五·知人下》、卷四五七《人事部九十八·諫諍七》、《古今事文類聚後集》卷四《人倫部·父子》"見子不見父"、《古今合璧事類備要前集》卷二四《親屬門·父子》"子過於父從仲舉遊"等引。

　　七、薛苞。存文二節。見於《藝文類聚》卷二○《人部四·孝》、《太平御覽》卷四一四《人事部五十五·孝下》、卷五二六《禮儀部五·祭禮下》、卷九七五《果部十二·芋》等引。

八、周乘。存文二節，見於《世説新語·賞譽》第一條劉注、《北堂書鈔》卷三六《政術部十·威嚴二十六》"屬縣解印四十餘城"引。

九、周燕。存文一節，見於《初學記》卷一四《禮部下·葬第九》"樹碑開隧"引。

一〇、周燮。存文二節，見於《藝文類聚》卷九七《鱗介部下·蚌》、《初學記》卷一九《人部下·醜人第三》"歛頤推顙"、《太平御覽》卷三六八《人事部九·頤頷》、卷三八二《人事部二十三·醜丈夫》、卷四二六《人事部六十七·清廉下》、卷九四二《鱗介部十四·蛤》、《古今事文類聚後集》卷一八《肖貌部·形貌》"歛頤折頞"等引。涵本《説郛》卷七《諸傳摘玄》録一條。事與《藝文類聚》卷九七等引同，而文字略異。

一一、周防。存文一節，見於《太平御覽》卷二五三《職官部五十一·郡丞》、《職官分紀》卷四一《郡丞》"能誦讀"等引。

一二、周舉。存文二節，見於《北堂書鈔》卷一四三《酒食部二·總篇一》"周舉使炊食"、《初學記》卷四《歲時部下·寒食第五》"一月寒食三日斷火"、《太平御覽》卷二六《時序部十一·冬上》、卷三〇《時序部十五·寒食》、卷三七八《人事部十九·短中國人》、卷八四九《飲食部七·食下》等引。

一三、周盤。存文一節，見於《太平御覽》卷四一四《人事部五十五·孝下》引。

一四、鄭敬。存文二節，見於《水經注》卷二一《汝水》"汝水又東南逕新蔡縣故城南"、《北堂書鈔》卷三七《政術部十一·公正三十一》"掾屬言甘露鄭敬獨曰樹汁"、卷一三三《服飾部二·席十九》"鄭欽以茅葭"、《藝文類聚》卷九《水部下·陂》、卷六九《服飾部·薦席》、《初學記》卷二五《器物部·席第六》"茅葭蓍艾"、《太平御覽》卷一二《天部十二·露》、卷七二《地部三十七·

陂》、卷二六四《職官部六二・功曹參軍》、卷七〇九《服用部十一・薦蓆》、卷九五四《木部三・槐》等引。又，涵本《説郛》卷七《諸傳摘玄》引一條，作《汝南先賢傳》，其云："鄭居居於蟻陂之陽，以漁釣自娱，彈琴詠詩，常方坐於陂厠，以兼葭爲席，常隨於杞柳之陰。""鄭居"誤，當作"鄭敬"。

　　一五、袁安。存文三節，見於《後漢書》卷四五《袁安傳》"後舉孝廉"李注、《北堂書鈔》卷三九《政術部十三・方略三十六》"聽民輸芋"、卷一五六《歲時部四・凶荒篇二十八》"使民輸芋"、《藝文類聚》卷一〇〇《災異部・旱》、《太平廣記》卷一七一《精察一・袁安》、《太平御覽》卷三五《時序部二〇・豐稔》、卷九七五《果部十二・芋》、《古今事文類聚前集》卷五《天道部・雨》"決獄而雨"等引。

　　一六、袁閎。存文一節，見於《後漢書》卷四五《袁安傳》"鄉人就閎避難皆得全免年五十七卒於土室"李注、《太平御覽》卷五五六《禮儀部三十五・葬送四》引。

　　一七、袁閬。存文二節，見於《世説新語・德行》第三條劉注、《太平御覽》卷二六四《職官部六十二・功曹參軍》引。《世説新語・德行》第三條劉注引"袁閬"原作"袁宏"，當作"袁閬"，余嘉錫考證甚詳，可參看①。

　　一八、應順。存文一節，見於《北堂書鈔》卷五四《設官部六・大匠二十七》"除藻飾割浮費"、卷六一《設官部十三・五校尉八十二》"仲華鷹揚虎視"、《藝文類聚》卷四九《職官部五・將作》、《太平御覽》卷二三六《職官部三十四・將作監》、《職官分紀》卷二二《將作監》"省息十億餘萬"、卷三七《射聲校尉》"鷹揚虎視"、卷三八《河南尹》"省息七億餘萬"引。

---

① 劉義慶撰，劉孝標注，余嘉錫箋疏，周祖謨等整理：《世説新語箋疏》上卷上《德行》第 3 條箋疏，上海古籍出版社 1996 年，第 5 頁。

一九、應項。存文一節，見於《北堂書鈔》卷七五《設官部二十七・太守中一百六十六》"惠澤洽著"引。應項或當作應順，形近而訛。又，《稽瑞》"瓠子同蒂桂樹有繁"引一條，作《汝南先賢傳》叙應從仲事，應從仲或亦當作應順。其云："應從仲爲東平太守，事親篤孝，惠澤洽著。忽有桂於庭粲然繁茂，百姓瞻仰，歸養者什三四。"

二〇、郭憲。存文六節。郭憲勸其師王仲子事，見於《太平御覽》卷四五七《人事部九十八・諫諍七》引。郭憲遊志太學事，見於《北堂書鈔》卷六七《設官部十九・學士一百三十三》"郭憲遊志太學"引。郭憲噀酒滅齊國火事，見於《北堂書鈔》卷一四八《酒食部七・酒六十》"齊國失火噀酒厭之"、《藝文類聚》卷八〇《火部・火》、《太平御覽》卷八六八《火部一・火上》、《事類賦》卷八《地部・火賦》"郭憲嘗聞於噀齊"、《古今合璧事類備要外集》卷五五《燈火門・火》"含酒厭火"、《古今事文類聚續集》卷一八《燈火部・火》"噀酒救火"引。郭憲諫車駕西征隗囂事，見於《藝文類聚》卷二四《人部八・諫》、《初學記》卷一八《人部中・諷諫第三》"斷鞅攬轡"、《太平御覽》卷四五七《人事部九十八・諫諍七》等引。郭憲諫上欲巡三輔事，見於《北堂書鈔》卷五六《設官部八・左右光禄大夫四十二》"子橫當車斷鞅"、《太平御覽》卷二四三《職官部四十一・光禄大夫》、《職官分紀》卷四八《光禄大夫》"拔佩刀以斷車鞅"引。奴數犯塞，郭憲諫不宜動衆事，見於《太平御覽》卷四五七《人事部九十八・諫諍七》引。

二一、范滂。存文四節，見於《北堂書鈔》卷六八《設官部二十・掾一百三十七》"范滂有澄清之志"、卷七七《設官部二十九・功曹一百七十二》"清濁異流"、卷七七《設官部二十九・督郵一百七十》"孟博贜直六十"、《太平御覽》卷七〇〇《服用部二・簾》、卷七〇四《服用部六・囊》等引。

二二、陳蕃。存文三節，見於《世説新語・德行》第一條劉注、《初學記》卷一一《職官部上·太尉司徒司空第二》"主九伐齊七政"、《太平御覽》卷二〇七《職官部五·太尉》、卷二一五《職官部十三·總叙尚書郎》、《職官分紀》卷二《太尉》"齊七政訓五兵"、卷八《尚書郎》"比一把葉"、《錦繡萬花谷續集》卷三《武臣太尉》"七政五兵"引。又,《敦煌類書》錄文篇《語對》〔八〕"人才"下三一一—〇八—二〇"逸驥"引一條,作《先賢傳》,其云:"陳蕃字仲舉,昂昂如千里逸驥。"或出《汝南先賢傳》。

二三、李宣。存文二節,其一,李宣爲太尉黃瓊所辟,直言寒暑不和,責在三公,見於《北堂書鈔》卷六八《設官部二十·掾一百三十七》"寒暑不和黃瓊見李宣"、《太平御覽》卷二〇九《職官部七·三公府掾屬·太尉掾》、卷四二八《人事部六十九·正直下》、《職官分紀》卷五《掾屬》"小掾何所與於此"、《翰苑新書前集》卷三六《開府儀同三司》"被日月之衣居上司之位"引。其二,子李表爲寇端所收,李宣泰然,見於《太平御覽》卷二六九《職官部六七·主簿》等引。

二四、李篤。存文一節,見於《太平御覽》卷四一四《人事部五十五·孝下》引。

二五、李鴻。存文一節,見於《太平御覽》卷四一四《人事部五十五·孝下》引。

二六、闞敞。存文一節,見於《北堂書鈔》卷七七《設官部二十九·五官一百七十一》"闞敞還錢"、《藝文類聚》卷六六《產業部·錢》、《太平御覽》卷四二一《人事部六十二·義中》、卷八三六《資産部十六·錢下》、《事類賦》卷一〇《寶貨部·錢賦》"蒙闞敞之見還"、《古今事文類聚續集》卷二六《珍寶部·錢》"身後還錢"、《古今合璧事類備要外集》卷六五《財用門·銅錢》"見之盡還"等引。

二七、王威。存文一節,見於《北堂書鈔》卷七七《設官部二十九·功曹一百七十二》"尚仁義"引。

二八、王納。存文一節，見於《北堂書鈔》卷一二一《武功部九·金鉦二十五》"鳴以討賊"引。

二九、王恢。存文一節，見於《太平御覽》卷四二一《人事部六十二·義中》引。

三〇、趙規。存文一節，見於《北堂書鈔》卷七八《設官部三十·縣令一百七十六》"爭水割指"、《太平御覽》卷三七五《人事部一十六·血》等引。

三一、謝甄。存文一節，見於《世説新語·賞譽》第三條劉注、《文選》卷四六《序下·王文憲集序》"豈非希世之儁民瑚璉之宏器"李注、《北堂書鈔》卷九八《藝文部四·談講十三》"謝甄邊讓並善談論"、《太平御覽》卷四四四《人事部八十五·知人下》引。

三二、許嘉。存文三節，見於《北堂書鈔》卷六八《設官部二十·掾一百三十七》"投劍潛歸"、卷一二二《武功部十·劍三十四》"以劍帶樹"、《太平御覽》卷六四九《刑法部十五·鞭》、卷八七〇《火部三·炬》、《職官分紀》卷四二《吏》"感激讀書"引。

三三、許慎。存文一節，見於《太平御覽》卷二六四《職官部六十二·功曹參軍》引。

三四、戴良。《北堂書鈔》卷一三六《服飾部五·屐八十六》"以備炊爨"、卷一三六《服飾部五·嚴器六十七》"方笥嚴器"、《初學記》卷二六《器物部·裙第十》"四等三條"、《太平御覽》卷五一九《宗親部九·女》、卷六九六《服章部十三·裙》、卷六九八《服章部十五·屐》、卷七一七《服用部一九·嚴器》等引。

三五、蔡順。存文六節，皆言蔡順孝事，見於《後漢書》卷三九《周磐傳》附《蔡順傳》"同郡蔡順字君仲亦以至孝稱"李注、《北堂書鈔》卷一五二《天部四·雷篇二十三》"順母畏雷"、《藝文類聚》卷二《天部下·雷》、卷三五《人部十九·泣》、卷八〇《火部·火》、卷八〇《火部·薪炭灰》、《初學記》卷一《天部上·雷第七》

“蔡環塚竺伏墳”、卷一七《人部上·孝第四》“吮癰嘗毒”、《白氏
六帖事類集》卷五《薪柴三十一》“綱繆束薪曲突徙薪棄薪”、《太
平御覽》卷一三《天部十三·雷》、卷四一四《人事部五十五·孝
下》、卷四八八《人事部一百二十九·泣》、卷七六五《器物部十·
桔橰》、卷八六八《火部一·火上》、卷九七三《果部一〇·椹》、卷
九九五《百卉部二·藤》、卷九九八《百卉部五·扶老》、《事類賦》
卷八《地部·火賦》“彰孝感於君仲”、卷二四《草部·草賦》“井邊
扶老”等引。又，《稽瑞》“菖蒲之花扶老之藤”引一條，叙蔡從事，
其云：“蔡從字君仲，至孝，所居井桔橰歲久，欲碎，爲母病，於是
憂不敢動搖。宿昔，生扶老藤一莖，鳩巢其上。”蔡從當爲蔡順。

三六、屈霸。存文一節，見於《太平御覽》卷二一五《職官部
十三·總叙尚書郎》引。《元和姓纂》卷十“屈”亦云：“《汝南先賢
傳》有屈霸。”

三七、郭亮。存文一節，見於《太平御覽》卷三八五《人事部
二十六·幼智下》引。

三八、殷燀。存文一節，見於《太平御覽》卷四一四《人事部
五十五·孝下》引。

三九、繆肜。存文一節，見於《太平御覽》卷四一六《人事部
五十七·友悌》引。

今存題周斐《汝南先賢傳》者，或有後世輾轉傳鈔而誤入者，
侯康《補三國藝文志》卷三史部雜傳類“周斐《汝南先賢傳》”條
云：“……史傳皆佚其事，且有不知姓名者，胥賴此書以傳，惟載
及侯瑾（《藝文》八十）、葛玄（《藝文》九十六）、胡定（《御覽》四百
二十六）、劉巴（《御覽》四百五十七）諸人事，皆非汝南人，疑引書
者輾轉傳訛也。”檢各書所引，籍非汝南，而又有引作《汝南先賢
傳》者。此或諸書徵引有誤，亦或《汝南先賢傳》叙汝南先賢而牽
涉其人，計有：

一、胡定。見於《太平御覽》卷四二六《人事部六十七·清廉

下》引。

二、陳寔。見於《初學記》卷一七《人部上·友悌第五》、《白孔六帖》卷一九《兄弟一》"閨門雍睦"、《太平廣記》卷一六一《感應一·陳寔》等引。

三、侯瑾。見於《藝文類聚》卷八〇《火部·薪炭灰》引。

四、劉巴。見於《太平御覽》卷四五七《人事部九十八·諫諍七》引。

五、葛玄。見於《藝文類聚》卷九六《鱗介部上·魚》引。此條《太平御覽》卷九三五《鱗介部七·魚上》引作《神仙傳》，然檢今傳《神仙傳·葛玄》，不載此事。

六、介象。見於《藝文類聚》卷九六《鱗介部上·魚》引。《藝文類聚》卷九六引此條上承葛玄條，作"又曰"，《太平御覽》卷九三五《鱗介部七·魚上》引則作《神仙傳》，檢《神仙傳·介象》，載此條所叙二事，而文甚詳。

七、王涣。見於《北堂書鈔》卷七七《設官部二十九·功曹一百七十二》"當職割斷"引。

又，《世説新語·賢媛》第一五條劉注引一條，言王湛娶郝普女事，作《汝南別傳》，或爲《汝南先賢傳》，其文云："襄城郝仲將，門至孤陋，非其所偶也。君嘗見其女，便求聘焉。果高朗英邁，母儀冠族。其通識餘裕，皆此類。"

《汝南先賢傳》載録汝南先賢人物，多取一二典型事例，以見人物之品格個性。侯康《補三國藝文志》"周斐《汝南先賢傳》"條舉其所録人物，乃云："如周乘之器識，闞敞之貞廉，黄浮、李宣之公正，陳華、王恢之義烈，李鴻、李先、殷煇之孝友，許嘉之志節，郭亮之幼慧，薛勤之知人……"一事而見人物品性，足見《汝南先賢傳》之取事精當。《汝南先賢傳》又多録傳聞、虚誕之事，甚至虚構典型事件。如蔡順（君仲）的至孝，母死，棺停於堂上，遇火災，火不燒其堂，而"越向東家"；袁安公正，爲楚相，"延千人之

命”後，本來炎旱，而“其時甘雨滂霈”等事皆虛誕不經，即出傳聞
或虛造。亦常引用他人評價或諺語、歌謠，如《許劭傳》引謝子微
之語“此則希世出衆之偉人也”，《黄憲傳》引時論云“顔子復生乎
漢之代矣”，《周乘傳》引陳蕃語“周子居者，真治國之器也”等。
故其傳述頗得人物風神。

海内士品

　　輯存。曹丕撰。原一卷，或二卷，或三卷。

　　《海内士品》，曹丕撰。《隋書·經籍志》史部雜傳類著録《海
内士品》一卷，不著撰人。《舊唐書·經籍志》史部雜傳類《海内
士品録》二卷，題魏文帝撰；《新唐書·藝文志》史部雜傳記類著
録《海内士品録》三卷，題魏文帝撰。又，《隋書·經籍志》子部名
家類著録魏文帝《士操》一卷，姚振宗《隋書經籍志考證》卷二〇
史部雜傳類“《海内士品》”條認爲《士操》與《海内士品》爲一書，
而“魏武諱操，文帝不當以操名書”，且《海内士品》與《海内士品
録》亦爲一書而異稱。章宗源亦有類似看法。章、姚二人所言可
資參考。

　　曹丕，《三國志》卷二《魏書·文帝紀》云：“文皇帝諱丕，字子
桓，武帝太子也。中平四年冬，生于譙。建安十六年，爲五官中
郎將、副丞相。二十二年，立爲魏太子。太祖崩，嗣位爲丞相、魏
王。”建安二十五年（220），改元爲延康元年。同年代漢建魏，改
延康爲黄初。黄初七年夏五月丁巳（226 年 6 月 29 日），崩，時
年四十。六月戊寅，葬首陽陵。謚文帝，廟號高祖。曹丕好文
學，以著述爲務，自所勒成垂百篇。今存《魏文帝集》二卷。又使
諸儒撰集經傳，隨類相從，凡千餘篇，號曰《皇覽》。

　　曹丕《海内士品》佚失殆盡，今存文一節，見於《北堂書鈔》卷
一三六《服飾部五·鏡六十五》“磨鏡取資”、《太平御覽》卷七一

七《服用部十九·鏡》等引，作《海内士品》，叙徐穉即徐孺子事。
又，《藝文類聚》卷七〇《服飾部下·鏡》引一節，作《海内玉品
子》，文與《太平御覽》卷七一七等引多同，疑其題名誤，或當作
《海内士品》。

甄表狀

輯存。魏明帝撰。

《隋書·經籍志》無著錄，侯康《補三國藝文志》卷三史部雜
傳類補錄，姚振宗《三國藝文志》卷二史部雜傳記類補錄，皆作
"魏明帝《甄表狀》"。侯康《補三國藝文志》"《甄表狀》"條案云：
"魏文帝所旌表二十四賢，備在《群輔錄》，無公沙穆、陳寔父子，
而《甄表狀》有之，蓋又有所推廣矣。二十四賢中之徵士樂安冉
璆，《後漢書·陳蕃傳》作周璆，未知孰是。"姚振宗錄侯康語。宋
王應麟《小學紺珠》卷六名臣類"二十四賢"條及《玉海》卷一三四
《官制·人物》"漢二十四賢"條亦作"冉璆"。宋馬永易《實賓錄》
卷五"二十四賢"案語亦作"冉璆"。《北堂書鈔》卷七四《設官部
二十六·太守上一百六十六》"爲周璆置榻"引謝承《後漢書》云：
"陳蕃爲樂安太守，郡人周璆高潔之士，前後郡守招命，莫肯至。
唯蕃能致焉。字而不名，特爲置一榻，去則縣之。"《太平御覽》卷
七〇六《服用部八·榻》引謝承《後漢書》云："周璆字孟玉，陳蕃
爲太守，璆來，置一榻，去則縣之。"《太平御覽》卷四七四《人事部
一百一十五·禮賢》引袁山松《後漢書》云："周璆字孟玉，爲樂城
令，逍遥無事，縣中大治。去官，徵聘不至。陳蕃爲太守，璆來置
榻，去則懸之。"則凡作"冉璆"者，當皆據《群輔錄》，而謝承、袁山
松及范曄諸家《後漢書》則作"周璆"。或當作"周璆"爲是。又，
諸家言"冉璆"或"周璆"，皆云字孟玉，惟《白孔六帖》卷四四《待
士十五》"懸榻"引云："後漢樂安太守陳蕃，郡人周璆高絜之士，

前後郡守招命不致，唯蕃致之，而不名。特爲致一榻，去則懸之。璆字宣之。”云周璆字“宣之”。

魏明帝即曹叡，《三國志》卷三《魏書·明帝紀》云：“明皇帝諱叡，字元仲，文帝太子也。生而太祖愛之，常令在左右。年十五，封武德侯，黃初二年爲齊公，三年爲平原王。以其母誅，故未建爲嗣。七年夏五月，帝病篤，乃立爲皇太子。丁巳，即皇帝位。”景初三年（239）薨。

陶潛《群輔録》三處引《甄表狀》，一是陳寔及其二子，案云：“右並以高名，號曰三君。見《甄表狀》及邯鄲淳紀碑。”二是“太尉河南杜喬字叔榮”以下二十四人，案云：“右魏文帝初爲丞相、魏王所旌表二十四賢，後明帝乃述撰其狀。見文帝令及《甄表狀》。”三是公沙穆五子，案云：“右北海公沙穆之五子，並有令名，京師號曰公沙五龍，天下無雙。穆亦名士也。見魏明帝《甄表狀》及《後漢書》。”知《甄表狀》是魏明帝據其父魏文帝所旌表之二十四賢撰成，然又至少尚有公沙穆五子及陳寔父子三人。其體例，則先列名號，次略狀其行事。《群輔録》録“太尉河南杜喬字叔榮”以下二十四人，皆首列名號，次以“狀”起，“狀”下文字當即魏明帝所作狀文。

《玉海》卷一三四《官制·人物》“漢二十四賢”條云：“《群輔録》魏文帝旌表二十四賢，杜喬、張奐、向詡、陳蕃、施延、李膺、朱寓、杜密、韓融、荀爽、房植、姜肱、陳球、王暢、申屠蟠、張儉、鄭玄、冉璆、李固、郭泰、朱穆、魏少英、徐穉、皇甫規，明帝述撰其狀。（見明帝令及《甄表狀》）”羅列二十四賢人名，與今所見《群輔録》此條同。

《甄表狀》已佚，其文今主要見於《群輔録》所引，《漢魏六朝雜傳集》據諸書徵引，新輯其文，得共三十二人，包括二十四賢，及陳寔父子三人、公沙穆五子。

海内先賢傳

輯存。魏明帝時撰。原四卷，或五卷。

《海内先賢傳》，《隋書·經籍志》史部雜傳類著録《海内先賢傳》四卷，題“魏明帝時撰”，《舊唐書·經籍志》史部雜傳類著録《海内先賢傳》四卷，題“魏明帝撰”，《新唐書·藝文志》史部雜傳記類著録《海内先賢傳》五卷，題“魏明帝時撰”，《通志》卷六五《藝文略第三》史部傳記類著録《海内先賢傳》四卷，題“魏明帝時撰”。侯康《補三國藝文志》卷三史部雜傳類、姚振宗《三國藝文志》卷二史部雜傳記類補録。章宗源《隋書經籍志考證》“《海内先賢傳》四卷”條考列其文所見在，姚振宗《隋書經籍志考證》卷二〇史部雜傳類“《海内先賢傳》四卷”條轉録章氏考證及侯氏所列，並認爲《海内先賢傳》是在《甄表狀》之基礎上增益而成，其云：“《甄表狀》所推廣者不知若干人，此大抵因《甄表狀》而續增爲傳者，疑《群輔録》所載漢魏間諸賢如三君八俊之類皆是也。《新唐志》多出一卷，疑即後《海内名士傳》一卷合爲一書。”

諸史志著録及諸書徵引《海内先賢傳》，或題“魏明帝時撰”，或題“魏明帝撰”。今孫啓治、陳建華《古佚書輯本目録》按云：“《群輔録》有‘二十四賢’，云：‘右，魏文帝初爲丞相、魏王所旌表二十四賢，後明帝乃述撰其狀，見文帝令及《甄表狀》。’疑他人續補明帝之作而成《海内先賢傳》，故史志或謂明帝時撰，或題明帝撰。”①朱東潤以爲當作“魏明帝時撰”爲是。其云：“《世説新語注》及《御覽》所引諸條，皆漢魏間人事。《御覽》卷九二二引《先

---

①孫啓治、陳建華編：《古佚書輯本目録》史部傳記類“《海内先賢傳》”條，中華書局1997年，第175頁。

賢傳》云：'周不疑，曹公欲以爲議郎，不就。時有白雀瑞，不疑已作頌，援紙筆立令復作，操奇異之。'倘如《唐書·經籍志》所云，爲魏明帝撰，似不應有曹公、曹操之稱，仍以《隋志》所題爲宜。"①《太平御覽經史圖書綱目》録《海内先賢傳》，又録魏明帝《先賢傳》，或其至宋時已有不同傳本，亦或其實爲二書。

《海内先賢傳》已佚，其文今散見諸書徵引，王仁俊據《世説新語》劉注採得三節，録於《玉函山房輯佚書補編》。《漢魏六朝雜傳集》據諸書徵引，新輯其文，題《海内先賢傳》，得陳穉叔、荀淑、鍾皓、陳蕃、姜肱、申屠蟠、陳紀、陳諶、韓融、鍾繇、公沙穆、謝廣、趙建、仇覽、范丹、胡安、程堅、黄憲、王允、許劭二十人事蹟。

今檢諸書徵引，以人名標目，條列其佚文如下：

一、陳穉叔、荀淑、鍾皓。存文二節，《世説新語·德行》第五條劉注、《北堂書鈔》卷三三《政術部七·薦賢十八》"歸以公相之位"、《太平御覽》卷四〇九《人事部五〇·交友四》、卷六三二《治道部一三·薦舉下》引。

二、陳蕃。存文一節，見於《世説新語·德行》第一條劉注引。

三、姜肱。存文二節，見於《太平御覽》卷四九九《人事部一百四十·盜竊》、卷七〇七《服用部九·被》等引。

四、申屠蟠。存文一節，見於《後漢書》卷五三《申屠蟠傳》"輒三日不食"李注引。又，《北堂書鈔》卷九四《禮儀部十五·忌日四十一》"忌日哀戚"引一條，作《續漢書》，四庫本《北堂書鈔》卷九四《禮儀部十五·忌日四十一》"忌日哀戚"引作《海内先賢傳》，文同《後漢書》卷五三李注引。

五、陳紀。存文一節，見於《初學記》卷一七《人部上·孝第四》"陳紀畫像丁蘭圖形"、《太平御覽》卷四一四《人事部五十

①朱東潤：《八代傳敘文學述論》，復旦大學出版社2006年，第88—89頁。

五·孝下》等引。

六、陳諶。存文一節，見於《世説新語·德行》第七條劉注引。

七、韓融。存文一節，見於《後漢書》卷七四上《袁紹傳》“卓乃遣大鴻臚韓融……紹使王匡殺班瓌吴循等”李注引。

八、鍾繇。存文一節，見於《後漢書》卷六二《鍾皓傳》“皓孫繇建安中爲司隸校尉”李注引。

九、公沙穆。存文一節，見於《北堂書鈔》卷七八《設官部三十·縣令一百七十六》“設壇引咎”、《太平御覽》卷二六八《職官部六十六·良令長下》、《職官分紀》卷四二《縣令》“百姓稱神明”引。

一〇、謝廣、趙建。存文一節。見於《太平御覽》卷三八五《人事部二十六·幼智下》引。

一一、仇覽。存文一節，見於《太平御覽》卷四〇四《人事部四十五·師》引。

一二、范丹。存文一節，見於《太平御覽》卷四一六《人事部五十七·友悌》、卷五一六《宗親部六·兄弟下》引。

一三、胡安。存文一節，見於《北堂書鈔》卷一五二《天部四·雪篇十八》“道路絶食”引。

一四、程堅。存文一節，見於《太平御覽》卷五一二《宗親部二·伯叔》引。

一五、黃憲。存文一節，見於《藝文類聚》卷二一《人部五·德》等引。

一六、王允。存文一節，見於《太平御覽》卷六五二《刑法部一八·赦》引。

一七、許劭。存文一節。見於《世説新語·賞譽》第三條劉注等引。

又，《北堂書鈔》卷五八《設官部十·侍中六十二》“盧植天下

之望”、《太平御覽》卷二一九《職官部十七・侍中》各引一條,作
魏明帝《先賢傳》,叙盧植事。此所謂魏明帝《先賢傳》者,亦或即
《海内先賢傳》。

侯康於《補三國藝文志》卷三史部雜傳類補錄《海内先賢
傳》,云:“《世説》注、《後漢書》注、《藝文》、《御覽》俱引之,其中記
申屠蟠事、許劭事,足補史傳之闕。記王允死難事,與史不同。
記李膺宗陳稺叔、荀淑、鍾皓三君,嘗言荀君清識難尚,陳、鍾至
德可師,比史傳多稺叔一人,皆足備參考者也。”言及《海内先賢
傳》記事多有與史傳相異者,可資參考。侯康所論誠是,此亦雜
傳之共性,所錄多正史所不載者。《海内先賢傳》叙事講究章法,
詳略得當,如述許劭事,雖多直陳梗概,然亦有細微具體處,往往
有聲有色,頗可觀覽。

附:海内名士傳

佚。佚名撰。一卷。

《隋書・經籍志》史部雜傳類著錄《海内名士傳》一卷,不題
撰人。《通志・藝文略》史類傳記類著錄同。姚振宗《隋書經籍
志考證》“《海内名士傳》一卷”條案云:“此疑即前《海内先賢傳》
之佚出者。”疑此《海内名士傳》一卷,即從《海内先賢傳》“五卷”
中析出而別爲一卷。或《海内先賢傳》原爲“四卷”,後編入《海内
名士傳》“一卷”,故在《隋書・經籍志》著錄中《海内先賢傳》爲
“四卷”,而《新唐書・藝文志》著錄《海内先賢傳》爲五卷,多出一
卷即《海内名士傳》。其《隋書經籍志考證》“《海内先賢傳》四卷”
條云:“《新唐志》多出一卷,疑即後《海内名士傳》一卷合爲
一書。”

姚振宗又以爲此《海内名士傳》或即王澄等所著《天下士
目》,其《隋書經籍志考證》“《海内名士傳》一卷”條案云:“此《海
内名士傳》似即王澄、王衍輩所作,亦稱《天下士目》。《世説》此

兩篇所載中朝諸名士或亦本之是書。澄及衍爲王敦、石勒所害，其書袁宏時已先行，故本志列於袁書之前。”

王澄題目天下士人事，《王澄別傳》言及，《世説新語·賞譽》第三一條云“王夷甫語樂令，名士無多人，故當容平子知。”劉注引《王澄別傳》曰：“澄風韻邁達，志氣不群。從兄戎、兄夷甫，名冠當年。四海人士，一爲澄所題目，則二兄不復措意。云：‘已經平子。’其見重如此。是以名聞益盛，天下知與不知，莫不傾注。澄後事迹不逮，朝野失望。及舊遊識見者，猶曰：‘當今名士也。’”①王澄題目天下士人，或以言語流傳士林，亦或已成書。《世説新語·品藻》第一一條云：“庾中郎與王平子鴈行。”劉注引《晉陽秋》言及，其云：“初，王澄有通朗稱，而輕薄無行。兄夷甫有盛名，時人許以人倫鑒識。常爲天下士目曰：‘阿平第一，子嵩第二，處仲第三。’敦以澄、敦莫己若也。及澄喪，敦敗，敦世譽如初。”②此語“常爲天下士目”，余嘉錫箋疏爲作書視之。王澄“爲天下士目”，或當有書流傳，即《天下士目》。而姚氏推測《海内名士傳》即王澄《天下士目》，或是。此存疑。

《海内名士傳》今不見古籍舊注稱引其文。

會稽先賢傳

輯存。謝承撰。原七卷，或五卷。

謝承《會稽先賢傳》，《隋書·經籍志》史部雜傳類、《舊唐書·經籍志》史部雜傳類、《新唐書·藝文志》史部雜傳記類均著

---

① 劉義慶撰，劉孝標注，余嘉錫箋疏，周祖謨等整理：《世説新語箋疏》中卷下《賞譽》第 31 條，上海古籍出版社 1996 年，第 438 頁。

② 劉義慶撰，劉孝標注，余嘉錫箋疏，周祖謨等整理：《世説新語箋疏》中卷下《品藻》第 11 條，上海古籍出版社 1996 年，第 509 頁。

録《會稽先賢傳》,《隋書‧經籍志》、《新唐書‧藝文志》作"七卷",《舊唐書‧經籍志》作"五卷"。

　　謝承,字偉平,會稽山陰人。《會稽典録》云其"博學洽聞,嘗所知見,終身不忘"①。拜五官郎中,官至長沙東部都尉、武陵太守。劉知幾云"謝承尤悉江左"②。其撰《會稽先賢傳》,乃源於此。《隋書‧經籍志》著録有"《謝丞集》四卷,今亡",《舊唐書‧經籍志》、《新唐書‧藝文志》俱作"《謝承集》四卷",則《隋書‧經籍志》"丞"當爲"承"之誤。嚴可均輯得其佚文四篇,録於《全三國文》卷六六中。謝承又著有《後漢書》,《隋書‧經籍志》著録有一百三十卷,今亦散佚。

　　會稽,因會稽山得名。《史記》云:"或言禹會諸侯江南,計功而崩,因葬焉,命曰會稽。會稽者,會計也。"秦置郡,郡治在吳縣(今江蘇蘇州),轄春秋時長江以南的吳國、越國故地。漢初曾爲韓信楚國、劉賈荆國、劉濞吳國領地。七國之亂後復置會稽郡。東漢永建四年(129 年),分會稽郡浙江以北諸縣置吳郡。會稽郡治所移至山陰縣(今浙江紹興)。三國吳國時先後分會稽郡置臨海郡(今浙江東南部)、建安郡(今福建)、東陽郡(今浙江衢州、金華一帶)。兩晉南北朝時期,會稽郡又幾經變遷,僅轄今紹興、寧波一帶。隋文帝滅陳,廢會稽郡,置吳州。隋煬帝改吳州爲越州,後又改爲會稽郡。謝承爲三國吳人,其所指會稽,當即三國吳時以山陰爲治之會稽也,然其所包括,當含古之會稽地也。

　　謝承《會稽先賢傳》久佚,其佚文今散見諸書徵引,《太平御

---

① 魯迅輯:虞預《會稽典録》卷下"謝承"條,《魯迅輯録古籍叢編》第三卷,人民文學出版社 1999 年,第 278 頁。

② 劉知幾撰,浦起龍釋:《史通通釋》卷九《煩省第三十三》,上海古籍出版社 1978 年,第 265 頁。

覽經史圖書綱目》録《會稽先賢傳》。宛本《説郛》卷五八輯《會稽先賢傳》七人事蹟，即：孔愉、闞澤、董崑、陳業、魏朗、賀劭、陳修。《五朝小説》及《五朝小説大觀》亦見徵引，不出宛本《説郛》之外，傅增湘曾取宛本《説郛》所輯加以校勘。今復有黃奭、魯迅二家輯本，以魯迅輯本爲善，魯迅共得八人事蹟，即嚴遵、董崑、沈勳、淳于翼、茅開、陳業、闞澤、賀氏，録於《會稽郡故書雜集》中。然魯迅也有誤輯和遺漏。《太平御覽》卷七〇九《服用部一一·薦蓆》引"董崑"事，影宋本作《會稽先賢贊》，四庫本作《會稽先賢傳》，當據影宋本定其爲《會稽先賢像贊》之文，而魯迅誤輯入《會稽先賢傳》。今人劉緯毅輯得佚文六節，分別叙陳業、董崑、闞澤、沈勳、嚴遵、孔愉事。題吳謝承《會稽先賢傳》，録於《漢唐方志輯佚》中。《漢魏六朝雜傳集》據諸書徵引，新輯其文，題《會稽先賢傳》，得嚴遵、沈勳、茅開、陳業、淳于長通、闞澤、賀氏七人事蹟。

今檢諸書徵引，以人名標目，條列其佚文如下：

一、嚴遵。存文一節，見於《太平御覽》卷九六四《果部一·栗》卷九六六《果部三·橘》、《事類賦》卷二七《果部二·栗賦》"嚴遵獨異於群下"引。

二、沈勳。存文一節，見於《北堂書鈔》卷五九《設官部十一·尚書令七十二》"沈勳名冠百僚"、《太平御覽》卷二一〇《職官部八·尚書令》、《職官分紀》卷八《尚書令》"名冠百僚"引。

三、茅開。存文一節，見於《太平御覽》卷二五三《職官部五一·督郵》、《職官分紀》卷四一《督郵》"歷家不入門"引。

四、陳業。存文一節，見於《初學記》卷一七《人部上·友悌第五》"陳業灑血徐苗含癰"、《太平廣記》卷一六一《感應一·陳業》、《太平御覽》卷四一六《人事部五七·友悌》、卷四二一《人事部六二·義中》等引。

五、淳于長通。存文一節，見於《太平御覽》卷三八五《人事部二六・幼智下》引。魯迅輯《會稽先賢傳》題此條爲"淳于翼"，以爲淳于長通即淳于翼。《開元占經》卷一二〇《龍魚蟲蛇占・龍龜魚蟲怪》"蛇入都邑宫廟"引《會稽典録》，叙淳于翼事，其云："淳于翼，字叔通。除洛陽市長。桓帝即位，有大蛇見德陽殿上。翼占曰：'以蛇有鱗，甲兵之應也。'"則淳于翼字叔通，此言長通，故存疑焉。

六、闞澤。存文一節，見於《太平御覽》卷四《天部四・月》、卷三六〇《人事部一・孕》、卷三九八《人事部三九・吉夢下》、《事類賦注》卷一《天部一・月賦》"闞澤夢之而見名"、《海録碎事》卷九上《聖賢人事部下・夢寐門》"名在月中"等引。又，《敦煌類書》録文篇《語對》〔八〕"人才"下三一一—〇八—二"月中"引一條，作《先賢傳》，叙闞澤事，其云："闞澤年十五，夢月中有字，後仕官，遂通。"此《先賢傳》或當爲《會稽先賢傳》。

七、賀氏。存文一節，見於《會稽續志》卷四《水・會稽》引《慶湖遺老集序》，末云："家牒載謝承《會稽先賢傳》叙略如此。"

《記纂淵海》卷二一《論議部之二十一・物類相感》"蛤蟹珠龜與月盛衰"引一條，注《會稽先賢傳》，有目無文。

《會稽先賢傳》所遺七人事蹟中，陳業、闞澤事蹟頗爲怪奇荒誕，蓋此等先賢傳記，採摭民間傳聞，往往爲突顯人物某一品性，而不顧其事是否實有，小説化傾向鮮明。

會稽先賢像贊

輯存。賀氏撰。原五卷，或四卷。

《會稽先賢像贊》，《隋書・經籍志》史部雜傳類著録《會稽先賢像贊》五卷，未題撰人；《舊唐書・經籍志》史部雜傳類著録《會稽先賢像贊》四卷，題"賀氏撰"；《新唐書・藝文志》史部雜傳記類著録《會稽先賢傳像贊》，題"賀氏撰"。《舊唐書・經籍志》、

《新唐書・藝文志》又著録有賀氏《會稽太守像贊》二卷,《通志・藝文略第三》史類傳記類亦著録《會稽先賢像贊》四卷,題賀氏撰,又著録《會稽太守像贊》二卷,題賀氏撰。新、舊《唐書》著録《會稽先賢像贊》及《會稽太守像贊》,均題"賀氏撰",此二書或爲一書。《隋書・經籍志》史部地理類著録有賀循《會稽記》一卷,姚振宗《隋書經籍志考證》卷二〇"《會稽先賢像贊》"條疑此三書爲一書,其云:"案本志地理類有《會稽記》一卷,賀循撰,似與此本爲一書,著録家分人物名官之類入傳記,遂割裂而不相統攝。若是,則《唐志》題賀氏者循也。"此姚氏推測,存疑。今仍據《舊唐書・經籍志》及《新唐書・藝文志》著録,題賀氏撰。

　　《會稽先賢像贊》已佚,今見《太平御覽》卷六八五《服章部二・高山冠》引"綦母文"事,作《會稽先賢像贊》,《北堂書鈔》卷七九《設官部三十一・孝廉一百七十七》"董昆令名"條引"董昆"事作《會稽先賢贊》,或爲其異名,魯迅即以二者爲一書,并據《北堂書鈔》卷三八、卷七九、卷七二採得董昆、綦母俊二人事各一節,題賀氏撰,録於《會稽郡故書雜集》中。劉緯毅亦據《北堂書鈔》、《太平御覽》輯得綦母俊、董昆二人事蹟,題《會稽先賢像贊》,晉賀氏撰,録於《漢唐方志輯佚》中。《漢魏六朝雜傳集》蒐羅諸書徵引,新輯其文。得董昆佚文二節,綦母俊佚文一節,題《會稽先賢像贊》。

　　一、董昆。存文二節,見於《北堂書鈔》卷三四《政術部八・任賢十九》"董昆清約守貧署上計吏"、卷三八《政術部・廉潔三十二》"并日而炊"、卷七九《設官部三十一・孝廉一百七十七》"董昆令名"、《太平御覽》卷七〇九《服用部一一・薦蓆》引。

　　二、綦母俊。存文一節,見於《北堂書鈔》卷七二《設官部二十四・刺史一百六十》"賜高山冠"、《太平御覽》卷六八五《服章部二・高山冠》引。

　　董昆佚文叙其清約守貧,綦母俊佚文叙其臨難受命,以此觀

之,《會稽先賢像贊》當多載先賢德行惠政,且據其題名,當有圖
像。則此傳在於頌贊先賢,以爲紀念。

廣州先賢傳

輯存。陸胤撰。原七卷,或一卷。

《廣州先賢傳》,陸胤撰。《隋書·經籍志》無著録,《舊唐
書·經籍志》史部雜傳類著録《廣州先賢傳》七卷,題陸胤撰;《新
唐書·藝文志》史部雜傳記類著録《廣州先賢傳》一卷,題陸肙志
撰。《通志·藝文略》史類傳記類著録《廣州先賢傳》一卷,題"陸
允志撰"。

《廣州先賢傳》,《舊唐書·經籍志》題陸胤撰,《新唐書·藝
文志》及《通志·藝文略》題陸肙志或陸允志撰。作肙、允,乃因
避諱。而作"陸允志"當是陸胤之訛。章宗源《隋書經籍志考證》
陸允《廣州先賢傳》七卷"條云:"見《舊唐志》,允名《新唐志》作
允志,《初學記》人事部引羅威事母至孝,異果珍味隨時進前。陸
徹《廣州先賢傳》,徹與允字以相似易訛。(注云:允避廟諱作允,
原字與徹近似。)《太平御覽》人事部引太守終寵下車,尹牙以德
進,幹任喉舌。又徐徵爲人短小果敢。二事稱陸允《廣州先賢
傳》,他所引多不著名。"侯康《補三國藝文志》卷三史類雜傳類補
録陸胤《廣州先賢傳》七卷,並考索其佚文之所在。姚振宗《三國
藝文志》卷二史類雜傳記類補録陸胤《廣州先賢傳》一卷,轉録章
氏及侯氏考證。

陸胤,三國時吳人,《三國志》卷六一有傳,其云:"胤,字敬
宗,凱弟也。"始爲御史、尚書選曹郎,太子和聞其名,對其甚爲敬
重。後爲衡陽督軍都尉。赤烏十一年(248),交阯九真夷賊攻没
城邑,交部騷動。以胤爲交州刺史、安南校尉。胤入南界,喻以
恩信,務崇招納,交域清泰。就加安南將軍。永安元年(258),徵

爲西陵督，封都亭侯，轉在虎林，卒。

《舊唐書・經籍志》著録作七卷，《新唐書・藝文志》、《通志・藝文略》著録作一卷。又，《新唐書・藝文志》、《通志・藝文略》在著録陸胤《廣州先賢傳》一卷外，又著録劉芳《廣州先賢傳》七卷，《太平御覽經史圖書綱目》列二《廣州先賢傳》，一題陸胤，一無撰人。姚振宗《三國藝文志》補録陸胤《廣州先賢傳》一卷，於"《唐書・經籍志》、《廣州先賢傳》七卷"下注云："此七卷似合劉芳爲一編。"似與劉芳《廣州先賢傳》無關，蓋劉芳《廣州先賢傳》，《新唐書・藝文志》作七卷，如其合並，當八卷。故《舊唐書・經籍志》著録七卷，而至《新唐書・藝文志》著録爲一卷，或其散佚而僅存一卷。

陸胤《廣州先賢傳》已佚，佚文散見諸書徵引。今見涵本《説郛》摘録《廣州先賢傳》，存丁密一人之事。宛本《説郛》卷五八録闕名《廣州先賢傳》，叙頓琦、廖沖、梅銷、羅威四人事蹟（實五人，頓琦後又有丁密事）。

又，四庫本《説郛》卷五八録二《廣州先賢傳》，一題鄒閎甫撰，一題闕名撰。題鄒閎甫撰者録丁密、丁茂、頓琦、董正、尹牙五人事蹟，題闕名者録頓琦、廖沖、梅銷、羅威四人事蹟（實五人，頓琦後又有丁密事）。黃奭輯得《廣州先賢傳》者文四節，題"鄒閎甫《廣州先賢傳》一卷"，叙丁密、頓琦、董正、尹牙四人事蹟，録於其《漢學堂知足齋叢書》中。

鄒閎甫，生平不詳，晉有鄒湛，字潤甫，南陽新野人，鄒閎甫或與其有關。孫啟治、陳建華對鄒閎甫亦有此看法①。則撰《廣州先賢傳》者，又或有劉芳、鄒閎甫者。

廣州，古地名。三國吴大帝孫權黃武五年（226），以交州廣

---

① 孫啟治、陳建華編：《古佚書輯本目録》"《楚國先賢傳》"條，中華書局1997年，第173頁。

大,分嶺南諸郡置廣州,治蒼梧郡廣信縣,旋廢。永安七年(264)
復分交州七郡置廣州,治南海郡番禺縣。晉武帝太康元年
(280),滅吳,仍沿置廣州,治番禺,分桂林郡置鬱林郡。其後之
東晉南北朝沿襲,時或調整,然大致爲今廣東、廣西及其周邊地
區。陸胤爲三國吳人,其所謂廣州,即三國時所謂廣州也。

　　檢諸書徵引《廣州先賢傳》者,多不題撰人,惟如《太平御覽》
卷三七八《人事部一九·短中國人》、卷四八二《人事部一百二十
三·仇讐下》各引一條,題陸胤《廣州先賢傳》,《初學記》卷一七
《孝第四》"杜孝投魚羅威進果"引一條,題陸徹《廣州先賢傳》,
"陸徹"當是"陸胤"之訛。

　　今劉緯毅輯《廣州先賢傳》十六節,計有養奮、羅威、董正、唐
頌、鄧盛、丁密、頓琦、丁茂、黃豪、疏源、鍾翔十一人事,題三國吳
陸胤撰,錄於《漢唐方志輯佚》。《漢魏六朝雜傳集》據諸書徵引,
新輯《廣州先賢傳》,且據《舊唐書·經籍志》著錄,題陸胤撰,凡
不題撰人而僅題《廣州先賢傳》者,亦皆繫於此,得十三人事:養
奮、羅威、徐徵、尹牙、丁密、鄧盛、黃豪、董正、疎源、鍾翔、丁茂、
唐頌、頓琦。

　　今檢諸書徵引,以人名標目,條列其佚文如下:

　　一、養奮。存文一節,見於《後漢書·五行志·五行三》"後
乃改殯梁后葬西陵徵舅三人皆爲列侯位特進賞賜累千金"劉昭
注等引。

　　二、羅威。存文二節,見於《初學記》卷一七《孝第四》"杜孝
投魚羅威進果"、《太平御覽》卷四〇三《人事部四十四·陰德》、
卷九〇〇《獸部十二·牛下》、《事類賦》卷二二《獸部·牛賦》"置
芻亦見於羅威"引。又,《敦煌類書》錄文篇《纂金一部·并序》
"仁孝篇第廿九"三一二—二九—一四"温席扇枕"引一條,作《先
賢傳》,言薙威事,其云:"薙威字儉人,事其母,冬則暖席,夏即扇
枕取涼,以存孝心。"薙威不知其人,"薙"或當爲"羅"字,"儉人"或

當爲“德仁”，形近而訛。《廣州先賢傳》載羅威事外，皇甫謐《逸士傳》、宛本《説郛》所輯徐廣《孝子傳》亦有羅威事，言其至孝。疑《敦煌類書》録文篇《籯金一部·并序》“仁孝篇第廿九”三一二—二九——四條所引《先賢傳》薙威，當爲《廣州先賢傳》羅威。

三、徐徵。存文二節，見於《太平御覽》卷二五三《職官部五一·督郵》、卷三七八《人事部一九·短中國人》引。

四、尹牙。存文一節，見於《太平御覽》卷四二一《人事部六十二·義中》、卷四八二《人事部一百二十三·仇讐下》引。

五、丁密。存文三節，見於《藝文類聚》卷八二《草部下·菜蔬》、卷九一《鳥部中·鴨》、《太平御覽》卷六七《地部三十二·池》、卷四一一《人事部五十二·孝感》、卷四二六《人事部六七·清廉下》、卷八二〇《布帛部七·布》、卷八六三《飲食部二一·肉》、卷九一九《羽族部六·鳧》、卷九七六《菜部一·菜》引。又，《北堂書鈔》卷一四五《酒食部四·肉篇十五》“不食有目之肉”引一條，作《南陽先賢傳》，與《太平御覽》卷八六三《飲食部二一·肉》引作《廣州先賢傳》者文同，誤，當作《廣州先賢傳》。今劉緯毅即據《北堂書鈔》輯作《南陽先賢傳》，録於《漢唐方志輯佚》中，誤①。

六、鄧盛。存文三節，見於《太平御覽》卷二〇九《職官部七·太尉主簿》、卷二〇九《職官部七·太尉掾》、《職官分紀》卷五《掾屬》“復拷左尚”、卷五《主簿》“代視祝文”、“母病解印綬去”、卷四九《解官》“母疾解印綬決去”引。

七、黄豪。存文二節，見於《北堂書鈔》卷三六《政術部十·明察二十五》“表章善惡”、《藝文類聚》卷一〇〇《災異部·蝗》、《太平御覽》卷二六八《職官部六十六·良令長下》、《職官分紀》卷四二《縣令》“一縣稱平”引。

———————

① 劉緯毅：《漢唐方志輯佚》，北京圖書館出版社 1997 年，第 297 頁。

八、董正。存文三節，見於《北堂書鈔》卷七三《設官部二十五·別駕一百六十一》“齎傳假董正”、《太平御覽》卷三八五《人事部二十六·幼智下》、卷四〇九《人事部五〇·交友四》引。

九、疎源。存文二節，見於《太平御覽》卷四二六《人事部六十七·清廉下》、《職官分紀》卷三六《中郎》“晝夜讀書”引。

一〇、鍾翔。存文一節，見於《北堂書鈔》卷一二九《衣冠部下·袴褶二十七》“鍾翔布袴”引。又，《太平御覽》卷六九五《服章部十二·袴》引一條，作《廣州先賢傳》，“鍾翔”作“申朔”，所敘之事與《北堂書鈔》卷一二九引幾同，其云：“申朔，字元遊，蒼梧人。爲九眞都尉，布襦布袴，鄉邑嘆羨之。”“申朔”或當是“鍾翔”之訛。

一一、丁茂。存文一節，見於《藝文類聚》卷九五《獸部下·鹿》、《太平御覽》卷九〇六《獸部十八·鹿》等引。

一二、唐頌。存文一節，見於《太平御覽》卷九〇六《獸部十八·鹿》等引。

一三、頓琦。存文一節，見於《藝文類聚》卷八八《木部上·松》、卷九一《鳥部中·鴨》、卷九二《鳥部下·鳩》、《太平御覽》卷九一九《羽族部六·鳧》、卷九二一《羽族部八·鳩》、卷九五三《木部二·松》等引。

又，《太平御覽》卷九二一引上承頓琦事，“又曰”云云，即《廣州先賢傳》云云，敘戴文謀遇神降事。其云：“沛國戴文謀居陽城山。有神降焉，其妻疑是妖魅。神已知之，便去。作一五色鳥，白鳩數十從，有雲覆之，遂不見。”四庫本《太平御覽》卷九二一《羽族部八·鳩》引改稱“《搜神記》曰”。其言“沛國戴文謀居陽城山”，沛國不屬廣州。戴文謀事或不出《廣州先賢傳》。戴文謀遇神降事，《搜神記》有載，《太平廣記》卷四六三《禽鳥四》“戴文謀”條引戴文謀事，云出《窮神秘苑》。文幾同，頗詳。又，《太平廣記》卷二九四《神四》“戴文諶”條，當亦即此事，云出《搜神記》，

“諶”當作“謀”，形近而訛。其云：“沛國戴文諶居陽城山，有神降妻焉，諶疑是妖魅，神已知之，便去。遂見作一五色鳥，白鳩數十枚從，有雲覆之，遂不見。”

《廣州先賢傳》傳人，多造作虛構，但卻又多落入俗套，如爲表現某人德行，常生造“祥瑞”：丁密至孝，則“飛鳧一雙”，“遊密廬旁小池”；丁茂至孝，則有“白鹿遊乎左右”；唐頌至孝，則有白鹿“拾食塚邊”；頓琦至孝，則有“白鳩栖息廬側，見人輒去，見琦而留”，如此之類甚多。然亦有動人心者，如董正與車遂：“（車遂）聞正令名，不遠萬里，徑來投正。正道同志合，恩如伯仲。數年中，遂得病，正爲傾家救恤。疾篤命絕，停屍於堂，殯斂之禮如同生身，自送喪於南陽。”

吳先賢傳

輯存。陸凱撰。原四卷，或五卷。

《吳先賢傳》，陸凱撰。《隋書·經籍志》史部雜傳類著録《吳先賢傳》四卷，題“吳左丞相陸凱撰”；《舊唐書·經籍志》史部雜傳類著録《吳國先賢贊》三卷，集部總集類著録《吳國先賢贊論》三卷，未題撰人；《新唐書·藝文志》史部雜傳記類著録《吳國先賢傳》五卷，又著録《吳國先賢像贊》三卷，題陸凱撰。《通志·藝文略》史類傳記類著録《吳先賢傳》四卷，吳左丞相陸凱撰；又著録《吳先賢像贊》三卷。

侯康《補三國藝文志》卷二史類雜傳記類補録陸凱《吳國先賢傳》五卷，並考録其佚文所在。姚振宗《三國藝文志》卷二史類雜傳記類補録陸凱《吳先賢傳》四卷，轉録侯氏考證。章宗源《隋書經籍志考證》以《吳先賢傳》和《吳國先賢贊》爲二書，並於其書卷一三雜傳類中分別補録“《吳先賢傳》”與“《吳國先賢贊》”。姚振宗《隋書經籍志考證》“《吳先賢傳》四卷”條轉録章氏、侯氏等考證。

　　《吳國先賢傳》與《吳國先賢像贊》及《吳國先賢贊論》恐爲一書，《初學記》卷一七《人部上·賢第二》引三條，作"《吳國先賢傳贊》"，侯康《補三國藝文志》卷三"陸凱《吳國先賢傳》"條以爲陸凱"是書體例，每傳必有贊也"。

　　陸凱，《三國志》卷六一有傳，其云："陸凱，字敬風，吳郡吳人，丞相遜族子也。"黃武初爲永興、諸暨長，所在有治跡，拜建武都尉，領兵。赤烏中，除儋耳太守，討朱崖，斬獲有功，遷爲建武校尉。五鳳二年（255），討山賊陳毖於零陵，斬毖克捷，拜巴丘督、偏將軍，封都鄉侯，轉爲武昌右部督。與諸將共赴壽春，還，累遷盪魏、綏遠將軍。孫休即位，拜征北將軍，假節領豫州牧。孫皓立，遷鎮西大將軍，都督巴丘，領荆州牧，進封嘉興侯。寶鼎元年（266），遷左丞相。建衡元年（269）卒，時年七十二。

　　陸凱《吳先賢傳》已散佚，嚴可均據《初學記》卷一七採得三節，題《吳先賢傳贊》，錄於其《全三國文》卷六九中。今劉緯毅據《初學記》亦采得兩節，未出嚴本之外，題吳陸凱《吳先賢傳》，錄於《漢唐方志輯佚》中。《漢魏六朝雜傳集》據《初學記》卷一七《人部上·賢第二》"宰予風翠戴矯雲停"、"顧承鴻飛史胄鳳立"等引，新輯其文，得戴矯、顧承、史胄三人之贊，並從《隋書·經籍志》著錄，題其名爲《吳先賢傳》。觀《吳先賢傳》今存佚文所載人物，可知陸凱《吳先賢傳》之吳國，當即三國時之東吳，非春秋戰國之古吳國。

桂陽先賢畫贊

　　輯存。張勝撰。原一卷，或五卷。

　　《桂陽先賢畫贊》，張勝撰。《隋書·經籍志》史部雜傳類著錄《桂陽先賢畫贊》一卷，題"吳左中郎張勝撰"；《舊唐書·經籍志》史部雜傳類、《新唐書・藝文志》史部雜傳記類著録《桂陽先賢畫贊》五卷，均題張勝撰。

關於《隋書・經籍志》"書贊"，姚振宗《隋書經籍志考證》卷二〇史部雜傳類"《桂陽先賢書贊》"條題注云"書當爲畫"，其《三國藝文志》卷二史部雜傳記類"《桂陽先賢畫贊》"條亦云："書贊當是畫贊之誤。"《舊唐書・經籍志》、《新唐書・藝文志》著録均作"畫贊"，當作"畫贊"爲是。中華書局點校本《隋書・經籍志》已改作"畫贊"。《隋書・經籍志》著録《桂陽先賢畫贊》作"一卷"，《舊唐書・經籍志》、《新唐書・藝文志》著録作"五卷"，姚振宗《隋書經籍志考證》"《桂陽先賢畫贊》一卷"條案云："隋時僅存其所集《畫贊》一卷，至唐而全書復出，故唐宋人類書亦并引其傳文。"姚氏推測甚是。

《桂陽先賢畫贊》，諸書徵引或作《桂陽先賢贊》，或作《桂陽先賢傳》，或作《桂陽先賢記》。如《太平御覽》卷八二四即引作《桂陽先賢贊》，《太平御覽》卷三六七、卷九七〇及《北堂書鈔》卷三五、《事類賦》卷二六引作《桂陽先賢傳》，《藝文類聚》卷六五又引作《桂陽先賢記》，《太平御覽經史圖書綱目》録《桂陽先賢傳》。對此，侯康在《補三國藝文志》中云："核其文義，蓋即一書也。"即以爲《桂陽先賢傳》、《桂陽先賢記》是其異名也。

張勝，生平不詳，據《隋書・經籍志》著録題署，知其是三國時吳人，曾爲左中郎。

張勝《桂陽先賢畫贊》已佚，其文散見諸書徵引，嚴可均、陳運溶有輯本，陳運溶據《太平御覽》等採得胡滕、張熹、程曾、蘇耽、成武丁、程桓、羅陵七人事蹟，定爲一卷，録於其《麓山精舍叢書》第一集《歷朝傳記九種》中；嚴可均僅得羅陵、成武丁二人事，録於《全三國文》卷七三中。此二家所輯皆未作精校。今劉緯毅亦輯有《桂陽先賢畫贊》，得佚文四節，叙張熹、蘇紈、武丁事，題吳張勝撰，録於《漢唐方志輯佚》中。《漢魏六朝雜傳集》據諸書徵引，新輯其文，得張熹、蘇耽、成武丁、羅陵、胡滕、程曾、程桓七人事蹟，題其名曰《桂陽先賢畫贊》。

今檢諸書徵引，以人名標目，條列其佚文如下：

一、張熹。存文一節，見於《水經注》卷二一《汝水》"汝水又東南左會澮水"、《北堂書鈔》卷三五《政術部九・德感二十二》"甘雨即降"、《職官分紀》卷四二《縣令》"積薪降雨"等引。

二、蘇耽。存文一節，見於《藝文類聚》卷六五《產業部・園》、《太平御覽》卷八二四《資產部四・園》、卷九七〇《果部七・梅》、卷九八四《藥部一・藥》、《事類賦》卷二六《果部・梅賦》"抑亦蘇耽園裹療病而功深"。

三、成武丁。存文二節，見於《北堂書鈔》卷七三《設官部二十五・主簿一百六十三》"武丁聞雀鳴而笑"、《藝文類聚》卷八五《百穀部・粟》、《太平御覽》卷三四五《兵部七十六・刀上》、卷八四〇《百穀部四・粟》等引。

四、羅陵。存文一節，見於《太平御覽》卷四二一《人事部六十二・義中》引。又，《太平御覽》卷三六七《人事部八・舌》引一條，作《桂陽先賢傳》，文與《太平御覽》卷四二一引略同，唯"耒陽羅陵"作"采陽陵"，其云："采陽陵，字遂文，果而好義。郡長汲府君爲州所章，陵被掠考，參加五毒。陵乃截舌以著盤中，獻之廷尉，群公咸共議之，事得清理。""采陽陵"或是"耒陽羅陵"之誤。

五、胡滕。存文一節，見於《太平御覽》卷六〇六《文部二十二・板》引。

六、程曾。存文一節，見於《北堂書鈔》卷一四五《酒食部四・肉十五》"程曾遂吐不食"、《太平御覽》卷八六三《飲食部二十一・肉》引。案，此程曾當非《後漢書》卷七九下《儒林列傳下》之程曾。

七、程桓。存文一節，見於《太平御覽》卷三六七《人事部八·舌》引。

今存《桂陽先賢畫贊》所録人物，蘇耽、成武丁皆神仙，其所載之事，亦神仙靈異之事，頗涉怪誕。而如叙程曾之孝，羅陵、程桓之忠，又頗壯烈。文風爽俊，於雜傳中甚難得。

中官傳

輯存。董巴撰。

董巴《中官傳》，《隋書·經籍志》無録，《太平御覽經史圖書綱目》録董巴《漢中官傳》，侯康《補三國藝文志》卷三史部雜傳類、姚振宗《三國藝文志》卷二史部雜傳類補録。

姚振宗《三國藝文志》"董巴《漢中官傳》"條案云："《宋書·百官志》卷下引董巴《漢書》曰'禁門曰黃闥，中人主之，故號曰黃門令'。《初學記》職官部引此文亦曰董巴《漢書》。《續漢·百官志》引此文稱董巴曰，《後漢書·宦者傳序》注引此文，則稱董巴《輿服志》，《御覽》二百廿一引此文則曰《輿服志》，不標董巴姓名，或稱《漢書》，或稱《輿服志》，疑巴有《後漢書》，此《中官傳》與《輿服志》，皆其書之佚存者。"以爲董巴著有《後漢書》，《中官傳》及《初學記》卷二一引《董巴記》等當皆出此書。姚氏此乃推測，據諸書徵引，其當爲專書。

董巴，《後漢書》卷一〇三《五行志·五行一》言及"給事中董巴"，《三國志》卷二《魏書·文帝紀》裴注引曹丕禪代諸事言及董巴："於是侍中辛毗、劉曄、散騎常侍傅巽、衛臻、尚書令桓階、尚書陳矯、陳群、給事中博士騎都尉蘇林、董巴等奏曰……"《隋書·經籍志》經部儀注類著録其《大漢輿服志》一書時稱其爲"魏博士"，可知其當爲漢魏間人，曾爲給事中、博士、騎都尉。

《中官傳》已佚，今所見諸書徵引，又或作《漢中官傳》、《董巴記》。《漢魏六朝雜傳集》據諸書徵引，新輯其文，題《中官傳》。

今檢諸書徵引,得佚文四節,條列如下。

一、符節守宮令……兩梁集賢冠。《北堂書鈔》卷五五《設官部七·符節三十六》"秩千石"引一條,作董巴《漢中官傳》。

二、守宮……在省内用中人,省外士人。《太平御覽》卷二三〇《職官部二十八·守宮令》引作董巴《漢中宮傳》,《職官分紀》卷一九《守宮令》引作董巴《漢東宮傳》,"東"當作"中"。

三、黄門非尚書者。《北堂書鈔》卷六三《設官部十五·冗從僕射九十九》"領黄門"引一條,作董巴《中官傳》。

四、東京有蔡侯紙。《北堂書鈔》卷一〇四《藝文部十·紙四十六》"蔡侯紙"、"生布紙"、《藝文類聚》卷五八《雜文部四·紙》、《太平御覽》卷六〇五《文部二十一·紙》各引作《董巴記》;《初學記》卷二一《文部·紙第七》引云見《董巴記》及《博物志》。

觀《中官傳》所存五節佚文,四節涉及宮廷制度,一條涉蔡倫紙,皆與宮中宦者有關,而傳名"中官",當爲叙與宦者相關制度與人事之書。則《中官傳》乃專爲宦者立傳者也,亦專門類傳之一種。

豫章烈士傳

輯存。徐整撰。原三卷。又或作《豫章列士傳》。

《豫章烈士傳》,徐整撰。《隋書·經籍志》史部雜傳類、《新唐書·藝文志》史部雜傳記類著録《豫章烈士傳》三卷,均題徐整撰。侯康《補三國藝文志》卷三史部雜傳類、姚振宗《三國藝文志》卷二史部雜傳記類補録。

徐整,據《經典釋文》卷一《序録·次第》詩小注云:"字文操,豫章人,吳太常卿。"不詳其餘。《舊唐書·經籍志》、《新唐書·藝文志》又載其有《豫章舊志》八卷,而《隋書·經籍志》載《豫章舊志》三卷爲熊默撰,又載《豫章舊志後撰》一卷,熊欣撰,侯康

《補三國藝文志》卷三史部雜傳類據《舊唐書·經籍志》、《新唐書·藝文志》將此二書繫於徐整。姚振宗似有不同看法，其《隋書經籍志考證》卷二〇史部雜傳類"《豫章舊志》、《豫章舊志後撰》"條案云："漢魏六朝地理之書大抵略如《華陽國志》之體，有建置、有人物、有傳、有贊，而注意於人物者爲多，自來著録之家務欲各充其類，以人物爲重者，則入之傳記；以土地爲重者，則入之地理。亦或一書而兩類互見，不避複重；或裁篇而分類録存，不嫌割裂。各隨其意，各存其是，初無一定之例也。是書《唐志》八卷，題徐整者，以徐整之《烈士傳》、熊默之《舊志》、熊欣之《後撰》合爲一編，著其始作者姓名耳。《新志》別有《烈士傳》三卷，則又沿前志分篇別出之舊，實重複也。"姚振宗所言是有道理的，故此不把《豫章舊志》繫於徐整名下。今劉緯毅《漢唐方志輯佚》一書，仍繫《豫章舊志》於徐整名下，失考。

徐整《豫章烈士傳》已佚，其佚文今散見諸書徵引，《太平御覽經史圖書綱目》録《豫章烈士傳》，諸書徵引又或作《豫章列士傳》，故侯康在補録此書時即作《豫章列士傳》。

今劉緯毅據諸書徵引輯録《豫章列士傳》，得施陽、羊茂、華茂、孔詢、周騰五人事蹟，題徐整撰，録於《漢唐方志輯佚》中。《漢魏六朝雜傳集》據諸書徵引，新輯其文，得施陽、周騰、孔恂、羊茂四人事蹟，且據《隋書·經籍志》、《新唐書·藝文志》著録，題其名爲《豫章烈士傳》。

今檢諸書徵引，以人名標目，條列其佚文如下。

一、施陽。存文二節，見於《初學記》卷一七《人部·賢第二》"避世　絕俗"、《太平御覽》卷八三六《資産部十六·錢下》引。

二、周騰。存文一節，見於《北堂書鈔》卷一五〇《天部二·星五》"筴馬"、《唐開元占經》卷六九《甘氏中官占五·策星占十六》"巫咸曰策星天子兵馬金官"、《太平御覽》卷六《天部下·星中》、《事類賦》卷二《天部·星賦》"周騰豫知其不出"等引。

三、孔恂。存文一節,見於《北堂書鈔》卷七三《設官部二十五·別駕一百六十一》"刺史追謝"、"車如刺史"、《太平御覽》卷二六三《職官部六十一·別駕》等引。

四、羊茂。存文二節,見於《北堂書鈔》卷三八《政術部·廉潔二十八》"衣不周身"、卷一三四《服飾部三·被二十七》"功曹不覆"、《太平御覽》卷二六四《職官部六十二·功曹參軍》、卷八五五《飲食部十三·豉》、《職官分紀》卷四一《司功參軍》"郡將與衣袴不受"等引。

今存《豫章烈士傳》之文,"施陽"叙其德行,"周騰"叙其占星,"孔恂"堅持儀軌,"羊茂"叙其清儉,而總歸之"烈士"。

南海先賢傳

輯存。佚名撰。

《南海先賢傳》,《隋書·經籍志》等史志書目無錄,撰人不詳。章宗源《隋書經籍志考證》卷一三雜傳補錄。

姚振宗《隋書經籍志考證》"《四海耆舊傳》一卷"條案云:"《群輔錄》稱北海公沙穆,則公沙氏本北海人,稱北海不誤。此云四海,似以東西南北分篇,北海爲其中之一篇。章氏又別舉《北堂書鈔》政術部劉盛、設官部董政各一事,並引《南海先賢傳》。以謂本志不著錄者,亦似此書之篇目也。"《南海先賢傳》或非爲《四海耆舊傳》之篇目。

《南海先賢傳》今主要見於《北堂書鈔》引二節,二人事蹟。《北堂書鈔》卷三八《政術部十二·廉潔二十八》"清修自守"引一節,叙劉盛事;《北堂書鈔》卷七九《設官部三十一·孝廉一百七十七》"董政還板"引一節,叙董政事。劉盛、董政皆爲兩漢人,此傳或出漢末三國時期。

季漢輔臣贊

輯存。楊戲撰。

《三國志》卷四五《蜀書・楊戲傳》云："戲以延熙四年著《季漢輔臣贊》,其所頌述,今多載于《蜀書》,是以記之於左。自此之後卒者,則不追謐,故或有應見稱紀而不在乎篇者也。其戲之所贊而今不作傳者,余皆注疏本末於其辭下,可以粗知其髣髴云爾。"知楊戲於蜀漢後主延熙四年(241)作《季漢輔臣贊》,陳壽録其文,並對《三國志》中無傳者,"注疏本末於其辭下"。前有序,序下録五十人贊。晉常璩《華陽國志》卷一〇中"犍爲士女"下"文然簡略不從詭隨"云"延熙十八年作《季漢輔臣贊》"。云作此書在延熙十八年(255),不知所據爲何。

楊戲,《三國志》卷四五有傳,其云："楊戲字文然,犍爲武陽人也。"年二十餘,從州書佐爲督軍從事,職典刑獄,論法決疑,號爲平當,府辟爲屬主簿。亮卒,爲尚書右選部郎,刺史蔣琬請爲治中從事史。琬以大將軍開府,又辟爲東曹掾,遷南中郎參軍,副貳庲降都督,領建寧太守。以疾徵還成都,拜護軍監軍,出領梓潼太守,入爲射聲校尉。延熙二十年(257),免爲庶人。景耀四年(261)卒。

楊戲《季漢輔臣贊》,陳壽《三國志》卷四五《蜀書・楊戲傳》後録此贊,或即此贊全文。計有劉備、諸葛亮、許靖、關羽、張飛、馬超、法正、龐統、黃忠、董和、鄧方、費觀、王連、劉巴、麋竺、王謀、何宗、杜微、周群、吳壹、李恢、張裔、黃權、楊洪、趙雲、陳到、輔匡、劉邕、秦宓、李嚴、魏延、楊儀、馬良、衛文經、韓士元、張存、殷觀、習禎、王甫、李邵、馬勳、馬齊、李福、李朝、龔禄、王義彊、馮習、張南、程畿、程祁、麋芳、士仁、郝普、潘濬,共五十四人。

　　贊前有序,其云:"昔文王歌德,武王歌興,夫命世之主,樹身行道,非唯一時,亦由開基植緒,光于來世者也。自我中漢之末,王綱棄柄,雄豪並起,役殷難結,生人塗地。於是世主感而慮之,初自燕、代則仁聲洽著,行自齊、魯則英風播流,寄業荆、郢則臣主歸心,顧援吳、越則賢愚賴風,奮威巴、蜀則萬里肅震,厲師庸、漢則元寇斂跡,故能承高祖之始兆,復皇漢之宗祀也。然而姦凶黠險,天征未加,猶孟津之翔師,復須戰於鳴條也。天禄有終,奄忽不豫。雖攝歸一統,萬國合從者,當時儁乂扶攜翼戴,明德之所懷致也,蓋濟濟有可觀焉。遂乃並述休風,動于後聽。其辭曰。"

　　嚴可均據《三國志·楊戲傳》輯得《季漢輔臣贊》,録於《全三國文》卷六二"楊戲"名下,不録陳壽注。今《漢魏六朝雜傳集》亦據《三國志·楊戲傳》新輯其文。

兩晉雜傳叙録

卷　上

吳質別傳

輯存。佚名撰。

《吳質別傳》,《隋書·經籍志》等史志書目無著録,撰人、卷數皆不詳。侯康《補三國藝文志》卷三史部雜傳類、姚振宗《三國藝文志》卷二史部雜傳記類據諸書徵引補録。章宗源《隋書經籍志考證》據《三國志》裴注引補録,姚振宗《隋書經籍志考證》轉録章氏所補。

《吳質別傳》成文時間,《三國志》卷二一《魏書·劉楨傳》附《吳質傳》"吳質濟陰人……封列侯"裴注引《吳質別傳》末言及其子應"晉尚書",應子康"字子仲,知名於時,亦至大位",則知此傳當成於西晉。朱東潤亦據此定此傳爲晉代傳叙①。侯康、姚振宗補録入《補三國藝文志》或《三國藝文志》有誤。

吳質,《三國志》卷二一《魏書·劉楨傳》附其傳,其云:"吳質,濟陰人,以文才爲文帝所善,官至振威將軍,假節都督河北諸軍事,封列侯。"裴注引《魏略》又云:"質,字季重,以才學通博,爲五官將及諸侯所禮愛。"爲朝歌長,後遷元城令。曹丕稱帝,拜北中郎將,封列侯,使持節督幽、并諸軍事,治信都。太和四年

---

① 朱東潤:《八代傳叙文學述論》,復旦大學出版社 2006 年,第 96 頁。

（230），入爲侍中，其年夏卒。

　　《吴質别傳》久佚，《太平御覽經史圖書綱目》録《吴質别傳》，則宋初其本尚可見。其文今散見諸書徵引，《漢魏六朝雜傳集》據諸書徵引，新輯其文。

　　今檢諸書徵引，條列其佚文如下：

　　一、吴質深得曹丕信任、黄初五年朝京師及生平事略。見於《三國志》卷二一《魏書·劉楨傳》附《吴質傳》“吴質濟陰人……封列侯”裴注、《太平御覽》卷三七八《人事部一九·肥》、卷四六六《人事部一百七·罵詈》等引。

　　二、質爲北中郎將，朝京師事。見於《北堂書鈔》卷一三〇《儀飾部上·鼓吹六》“望闕而止”、《藝文類聚》卷六八《儀飾部·鼓吹》、《太平御覽》卷五六七《樂部五·鼓吹樂》引。

　　三、魏文帝與吴質書云“斬泗濱之梓以爲筝”。見於《太平御覽》卷五七六《樂部十四·筝》引。

　　四、質有才學，善爲書記。見於《北堂書鈔》卷一〇三《藝文部九·書記四十二》“應璩善書記”、《騈志》卷五《丙部上》“應璩善書記穆之便尺牘”引。

　　《吴質别傳》今存文雖少，而叙述有致。如黄初五年朝京師會朝官事，叙述細緻。其時吴質及曹真、朱鑠之情狀聲口，如在目前，實乃場景呈現之典範。

嵇康别傳四種

　　今所見嵇康别傳有四，即《嵇康别傳》、嵇喜《嵇康傳》、孫綽《嵇中散傳》及顧凱之《嵇康贊》。丁國鈞《補晉書藝文志》卷二史録雜傳類補録《嵇康别傳》時按云：“見《文選》注。”丁辰云：“家大人曰：别傳類出當時所撰，作者非一人，則流傳亦不止一篇。《文選》、《御覽》諸書所引，一人或具數傳，職由於斯。《華陽國志》言何隨卒，杜景文、何興仁皆爲作傳。又言二州先達及華下之士多爲陳壽作傳，即其證矣。有疑蒙著録各傳涉于複譌者，故附辨于此。"朱東潤云："晉代有一點可以注意的風氣，便是當時人作傳的好尚，因此一個人常有兩三種不同的傳叙。嵇喜爲嵇康作傳，見《魏志》二十一《王粲傳》注及《文選》嵇康《養生論》注。東晉孫綽又作《嵇中散傳》，見《文選》顏延之《五君詠》注。這是顯然不同的兩篇。《五君詠》注又引《嵇康別傳》，或爲嵇、孫兩傳底别稱，或别有一篇，尚不可知。"①即以爲嵇康有多種別傳，在情理之中。

嵇康，《三國志》卷二一《王粲傳》附其事，僅云："時又有譙郡嵇康，文辭壯麗，好言《老》、《莊》，而尚奇任俠。至景元中，坐事誅。"《晉書》卷四九有傳，其云："嵇康字叔夜，譙國銍人也。其先姓奚，會稽上虞人，以避怨，徙焉。銍有嵇山，家于其側，因而命氏。兄喜，有當世才，歷太僕、宗正。"其生平行事已見前録。

嵇康別傳

輯存。佚名撰。

《嵇康別傳》，《隋書·經籍志》等史志書目無著録，撰人、卷數不詳。《三國志》卷二一《王粲傳》"時又有譙郡嵇康文辭壯麗好言老莊而尚奇任俠至景元中坐事誅"裴注引"喜爲康傳"後，又引"康別傳"，知其非嵇喜《嵇康傳》之文。丁國鈞《補晉書藝文志》卷二史録雜傳類補録。按云："見《文選》注。"丁辰云："家大人曰：別傳類出當時所撰，作者非一人，則流傳亦不止一篇。《文選》、《御覽》諸書所引，一人或具數傳，職由於斯。《華陽國志》言何隨卒，杜景文、何興仁皆爲作傳。又言二州先達及華下之士多爲陳壽作傳，即其證矣。有疑蒙著録各傳涉于複譌者，故附辨于

①朱東潤：《八代傳叙文學述論》，復旦大學出版社 2006 年，第 94 頁。

此。"注云:"《世説·容止》、《棲逸》兩篇注亦引。"

　　嵇康爲當時名士,又死非命,惜之者衆,事蹟流傳於民間者亦夥,故多有爲之撰傳者。朱東潤即言:"晉代有一點可以注意的風氣,便是當時人作傳的好尚,因此一個人常有兩三種不同的傳叙。嵇喜爲嵇康作傳,見《魏志》二十一《王粲傳》注及《文選》嵇康《養生論》注。東晉孫綽又作《嵇中散傳》,見《文選》顏延之《五君詠》注。這是顯然不同的兩篇。《五君詠》注又引《嵇康別傳》,或爲嵇、孫兩傳底别稱,或别有一篇,尚不可知。"①觀今存稱《嵇康別傳》者佚文,與嵇喜《嵇康傳》及孫綽《嵇中散傳》之佚文頗殊,當别是一傳。

　　《嵇康別傳》久佚,其文又多見於《世説新語》劉注及《文選》李注。《漢魏六朝雜傳集》據以新輯其文,題《嵇康別傳》。

　　今檢諸書徵引,得佚文四節,條列如下。

　　一、嵇康非常之器。存文一節,見於《世説新語·容止》第五條劉注、《文選》卷二一《詠史·五君詠五首·嵇中散》"鸞翮有時鎩龍性誰能馴"李注、《初學記》卷一九《人部下·美丈夫第一》"龍章鳳姿凝脂點漆"、《錦繡萬花谷續集》卷五《美丈夫》"龍章鳳姿"引。

　　二、嵇康性含垢藏瑕。存文一節,見於《世説新語·德行》第一六條劉注引。

　　三、嵇康拒山濤舉薦之因由。存文一節,見於《世説新語·棲逸》第三條劉注引。

　　四、孫登評語及嵇康之死。存文一節,見於《三國志》卷二一《王粲傳》"時又有譙郡嵇康文辭壯麗好言老莊而尚奇任俠至景元中坐事誅"裴注、《文選》卷一六《哀傷·思舊賦》"臨當就命顧視日影索琴而彈之"李注引。

---

①朱東潤:《八代傳叙文學述論》,復旦大學出版社 2006 年,第 94 頁。

　　觀《嵇康別傳》之文,描摹如畫,與嵇喜《嵇康傳》之簡略大異其趣,二傳之不同,正可見雜傳風格之多樣性。

嵇康傳

　　輯存。嵇喜撰。

　　嵇喜《嵇康傳》,諸史志書目未見著録,《三國志》卷二一《王粲傳》"時又有譙郡嵇康文辭壯麗好言老莊而尚奇任俠至景元中坐事誅"裴注引一節,作"喜爲康傳";《文選》卷五三《論三·養生論》李注引一條,作"嵇喜爲康傳"。知嵇喜作《嵇康傳》。丁國鈞《補晉書藝文志》卷二史録雜傳類補録。章宗源《隋書經籍志考證》據《三國志》裴注補録"嵇喜爲《嵇康傳》",姚振宗《隋書經籍志考證》轉録章氏所補,然作《嵇康別傳》,注嵇喜撰。

　　嵇喜,《三國志》卷二一裴注引《嵇氏譜》云:"康父昭,字子遠,督軍糧治書侍御史。兄喜,字公穆,晉揚州刺史,宗正。"又引虞預《晉書》曰:"康家本姓奚,會稽人。先自會稽遷于譙之銍縣,改爲嵇氏,取'奚'字之上,加'山'以爲姓,蓋以志其本也。一曰銍有嵇山,家于其側,遂氏焉。"《太平御覽》卷四〇五《人事部四十六·賓客》引王隱《晉書》曰:"嵇喜爲太僕厩長,馮陵知其英俊,待以賓友之禮,以狀表上。"知其曾爲太僕厩長。《晉書》卷三八《齊王攸傳》云:"常遣人逼進飲食,司馬嵇喜又諫曰……喜躬自進食,攸不得已,爲之强飯。喜退,攸謂左右曰:'嵇司馬將令我不忘居喪之節,得存區區之身耳。'"知其曾爲齊王攸司馬。《晉書》卷三《武帝紀》云:"(正始)十年……吴將孫遵、李承帥衆寇江夏,太守嵇喜擊破之,立河橋于富平津。""(太康)三年……吴故將莞恭、帛奉舉兵反,攻害建鄴令,遂圍揚州,徐州刺史嵇喜討平之。"《晉書》卷六八《賀循傳》云:"刺史嵇喜舉秀才。"知嵇喜曾爲江夏太守、徐州刺史,會稽刺史。

　　嵇康早孤,養於兄嫂。康與喜爲兄弟,然性情好尚迥異。康爲名士,而喜爲俗人,爲吕安、阮籍等所鄙。《世説新語·簡傲》第四條云:"嵇康與吕安善,每一相思,千里命駕。安後來,值康不在,喜出户延之,不入。題門上作鳳字而去,喜不覺,猶以爲欣故作。'鳳'字,凡鳥也。"劉注引《晉百官名》曰:"嵇喜字公穆,歷揚州刺史,康兄也。阮籍遭喪,往弔之。籍能爲青白眼,見凡俗之士,以白眼對之。及喜往,籍不哭,見其白眼,喜不懌而退。康聞之,乃齎酒挾琴而造之,遂相與善。"又引干寶《晉紀》曰:"安嘗從康,或遇其行,康兄喜拭席而待之,弗顧,獨坐車中。康母就設酒食,求康兄共與戲。良久則去,其輕貴如此。"①然其最懂嵇康,嵇康臨刑,獨攜琴前往,與康告别,而嵇康果索琴。《世説新語·雅量》第二條劉注《文士傳》云:"於是録康閉獄,臨死,而兄弟親族咸與共别。康顔色不變,問其兄曰:'向以琴來不邪?'兄曰:'以來。'康取調之……"②嵇康亦與嵇喜手足情深,嵇喜從軍,康爲《贈兄秀才入軍》(《兄秀才公穆入軍贈詩》)十八首,雖投射自我,然足見嵇康對兄之情實深。

　　嵇喜《嵇康傳》,《三國志》卷二一《王粲傳》裴注引,略陳嵇康之性情、好尚、著述,相對完整,或即全文。明梅鼎祚輯得此傳,録於《西晉文紀》卷一八;嚴可均亦輯得此傳,録於《全晉文》卷六五中。《漢魏六朝雜傳集》據《三國志》卷二一《王粲傳》裴注等徵引,新輯其文,題《嵇康傳》,嵇喜撰。

嵇中散傳

　　輯存。孫綽撰。

---

① 劉義慶撰,劉孝標注,余嘉錫箋疏,周祖謨等整理:《世説新語箋疏》下卷上《簡傲》第 4 條,上海古籍出版社 1996 年,第 768—769 頁。
② 劉義慶撰,劉孝標注,余嘉錫箋疏,周祖謨等整理:《世説新語箋疏》中卷上《雅量》第 2 條,上海古籍出版社 1996 年,第 344 頁。

孫綽《嵇中散傳》，諸書志未見著錄。今存佚文一節，見於《文選》卷二一《詠史·五君詠五首·嵇中散》“形解驗默仙吐論知凝神”李注引，題孫綽《嵇中散傳》，其云：“嵇康作《養生論》，入洛，京師謂之神人。向子期難之，不得屈。”知此傳當爲孫綽所作。丁國鈞《補晉書藝文志》卷二史錄雜傳類、文廷式《補晉書藝文志》卷三史部雜傳類、秦榮光《補晉書藝文志》卷二史部傳記類補錄。

孫綽，孫楚孫，《晉書》卷五六《孫楚傳》附其傳，其云：“綽字興公。博學善屬文，少與高陽許詢俱有高尚之志。”除著作佐郎，襲爵長樂侯。征西將軍庾亮請爲參軍，補章安令，徵拜太學博士，遷尚書郎。揚州刺史殷浩以爲建威長史。會稽内史王羲之引爲右軍長史。轉永嘉太守，遷散騎常侍，領著作郎。尋轉廷尉卿，領著作。孫綽少以文才垂稱，于時文士，綽爲其冠。溫、王、郗、庾諸公之薨，必須綽爲碑文，然後刊石焉。年五十八，卒。

《隋書·經籍志》史部雜傳類著錄有孫綽《至人高士傳贊》，章宗源《隋書經籍志考證》“《至人高士傳贊》二卷”條云：“《水經·潁水注》稱孫綽之叙《高士傳》，《文選》太冲《詠史詩》注引孫綽《嵇中散傳》。”章氏以爲《文選》李注所引孫綽《嵇中散傳》出《至人高士傳贊》，姚振宗《隋書經籍志考證》“《至人高士傳贊》二卷”條轉錄章氏語，即以爲《文選》卷二一《詠史》李注所引孫綽《嵇中散傳》者亦出《至人高士傳贊》，恐非。此傳或爲孫綽爲嵇康單獨撰傳。《漢魏六朝雜傳集》即於嵇喜《嵇康傳》、佚名《嵇康別傳》之外，又輯孫綽《嵇中散傳》。

嵇康贊

輯存。顧凱之撰。

《嵇康贊》，《隋書·經籍志》等無錄，《文選》卷二一《詠史·五君詠五首·嵇中散》“形解驗默仙吐論知凝神”李注引一條，作顧凱之《嵇康贊》,知顧凱之嘗作《嵇康贊》。其文云:"南海太守鮑靚,通靈士也。東海徐寧師之,寧夜聞静室有琴聲,怪其妙而問焉,靚曰:'嵇叔夜。'寧曰:'嵇臨命東市,何得在兹?'靚曰:'叔夜跡示終而實尸解。'"觀此,《嵇康贊》當或有傳,傳後附贊。惜《嵇康贊》今僅存此一節。《漢魏六朝雜傳集》據《文選》卷二一李注輯顧凱之《嵇康贊》。

顧凱之,即顧愷之。《晉書》卷九二《文苑傳》有傳,其云:"顧愷之字長康,晉陵無錫人也。父悦之,尚書左丞。"愷之博學有才氣,桓温引爲大司馬參軍,後爲殷仲堪參軍,義熙初,爲散騎常侍。尤善丹青,圖寫特妙,謝安深重之,以爲有蒼生以來未之有也。俗傳愷之有三絶:才絶,畫絶,癡絶。年六十二,卒於官,所著文集及《啟矇記》行於世。《啟矇記》亦作《啓蒙記》,《隋書·經籍志》經部小學類著録,"三卷",題晉散騎常侍顧愷之撰。《隋書·經籍志》集部著録《晉通直常侍顧愷之集》七卷,注云:"梁二十卷。"

王威別傳

輯存。佚名撰。

《王威別傳》,《隋書·經籍志》等史志書目無著録,撰人不詳。《太平御覽經史圖書綱目》録《王威別傳》,丁國鈞《補晉書藝文志》卷二史録雜傳類、文廷式《補晉書藝文志》卷三史部雜傳類、秦榮光《補晉書藝文志》卷二史部傳記類、吴士鑑《補晉書藝文志》卷二史録雜傳類補録。

王威,生平不詳,據《初學記》所引《王威別傳》言其少時刺史劉表題名,知其生三國西晉之際。《三國志》卷六《魏書·劉表傳》"太祖軍到襄陽琮舉州降備走奔夏口"引《漢晉春秋》云:"王威説劉琮曰:'曹操得將軍既降,劉備已走,必解弛無備,輕行單進，若給威奇兵數千，徼之於險，操可獲也。獲操即威震天下，坐而虎步，中夏雖廣，可傳檄而定，非徒收一勝之功，保守今日而已。此難遇之機，不可失也。'琮不納。"知曹操取荆州，王威尚在荆州依劉表父子。

《王威別傳》久佚，今存佚文二節，其一見於《藝文類聚》卷九九《祥瑞部下・燕》、《事類賦》卷一九《禽部・燕賦》"美王威之能賦"引。又，《太平御覽》卷九二二《羽族部九・白燕》引，作《王威列傳》，當作《王威別傳》。叙時有白燕來翔，王威被令爲賦。其二見於《初學記》卷二〇《政理部・假第六》"賜告分休"引，叙劉表題門，王威陳事。《漢魏六朝雜傳集》據諸書徵引，新輯其文。

向秀別傳

輯存。佚名撰。

《向秀別傳》，《隋書・經籍志》等史志書目無著録，撰人不詳。《太平御覽經史圖書綱目》録《向秀別傳》，然《太平御覽》所引之文亦見於《世説新語》劉注，或是《太平御覽》所引來自《世説新語》劉注，亦未可知。丁國鈞《補晉書藝文志》卷二史録雜傳類、文廷式《補晉書藝文志》卷三史部雜傳類、秦榮光《補晉書藝文志》卷二史部傳記類、吳士鑑《補晉書藝文志》卷二史録雜傳類補録。章宗源《隋書經籍志考證》據《世説新語》劉注補録，姚振宗《隋書經籍志考證》轉録章氏所補。

向秀，《晉書》卷四九有傳，其云："向秀，字子期，河内懷人也。清悟有遠識。"與嵇康友善，及嵇康被誅，遂失圖，應本郡計入洛，後爲散騎侍郎，轉黃門侍郎、散騎常侍，在朝不任職，容跡而已，卒於位。

《向秀別傳》已佚，其佚文今主要見於《世説新語》劉注，《漢魏六朝雜傳集》據諸書徵引，新輯其文，得佚文二節。

今檢諸書徵引,條列其佚文如下。

一、向秀與嵇康、呂安爲友,撰《儒道論》及失圖入仕事。見於《世說新語·言語》第一八條劉注、《文選》卷二一《詠史·五君詠五首·向常侍》"交呂既鴻軒攀嵇亦鳳舉"李注、《藝文類聚》卷六五《產業部·園》、《太平御覽》卷一九七《居處部二十五·園圃》、卷四〇九《人事部五十·交友四》、卷八二四《資産部四·園》、卷八三三《資産部十三·鍛》引。

二、向秀注《莊子》及《周易》事。見於《世說新語·文學》第一七條劉注引。

今見《晉書·向秀傳》所載事與《向秀別傳》同,文辭小異,當取資於別傳。向秀爲當時名士,竹林七賢之一,《向秀別傳》載其與嵇康、呂安交遊逸事,亦及於其注《莊子》、《周易》事,可見當時學術風氣。而《儒道論》之是否之間,亦見人情與世風。

荀粲傳

輯存。何劭撰。

何劭《荀粲傳》,《隋書·經籍志》等史志書目無錄。何劭《荀粲傳》,見於《三國志》裴注引,《三國志》卷一〇《魏書·荀彧傳》附《荀粲傳》"詵弟顗咸熙中爲司空"裴注引一節,稱"何劭爲《粲傳》"。知何劭作《荀粲傳》。丁國鈞《補晉書藝文志》卷二史錄雜傳類、文廷式《補晉書藝文志》卷三史部雜傳類、秦榮光《補晉書藝文志》卷二史部傳記類、吳士鑑《補晉書藝文志》卷二史錄雜傳類、黃逢元《補晉書藝文志》卷二史錄雜傳類補錄。

何劭,字敬祖,陳國陽夏人,何曾之子,《晉書》卷三三《何曾傳》附有其傳。其云:"劭,字敬祖,少與武帝同年,有總角之好。帝爲王太子,以劭爲中庶子。"及晉朝立,轉散騎常侍,遷侍中尚書。惠帝即位,以劭爲太子太師,通省尚書事。後轉特進,累遷尚書左僕射。永康初，遷司徒。趙王倫篡位，以勛爲太宰。永寧元年（301）薨，贈司徒，謚曰康。何勛與晉武帝同年，有總角之好。驕奢簡貴，亦有其父何曾之風。博學，善屬文，《晉書·何勛傳》稱其"陳説近代事，若指諸掌"，並云："所撰《荀粲》、《王弼傳》及諸奏議文章並行于世。"則其撰《荀粲傳》之外，又尚有《王弼傳》。《隋書·經籍志》集部著録稱梁有《何勛集》二卷，録一卷，"亡"。《舊唐書·經籍志》、《新唐書·藝文志》著録其有集二卷。除《荀粲傳》、《王弼傳》外，何勛今存詩五首，文一節。詩見馮惟訥《詩紀·晉詩》卷三、丁福保《全晉詩》卷二，文見嚴可均《全晉文》卷一八。

　　荀粲，父荀彧，字文若，潁川潁陰人也。《三國志》卷一〇《荀彧傳》云："子惲，嗣侯，官至虎賁中郎將。初，文帝與平原侯植並有擬論，文帝曲禮事惲。及惲卒，惲又與植善，而與夏侯尚不穆，文帝深恨惲。惲早卒，子甝、霬。以外甥故猶寵待。惲弟俁，御史中丞，俁弟詵，大將軍從事中郎，皆知名，早卒。詵弟顗，咸熙中爲司空。"裴注引《晉陽秋》云："顗弟粲，字奉倩。"則荀粲爲荀彧第五子。裴注於《晉陽秋》後，繼之引何勛《荀粲傳》。

　　《荀粲傳》今主要見於《三國志》卷一〇《魏書·荀彧傳》所附《荀粲傳》裴注引，除此以外，《世説新語·文學》第九條、《世説新語·惑溺》第二條劉注引作《荀粲別傳》，《文選》卷一一《賦·遊天台山賦》李注引作《荀粲列傳》，《北堂書鈔》卷一〇〇《藝文部六·論書十九》引作何勛《荀粲傳》。文多與《三國志》裴注所引同，當是《荀粲傳》之別稱。吳士鑑等《補晉書藝文志》録有《荀粲傳》，又録有《荀粲別傳》，當誤。明梅鼎祚、清嚴可均據《三國志》裴注輯得此文，梅氏所輯録於《西晉文紀》卷五中，嚴氏所輯録於《全晉文》卷一八中。今人朱東潤《八代傳叙文學述論》附輯何勛《荀粲傳》，主要依據《三國志》裴注，未作校勘。《漢魏六朝雜傳集》據諸書徵引，新輯其文，題《荀粲傳》，何勛撰。

荀粲好言道、尚玄遠，何劭《荀粲傳》大旨在其玄言議論，而精彩者則對其女子才色之論及其痛悼亡婦以至於亡身之事的傳寫。玄言議論顯其學問與名士風範，女子才色之論及其因傷悼亡妻而逝則見其性情。

王弼傳

輯存。何劭撰。

何劭《王弼傳》，《隋書·經籍志》等史志書目無録，《三國志》卷二八《鍾會傳》裴注補王弼事，云“何劭爲其傳”。《晉書》卷三三《何曾傳》附《何劭傳》亦云何劭“所撰《荀粲》、《王弼傳》及諸奏議文章並行于世。”故作者當爲何劭。丁國鈞《補晉書藝文志》卷二史録雜傳類、文廷式《補晉書藝文志》卷三史部雜傳類、秦榮光《補晉書藝文志》卷二史部傳記類、吳士鑑《補晉書藝文志》卷二史録雜傳類、黃逢元《補晉書藝文志》卷二史録雜傳類補録。

王弼，《三國志》卷二八《鍾會傳》附其事，云：“初，會弱冠與山陽王弼並知名，弼好論儒道，辭才逸辯，注《易》及《老子》，爲尚書郎，年二十餘卒。”裴注又云：“弼，字輔嗣。”其後注引何劭《王弼》。

《王弼傳》今主要見於《三國志》裴注等書徵引，他書亦見徵引，或作《王弼傳》，亦或作《王弼別傳》。《三國志》卷二八《鍾會傳》“初會弱冠與山陽王弼並知名弼好論儒道辭才逸辯注易及老子爲尚書郎年二十餘卒”裴注引一節，作何劭《王弼傳》；《藝文類聚》卷七四《巧藝部·投壺》引一節，作何劭《王弼傳》；《三國志》卷一四《魏書·劉曄傳》“少子陶亦高才而薄行官至平原太守”裴注引一節，作《王弼傳》；《世説新語·文學》第六條劉注、第八條劉注、《太平御覽》卷四六四《人事部·辯下》、卷七五三《工藝部十五·投壺》各引一節，作《王弼別傳》。他書徵引，均不出《三國志》卷二八《鍾會傳》裴注所引,惟文字或小異。

　　《太平御覽經史圖書綱目》録《王弼别傳》。明梅鼎祚、清嚴可均據《三國志》卷二八《魏書・鍾會傳》裴注引輯得此文,梅氏所輯録於《西晉文紀》卷五中,嚴氏所輯録於《全晉文》卷一八中,並按云:"《世説・文學》篇注引《弼别傳》,其文小異。"又,今人朱東潤《八代傳叙文學述論》附輯何劭《王弼傳》,主要依據《三國志》裴注,未作校勘。《漢魏六朝雜傳集》據諸書徵引,新輯其文,題《王弼傳》,何劭撰。

　　《王弼傳》略述王弼生平行事,而多載其玄言議論及著述,頗能見當時學術。

憲英傳

　　輯存。夏侯湛撰。

　　《憲英傳》,《隋書・經籍志》等史志書目無著録,《三國志》卷二五《魏書・辛毗傳》"還爲衛尉薨謚曰肅侯子敞嗣咸熙中爲河内太守"裴注引一節,作"外孫夏侯湛爲其傳",知此傳當爲夏侯湛撰。丁國鈞《補晉書藝文志》卷二史録雜傳類、文廷式《補晉書藝文志》卷三史部雜傳類、秦榮光《補晉書藝文志》卷二史部傳記類、吴士鑑《補晉書藝文志》卷二史録雜傳類、黄逢元《補晉書藝文志》卷二史録雜傳類補録。

　　憲英,辛毗女,《三國志》卷二五《魏書・辛毗傳》裴注引《世語》云:"毗女憲英,適太常泰山羊耽。"

　　夏侯湛,爲夏侯霸之弟夏侯威次子夏侯莊之子,《三國志》卷九《魏書・諸夏侯曹傳》裴注引《世語》云:"莊子湛,字孝若,以才博文章,至南陽相、散騎常侍。"《晉書》卷五五有傳,其云:"夏侯湛,字孝若,譙國譙人也。祖威,魏兖州刺史。父莊,淮南太守。湛幼有盛才,文章宏富,善構新詞,而美容觀,與潘岳友善,每行

止,同輿接茵,京都謂之連璧。"少爲太尉掾。泰始中,舉賢良,對
策中第,拜郎中,累年不調。後選補太子舍人,轉尚書郎,出爲野
王令。居邑累年,朝野多歎其屈。除中書侍郎,出補南陽相。遷
太子僕,未就命,而武帝崩。惠帝即位,以爲散騎常侍。元康初,
卒,年四十九。著三十餘篇,別爲一家之言。

　　夏侯湛《憲英傳》今主要見於《三國志》卷二五《魏書·辛毗
傳》裴注等引,《太平御覽》卷一四八《皇親部十四·太子三》引一
條,稱"外孫夏侯湛爲其傳曰",其文不出《三國志》卷二五裴注。
《太平御覽》卷八一五《布帛部二·錦》引一條,作夏侯孝若集《羊
太常辛夫人傳》,云其不好華麗,不服琇上夫人髀子帔,反卧外孫
胡母楊所上錦被事。不見於裴注所引《憲英傳》,則《三國志》裴
注所引,又或有删節。

　　張溥《漢魏六朝百三家集》卷四四《晉夏侯湛集》輯録此傳,
題《外祖母憲英傳》;嚴可均據《三國志》裴注和《太平御覽》輯得
此傳,題《羊太常辛夫人傳》,録於《全晉文》卷六九中。又,今人
朱東潤《八代傳叙文學述論》附輯夏侯湛《辛憲英傳》,未作校勘。
《漢魏六朝雜傳集》據《三國志》卷二五《魏書·辛毗傳》裴注等徵
引,新輯其文,題《憲英傳》,夏侯湛撰。夏侯湛傳祖母之賢德,親
切自然,朱東潤極稱賞此傳之傳神,云"《辛憲英傳》記其告弟辛
敞之言,風神如繪"①。

顧譚傳

　　輯存。陸機撰。一作《顧譚別傳》。

　　《顧譚傳》,《隋書·經籍志》等史志書目無著録。丁國鈞《補
晉書藝文志》卷二史録雜傳類、文廷式《補晉書藝文志》卷三史部

────────────

①朱東潤:《八代傳叙文學述論》,復旦大學出版社 2006 年,第 97 頁。

雜傳類、秦榮光《補晉書藝文志》卷二史部傳記類、吳士鑑《補晉
書藝文志》卷二史錄雜傳類、黃逢元《補晉書藝文志》卷二史錄雜
傳類補錄。

　　《顧譚傳》，《三國志》卷五二《吳書・顧譚傳》裴注引云"陸機
爲譚傳"，可知此傳爲陸機所作。陸機，三國吳大司馬陸抗子。
《晉書》卷五四有傳，其云："陸機，字士衡，吳郡人也。祖遜，吳丞
相；父抗，吳大司馬。機身長七尺，其聲如鐘，少有異才，文章冠
世，伏膺儒術，非禮不動。"太康末，陸機與弟雲俱入洛，吳王晏出
鎮淮南，以機爲郎中令，遷尚書中兵郎，轉殿中郎。趙王倫輔政，
引爲相國參軍。倫誅被收，賴成都王穎、吳王晏並救理之，得減
死徙邊，遇赦而止。成都王穎以機參大將軍軍事，表爲平原内
史。太安初，穎與河間王顒起兵討長沙王乂，假機後將軍、河北
大都督，督北中郎將王粹、冠軍牽秀等諸軍二十餘萬人。兵敗，
牽以他事，被殺，時年四十三。

　　諸書徵引又有作《顧譚別傳》者，文廷式《補晉書藝文志》卷
三史部雜傳類補錄《顧譚傳》時稱"《御覽》卷三百八十九、卷五百
並引《顧譚別傳》"，視《顧譚傳》與《顧譚別傳》爲一傳。《太平御
覽經史圖書綱目》錄《顧譚別傳》。

　　顧譚，三國吳丞相顧雍孫，《三國志》卷五二有傳，其云："譚，
字子默。弱冠與諸葛恪等爲太子四友。"從中庶子轉輔正都尉，
赤烏中，代恪爲左節度，加奉車都尉，代薛綜爲選曹尚書，拜太
常，代祖父雍爲平尚書事。與全寄有隙，寄父子共構會譚。譚坐
徙交州，幽而發憤，著《新言》二十篇。見流二年，年四十二，卒於
交阯。

　　《顧譚傳》已佚，明張溥、清嚴可均據《三國志》裴注輯得佚文
一節，張溥所輯錄於《漢魏六朝百三家集》卷四八《晉陸機集》中，
嚴可均所輯錄於《全晉文》卷九八中。《漢魏六朝雜傳集》據《三
國志》卷五二《吳書・顧譚傳》裴注等徵引，新輯其文，得佚文三

節，題《顧譚傳》，陸機撰。

　　觀陸機《顧譚傳》佚文，叙顧譚風神及以清識爲諸葛恪友，文字流麗，與顧譚之秀異相諧。及徙交阯，"唯有犢車一乘，牛數頭，奴婢不滿十人，無尺帛珠金之寶"，又見其精神矣。

神女傳

　　輯存。張敏撰。

　　《神女傳》，《隋書·經籍志》等史志書目無著録，丁國鈞《補晉書藝文志》卷二史録雜傳類補録作《神女傳》，注張敏撰；秦榮光《補晉書藝文志》卷二史部傳記類據《北堂書鈔》補録《神女傳》，注張敏撰，又據《太平廣記》補録《成公智瓊傳》，亦注張敏撰；吳士鑑《補晉書藝文志》卷二史録雜傳類補録張敏《神女傳》，黃逢元《補晉書藝文志》卷二史録雜傳類亦補録，作《神女傳》，注"益州刺史太原張敏撰"。

　　《神女傳》已佚，佚文今主要見於干寶《搜神記》、五代前蜀杜光庭《墉城集仙録》（《太平廣記》卷六一）以及《法苑珠林》（一百卷本）卷五（百二十卷本卷八）等引，《北堂書鈔》、《藝文類聚》、《太平御覽》、《海録碎事》等亦有節引。《北堂書鈔》卷一二九引作"張敏《神女傳》"，云："班義起感神女智瓊，智瓊復去，賜義起織成裙衫。"文甚簡略，且弦超之姓氏又誤作班，但其明舉《神女傳》爲張敏所作。南宋洪邁《容齋五筆》卷四《晉代遺文》云："故篋中得舊書一帙，題爲《晉代名臣文集》，凡十四家，所載多不能全，真太山一毫芒耳。有張敏者，太原人，仕歷平南參軍、太子舍人、濟北長史。其一篇曰《頭責子羽文》，極爲尖新。古來文士，皆無此作。……其文九百餘言，頗有東方朔《客難》、劉孝標《絶交論》之體。《集仙傳》所載《神女成公智瓊傳》，見於《太平廣記》，蓋敏之作也。"洪邁舊藏文集《晉代名臣文集》中有張敏文集，且明言《神女成公智瓊傳》“蓋敏之作也”，則《神女傳》爲張敏所作，當無疑。今存《神女傳》佚文有“至太康中猶在，但不日月往來”，李劍國先生推測，此傳當作於“太康中（280—289）或其後”①。

　　張敏，《晉書》無傳，從洪邁所言可知，張敏乃太原人，仕歷平南參軍、太子舍人、濟北長史。又，《文選》卷五六《劍閣銘》李注引臧榮緒《晉書》云：“張載父收，爲蜀郡太守。載隨父入蜀，作《劍閣銘》，益州刺史張敏見而奇之，乃表上其文，世祖遣使鐫石記焉。”此事《晉書》卷五五《張載傳》亦載，也稱益州刺史張敏見而奇之云云。則可知，張敏曾爲益州刺史。《隋書·經籍志》集部有晉尚書郎《張敏集》二卷，注云：“梁五卷。”《舊唐書·經籍志》、《新唐書·藝文志》亦均著錄《張敏集》二卷，其文集今亦散佚不見，嚴可均輯得其文三篇，《神女傳》文一節，録於《全晉文》卷八〇中。李劍國先生以爲《法苑珠林》引《搜神記》末云張茂先（張華）《神女賦》當是張敏所作，並有輯録②。

　　《漢魏六朝雜傳集》據諸書徵引新輯其文，並參之李劍國先生所輯，且據《北堂書鈔》卷一二九引，題其名曰《神女傳》。

　　魏晉時神女成公智瓊降弦超事當頗傳揚，張敏勒之爲《神女傳》，遂被干寶採入《搜神記》，而杜光庭作《墉城集仙録》，又據《搜神記》採入。《太平廣記》卷六一《女仙六》“成公智瓊”即據《集仙録》，可知此事經張敏撰傳，其事更顯。《太平廣記》卷六一《女仙六》“成公智瓊”所引云出《集仙録》者，與《法苑珠林》卷五《六道篇》所引云出《搜神記》者，梗概略同而文字多異，則張敏傳成，干寶採録，當皆據體例而有改動，杜光庭作《墉城集仙録》，或

①李劍國：《唐前志怪小説史》，人民文學出版社 2011 年，第 451 頁。
②李劍國：《〈神女傳〉〈杜蘭香傳〉〈曹著傳〉考論》，《明清小説研究》1998 年第 4 期。

又據體例而改動焉。

張敏《神女傳》之叙神女降弦超，亦宋玉《神女賦》、《高唐賦》之類，然於賦體之外開人神遇合故事之先例，實乃唐人小說此類題材之淵源。《神女傳》中，成公智瓊解釋來從弦超之因云："見遣下嫁，故來從君。不謂君德，蓋宿時感運，宜爲夫婦。"不是因爲弦超有什麼美德，只是因爲"宿時感運"，與劉向《孝子傳》中天帝感其至孝而使織女嫁董永頗帶道德意味不同，此不含道德意味，體現出的是一種完全的文人遊戲意趣，唐人小說人神遇合故事正與此相同，當承此而來。

何楨別傳

輯存。佚名撰。

《何楨別傳》，《隋書·經籍志》等史志書目無著錄，撰人不詳。《太平御覽經史圖書綱目》錄《何禎別傳》，檢諸類書舊注，《何楨別傳》今僅見於《太平御覽》卷三八五《人事部二十六·幼智下》引一節，則宋初李昉等修《太平御覽》，當得見其本，其佚或在此之後。丁國鈞《補晉書藝文志》卷二史錄雜傳類、文廷式《補晉書藝文志》卷三史部雜傳類、秦榮光《補晉書藝文志》卷二史部傳記類、吳士鑑《補晉書藝文志》卷二史錄雜傳類補錄。

何楨，《晉書·何充傳》作"何禎"。《晉書》卷二《武帝紀》、卷九七《四夷傳》、《三國志·魏書·管寧傳》裴注引《文士傳》皆作"何楨"。《三國志》卷一一《魏書·管寧傳》附《胡昭傳》云："正始中，驃騎將軍趙儼、尚書黃休、郭彝、散騎常侍荀顗、鍾毓、太僕庾嶷、弘農太守何楨等遞薦昭曰"云云，裴注引《文士傳》云："楨，字元幹，廬江人。有文學器幹，容貌甚偉。歷幽州刺史、廷尉。入晉，爲尚書光祿大夫。"《北堂書鈔》卷五七《設官部九·秘書丞》"何元幹特詔參秘書丞"、《太平御覽》卷二三三《職官部三十一·

秘書丞》引虞預《晉書》曰：“何楨字元幹，廬江人也。爲尚書郎，特詔參秘書丞。秘書本有一丞，時尚未轉，遂以楨爲右丞。右丞之置自楨始也。”《晉書》卷二《文帝紀》云：“（甘露二年）秋七月，奉天子及皇太后東征，徵兵青、徐、荆、豫，分取關中遊軍，皆會淮北，師次于項。假廷尉何楨節，使淮南，宣慰將士，申明逆順，示以誅賞。”《晉書》卷九七《四夷傳·匈奴》云：“泰始七年，單于猛叛，屯孔邪城。武帝遣婁侯何楨持節討之。楨素有志略，以猛衆凶悍，非少兵所制，乃潛誘猛左部督李恪殺猛，於是匈奴震服。”《晉書》卷三《武帝紀》云：“八年春正月，監軍何楨討匈奴劉猛，屢破之，左部帥李恪殺猛而降。”《宋書》卷一五《志第五·禮二》：“至晉泰始四年，尚書何楨奏。”《藝文類聚》卷六《地部·關》引《何禎集》曰“以正始六年爲弘農太守，表省嶢關曰”云云。知何楨生魏晉之際，據《文士傳》、虞預《晉書》，青龍元年（233），魏文帝使作《許都賦》，稱“楊州別駕何楨”，賦成，下公車特徵，爲尚書郎，繼而爲秘書右丞。據《三國志·胡昭傳》、《晉書·武帝紀》、《何楨集》，正始中爲弘農太守，後爲幽州刺史，甘露中爲廷尉。據《晉書·文帝紀》、《晉書·四夷傳·匈奴》，入晉，爲尚書光禄大夫。泰始四年（268），爲尚書；泰始七年（271），爲婁侯持節監軍討匈奴劉猛，八年（272）擊破劉猛。

陸機陸雲別傳三種

今所見諸書徵引陸機、陸雲兄弟之別傳者有三，即《陸機陸雲別傳》、《陸機別傳》、《陸雲別傳》。考其文多異，恐非一傳。

陸機，陸雲，三國吳大司馬陸抗子。《晉書》卷五四有傳，其云：“陸機，字士衡，吳郡人也。祖遜，吳丞相；父抗，吳大司馬。機身長七尺，其聲如鐘，少有異才，文章冠世，伏膺儒術，非禮不動。”又云：“雲，字士龍。六歲能屬文，性清正，有才理，少與兄機

齊名,雖文章不及機,而持論過之,號曰‘二陸’。”太康末,陸機與
弟雲俱入洛,吳王晏出鎮淮南,以機爲郎中令,遷尚書中兵郎,轉
殿中郎。趙王倫輔政,引爲相國參軍。倫誅被收,賴成都王穎、
吳王晏並救理之,得減死徙邊,遇赦而止。成都王穎以機參大將
軍軍事,表爲平原内史。太安初,穎與河間王顒起兵討長沙王
乂,假機後將軍、河北大都督,督北中郎將王粹、冠軍牽秀等諸軍
二十餘萬人。兵敗,牽以他事,被殺,時年四十三。陸雲初入洛,
以公府掾爲太子舍人,出補浚儀令,拜吳王晏郎中令。後入朝爲
尚書郎、侍御史、太子中舍人、中書侍郎。成都王穎表爲清河内
史。穎將討齊王囧,以雲爲前鋒都督。會囧誅,轉大將軍右司
馬。陸機之敗,并收雲殺之,時年四十二。

陸機陸雲別傳

輯存。佚名撰。

《陸機陸雲別傳》,《隋書·經籍志》等史志書目無著録,撰人
不詳。文廷式《補晉書藝文志》卷三史部雜傳類、秦榮光《補晉書
藝文志》卷二史部傳記類補録《陸機陸雲別傳》。章宗源《隋書經
籍志考證》據《三國志》裴注補録,姚振宗《隋書經籍志考證》轉録
章氏所補。

《陸機陸雲別傳》久佚,今存文一節,見於《三國志》卷五八
《吳書·陸遜傳》“景妻孫晧適妹與景俱張承外孫也”裴注、《文
選》卷三八《表·爲蕭楊州作薦士表》“辭賦清新屬言玄遠”李注
引,略叙陸機、陸雲入洛至被殺事。《三國志》裴注作“《機雲別
傳》”,引文詳;《文選》李注作“《陸機陸雲別傳》”,引文略。《漢魏
六朝雜傳集》據《三國志》卷五八裴注等引輯録其文,題其名曰
《陸機陸雲別傳》。

《陸機陸雲別傳》末叙及機、雲被殺,“天下痛惜之”,又云孫
惠與朱誕書悼歎二陸事,又追述陸抗之克步闡誅及嬰孩,識道者

言陸氏後世必受其殃。此傳或爲吴地陸氏故人傷二陸無辜而爲傳也。

陸機別傳

輯存。佚名撰。

《陸機別傳》,《隋書・經籍志》等史志書目無著録,撰人不詳。《太平御覽經史圖書綱目》録《陸機別傳》。丁國鈞《補晉書藝文志》卷二史録雜傳類、秦榮光《補晉書藝文志》卷二史部傳記類、吴士鑑《補晉書藝文志》卷二史録雜傳類補録。

《陸機別傳》久佚,其佚文今主要見於《世説新語》劉注及《太平御覽》所引。存文三節,其一叙其才華與爲人、仕宦,見於《世説新語・言語》第二六條劉注引。其二叙其於成都王穎幕,與盧志及黄門孟玖等結怨及被殺事,見於《世説新語・尤悔》第三條劉注、《唐開元占經》卷一〇一《霧》、《太平御覽》卷一二《天部十二・雪》、卷六九九《服用部一・幔》、卷八七八《咎徵部五・霧》引。其三叙孟玖欺成都王穎構陷孫承事,見於《太平御覽》卷三七二《人事部十三・踝》引。此條唯《太平御覽》引,則《陸機別傳》之文,於宋初李昉等修《太平御覽》時,存文或尚夥。

《世説新語》劉注引《陸機別傳》,叙及陸雲與黄門孟玖構隙事,《三國志》卷五八裴注引《陸機陸雲別傳》亦言及此事,叙述角度及方式頗不同,由此亦可定《陸機別傳》與《陸機陸雲別傳》不同,當是別一種雜傳。《漢魏六朝雜傳集》即據《世説新語》劉注及《太平御覽》等引,於《陸機陸雲別傳》之外,輯録《陸機別傳》。

陸雲別傳

輯存。佚名撰。

《陸雲別傳》,《隋書・經籍志》等史志書目無著録,撰人不詳。丁國鈞《補晉書藝文志》卷二史録雜傳類、秦榮光《補晉書藝文志》卷二史部傳記類補録。吳士鑑《補晉書藝文志》卷二史録雜傳類補録作"陸機爲《陸雲傳》、《顧譚傳》"，當誤。《陸雲別傳》今見《世説新語・賞譽》第二〇條劉注引一節，末云"累遷太子舍人、清河内史，爲成都王所害"。言及陸雲被殺，而機、雲同時被殺，故陸機不可能爲陸雲作此傳。吳士鑑以爲陸機作《陸雲別傳》，當是誤讀《三國志》裴注引前"機雲別傳曰"數字所致。

《陸雲別傳》久佚，今存文一節，見於《世説新語・賞譽》第二〇條劉注引，略叙陸雲生平，少時聰慧，時人以爲項託、楊烏之儔；周俊命爲主簿，歎賞其爲"當今之顏淵也"。頗不類《三國志》卷五八裴注引《陸機陸雲別傳》之文，當是別一種雜傳。《漢魏六朝雜傳集》即據《世説新語・賞譽》第二〇條劉注，於《陸機陸雲別傳》之外，輯録《陸雲別傳》。

陸機、陸雲兄弟出生東吳，陸氏高門華胄，兄弟二人才華橫溢，然死非得所，頗爲時人所惜，《陸機陸雲別傳》及《陸機別傳》、《陸雲別傳》涉因緣傅會之説，正是此種心理。故而二人有多種雜傳，亦在情理之中。

周處別傳

輯存。佚名撰。

《周處別傳》，《隋書・經籍志》等史志書目無著録，撰人不詳。《太平御覽經史圖書綱目》録《周處別傳》，丁國鈞《補晉書藝文志》卷二史録雜傳類、文廷式《補晉書藝文志》卷三史部雜傳類、秦榮光《補晉書藝文志》卷二史部傳記類、吳士鑑《補晉書藝文志》卷二史録雜傳類補録。

周處，《晉書》卷五八有傳，其云："周處，字子隱，義興陽羨人也。父魴，吳鄱陽太守。處少孤，未弱冠，膂力絶人，好馳騁田獵，不脩細行，縱情肆慾，州曲患之。"處自知爲人所惡，乃慨然改勵，志於學，有文思，志存義烈，言必忠信克己。期年，州府交辟。仕吴爲東觀左丞。孫皓末，爲無難督。吴平入洛，遷新平太守，轉廣漢太守。尋除楚内史，未之官，徵拜散騎常侍，遷御史中丞。凡所糾劾，不避寵戚。朝臣惡處强直，氐人齊萬年反，乃使隸夏侯駿西征，力戰而没。《晉書》卷四《惠帝紀》云："（永平）七年春正月癸丑，周處及齊萬年戰於六陌，王師敗績，處死之。"

《周處別傳》久佚，《漢魏六朝雜傳集》據諸書徵引，新輯其文，得存佚文二節。

今檢諸書徵引，條列其佚文如下。

其一見於《世説新語·自新》第一條劉注引，叙周處姓字父諱及少孤不治細行事。當是節略。稱周處"吴郡陽羡人"，余嘉錫箋疏云："陽羡漢屬吴郡，吴寶鼎元年分屬吴興郡，見《吴志·孫皓傳》注。晉惠帝永興元年分屬義興郡，見《晉書·地理志》。此作'吴郡'，乃'吴興'之誤。"[1]

其二見於《文選》卷二〇《獻詩·關中詩一首》李注"周殉師令身膏氏斧"、《藝文類聚》卷二〇《人部四·忠》、《初學記》卷一七《人部·忠第三》"王堪杖節周處奮劍"、《太平御覽》卷四一七《人事部五十八·忠勇》引，叙周處戰死事。云"受夏侯俊節度"，《晉書·周處傳》作"夏侯駿"。

周處少不脩細行，縱情肆慾，爲鄉里所患，後改過自勵，終爲忠臣，堪稱自勵自立之典範，事蹟頗顯。《周處別傳》當多載其改過前後事，當如《世説新語·自新》第一條所叙事。惜其散佚。

---

[1] 劉義慶撰，劉孝標注，余嘉錫箋疏，周祖謨等整理：《世説新語箋疏》下卷上《自新》第 1 條箋疏，上海古籍出版社 1996 年，第 627 頁。

夏統別傳二種

今所見諸書徵引夏統別傳有二,其一爲《夏仲御別傳》,其一爲《夏統別傳》。

夏仲御即夏統,《晉書》卷九四《隱逸傳》有傳,其云:"夏統,字仲御,會稽永興人也。幼孤貧,養親以孝聞,睦於兄弟。"雅善談論,宗族勸之仕,拒之,自此遂不與宗族相見。後不知所終。

夏仲御別傳

輯存。佚名撰。

《夏仲御別傳》,《隋書·經籍志》等史志書目無著録,撰人不詳。丁國鈞《補晉書藝文志》卷二史録雜傳類、文廷式《補晉書藝文志》卷三史部雜傳類、秦榮光《補晉書藝文志》卷二史部傳記類、吳士鑑《補晉書藝文志》卷二史録雜傳類補録。《太平御覽經史圖書綱目》録《夏仲御別傳》,又録《夏仲舒別傳》,檢《太平御覽》,不見有引《夏仲舒別傳》者,"仲舒"或爲"仲御"之訛。丁國鈞《補晉書藝文志》卷二史録雜傳類補録《夏仲御別傳》之外,又補録《夏仲舒別傳》,注云"謹按:見《御覽》。"丁辰注云:"家大人曰原本《書鈔》倡優類,兩引仲舒別傳,載女巫章丹、陳珠吞刀吐火事。以《晉書》考之,即夏統事也,是仲舒實仲御之譌。或非出一手所撰,故過而存之。"今見四庫本《北堂書鈔》卷一一二引一節作《夏仲舒別傳》。

《夏仲御別傳》久佚,其佚文散見諸書徵引,《漢魏六朝雜傳集》據諸書徵引作《夏仲御別傳》者,新輯其文,得九節,六事。

今檢諸書引作《夏仲御別傳》者,條列如下。

一、夏統姓字及與母兄弟採稆求食。存文一節,見於《太平御覽》卷四三一《人事部七十二·勤》引。

　　二、仲御詣洛，三月三日在船中曝藥，爲賈充等所奇。存文二節，見於《北堂書鈔》卷一五五《歲時部三·三月三日十七》“王公至南浮橋”、《藝文類聚》卷四《歲時部中·三月三日》、《初學記》卷四《歲時部下·三月三日第六》“南浮橋東流水”、《太平御覽》卷三〇《時序部十五·三月三日》引。

　　三、仲御從父敬寧祠祝祀先祖，有女巫章丹、陳珠二人。存文三節，見於《北堂書鈔》卷一一二《樂部八·倡優二十八》“吞刀吐火”、“女巫惑人”、《初學記》卷一五《樂部上·雜樂第二》“清歌妙舞”、《太平御覽》卷五六八《樂部六·女樂》引。

　　四、仲御當正會，答宗弟承問。存文一節，見於《太平御覽》卷五六八《樂部六·女樂》等引。

　　五、爰有天水玄酎長安醇清。存文一節，見於《北堂書鈔》卷一四八《酒食部七·酒六十》“長安醇”、“觸口已傾”等引。

　　六、激南楚，吹胡笳。存文一節，見於《初學記》卷一五《樂部上·雅樂第一》“致鱗羽動風雲”、《太平御覽》卷五八一《樂部十九·笳》等引。

　　夏仲御爲西晉時隱士，雅善談論，風神秀逸。《晉書·夏統傳》載其答宗族勸仕，責諸人誘其觀女巫章丹、陳珠，詣洛市樂會諸王公戲水高歌。觀《夏仲御別傳》今存之文，如三月三洛中事，顯其風神、氣韻、談論，文采斑斕。

夏統別傳

輯存。佚名撰。

　　《隋書·經籍志》等史志書目無著録，撰人不詳。《太平御覽經史圖書綱目》録《夏仲御別傳》、《夏仲舒別傳》之外，又録《夏統別傳》。丁國鈞《補晉書藝文志》卷二史録雜傳類補録《夏統別傳》，吳士鑑《補晉書藝文志》卷二史録雜傳類補録《夏統別傳》，注云：“見《太平御覽》，又引作《夏仲御別傳》，仲御，統之字，故又

誤引作夏仲舒。"似即以《夏仲御別傳》與《夏統別傳》爲一傳之
異稱。

　　《夏統別傳》,今見《事類賦》卷四《歲時部·春》引一節,叙三
月三事。文與《藝文類聚》、《初學記》、《太平御覽》等所引《夏仲
御別傳》事同,而文簡略,行文風格亦頗不同,故疑其當別爲一
傳。《漢魏六朝雜傳集》即據《事類賦》卷四《歲時部·春》"或暴
藥以沉吟"引,於《夏仲御別傳》之外,另輯《夏統別傳》。《淵鑑類
函》亦有引《夏統別傳》,又有引作晉《夏統別傳》者。作《夏統別
傳》者,見於《淵鑑類函》卷一八四《樂部一·樂總載三》"致鱗羽
動風雲",其云:"激南楚,吹胡笳,風雲爲之搖動,星辰爲之變
度。"作晉《夏統別傳》者,見於《淵鑑類函》卷一八七《樂部四·女
樂二》"清歌妙舞"、"遠望雲近視雪"、《樂部四·雜戲二》"蕩心惑
目"引,《淵鑑類函》卷一八七"清歌妙舞"引作:"統從父家女巫章
丹、陳珠二人,妍姿洽媚,清歌妙舞,狀若飛仙。""遠望雲近視雪"
引作:"西施之孫,鄭袖之子,攜手交舞,流盼頡頏。赴急絃而折
倒,應緩節以相羊,遠望而雲,近視而雪。舒紅顏而微笑,啟朱唇
而揚聲。""蕩心惑目"引作:"女巫張、陳二人,並有國色,能絕形
匿影,眩惑人目。"

　　又,《齊民要術》卷一〇《葍》、《太平御覽》卷八五一《飲食部
九·料》、《淵鑑類函》卷三八九《食物部二·粄》"合米擣"各引一
節,作《夏統別傳注》。《齊民要術》卷一〇引作:"藑,葍也,一名
甘藑,正圓赤粗似橘。"《太平御覽》卷八五一、《淵鑑類函》卷三八
九引作:"蕨初生,合米擣作料。"

衛玠別傳

輯存。佚名撰。

　　《衛玠別傳》,《隋書·經籍志》等史志書目無録,撰人不詳。

丁國鈞《補晉書藝文志》卷二史録雜傳類、文廷式《補晉書藝文志》卷三史部雜傳類、秦榮光《補晉書藝文志》卷二史部傳記類、吳士鑑《補晉書藝文志》卷二史録雜傳類補録。

　　衛玠,《世説新語‧言語》第三二條劉注引《晉諸公贊》云："衛玠,字叔寶,河東安邑人。祖父瓘,太尉。父恒,黄門侍郎。"《晉書》卷三六《衛瓘傳》附其傳。初爲太傅西閣祭酒,拜太子洗馬。瑍爲散騎侍郎,内侍懷帝。玠以天下大亂,乃扶輿母轉至江夏,至豫章,向建鄴。京師人士聞其姿容,觀者如堵。玠勞疾遂甚,永嘉六年(312)卒,時年二十七,時人謂玠被看殺。葬於南昌。

　　《衛玠別傳》久佚,其佚文今散見於諸書徵引,《世説新語》劉注所引最夥,《太平御覽經史圖書綱目》録《衛玠別傳》,《太平御覽》引《衛玠別傳》之文,有異于《世説新語》劉注等引者,宋初李昉等修《太平御覽》,或尚見其本。《漢魏六朝雜傳集》據諸書徵引,新輯其文。

　　今檢諸書徵引,條列其文如下。

　　一、衛玠生平事略。存文一節,見於《世説新語‧言語》第三二條劉注等引。

　　二、衛玠祖太保見玠歡賞恐不及見事。存文一節,見於《世説新語‧識鑒》第八條劉注引。

　　三、與其舅王武子入市事。存文三節,文字略異,其一見於《太平御覽》卷五二一《宗親部十一‧外甥》引;其二見於《世説新語‧容止》第一九條劉注、《初學記》卷一九《人部下‧美丈夫第一》"乘羊車執麈尾"、《太平御覽》卷九〇二《獸部十四‧羊》引;其三見於《世説新語‧容止》第一四條劉注、《初學記》卷一九《人部下‧美丈夫第一》"夏潘連璧甥舅映珠"、《太平御覽》卷八〇三《珍寶部二‧珠下》、《事類賦》卷九《寶貨部‧珠賦》"武子之稱衛玠"引。王武子即王濟,王渾第二子。

四、琅邪王平子聞玠之語議,爲之三倒事。存文一節,見於
《世説新語·賞譽》第四五條劉注等引。王平子即王澄,字平子。

五、嘲陳留阮千里"三語掾"事。存文一節,見於《藝文類聚》
卷一九《人部三·言語》、《太平御覽》卷二〇九《職官部七·三公
府掾屬·太尉掾》、《職官分紀》卷五《掾屬》"三語掾"、《記纂淵
海》卷一五五《言語部之二·敏於應對》引。阮千里,即阮瞻,字
千里。竹林七賢之一阮咸之子。《晉書》卷四九《阮籍傳》附
其傳。

六、衛玠有名理,時友歎賞事。存文一節,見於《世説新語·
文學》第二〇條劉注、《世説新語·容止》第一六條劉注引。

七、王敦歎賞事。存文一節,見於《世説新語·賞譽》第五一
條劉注引。

八、永和中,丹陽尹劉真長、鎮西將軍謝仁祖商略中朝士人
及於衛玠事。存文一節,見於《世説新語·品藻》第四二條劉注、
《太平御覽》卷四四四《人事部八十五·知人下》、卷四四六《人事
部八十七·品藻中》引。

九、衛玠咸和中改遷於江寧事。存文一節,見於《世説新
語·傷逝》第六條劉注、《太平御覽》卷五五五《禮儀部三十四·
葬送三》引。

衛玠有虛令之秀,清勝之氣,穎識通達,天韻標令,在群伍之
中,有異人之望,且有名理,善談論,爲當時美男名士。《衛玠別
傳》傳衛玠,正在於此。多以他人視角,襯托渲染,頗得古《陌上
桑》之法。結尾處筆鋒轉向衛玠死後數年之永和中,劉真長、謝
仁祖談論中朝人物,及於衛玠,有餘音繞梁之韻致。

趙泰傳

輯存。佚名撰。

《趙泰傳》,《隋書・經籍志》等史志書目無録,惟《法苑珠林》卷六《六道之二・鬼神部》"感應緣"引一節,云"《趙泰傳》曰",知其當出《趙泰傳》。

趙泰入冥事,又見《太平廣記》卷三七七《再生三》、《法苑珠林》卷七《六道之三・地獄部》"感應緣"引趙泰事,云出《冥祥記》,《辯正論》卷七《信毀交報篇第八》注、《太平廣記》卷一〇九《報應八》引趙泰事,云出《幽明録》。《太平廣記》卷三七七、《法苑珠林》卷七引《冥祥記》趙泰事,末云:"時親表内外候視泰者,五六十人,同聞泰説。泰自書記,以示時人。時晉太始五年,七月十三日也。"則知泰死而復生,當自作"記",述其事,且多示時人。然諸書所録,開篇叙趙泰生平,言及其"當晚乃仕,終中散大夫",故此當非趙泰自記,乃他人所作。又,《太平廣記》卷一〇九《報應八》引趙泰事"晉泰始五年"作"宋泰始五年",《辯正論》卷七作"晉泰始五年",《太平廣記》卷一〇九引當誤。晉、宋皆有"泰始",晉泰始五年即二六九年,宋泰始五年乃宋明帝年號即四六九年,《幽明録》作者劉義慶卒於元嘉二十一年(444),故不可能記及宋泰始五年事。魯迅先生輯《幽明録》,以爲《辯正論》有誤,乃先生失考。《冥祥記》叙趙泰事又云:"士人聞泰死而復生,多見罪福,互來訪問。時有太中大夫武城孫豐、關内侯常山郝伯平等十人,同集泰會。款曲尋問,莫不懼然。皆即奉法。"當時訪問趙泰者甚夥,《趙泰傳》之作者或即其中一人,然亦必參酌趙泰自記而成。

據諸書所引《幽明録》、《冥祥記》,"趙泰字文和,清河貝丘人也。祖父京兆太守。泰郡察孝廉,公府辟不就。精思聖典,有譽鄉里。當晚乃仕,終中散大夫。"其死而復生,在其"年三十五時",即"晉太始五年七月十三日"。

《太平廣記》卷三七七、《法苑珠林》卷七引《冥祥記》趙泰事,《辯正論》卷七《信毀交報篇第八》注、《太平廣記》卷一〇九引《幽明録》趙泰事,情事大體略同,而文字多異。李劍國先生"疑《趙泰傳》先出,《幽明録》、《冥祥記》皆取《趙泰傳》,只不過可能在文字上有所改動"①。然實難辨孰更近於《趙泰傳》原文。《漢魏六朝雜傳集》據《法苑珠林》卷六《六道之二·鬼神部》"感應緣"引云出《趙泰傳》者新輯其文,附《幽明録》、《冥祥記》之文於後。

《趙泰傳》以叙趙泰於"晉太始五年七月十三日"死,十餘日後復生,講述死後入冥遊歷地獄所見,意在勸人奉佛。其名曰傳,體式與叙生平者不同。而其以生死入冥遊歷地域,實開先河,後效之者衆,遂成定式。

羊琇別傳

輯存。佚名撰。

《羊琇別傳》,《隋書·經籍志》等史志書目無録,撰人不詳。

《羊琇別傳》今存佚文一節,見於《續談助》卷四《殷芸小説》引,注出《列傳》,"列"當作"別"。今不見他書稱引《羊琇別傳》,周楞伽輯注《殷芸小説》據此條採入,案云:"《續談助》原注:'出《列傳》。'《羊琇列傳》未見他書徵引,但實爲《晉書·外戚傳》'琇性豪侈,費用無復齊限,而屑炭和作獸形以温酒,洛下豪貴,咸競效之'所本。"②周楞伽不改"列"字,但亦以爲《殷芸小説》所引爲別一種羊琇傳記,爲《晉書·外戚傳·羊琇傳》所本。

羊琇,《晉書》卷九三《外戚傳》有傳,其云:"羊琇,字稚舒,景獻皇后之從父弟也。父耽,官至太常;兄瑾,尚書右僕射。"琇少舉郡計,參鎮西鍾會軍事,從平蜀。及會謀反,琇正言苦諫,還,

---

①李劍國:《唐前志怪小説史》,人民文學出版社2011年,第462頁。

②殷芸編纂,周楞伽輯注:《殷芸小説》,上海古籍出版社1984年,第144頁。

賜爵關内侯。晉建,累遷中護軍,加散騎常侍。

　　《羊琇別傳》散佚殆盡,僅存佚文一節,見於《續談助》卷四《殷芸小説》引,注出《列傳》,“列”當作“別”。云羊琇驕豪,搗炭爲屑以香和之,作獸形。《漢魏六朝雜傳集》據以輯得其文。

阮瞻別傳

　　輯存。佚名撰。

　　《阮瞻別傳》,《隋書·經籍志》等史志書目無録,撰人不詳。

　　《阮瞻別傳》今存佚文一條,見於《續談助》卷四《殷芸小説》引,注出《列傳》。周楞伽案云:“此條《續談助》原注:‘出《列傳》。’余嘉錫謂:‘《列傳》當作《別傳》,《瞻別傳》不見他書。此事見《幽明録》,較《續談助》爲詳。’”①

　　阮瞻,竹林七賢之一阮咸之子,《晉書》卷四九《阮籍傳》附其事,其云:“瞻,字千里。性清虚寡欲,自得於懷。讀書不甚研求,而默識其要,遇理而辯,辭不足而旨有餘。”善彈琴,人聞其能,多往求聽,不問貴賤長幼,皆爲彈之。神氣沖和,而不知向人所在。王戎辟爲掾,東海王越鎮許昌,以瞻爲記室參軍,永嘉中,爲太子舍人。病卒於倉垣,時年三十。

　　《阮瞻別傳》散佚殆盡,今存佚文一節,見於《續談助》卷四《殷芸小説》引,注出《列傳》,“列”當作“別”。叙阮瞻嘗作《無鬼論》,而後見鬼來辯,年餘卒。此當是時人執有鬼論者編造,以釋阮瞻早卒。周楞伽云:“時人因其素執無鬼論,且早死,遂造此遇鬼而卒之事,實不可信。”②

---

①殷芸編纂,周楞伽輯注:《殷芸小説》,上海古籍出版社1984年,第156頁。
②殷芸編纂,周楞伽輯注:《殷芸小説》,上海古籍出版社1984年,第157頁。

雷煥別傳

輯存。佚名撰。

《雷煥別傳》,《隋書‧經籍志》等史志書目無録,撰人、卷數不詳。《太平御覽經史圖書綱目》録《雷煥別傳》,其本宋初李昉等修《太平御覽》時,或見之,當佚於此後。丁國鈞《補晉書藝文志》卷二史録雜傳類、文廷式《補晉書藝文志》卷三史部雜傳類、秦榮光《補晉書藝文志》卷二史部傳記類、吳士鑑《補晉書藝文志》卷二史録雜傳類補録。章宗源《隋書經籍志考證》據《太平御覽》補録,姚振宗《隋書經籍志考證》轉録章氏所補。

雷煥,據《雷煥別傳》,煥字孔章,鄱陽人。善星曆卜占。

《雷煥別傳》久佚,今存文一節,見於《北堂書鈔》卷一二二《武功部十‧劍三十四》"拭以西山黄土磨以華陰赤土"、《太平御覽》卷三七《地部二‧土》、卷三四三《兵部七十四‧劍中》、卷四六七《人事部‧喜》引,其中《太平御覽》卷三四三引文最詳,前後完整,似即完篇。《漢魏六朝雜傳集》即據《太平御覽》卷三四三等徵引,新輯其文。

《雷煥別傳》今存佚文,叙張華、雷煥見斗牛之間異氣,知爲寶劍氣,於是張華以雷煥爲豐城令。雷煥掘地得干將莫邪劍,後張華、雷煥亡,雙劍化龍而去。雖名《雷煥別傳》,而實乃一篇關於傳説中之寶劍再現人間而又再次消失之故事。此事《晉書‧張華傳》亦載,歸之"華之博物",或據《雷煥別傳》,其云:

> 初,吳之未滅也,斗牛之間常有紫氣,道術者皆以吳方强盛,未可圖也,惟華以爲不然。及吳平之後,紫氣愈明。華聞豫章人雷煥妙達緯象,乃要煥宿,屏人曰:"可共尋天文,知將來吉凶。"因登樓仰觀。煥曰:"僕察之久矣,惟斗牛之間頗有異氣。"華曰:"是何祥也?"煥曰:"寶劍之精,上徹

於天耳。"華曰:"君言得之。吾少時有相者言,吾年出六十,位登三事,當得寶劍佩之。斯言豈效與!"因問曰:"在何郡?"焕曰:"在豫章豐城。"華曰:"欲屈君爲宰,密共尋之,可乎?"焕許之。華大喜,即補焕爲豐城令。焕到縣,掘獄屋基,入地四丈餘,得一石函,光氣非常,中有雙劍,並刻題,一曰龍泉,一曰太阿。其夕,斗牛間氣不復見焉。焕以南昌西山北巖下土以拭劍,光芒艷發。大盆盛水,置劍其上,視之者精芒炫目。遣使送一劍并土與華,留一自佩。或謂焕曰:"得兩送一,張公豈可欺乎?"焕曰:"本朝將亂,張公當受其禍。此劍當繫徐君墓樹耳。靈異之物,終當化去,不永爲人服也。"華得劍,寶愛之,常置坐側。華以南昌土不如華陰赤土,報焕書曰:"詳觀劍文,乃干將也,莫邪何復不至? 雖然,天生神物,終當合耳。"因以華陰土一斤致焕。焕更以拭劍,倍益精明。華誅,失劍所在。焕卒,子華爲州從事,持劍行經延平津,劍忽於腰間躍出墮水。使人没水取之,不見劍,但見兩龍各長數丈,蟠縈有文章,没者懼而反。須叟光彩照水,波浪驚沸,於是失劍。華歎曰:"先君化去之言,張公終合之論,此其驗乎!"

而其中寶劍,《雷焕别傳》稱干將、莫邪,《晉書·張華傳》先言雙劍刻題言龍泉、太阿,又云張華報雷焕書云干將、莫邪。宋歐陽忞《輿地廣記》卷二五《江南西路》云:"望豐城縣,吳分南昌縣地置富城縣,晉太康元年改曰豐城,屬豫章郡。雷焕得龍淵、太阿於此。"當據《晉書》。雷焕"善星曆卜占",雷焕與張華交遊,《續齊諧記》又載斑狸華表事,其云:

張華爲司空,於時燕昭王墓前有一斑狸,化爲書生,欲詣張公。過問墓前華表曰:"以我才貌,可得見司空耶?"華表曰:"子之妙解,無爲不可,但張公制度,恐難籠絡,出必遇辱,殆不得返,非但喪子千年之質,亦當深誤老表。"狸不從,

遂詣華。華見其容止風流,雅重之。於是論及文章聲實,華
未嘗勝。次復商略三史,探貫百氏,包十聖、洞三才,華無不
應聲屈滯。乃歎曰:"明公乃尊賢容衆,嘉善矜不能,奈何憎
人學問,墨子兼愛,其善是也。"言卒便退,華已使人防門,不
得出。既而又問華曰:"公門置兵甲闌錡,當是疑僕也。恐
天下之人卷舌而不談,知謀之士望門而不進,深爲明公惜
之。"華不答,而使人防禦甚嚴。豐城令雷煥,博物士也,謂
華曰:"聞魅鬼忌狗,所別者數百年物耳。千年老精,不復能
別,惟千年枯木照之,則形見。"昭王墓前華表,已當千年,使
人伐之。至,聞華表言曰:"老狸不自知,果誤我事。"於華表
穴中得青衣小兒,長二尺餘,使還,未至洛陽,而變成枯木。
遂燃以照之,書生乃是一斑狸。茂先歎曰:"此二物不值我,
千年不復可得。"

《類説》卷六存其梗概,題"千年華表"。《太平廣記》卷四四
二《畜獸九》引,題"張華",云出《集異記》。

裴楷别傳

輯存。佚名撰。

《裴楷别傳》,《隋書·經籍志》等史志書目無著録,撰人不
詳。《太平御覽經史圖書綱目》録《裴楷别傳》,丁國鈞《補晉書藝
文志》卷二史録雜傳類、文廷式《補晉書藝文志》卷三史部雜傳
類、秦榮光《補晉書藝文志》卷二史部傳記類、吳士鑑《補晉書藝
文志》卷二史録雜傳類補録。章宗源《隋書經籍志考證》據《藝文
類聚》補録,姚振宗《隋書經籍志考證》轉録章氏所補。

裴楷,裴秀從弟,《晉書》卷三五《裴秀傳》附其傳,其云:"楷,
字叔則。父徽,魏冀州刺史。楷明悟有識量,弱冠知名,尤精
《老》、《易》。少與王戎齊名。"鍾會薦之於文帝,辟相國掾,遷尚

書郎。賈充改定律令,以楷爲定科郎。晉武帝爲撫軍時,以楷爲
參軍事,吏部郎缺,文帝以楷爲吏部郎。轉中書郎。武帝登阼,
拜散騎侍郎,累遷散騎常侍、河内太守,入爲屯騎校尉、右軍將
軍,轉侍中、尚書。加光禄大夫、開府儀同三司。年五十五卒,謚
曰元。

《裴楷別傳》久佚,《漢魏六朝雜傳集》據諸書徵引,新輯其
文,得佚文四節。

今檢諸書徵引,條列其佚文如下。

一、裴楷吊阮籍母喪事。存文一節,見於《北堂書鈔》卷八五
《禮儀部六・弔十四》"裴楷獨哭而反"、《太平御覽》卷五六一《禮
儀部四十・弔》引。

二、裴楷誦讀刑書事。存文一節,見於《太平御覽》卷三八八
《人事部二十九・聲》引。

三、與石崇書論裴綽飲酒事。存文一節,見於《太平御覽》卷
七三九《疾病部二・狂》、《職官分紀》卷七《侍郎》"醉眠妓屋中"
引。此事《晉書・裴楷傳》亦載,誤爲孫季舒。

四、讓新宅與兄事。存文一節,見於《藝文類聚》卷六四《居
處部四・宅舍》、《記纂淵海》卷一七一《生理部之一・第宅》引。
此事《晉書・裴楷傳》亦載。

裴楷爲魏晉間名士,言動爲時人所矚目。《晉書・裴楷傳》
云裴楷"風神高邁,容儀俊爽,博涉群書,特精理義","性寬厚,與
物無忤",《裴楷別傳》所載之事,當多與此相關。《晉書・裴楷
傳》當取資於《裴楷別傳》。

裴頠別傳

輯存。佚名撰。

《隋書・經籍志》等史志書目無著録,撰人不詳。

裴頠，裴秀少子，《晉書》卷三五《裴秀傳》附其傳，其云："頠字逸民，弘雅有遠識，博學稽古，自少知名。"太康二年（281），徵爲太子中庶子，遷散騎常侍。惠帝即位，轉國子祭酒，兼右軍將軍，遷侍中、尚書、尚書左僕射，後爲趙王倫所殺，時年三十四。

《裴頠別傳》今存佚文一節，見於《續談助》引《殷芸小説》錄。《晉書·裴頠傳》言及頠爲言談之林藪事。周楞伽輯注《殷芸小説》據《續談助》輯錄此節，案云："此條據《續談助》，亦見《世説·賞譽》篇，文同。《續談助》原注：'出《頠別傳》。'余嘉錫謂：'《頠別傳》未見他書引用。'此語殊不確。《晉書》列傳五《裴頠傳》載：'樂廣嘗與頠清言，欲以理服之，而頠辭論豐博，廣笑而不言。時人謂頠爲言談之林藪。'可見臧榮緒編《晉書》時就曾引用過；《世説》所載，當亦出《頠別傳》，惟因《頠別傳》已佚，遂致無從證實耳。"①

羊祜別傳

輯存。佚名撰。

《羊祜別傳》，《隋書·經籍志》等史志書目無著録，撰人不詳。《太平御覽經史圖書綱目》録《羊祜別傳》，宋初李昉等修《太平御覽》，或尚得見其書。丁國鈞《補晉書藝文志》卷二史録雜傳類、文廷式《補晉書藝文志》卷三史部雜傳類、秦榮光《補晉書藝文志》卷二史部傳記類、吳士鑑《補晉書藝文志》卷二史録雜傳類補録。

羊祜，《晉書》卷三四有傳，其云："羊祜，字叔子，泰山南城人

____

① 殷芸編纂，周楞伽輯注：《殷芸小説》卷九"晉江左人"，上海古籍出版社1984年，第151頁。

也。世吏二千石，至祜九世，並以清德聞。祖續，仕漢南陽太守；父衛，上黨太守。祜，蔡邕外孫、景獻皇后同産弟。”魏末，公車徵拜中書侍郎，俄遷給事中、黄門郎，徙祕書監。及五等建，封鉅平子。拜相國從事中郎，與荀勗共掌機密。遷中領軍。晉代魏，以佐命之勳，進號中軍將軍，加散騎常侍。晉武帝將有滅吳之志，以祜爲都督荆州諸軍事、假節，散騎常侍、衛將軍如故，率營兵出鎮南夏。後加車騎將軍，咸寧初，除征南大將軍、開府儀同三司。年五十八，卒。

《羊祜别傳》久佚，《漢魏六朝雜傳集》據諸書徵引，新輯其文，得佚文三節。

今檢諸書徵引，條列其佚文如下。

一、羊氏淵源。存文一節，見於《太平御覽》卷四二六《人事部六十七·清廉下》引。

二、羊祜聞童謡而建水軍。存文一節，見於《北堂書鈔》卷六四《設官部十六·驍騎將軍一百十三》“王濬謀伐吳”、《太平御覽》卷二三九《職官部三十七·冠軍將軍》、《職官分紀》卷三四《龍驤將軍》“童謡”引。

三、羊祜行巡賊境、刈穀還值事。存文一節，見於《太平御覽》卷八三七《百穀部一·穀》引。

羊祜建平吳之策，奠平吳之基，鎮荆州數年，以恩信懷柔邊境，大得晉、吳百姓之心。及卒，襄陽百姓於峴山祜平生游憩之所建碑立廟，歲時饗祭焉。望其碑者莫不流涕，杜預因名此碑爲墮淚碑。荆州人爲祜諱名，屋室皆以門爲稱，改户曹爲辭曹焉。觀《羊祜别傳》佚文，知其當多載此類事。

孫惠別傳

輯存。佚名撰。

　　《孫惠别傳》,《隋書·經籍志》等史志書目無著録,撰人不詳。丁國鈞《補晉書藝文志》卷二史録雜傳類、文廷式《補晉書藝文志》卷三史部雜傳類、秦榮光《補晉書藝文志》卷二史部傳記類、吴士鑑《補晉書藝文志》卷二史録雜傳類補録。

　　孫惠,孫堅同産兄孫羌子孫賁曾孫,《三國志》卷五一裴注引《吴曆》云:"賁曾孫惠,字德施。"據《孫惠别傳》,其曾爲廣武將軍,安豐内史。年四十七卒。

　　《孫惠别傳》已佚,今存佚文一節,見於《三國志》卷五一《吴書·孫賁傳》"苗弟旅及叔父安熙績皆歷列位"裴注引。

　　今存《孫惠别傳》之文,叙其諷司馬冏、勸陸機、干司馬越等事,其平生大略可見,裴注引時或有節略。

張華别傳

　　輯存。佚名撰。

　　《張華别傳》,《隋書·經籍志》等史志書目無著録,撰人不詳。丁國鈞《補晉書藝文志》卷二史録雜傳類、文廷式《補晉書藝文志》卷三史部雜傳類、秦榮光《補晉書藝文志》卷二史部傳記類、吴士鑑《補晉書藝文志》卷二史録雜傳類補録。

　　張華,《晉書》卷三六有傳,其云:"張華,字茂先,范陽方城人也。父平,魏漁陽郡守。"初未知名,陳留阮籍見之,歎曰:"王佐之才也!"由是聲名始著。郡守鮮于嗣薦華爲太常博士。盧欽言之於晉文帝,轉河南尹丞,未拜,除佐著作郎。頃之,遷長史,兼中書郎。朝議表奏,多見施用,遂即真。晉受禪,拜黄門侍郎,封關内侯。數歲,拜中書令,後加散騎常侍。吴滅,進封爲廣武縣侯,增邑萬户。晉武帝問後事,言不合意,出爲持節、都督幽州諸軍事、領護烏桓校尉、安北將軍。徵爲太常,以太廟屋棟折,免官。惠帝即位,以華爲太子少傅。楚王瑋誅,華以首謀有功,拜右光禄大夫、開府儀同三司、侍中、中書監,金章紫綬。後代下邳王晃爲司空,領著作。趙王倫之亂,及於禍,時年六十九。

《張華別傳》久佚,《漢魏六朝雜傳集》據諸書徵引,輯得其佚文三節。檢三節文字,其一節叙晉文帝征鍾會,以張華掌軍事中書疏表檄。見於《北堂書鈔》卷五七《設官部九·中書侍郎五十三》"張華掌書疏"、《藝文類聚》卷五八《雜文部四·書》、《太平御覽》卷五九七《文部十三·檄》引。其餘二節皆叙陳壽撰《三國志》事。一見於《初學記》卷一二《職官部下·著作郎第十二》"撰三國創十志"引,一見於《初學記》卷一二《職官部下·著作郎第十二》"傅玄歎賦夏湛壞書"、《太平御覽》卷二三四《職官部三十二·著作佐郎》、《職官分紀》卷一六《著作左郎》"見陳壽所作壞己書"、《古今事文類聚新集》卷三〇《諸監部·著作佐郎》"書善著述"、《古今合璧事類備要後集》卷三七《三監門·著作佐郎》"善著述"引。

郭璞別傳

輯存。佚名撰。

《郭璞別傳》,《隋書·經籍志》等史志書目無著録,撰人不詳。丁國鈞《補晉書藝文志》卷二史録雜傳類、文廷式《補晉書藝文志》卷三史部雜傳類、秦榮光《補晉書藝文志》卷二史部傳記類、吳士鑑《補晉書藝文志》卷二史録雜傳類補録。

郭璞,《晉書》卷七二有傳,其云:"郭璞,字景純,河東聞喜人也。父瑗,尚書都令史。"惠懷之際,河東先擾,璞於是潛結姻昵及交遊數十家,避地東南。過江,宣城太守殷祐引爲參軍。王導深重之,引參己軍事。晉元帝以爲著作佐郎,遷尚書郎。璞以母憂去職,王敦起璞爲記室參軍。王敦反,璞筮"無成",王敦怒而殺之。時年四十九。

　《郭璞別傳》佚失殆盡，今存佚文二節，主要見於《世説新語‧術解》第七條劉注及《世説新語‧文學》第七六條劉注引。其一叙璞少好經術，明解卜筮，永嘉中結親暗十餘家南渡江，居於暨陽。其二叙郭璞有文藻而不持儀檢，干寶戒之不聽，終爲王敦所害。《漢魏六朝雜傳集》據以輯得其文。

　郭璞有文藻，多才藝，好道而善卜筮。《晉書‧郭璞傳》云：“璞好經術，博學有高才，而訥於言論，詞賦爲中興之冠。好古文奇字，妙於陰陽算曆。有郭公者，客居河東，精於卜筮，璞從之受業。公以《青囊中書》九卷與之，由是遂洞五行、天文、卜筮之術，攘災轉禍，通致無方，雖京房、管輅不能過也。”《晉書‧郭璞傳》即多載其卜筮之事，其或當多據《郭璞別傳》。

左思別傳

　輯存。佚名撰。

　《左思別傳》，《隋書‧經籍志》等史志書目無著録，撰人不詳。丁國鈞《補晉書藝文志》卷二史録雜傳類、文廷式《補晉書藝文志》卷三史部雜傳類、秦榮光《補晉書藝文志》卷二史部傳記類、吳士鑑《補晉書藝文志》卷二史録雜傳類補録。

　左思《晉書》卷九二《文苑傳》有傳，其云：“左思，字太沖，齊國臨淄人也。其先齊之公族有左右公子，因爲氏焉。家世儒學。父雍，起小吏，以能擢授殿中侍御史。”思少學鍾、胡書及鼓琴，並不成。其父以爲不如己之少時，遂感激勤學，兼善陰陽之術。造《齊都賦》，復賦三都，構思十年乃成。安定皇甫謐有高譽，思造而示之。謐稱善，爲其賦序。張載、劉逵爲之注，衛權又爲作《略解》，自是之後，盛重於時。祕書監賈謐請講《漢書》，謐誅，退居宜春里，專意典籍。齊王冏命爲記室督，辭疾，不就。及張方縱暴都邑，舉家適冀州。數歲，以疾終。

　　《左思別傳》久佚，今存佚文二節，皆見於《世説新語·文學》第六八條劉注引，《漢魏六朝雜傳集》據以輯得其文。其一略叙左思生平行事，言“其《三都賦》改定，至終乃上”。又舉《蜀都賦》原有“鬼彈”一詞，而“今無鬼彈，故其賦往往不同”。其二言左思與張載“交接亦疎”，皇甫謐、摯仲洽“非思倫匹”，“劉淵林、衞伯輿並蚤終”，皆不爲思賦序注。《三都賦》“凡諸注解，皆思自爲”。《世説新語·文學》第六八條則云左思《三都賦》成，“時人互有譏訾”，以示張華，張華云“宜以經高名之士”，左思乃詢求於皇甫謐，“謐見之嗟歎，遂爲作叙，於是先相非貳者，莫不斂衽贊述焉”①。與《晉書·左思傳》所載略同，唯《晉書·左思傳》言先見皇甫謐等，而後見張華。

　　《左思別傳》今存二節佚文，於左思其人其文，皆存菲薄之意，與《晉書·左思傳》等相異，言其人“爲人無吏幹而有文才，又頗以椒房自矜，故齊人不重也”。言其《三都賦》“凡諸注解，皆思自爲，欲重其文，故假時人名姓也”。此傳或妒左思文名者爲之，抑或鄙左思文章者爲之。

王祥別傳

　　輯存。佚名撰。

　　《王祥別傳》，《隋書·經籍志》等史志書目無著録，撰人不詳。《太平御覽經史圖書綱目》録《王祥別傳》，丁國鈞《補晉書藝文志》卷二史録雜傳類、文廷式《補晉書藝文志》卷三史部雜傳類、秦榮光《補晉書藝文志》卷二史部傳記類、吳士鑑《補晉書藝

---

①劉義慶撰，劉孝標注，余嘉錫箋疏，周祖謨等整理：《世説新語箋疏》卷上《文學》第 68 條，上海古籍出版社 1996 年，第 246—247 頁。

文志》卷二史録雜傳類補録。

王祥,《晉書》卷三三有傳,其云:"王祥,字休徵,琅邪臨沂人。漢諫議大夫吉之後也。祖仁,青州刺史。父融,公府辟,不就。祥性至孝。"漢末遭亂,扶母攜弟覽避地廬江,徐州刺史吕虔檄爲別駕,舉秀才,除温令,累遷大司農。高貴鄉公即位,與定策功,封關内侯,拜光禄勳,轉司隸校尉。從討毌丘儉,增邑四百户,遷太常,封萬歲亭侯。拜司空,轉太尉,加侍中。五等建,封睢陵侯。晉代魏,拜太保,進爵爲公,泰始五年(269)薨。

《王祥別傳》佚失殆盡,今存佚文一節,見於《太平御覽》卷四九六《人事部一百三十七・諺下》引,叙晉受禪,祥色不加怡,時人稱之。

附:王祥世家

輯存。佚名撰。

《王祥世家》,《隋書・經籍志》等史志書目無著録,撰人不詳。丁國鈞《補晉書藝文志》卷二史録雜傳類、文廷式《補晉書藝文志》卷三史部雜傳類、秦榮光《補晉書藝文志》卷二史部傳記類、吴士鑑《補晉書藝文志》卷二史録雜傳類補録。

王祥至孝,如《世説新語・德行》第一四條所記,"王祥事後母朱夫人甚謹",劉注引《晉陽秋》曰:後母數譖祥,屢以非理使祥,弟覽輒與祥俱。又虐使祥婦,覽妻亦趨而共之。母患,方盛寒冰凍,母欲生魚,祥解衣將剖冰求之,會有處冰小解,魚出。蕭廣濟《孝子傳》亦載其事後母孝謹事。

《王祥世家》今存文一節,見《世説新語・德行》第一四條劉注引。叙其父、生母及後母姓氏。《緯略》卷六"冰魚"條"晉王祥後母朱氏"下亦引,同《世説新語・德行》劉注引。

王含別傳

輯存。佚名撰。

《王含別傳》，《隋書·經籍志》等史志書目無著録，撰人不詳。丁國鈞《補晉書藝文志》卷二史録雜傳類、文廷式《補晉書藝文志》卷三史部雜傳類、秦榮光《補晉書藝文志》卷二史部傳記類、吳士鑑《補晉書藝文志》卷二史録雜傳類補録。

王含，王敦兄，《晉書》卷九八《王敦傳》云："含字處弘，凶頑剛暴，時所不齒，以敦貴重，故歷顯位。"隨王敦反，兵敗，含父子乘單船奔荆州刺史王舒，舒使人沈之于江。

《王含別傳》散佚殆盡，今存佚文一條，見於《世説新語·言語》第三七條劉注引一節，僅略叙其姓字、累官及與弟敦作逆伏誅，當是節略。

王敦別傳

輯存。佚名撰。

《王敦別傳》，《隋書·經籍志》等史志書目無著録，撰人不詳。《太平御覽經史圖書綱目》録《王敦別傳》，丁國鈞《補晉書藝文志》卷二史録雜傳類、文廷式《補晉書藝文志》卷三史部雜傳類、秦榮光《補晉書藝文志》卷二史部傳記類、吳士鑑《補晉書藝文志》卷二史録雜傳類補録。

王敦，《晉書》卷九八有傳，其云："王敦，字處仲，司徒導之從父兄也。父基，治書侍御史。敦少有奇人之目，尚武帝女襄城公主，拜駙馬都尉。除太子舍人。"遷給事黃門侍郎。惠帝時，遷散騎常侍、左衛將軍、大鴻臚、侍中，出除廣武將軍、青州刺史。永嘉初，徵爲中書監，東海王越以爲揚州刺史。元帝召爲安東軍諮祭酒。會揚州刺史劉陶卒,帝復以敦爲揚州刺史,加廣武將軍。尋進左將軍、都督征討諸軍事、假節。滅杜弢,以元帥進鎮東大將軍、開府儀同三司,加都督江揚荆湘交廣六州諸軍事、江州刺史,封漢安侯。建武初,又遷征南大將軍,開府如故。中興建,拜侍中、大將軍、江州牧。王敦立大功於江左,遂欲專制朝廷,有問鼎之心。永昌元年(322),敦率衆内向,以誅隗爲名,朝廷以敦爲丞相、江州牧,進爵武昌郡公。明帝繼位,使兼太常應詹拜授加黄鉞。敦既得志,暴慢愈甚,舉兵反。太寧二年(324),病卒,時年五十九。

《王敦別傳》久佚,《漢魏六朝雜傳集》據諸書徵引,新輯其文,得其佚文二節。今檢二節文字,其一見於《世説新語·文學》第二〇條劉注引,略叙王敦姓字及歷官,當是節略。言其"以罪伏誅",與史實相違。其二見於《太平御覽》卷二三七《職官部三十五·左右衛將軍》引,云"敦子應,字安期。官至武衛將軍"。王敦煊赫一時,《王敦別傳》叙其事或甚詳,《太平御覽經史圖書綱目》録《王敦別傳》,宋初其本或尚存。

王澄別傳

輯存。佚名撰。

《王澄別傳》,《隋書·經籍志》等史志書目無著録,撰人不詳。丁國鈞《補晉書藝文志》卷二史録雜傳類、文廷式《補晉書藝文志》卷三史部雜傳類、秦榮光《補晉書藝文志》卷二史部傳記類、吳士鑑《補晉書藝文志》卷二史録雜傳類補録。

王澄,《晉書》卷四三《王戎傳》附其傳,其云:"澄,字平子。生而警悟,雖未能言,見人舉動,便識其意。"少歷顯位,累遷成都王穎從事中郎。穎敗,東海王越請爲司空長史。以迎大駕勳,封南鄉侯。遷建威將軍、雍州刺史,不之職。惠帝末,爲荆州刺史、持節、都督，領南蠻校尉。晉元帝徵澄爲軍諮祭酒，於是赴召。時王敦爲江州，鎮豫章，澄過詣敦，爲王敦所殺，時年四十四。

《王澄別傳》久佚，今存佚文二節，皆見於《世說新語》劉注。《漢魏六朝雜傳集》即據《世說新語》劉注輯得其文。今檢二節文字，其一見於《世說新語·賞譽》第三一條劉注引，叙王澄風韻邁達，志氣不群，四海人士，一爲澄所題目，則二兄不復措意。後事蹟不逮，朝野失望，舊遊識見者猶以名士目之。其二見於《世說新語·賞譽》第五二條劉注引，僅云：“徽邁上有父風。”王徽，王澄次子，仕至右軍司馬。

王澄與兄衍皆當時名士，風流著聞，然名重而無經世之才，終死不得其所。事蹟頗得傳揚，《王澄別傳》當多此類事。惜其散亡。

丞相別傳

輯存。佚名撰。

《丞相別傳》，《隋書·經籍志》等史志書目多無著錄，撰人不詳。丁國鈞《補晉書藝文志》卷二史錄雜傳類、文廷式《補晉書藝文志》卷三史部雜傳類、秦榮光《補晉書藝文志》卷二史部傳記類、吳士鑑《補晉書藝文志》卷二史錄雜傳類補錄。

丞相即王導。王導，《晉書》卷六五有傳，其云：“王導，字茂弘，光禄大夫覽之孫也。父裁，鎮軍司馬。導少有風鑒，識量清遠。”初襲祖爵即丘子，參東海王越軍事。時司馬睿爲琅邪王，與導素相親善。會其出鎮下邳，請導爲安東司馬。永嘉末，遷丹楊太守，加輔國將軍。拜寧遠將軍，尋加振威將軍。司馬睿爲晉王，以導爲丞相軍諮祭酒。拜右將軍、揚州刺史、監江南諸軍事。東晉立，遷驃騎將軍，加散騎常侍、都督中外諸軍、領中書監、錄尚書事、假節，刺史如故。進驃騎大將軍、儀同三司。以討華軼功,封武岡侯。進位侍中、司空、假節、録尚書,領中書監。明帝即位,導受遺詔輔政,解揚州,遷司徒。王敦平,進封始興郡公。轉中外大都督,進位太傅,又拜丞相。咸康五年(339)薨,時年六十四。

《丞相別傳》佚失殆盡,今存佚文一條,見於《世説新語·德行》第二七條劉注引,叙王導姓字、父祖及少時性行。王導爲東晉初名臣,《丞相別傳》所載事當甚夥,惜其所餘僅一鱗半爪而已。

王劭王薈別傳三種

今所見王劭、王薈別傳有三:其一《王劭別傳》,其二《王薈別傳》,其三《王劭王薈別傳》。

王劭,王導第五子,《晉書》卷六五《王導傳》附其傳,其云:"劭字敬倫,歷東陽太守、吏部郎、司徒左長史、丹陽尹。劭美姿容,有風操,雖家人近習,未嘗見其墮替之容。桓温甚器之。遷吏部尚書、尚書僕射,領中領軍,出爲建威將軍、吳國内史。卒,贈車騎將軍,謚曰簡。"

王薈,王導最小子,《晉書》卷六五《王導傳》附其傳,其云:"薈,字敬文。恬虚守靖,不競榮利。少歷清官,除吏部郎、侍中、建威將軍、吳國内史。時年饑,粟貴,人多餓死,薈以私米作饘粥,以飴餓者,所濟活甚衆。徵補中領軍,不拜。徙尚書,領中護軍,復爲征虜將軍、吳國内史。頃之,桓冲表請薈爲江州刺史,固辭不拜。轉督浙江東五郡、左將軍、會稽内史,進號鎮軍將軍,加散騎常侍,卒於官,贈衛將軍。"

王劭王薈別傳

輯存。佚名撰。

　　《王劭王薈別傳》,《隋書·經籍志》等史志書目無著録,撰人不詳。秦榮光《補晉書藝文志》卷二史部傳記類補録《王劭王薈別傳》。

　　《世説新語·雅量》第二六條劉注引一節,作《劭薈別傳》,略叙王劭、王薈生平仕宦終官,當是節略。《漢魏六朝雜傳集》即據《世説新語·雅量》第二六條劉注引輯録,題《王劭王薈別傳》。觀其文字,言王劭"劭,字敬倫,丞相導第五子。清貴簡素",與《太平御覽》卷三八九《人事部三〇·容止》所引《王劭別傳》文字同。抑諸書所引《王劭別傳》、《王薈別傳》或皆出此合傳? 然無確證,故分別叙録。

王劭別傳

　　輯存。佚名撰。

　　《王劭別傳》,《隋書·經籍志》等史志書目無著録,撰人不詳。丁國鈞《補晉書藝文志》卷二史録雜傳類、文廷式《補晉書藝文志》卷三史部雜傳類、吳士鑑《補晉書藝文志》卷二史録雜傳類補録《王劭別傳》。

　　《王劭別傳》佚失殆盡,今存佚文一節,見於《太平御覽》卷三八九《人事部三〇·容止》,誤作《桓邵別傳》。叙王劭風姿甚美,桓温稱之爲鳳雛。《漢魏六朝雜傳集》據《太平御覽》卷三八九引輯録,題《王劭別傳》。

王薈別傳

　　輯存。佚名撰。

　　《王薈別傳》,《隋書·經籍志》等史志書目無著録,撰人不詳。丁國鈞《補晉書藝文志》卷二史録雜傳類、文廷式《補晉書藝文志》卷三史部雜傳類、吳士鑑《補晉書藝文志》卷二史録雜傳類補録《王薈別傳》。

《王薈別傳》佚失殆盡，今存佚文一節，見於《北堂書鈔》卷一四四《酒食部三·粥篇十》"全活甚衆"、《太平御覽》卷八五九《飲食部一七·糜粥》引，叙王薈出私財，爲百姓饘粥。《漢魏六朝雜傳集》據《北堂書鈔》卷一四四等引輯錄，題《王薈別傳》。

王司徒傳

輯存。佚名撰。

《王司徒傳》，《隋書·經籍志》等史志書目無著錄，撰人不詳。丁國鈞《補晉書藝文志》卷二史錄雜傳類、文廷式《補晉書藝文志》卷三史部雜傳類、秦榮光《補晉書藝文志》卷二史部傳記類、吳士鑑《補晉書藝文志》卷二史錄雜傳類補錄。

王司徒即王珣，小字法護。王導孫，王洽長子。《晉書》卷六五《王導傳》附其傳，其云："珣，字元琳。弱冠與陳郡謝玄爲桓溫掾，俱爲溫所敬重。"轉主簿，從討袁真，封東亭侯。轉大司馬參軍、琅邪王友、中軍長史、給事黃門侍郎。遷祕書監、侍中，轉輔國將軍、吳國內史，徵爲尚書右僕射，領吏部，轉左僕射，加征虜將軍，復領太子詹事。隆安初，遷尚書令。隆安四年（400）卒，時年五十二。

《王司徒傳》佚失殆盡，今存佚文一條，見於《世説新語·言語》第一〇二條劉注引，略叙王珣姓字、父祖及歷官，當是節略。《漢魏六朝雜傳集》據以輯得其文。王珣有風流之美，爲時人歡賞，《晉書·王珣傳》載王珣爲桓溫主簿，"文武數萬人，悉識其面"，又載桓玄與會稽王道子書云："珣神情朗悟，經史明徹，風流之美，公私所寄。"其事當頗得流傳。《晉書·王珣傳》云："追贈車騎將軍、開府，謚曰獻穆。……玄輔政，改贈司徒。"則此傳當作於桓玄輔政、改贈其爲司徒後。

王珉別傳

輯存。佚名撰。

《王珉別傳》,《隋書・經籍志》等史志書目無著録,撰人不詳。《太平御覽經史圖書綱目》録《王珉別傳》,丁國鈞《補晉書藝文志》卷二史録雜傳類、文廷式《補晉書藝文志》卷三史部雜傳類、秦榮光《補晉書藝文志》卷二史部傳記類、吴士鑑《補晉書藝文志》卷二史録雜傳類補録。

王珉,王導孫,王洽少子。《晉書》卷六五《王導傳》附其傳,其云:“珉,字季琰。少有才藝,善行書,名出珣右。時人爲之語曰:‘法護非不佳,僧彌難爲兄。’僧彌,珉小字也。”後歷著作、散騎郎、國子博士、黄門侍郎、侍中,代王獻之爲長兼中書令。二人素齊名,世謂獻之爲“大令”,珉爲“小令”。太元十三年(388)卒,時年三十八。

《王珉別傳》久佚,《漢魏六朝雜傳集》據諸書徵引,新輯其文。今檢諸書徵引,得其佚文二節,其一見於《世説新語・政事》第二四條劉注引,叙王珉姓字、父兄及歷官。其二見於《藝文類聚》卷四八《職官部四・中書令》、《初學記》卷一一《職官部上・中書令第九》“參時務典史書”、《太平御覽》卷二二〇《職官部十八・中書令》、《職官分紀》卷七《中書令》“宜處機近以參時務”引,載王珉新除侍中之詔書。

王廙別傳

輯存。佚名撰。

《王廙別傳》,《隋書・經籍志》等史志書目無著録,撰人不詳。《太平御覽經史圖書綱目》録《王廙別傳》,然其文亦見於《世

説新語》劉注,《太平御覽》或是據《世説新語》劉注,李昉等修《太
平御覽》之宋初,未必得見其書。丁國鈞《補晉書藝文志》卷二史
録雜傳類、文廷式《補晉書藝文志》卷三史部雜傳類、秦榮光《補
晉書藝文志》卷二史部傳記類、吳士鑑《補晉書藝文志》卷二史録
雜傳類補録。章宗源《隋書經籍志考證》據《藝文類聚》引補録,
姚振宗《隋書經籍志考證》轉録章氏所補。

　　王廙,《晉書》卷七六有傳,其云:"王廙,字世將,丞相導從
弟,而元帝姨弟也。父正,尚書郎。廙少能屬文,多所通涉,工書
畫,善音樂、射御、博弈、雜伎。"辟太傅掾,轉參軍。豫迎大駕,封
武陵縣侯,拜尚書郎,出爲濮陽太守。晉元帝鎮江左,廙棄郡過
江。帝見之大悦,以爲司馬。頻守廬江、鄱陽二郡。豫討周馥、
杜弢,以功累增封邑,除冠軍將軍,鎮石頭,領丞相軍諮祭酒。王
敦啟爲寧遠將軍、荆州刺史。後爲輔國將軍,加散騎常侍。以母
喪去職。服闋,拜征虜將軍,進左衛將軍。王敦構禍,廙被遣往
喻敦,乃爲敦所留,敦以廙爲平南將軍、領護南蠻校尉、荆州刺
史。尋病卒,喪還京都,皇太子親臨拜柩,如家人之禮。贈侍中、
驃騎將軍,謚曰康。

　　《王廙別傳》久佚,今存文一節,見於《世説新語・仇隙》第三
條劉注、《北堂書鈔》卷一三八《舟部下・舫七》"王廙倚舫長嘯"、
《藝文類聚》卷一九《人部三・嘯》、《太平御覽》卷三九二《人事部
三十三・嘯》引,叙王廙迅風飛颿立於船頭之逸態,見其名士
風範。

王胡之別傳

　　輯存。佚名撰。

　　《王胡之別傳》,《隋書・經籍志》等史志書目無著録,撰人不
詳。丁國鈞《補晉書藝文志》卷二史録雜傳類、文廷式《補晉書藝

文志》卷三史部雜傳類、秦榮光《補晉書藝文志》卷二史部傳記類、吴士鑑《補晉書藝文志》卷二史録雜傳類補録。

王胡之,王廙次子。《晉書》卷七六《王廙傳》附其事,其云:"頤之弟胡之,字修齡。弱冠有聲譽,歷郡守、侍中、丹楊尹。"素有風眩疾,發動甚數,而神明不損。石季龍死,朝廷欲綏輯河洛,以胡之爲西中郎將、司州刺史、假節,以疾固辭,未行而卒。

《王胡之別傳》久佚,其佚文今主要見於《世説新語》劉注引。《漢魏六朝雜傳集》即據以輯録,得其佚文五節。其中,《世説新語·言語》第八一條劉注引一節,略叙胡之姓字、歷官,當是節略。《世説新語·賞譽》第一二五條劉注、第一三六條劉注、第一三一條劉注各引一節,分别言胡之"以高尚爲情"、"才器率舉"、"治身清約"。《世説新語·品藻》第六〇條劉注引一節,叙胡之"好談諧,善屬文辭"。《世説新語》劉注引多簡略,隻言片語,然王胡之之性情風神,約略可見。

王彬別傳

輯存。佚名撰。

《王彬別傳》,《隋書·經籍志》等史志書目無著録,撰人不詳。丁國鈞《補晉書藝文志》卷二史録雜傳類、文廷式《補晉書藝文志》卷三史部雜傳類、秦榮光《補晉書藝文志》卷二史部傳記類、吴士鑑《補晉書藝文志》卷二史録雜傳類補録。章宗源《隋書經籍志考證》據《世説新語》劉注補録,姚振宗《隋書經籍志考證》轉録章氏所補。

王彬,王廙弟。《晉書》卷七六有傳,其云:"彬,字世儒。少稱雅正,弱冠,不就州郡之命。"光禄大夫傅祗辟爲掾。後與兄廙俱渡江,爲揚州刺史劉機建武長史。元帝引爲鎮東賊曹參軍,轉典兵參軍。豫討華軼功,封都亭侯。遷建安太守,徙義興内史,未之職,轉軍諮祭酒。中興建,稍遷侍中、豫章太守、前將軍、江州刺史。拜光禄勳,轉度支尚書。改築新宮,彬爲大匠,以營創勳勞,賜爵關内侯,遷尚書右僕射。卒官,年五十九,諡曰肅。

《王彬别傳》久佚,今存佚文一節,見於《世説新語·識鑒》第一五條劉注引。《世説新語》劉注所引,當是節略,略及王彬父祖名字及王彬所歷官。叙王敦殺周顗,王彬往哭,繼而見敦有慘容之事,尤詳,頗見王彬個性。此事《太平御覽》卷三七二《人事部十三·足》引《晉陽秋》、《太平御覽》卷四二八《人事部六十九·正直下》引《晉中興書》亦載。此事於時當傳揚甚廣。今《晉書·王彬傳》亦載,觀其文,當是參酌《王彬别傳》等而成。

王彪之别傳

輯存。佚名撰。

《王彪之别傳》,《隋書·經籍志》等史志書目無著録,撰人不詳。丁國鈞《補晉書藝文志》卷二史録雜傳類、文廷式《補晉書藝文志》卷三史部雜傳類、秦榮光《補晉書藝文志》卷二史部傳記類、吳士鑑《補晉書藝文志》卷二史録雜傳類補録。

王彪之,王彬次子,《晉書》卷七六《王廙傳》附其傳,其云:“彪之,字叔武。年二十,鬚鬢皓白,時人謂之王白鬚。”初除佐著作郎、東海王文學。鎮軍將軍、武陵王晞以爲司馬,累遷尚書左丞、司徒左長史、御史中丞、侍中、廷尉,轉吏部尚書、領軍將軍,遷尚書僕射,以疾病,不拜。徙太常,領崇德衛尉。後爲鎮軍將軍、會稽内史,加散騎常侍。孝武帝時,遷尚書令。太元二年(377)卒,年七十三。

《王彪之别傳》佚失殆盡,今存佚文一節,見於《世説新語·方正》第四六條劉注引,叙彪之從伯導謂彪之曰“選曹舉汝爲尚書郎,幸可作諸王佐邪”。

王舒傳

輯存。佚名撰。

《王舒傳》,《隋書・經籍志》等史志書目無著録,撰人不詳。丁國鈞《補晉書藝文志》卷二史録雜傳類、文廷式《補晉書藝文志》卷三史部雜傳類、秦榮光《補晉書藝文志》卷二史部傳記類、吳士鑑《補晉書藝文志》卷二史録雜傳類補録。

王舒,《晉書》卷七六有傳,其云:"王舒,字處明,丞相導之從弟也。父會,侍御史。舒少爲從兄敦所知,以天下多故,不營當時名,恒處私門,潛心學植。"及元帝鎮建康,因與諸父兄弟俱渡江委質焉。參鎮東軍事,出補溧陽令。明帝之爲東中郎將,以舒爲司馬。轉後將軍、宣城公裴衰諮議參軍。裴衰鎮廣陵,以舒爲車騎司馬。衰薨,代衰鎮,除北中郎將、監青徐二州軍事。徵國子博士,加散騎常侍,未拜,轉少府。太寧初,徙廷尉。敦表舒爲鷹揚將軍、荆州刺史、領護南蠻校尉、監荆州沔南諸軍事。進都督荆州、平西將軍、假節。遷徙爲湘州刺史,將軍、都督、持節如故。徵代鄧攸爲尚書僕射。蘇峻亂平,以功封彭澤縣侯,咸和八年(333)卒於官。《晉書》卷七《成帝紀》云:"(咸和八年)六月甲辰撫軍將軍王舒卒。"

《王舒傳》佚失殆盡,今存佚文一節,見於《世説新語・識鑒》第一五條劉注引,叙王舒姓字、父祖及歷官。當是節略。

王邃別傳

輯存。佚名撰。

《王邃別傳》,《隋書・經籍志》等史志書目無著録,撰人不詳。丁國鈞《補晉書藝文志》卷二史録雜傳類、文廷式《補晉書藝文志》卷三史部雜傳類、秦榮光《補晉書藝文志》卷二史部傳記類、吳士鑑《補晉書藝文志》卷二史録雜傳類補録。

王濬,王舒弟。《王濬別傳》佚失殆盡,今存佚文一條,見於《世説新語·賞譽》第四六條劉注引,叙王濬姓字、歷官及個性,其云:"濬,字處重,琅邪人,舒弟也。意局剛清,以政事稱。累遷中領軍、尚書左僕射。"當是節略。

王獻之別傳

輯存。佚名撰。

《王獻之別傳》,《隋書·經籍志》等史志書目無著録,撰人不詳。丁國鈞《補晉書藝文志》卷二史録雜傳類、文廷式《補晉書藝文志》卷三史部雜傳類、秦榮光《補晉書藝文志》卷二史部傳記類、吳士鑑《補晉書藝文志》卷二史録雜傳類補録。章宗源《隋書經籍志考證》據《世説新語》劉注補録,姚振宗《隋書經籍志考證》轉録章氏所補。

王獻之,王羲之子,《晉書》卷八〇《王羲之傳》附其傳。其云:"獻之,字子敬。少有盛名,而高邁不羈。雖閑居終日,容止不怠,風流爲一時之冠。"工草隸,善丹青。起家州主簿、祕書郎,轉丞,以選尚新安公主。謝安甚欽愛之,請爲長史。安進號衛將軍,復爲長史。除建威將軍、吳興太守,徵拜中書令。卒於官。

《王獻之別傳》佚失殆盡,今存佚文一條,見於《世説新語·德行》第三九條劉注引,叙其父祖尚公主及遷中書令卒。文甚簡,當是節略。

王濛別傳二種

今所見諸書徵引王濛別傳有二,其一曰《王濛別傳》,其二曰

《王長史別傳》。

王濛，《晉書》卷九三有傳，其云："王濛，字仲祖，哀靖皇后父也。曾祖黯，歷位尚書；祖佑，北軍中候；父訥，新淦令。濛少時放縱不羈，不爲鄉曲所齒。晚節始克己勵行，有風流美譽，虛己應物，恕而後行，莫不敬愛焉。"王濛善隸書，美姿容，性至通，而自然有節，司徒王導辟爲掾，出補長山令，徙中書郎，轉司徒左長史。年三十九卒。

王濛別傳

輯存。佚名撰。

《王濛別傳》，《隋書·經籍志》等史志書目無著録，撰人不詳。《太平御覽經史圖書綱目》録《王濛別傳》，丁國鈞《補晉書藝文志》卷二史録雜傳類、文廷式《補晉書藝文志》卷三史部雜傳類、秦榮光《補晉書藝文志》卷二史部傳記類、吳士鑑《補晉書藝文志》卷二史録雜傳類補録。

《王濛別傳》久佚，其文今主要見於《世説新語》劉注，故宋初李昉等修《太平御覽》，所見《王濛別傳》，或是據《世説新語》而非其原本，其佚或當在此前。《漢魏六朝雜傳集》據諸書徵引稱《王濛別傳》者，輯録《王濛別傳》。

今檢諸書徵引，得其佚文六節，條列於後。

一、濛之交物。存文一節，見於《世説新語·賞譽》第八七條劉注引。

二、王導辟濛爲掾。存文一節，見於《世説新語·任誕》第三二條劉注引。

三、濛與沛國劉惔齊名。存文一節，見於《世説新語·賞譽》第一〇九條劉注引。

四、濛爲官年頻滿。存文一節，見於《北堂書鈔》卷五七《設官部九·中書侍郎五十三》"王濛四年無對"、《藝文類聚》卷四八

《職官部四·中書侍郎》、《初學記》卷一一《職官部上·中書侍郎第十》"專掌無對"、《太平御覽》卷二二〇《職官部十八·中書侍郎》、《職官分紀》卷七《侍郎》"在職四年首尾如一"引。

五、濛卒，劉惔深悼之。存文一節，見於《世說新語·傷逝》第一〇條劉注引。

六、濛性和暢，能清言。存文一節，見於《世說新語·賞譽》第一三三條劉注等引。

王濛爲當時名士，《晉書·王濛傳》云濛"美姿容"，"性至通"，雖"少時放縱不羈"，然"晚節始克己勵行"，"虛己應物，恕而後行，莫不敬愛焉"，大爲時人所賞。觀《王濛別傳》佚文，多是其"風流美譽"事，故而《世說新語》及劉注多引其事，以其能彰名士風流也。

王長史別傳

輯存。佚名撰。

《王長史別傳》，《隋書·經籍志》等史志書目無著錄，撰人不詳。丁國鈞《補晉書藝文志》卷二史錄雜傳類、文廷式《補晉書藝文志》卷三史部雜傳類、秦榮光《補晉書藝文志》卷二史部傳記類補錄。丁國鈞、文廷式、秦榮光等既補錄《王濛別傳》，又補錄《王長史別傳》，吳士鑑《補晉書藝文志》卷二史錄雜傳類補錄《王濛別傳》時云："又引《王長史別傳》，長史即濛也。"則吳士鑑或以爲《王長史別傳》即《王濛別傳》。

《王長史別傳》今存文一節，見於《世說新語·言語》第六六條劉注引，略叙王濛生平行事。《王濛別傳》亦主要見於《世說新語》劉注引，《王長史別傳》則僅見於《世說新語》劉注引，劉孝標注《世說新語》，或見此兩傳，王濛爲當時風流人物，時人愛賞，兩傳並存，在情理之中。然傳文不稱長史而稱"濛"，與《王濛別傳》同，此其有疑焉。《漢魏六朝雜傳集》據《世說新語·言語》第六六條劉注引別輯《王長史別傳》,附於《王濛別傳》後。

王蘊別傳

輯存。佚名撰。

《王蘊別傳》,《隋書·經籍志》等史志書目無著録,撰人不詳。《太平御覽經史圖書綱目》録《王蘊別傳》,丁國鈞《補晉書藝文志》卷二史録雜傳類、文廷式《補晉書藝文志》卷三史部雜傳類、秦榮光《補晉書藝文志》卷二史部傳記類、吳士鑑《補晉書藝文志》卷二史録雜傳類補録。

王蘊,《晉書》卷九三《外戚傳》有傳,其云:"王蘊,字叔仁。孝武定皇后父,司徒左長史濛之子也。起家佐著作郎,累遷尚書吏部郎。"補吳興太守,以后父,遷光禄大夫,領五兵尚書、本州大中正,封建昌縣侯。授都督京口諸軍事、左將軍、徐州刺史、假節,復以爲都督浙江東五郡、鎮軍將軍、會稽内史,常侍如故。太元九年(384)卒,年五十五。

《王蘊別傳》久佚,今存佚文一節,見於《北堂書鈔》卷六〇《設官部十二·尚書吏部郎七十八》"時無屈滯"、《藝文類聚》卷四八《職官部四·吏部郎》、《太平御覽》卷二一六《職官部十·吏部郎中》引,叙王蘊爲吏部郎,時無屈滯。《晉書·王蘊傳》亦載此事。

王恭別傳

輯存。佚名撰。

《王恭別傳》,《隋書·經籍志》等史志書目無著録,撰人不詳。丁國鈞《補晉書藝文志》卷二史録雜傳類、文廷式《補晉書藝文志》卷三史部雜傳類、秦榮光《補晉書藝文志》卷二史部傳記類、吴士鑑《補晉書藝文志》卷二史録雜傳類補録。

王恭,《晉書》卷八四有傳,其云:"王恭,字孝伯,光禄大夫藴子,定皇后之兄也。少有美譽,清操過人,自負才地高華,恒有宰輔之望。與王忱齊名友善,慕劉惔之爲人。"起家爲佐著作郎,俄爲祕書丞,轉中書郎,未拜,遭父憂。服闋,除吏部郎,歷建威將軍。太元中,代沈嘉爲丹楊尹,遷中書令,領太子詹事。以帝后兄故,爲晉孝武帝所欽重,命爲都督兗青冀幽并徐州晉陵諸軍事、平北將軍、兗青二州刺史、假節,鎮京口。孝武帝崩,隆安二年(398),於内亂中兵敗,爲司馬道子所殺。

《王恭别傳》佚失殆盡,今存佚文一條,見於《世説新語·德行》第四四條劉注引,言王恭歷官及清廉貴峻、志存格正之性。蓋是節略。

王湛别傳三種

今所見存王湛别傳者有三,即《王湛别傳》、《王處沖别傳》、《王汝南别傳》。

王湛,《晉書》卷七五有傳,其云:"王湛,字處沖,司徒渾之弟也。少有識度,身長七尺八寸,龍顙大鼻,少言語。初有隱德,人莫能知,兄弟宗族皆以爲癡,其父昶獨異焉。"仕歷秦王文學、太子洗馬、尚書郎、太子中庶子,出爲汝南内史。元康五年(295)卒,年四十七。

朱東潤云:"晉代有一點可以注意的風氣,便是當時人作傳的好尚,因此一個人常有兩三種不同的傳叙。……王湛字處沖,歷官汝南内史,《御覽》卷二一五引《王處沖别傳》,卷三六六引《王湛别傳》,《世説·賢媛篇》注引《王汝南别傳》,或本係一篇,引者下筆立異,遂似多篇,或本係三篇,隨筆引證,亦不可知。"①
諸書引稱各異,而文字交疊又少,如朱東潤言,實難確斷,然各别
爲一傳略似。《漢魏六朝雜傳集》即據諸書徵引,分别輯録《王湛
别傳》、《王處沖别傳》、《王汝南别傳》。

王湛别傳

輯存。佚名撰。

《王湛别傳》,《隋書·經籍志》等史志書目無著録,撰人不
詳。丁國鈞《補晉書藝文志》卷二史録雜傳類、文廷式《補晉書藝
文志》卷三史部雜傳類、秦榮光《補晉書藝文志》卷二史部傳記
類、吳士鑑《補晉書藝文志》卷二史録雜傳類補録。

《王湛别傳》久佚,今存佚文二節,其一見於《太平御覽》卷三
六七《人事部八·鼻》引,叙王湛身長八尺,龍顙大鼻。其二見於
《北堂書鈔》卷六〇《設官部十二·尚書諸曹郎七十九》"王湛臺
閣益重"引,稱"湛爲尚書郎,外望簡捷,若有遺漏。然事要機會,
輒大小之間,無所不辨明。臺閣益歸重之"。

王處沖别傳

輯存。佚名撰。

《王處沖别傳》,《隋書·經籍志》等史志書目無著録,撰人不
詳。丁國鈞等諸家《補晉書藝文志》無録。《太平御覽》卷二一五
《職官部十三·總叙尚書郎》、《職官分紀》卷八《尚書郎》"外望簡
縱"各引一節,作《王處沖别傳》,亦叙王湛事,稱"處沖爲尚書
郎",與《北堂書鈔》卷六〇《設官部十二·尚書諸曹郎七十九》
"王湛臺閣益重"引《王湛别傳》者文略同。《太平御覽》卷三六七
《人事部八·鼻》引《王湛别傳》,亦稱"王處沖"。抑《王湛别傳》

①朱東潤:《八代傳叙文學述論》,復旦大學出版社 2006 年,第 94 頁。

與《王處沖别傳》爲一傳之異稱耶？

王汝南别傳

輯存。佚名撰。

《王汝南别傳》，《隋書·經籍志》等史志書目無著録，撰人不詳。丁國鈞《補晉書藝文志》卷二史録雜傳類、秦榮光《補晉書藝文志》卷二史部傳記類、吳士鑑《補晉書藝文志》卷二史録雜傳類補録《王汝南别傳》。

《太平御覽經史圖書綱目》録《王處沖别傳》，然其正文引則既有《王湛别傳》，又有《王處沖别傳》。朱東潤云："王湛字處沖，歷官汝南内史，《御覽》卷二一五引《王處沖别傳》，卷三六六引《王湛别傳》，《世説·賢媛篇》注引《王汝南别傳》，或本係一篇，引者下筆立異，遂似多篇，或本係三篇，隨筆引證，亦不可知。"[1]未能確斷。故姑視之爲不同别傳，分别叙録。

王述别傳

輯存。佚名撰。

《王述别傳》，《隋書·經籍志》等史志書目無著録，撰人不詳。丁國鈞《補晉書藝文志》卷二史録雜傳類、文廷式《補晉書藝文志》卷三史部雜傳類、秦榮光《補晉書藝文志》卷二史部傳記類、吳士鑑《補晉書藝文志》卷二史録雜傳類補録。

王述，祖王湛，父王承，《晉書》卷七五《王湛傳》附其傳，其云："述，字懷祖。少孤，事母以孝聞。安貧守約，不求聞達。性沉静，每坐客馳辨，異端競起，而述處之恬如也。"少襲父爵。年三十，司徒王導以門地辟爲中兵屬，後爲庾冰征虜長史。出補臨

---

① 朱東潤：《八代傳叙文學述論》，復旦大學出版社 2006 年，第 94 頁。

海太守,遷建威將軍、會稽内史。蒞政清肅,終日無事。母憂去職。服闋,代殷浩爲揚州刺史,加征虜將軍。加中書監,固讓,經年不拜。復加征虜將軍,進都督揚州徐州之琅邪諸軍事、衛將軍、并冀幽平四州大中正,刺史如故。尋遷散騎常侍、尚書令,將軍如故。太和三年(368)卒,時年六十六。

《王述别傳》久佚,今存佚文三節,皆見於《世説新語》劉注引,《漢魏六朝雜傳集》據以輯得其文。今檢三節佚文所在,其一見於《世説新語·文學》第二二條劉注引一節,叙王述姓字父祖,早孤,事親孝謹,簞瓢陋巷,宴安永日。其二見於《世説新語·簡傲》第一〇條劉注引一節,叙王述少真獨退静,人未嘗知,故有晚令之言。其三見於《世説新語·方正》第四七條劉注引一節,叙常以爲人之處世,當先量己而後動。義無虚讓,是以應辭便當固執,其貞正不踰皆此類。

王導曾稱"懷祖清貞簡貴,不減祖父,但曠淡微不及耳"。簡文帝每言述才既不長,直以真率便敵人耳。觀今存《王述别傳》佚文,多叙其此類行事,頗見人物心性。

王中郎傳

輯存。佚名撰。

《王中郎傳》,《隋書·經籍志》等史志書目無著録,撰人不詳。丁國鈞《補晉書藝文志》卷二史録雜傳類、文廷式《補晉書藝文志》卷三史部雜傳類、秦榮光《補晉書藝文志》卷二史部傳記類、吳士鑑《補晉書藝文志》卷二史録雜傳類補録。

王中郎即王坦之,祖王承,父王述。《晉書》卷七五《王湛傳》附其傳,其云:"坦之,字文度。弱冠與郗超俱有重名,時人爲之語曰:'盛德絶倫郗嘉賓,江東獨步王文度。'"簡文帝爲撫軍將軍,辟爲掾。累遷參軍、從事中郎,仍爲司馬,加散騎常侍。出爲大司馬桓溫長史。尋以父憂去職。服闋，徵拜侍中，襲父爵。領左衛將軍，又領本州大中正。遷中書令，領丹楊尹。授都督徐兗青三州諸軍事、北中郎將、徐兗二州刺史。寧康三年（375）卒，時年四十六。《晉書》卷九《孝武帝紀》云："（寧康）三年春正月辛亥大赦。夏五月景午，北中郎將徐兗二州刺史藍田侯王坦之卒。"

　　《王中郎傳》佚失殆盡，今檢諸書徵引，得佚文一條，見於《世説新語·言語》第七二條劉注引，略叙王坦之姓字、父祖、歷官及氣度，當是節略。

許肅別傳

　　輯存。佚名撰。

　　《許肅別傳》，《隋書·經籍志》等史志書目無著録，撰人不詳。《太平御覽經史圖書綱目》録《許肅別傳》，丁國鈞《補晉書藝文志》卷二史録雜傳類、文廷式《補晉書藝文志》卷三史部雜傳類、秦榮光《補晉書藝文志》卷二史部傳記類、吳士鑑《補晉書藝文志》卷二史録雜傳類補録。

　　《許肅別傳》已佚，今存佚文一節，見於《初學記》卷一七《人部上·忠第三》"勃蘇晝吟許肅夜泣"、《太平御覽》卷四一八《人事部五十九·忠貞》引，叙許肅爲愍帝侍中，與愍帝同陷難而忠貞不屈事，危難中見大臣之節操。又，《初學記》卷一七《人部上·忠第三》"冒難經險"又引一條，不言出處，亦叙許肅事，僅作："許肅冒難持愍帝左右，賊共讓曰：此晉之忠臣也。"或亦出《許肅別傳》。

　　《晉書·愍帝紀》載愍帝司馬鄴建興五年（317）十二月，爲劉聰所殺，僅云："十二月戊戌，帝遇弑，崩于平陽，時年十八。"《許肅別傳》叙愍帝遇難時事頗詳，可補《晉書》之缺。

陶侃別傳

輯存。佚名撰。

《陶侃別傳》,《隋書·經籍志》等史志書目無著録,撰人不詳。《太平御覽經史圖書綱目》録《陶侃別傳》,丁國鈞《補晉書藝文志》卷二史録雜傳類、文廷式《補晉書藝文志》卷三史部雜傳類、秦榮光《補晉書藝文志》卷二史部傳記類、吳士鑑《補晉書藝文志》卷二史録雜傳類補録。

陶侃,《晉書》卷六六有傳,其云:"陶侃,字士行,本鄱陽人也。吳平,徙家廬江之尋陽。父丹,吳揚武將軍。"侃早孤貧,爲縣吏,鄱陽孝廉范逵過陶侃,傾心接待,范逵薦之廬江太守張夔,夔召爲督郵,領樅陽令,有能名,遷主簿。夔察侃爲孝廉,至洛陽,除郎中。後棄官歸,爲郡小中正。會劉弘爲荆州刺史,將之官,辟侃爲南蠻長史,陳敏之亂,弘以侃爲江夏太守,加鷹揚將軍。後以母憂去職,服闋,參東海王越軍事,江州刺史華軼表侃爲揚武將軍,加侃奮威將軍,遷龍驤將軍、武昌太守。太興初,進號平南將軍,尋加都督交州軍事。及王敦舉兵反,詔侃以本官領江州刺史,尋轉都督、湘州刺史、交州刺史。録前後功,進號征南大將軍、開府儀同三司。及王敦平,遷都督荆、雍、益、梁州諸軍事,領護南蠻校尉、征西大將軍、荆州刺史,後爲侍中、太尉,加羽葆鼓吹,改封長沙郡公,加都督交、廣、寧七州軍事。平襄陽,拜大將軍。咸和七年(332)六月,薨于樊谿,時年七十六,謚曰桓。

《陶侃別傳》已佚,其佚文散見諸書徵引,《漢魏六朝雜傳集》據諸書徵引,新輯其文。《太平御覽》所引有出《世説新語》劉注引之外者,故李昉等修《太平御覽》時,其本宋初或尚存,佚於此後。

今檢諸書徵引,條列其佚文如下。

　一、陶侃有酒限及母喪異事。存文一節，見於《世説新語·
賢媛》第二〇條劉注引、《太平御覽》卷九一六《羽族部三·鶴》、
《事類賦》卷一八《禽部·鶴賦》"陶侃之墓頭弔客"引。又，《藝文
類聚》卷九〇《鳥部一·鶴》、《太平御覽》卷五六一《禮儀部四
十·弔》各引一節，作《陶侃傳》；《敦煌類書》録文篇《修文殿御
覽》"鶴類"下二一一〇一一二二引一條，作《陶侃傳》，叙侃丁
母艱事，文與《太平御覽》卷九一六、《事類賦》卷一八等引幾同，
當亦爲《陶侃別傳》佚文。

　二、外國獻氍毹事。存文一節，見於《太平御覽》卷七〇八
《服用部十·氍毹》引。

　三、陶侃子陶範事。存文一節，見於《世説新語·方正》第五
二條劉注引。

　四、陶侃臨終高讓事。存文一節，見於《世説新語·識鑒》第
一九條劉注引。

　五、郴寶代居江夏。存文六字，見於《元和姓纂》卷五"郴"下
引，云出《陶侃別傳》。

　六、江夏布興。存文四字，《姓解》卷三《丨》第一百五》"布"
下引，云出《陶侃別傳》。

　陶侃爲東晉初重臣，《陶侃別傳》當多載其逸聞軼事，《晉
書·陶侃傳》亦當參酌《陶侃別傳》，如《陶侃別傳》所在陶侃丁母
憂，在墓下，有二客來悼，後化雙鶴沖天而去。《晉書·陶侃傳》
載之。惜《陶侃別傳》散佚嚴重，今所存之文，或僅十之一二。以
所載陶侃於母墓下之事觀之，《晉書·陶侃傳》所載如侃少時漁
於雷澤網得一織梭事、夢生八翼，飛而上天、墜地折其左翼事、如
廁見一人朱衣介幘、預言其當爲公事等，或亦來自《陶侃別傳》。
佚文中所及"郴寶代居江夏"、"江夏布興"，今存數字而已，然亦
當多載與陶侃有關之此類人物。

孟嘉別傳

輯存。佚名撰。

《孟嘉別傳》，《隋書・經籍志》等史志書目無錄，撰人不詳。丁國鈞《補晉書藝文志》卷二史錄雜傳類、文廷式《補晉書藝文志》卷三史部雜傳類、秦榮光《補晉書藝文志》卷二史部傳記類、吳士鑑《補晉書藝文志》卷二史錄雜傳類補錄。

孟嘉，《晉書》卷九八有傳，其云：“孟嘉，字萬年，江夏鄳人，吳司空宗曾孫也。”嘉少知名，太尉庾亮領江州，辟部廬陵從事，轉勸學從事。後爲征西桓溫參軍，轉從事中郎，遷長史。年五十三卒于家。

《孟嘉別傳》今散見諸書徵引，《太平御覽經史圖書綱目》錄《孟嘉別傳》，《世説新語・識鑒》第一六條劉注引一節，作《孟嘉別傳》，最詳。諸書徵引亦或作《孟嘉傳》。《北堂書鈔》卷三四《政術部八・任賢十九》“拔孟嘉爲勸學”、《北堂書鈔》卷一五五《歲時部三・九月九日二十》“參僚畢集”、《太平御覽》卷二六五《職官部六十三・從事》、卷三九三《人事部三十四・坐》、卷四四四《人事部八十五・知人下》、卷五七〇《樂部八・歌一》、卷六八七《服章部四・帽》、《事類賦》卷一一《樂部・歌賦》“孟嘉之答桓溫”、《記纂淵海》卷一九五《闡儀部之七・歌舞》、《天中記》卷四三《歌》“絲不如竹”各引一節，作《孟嘉別傳》；《北堂書鈔》卷七三《設官部二十五・從事一百六十五》“尚德之舉”、《藝文類聚》卷四《歲時部中・九月九日》、《白氏六帖事類集》卷一《九月九日五十》“龍山落帽”各引一節，作《孟嘉傳》；《初學記》卷四《九月九日第十一》“遊龍山戲馬臺”引一節，作《孟嘉列傳》，“列”、“別”當形近而訛。

考諸書所引《孟嘉別傳》或《孟嘉傳》之文，與陶潛所撰《晉故

征西大將軍長史孟府君傳》(見逯欽立校注《陶淵明集》)之文多
同,疑《孟嘉別傳》即爲陶潛之所作,今人朱東潤《八代傳叙文學
述論》附輯陶潛《晉故征西大將軍長史孟府君傳》,即如此。然諸
書徵引俱未題陶潛撰,故此存疑焉。《漢魏六朝雜傳集》據諸書
徵引,新輯其文,題其名曰《孟嘉別傳》。又録陶潛所爲傳,據《陶
淵明集》,題《晉故征西大將軍長史孟府君傳》。

杜蘭香傳

輯存。曹毗撰。

《杜蘭香傳》,《隋書·經籍志》等史志書目無著録,久佚,丁
國鈞等《補晉書藝文志》有補録。其中,丁國鈞《補晉書藝文志》
卷二史録雜傳類、秦榮光《補晉書藝文志》卷二史部傳記類作《杜
蘭香別傳》,吳士鑑《補晉書藝文志》卷二史録雜傳類、黃逢元《補
晉書藝文志》卷二史録雜傳類作《杜蘭香傳》。

《杜蘭香傳》,《北堂書鈔》卷一四三、卷一四八、《藝文類聚》
卷八一、《太平御覽》卷三九六、卷七五九、卷七六一、卷八四九、
卷九八九等引均題曹毗撰。如丁國鈞《補晉書藝文志》卷二史録
雜傳類"《杜蘭香別傳》"條言,"此傳當即毗所撰"無疑。曹毗,
《晉書》卷九二《文苑傳》有傳,其云:"曹毗,字輔佐,譙國人也。
高祖休,魏大司馬。父識,右軍將軍。毗少好文籍,善屬詞賦。"
郡察孝廉,除郎中,蔡謨舉爲佐著作郎。父憂去職。服闋,遷句
章令,徵拜太學博士。累遷尚書郎、鎮軍大將軍從事中郎、下邳
太守、光禄勳。卒。凡所著文筆十五卷,傳於世。據李劍國先生
推測,曹毗大約卒於孝武帝太元中(376—396),《杜蘭香傳》大約
作於咸和(326—334)前幾年。

《晉書·曹毗傳》又云:"時桂陽張碩爲神女杜蘭香所降,毗
因以二篇詩嘲之,並續蘭香歌詩十篇,甚有文彩。"則杜蘭香降張

碩事,其時當傳揚頗盛。後乃有杜蘭香遺蹟西浦、女几山,宋樂
史《太平寰宇記》卷九〇《江南東道二·昇州》云:"西浦,《郡國
志》云:金陵西浦亦云碩口,即張碩捕魚遇杜蘭香處。"地在昇州
金陵。明李日華《六研齋筆記》卷一云:"女几山乃神女杜蘭香上
昇處,地有遺几,故名女几。"劉宋時即有借杜蘭香而別造新事
者,宋樂史《太平寰宇記》卷八九《江南東道一·潤州》"西浦,《南
徐州記》云京口舊名項口",地在潤州京口。又引《異苑》云:"交
州阮郎,晉永和中出都,至西浦,泊舟,見一青衣女子,云:'杜蘭
香遣信託好君子。'郎愕然,云:'蘭香已降張碩,何以敢爾?'女
曰:'伊命年不脩,必遭凶厄。欽聞姿德,志相存益。'郎彎弓射
之,即馳牛奔轂,軒遊霄漢。後郎尋被害也。"所引事今本《異苑》
簡略,阮郎作阮明,且不及杜蘭香,其云:"晉阮明泊舟西浦,見一
青衣女子,彎弓射之,女即軒雲而去,明尋被害。"至宋時,張君房
編《麗情集》有《黃陵廟詩》,叙開寶中賈知微遇曾城夫人杜蘭香
及舜二妃於巴陵,二妃誦李群玉《黃陵廟詩》,別時夫人贈賈秋雲
羅帕覆定命丹。宋朱勝非《紺珠集》卷一一引《麗情集》"秋雲羅
帕",事簡,其云:"賈知微曾城夫人杜蘭香既別,贈賈秋雲羅帕裹
丹。"宋曾慥編《類説》卷二九引《麗情集》"黃陵廟詩"則較詳,云:
"開寶中,賈知微遇曾城夫人杜蘭香及舜二妃於巴陵,二妃誦李
群玉《黃陵廟詩》曰:'黃陵廟前青草春,黃陵女兒茜裙新。輕舟
短棹唱歌去,水遠天長愁殺人。'賈與夫人別,命青衣以秋雲羅帕
覆定命丹五十粒,曰:'此羅是織女繰玉蠶織成,遇雷雨,密收之,
其仙丹每歲但服一粒,則保一年。'後大雷雨,見篋間一物如雲
烟,騰空而去。"

　　杜光庭作《墉城集仙録》,"記古今女子得道昇仙之事",杜蘭
香亦在其中。其或本之曹毗《杜蘭香傳》。《太平廣記》卷六二
《女仙七·杜蘭香》、《太平御覽》卷六七六《道部十八·簡章》各
引一節,云出《集仙録》,《太平廣記》卷六二引云:"杜蘭香者,有

漁父於湘江洞庭之岸,聞兒啼聲,四顧無人,惟三歲女子在岸側,漁父憐而舉之。十餘歲,天姿奇偉,靈顏姝瑩,迨天人也。忽有青童靈人自空而下,來集其家,攜女而去。臨昇天,謂其父曰:'我仙女杜蘭香也。有過謫於人間,玄期有限,今去矣。'自後時亦還家。其後於洞庭包山降張碩家,蓋修道者也。蘭香降之三年,授以舉形飛化之道,碩亦得仙。初降時,留玉簡、玉唾盂、紅火浣布,以爲登真之信焉。又一夕,命侍女齎黃麟羽帔,絳履玄冠,鶴氅之服,丹玉珮揮劍,以授於碩,曰:'此上仙之所服,非洞天之所有也。'不知張碩仙官定何班品。漁父亦老,因益少,往往不食,亦學道江湖,不知所之。"《太平御覽》卷六七六引云:"杜蘭香,女仙也。於洞庭包山降張碩家,碩蓋脩道者也。授以飛化之道,留玉簡、玉唾盂。又齎黃麟羽帔,此上仙之所服,非洞天之所有也。"

　　曹毗《杜蘭香傳》佚文今散見諸書徵引,或引作《杜蘭香傳》,或引作《杜蘭香別傳》,或引作《神女杜蘭香傳》。其中,《齊民要術》卷一〇、《北堂書鈔》卷一四三、卷一四八、《藝文類聚》卷八一、《太平御覽》卷五〇〇、卷七五九、卷七六一、卷八一六、卷八四九、卷九六四、卷九八四、卷九八九引作《杜蘭香傳》;《藝文類聚》卷七一、卷七九、卷八二、《太平御覽》卷七六九、卷九七六、《太平廣記》卷二七二引作《杜蘭香別傳》;《太平御覽》卷三九六引作《神女杜蘭香傳》。涵本《説郛》卷七《諸傳摘玄》摘錄兩節,宛本《説郛》卷一一三、《綠窗女史》卷一〇所錄,均同《藝文類聚》卷七九、卷八一引。胡應麟輯《搜神記》也合此兩節爲一篇,載於卷一。此二事,其一叙杜蘭香建興四年春降張碩,作詩一首;至其年八月旦又來,復作詩;薯蕷子三枚與碩食。其二叙杜蘭香降張碩,碩問禱祀何如事。又,《類説》卷四〇摘錄《稽神異苑》中《杜蘭香》在白帝君所一節引自《征途記》,或亦當出《杜蘭香傳》。

　　李劍國先生曾輯考《杜蘭香傳》，載於《明清小説研究》一九九八年第四期。《漢魏六朝雜傳集》據諸書徵引，并參之李劍國先生所輯，新輯其文，且據《齊民要術》、《北堂書鈔》等引，題傳名爲《杜蘭香傳》。

　　曹毗《杜蘭香傳》實繼踵張敏《神女傳》，二傳皆是神女來降人間男子，故事情節結構基本相同，考其淵源，題材實淵源於宋玉之《神女賦》、《高唐賦》，而故事情節模式則深受西王母降漢武故事影響，且與魏晉以來興起的道教信仰有關。

　　《神女傳》、《杜蘭香傳》故事於晉宋間當流傳極廣，已成爲人神遇合故實。《幽明録》載狸精惑費升故事中，狸精所歌即言及成公智瓊和弦超、杜蘭香和張碩事，其云：“成公從義起，蘭香降張碩。苟云冥分結，纏綿在今夕。”

曹志別傳

　　輯存。佚名撰。

　　《曹志別傳》，《隋書·經籍志》等史志書目無著録，撰人不詳。丁國鈞《補晉書藝文志》卷二史録雜傳類、文廷式《補晉書藝文志》卷三史部雜傳類、秦榮光《補晉書藝文志》卷二史部傳記類、吳士鑑《補晉書藝文志》卷二史録雜傳類補録。

　　曹志，《晉書》卷五〇有傳，其云：“曹志，字允恭，譙國譙人，魏陳思王植之孽子也。少好學，以才行稱。夷簡有大度，兼善騎射。”植稱其“此保家主也”，立以爲嗣，後改封濟北王。晉代魏，降爲鄄城縣公，遷章武、趙郡太守。咸寧初，詔爲散騎常侍、國子博士。遷祭酒。因議論齊王攸之國事免官。頃復爲散騎常侍。遭母憂，居喪過禮，因此篤病，喜怒失常。太康九年（288）卒。

　　《曹志別傳》佚失殆盡，今存佚文一節，見於《三國志》卷一九《魏書·陳思王傳》“志累增邑並前九百九十户”裴注引。觀其文，曹志之生平行事略具，或有删略。

曹肇傳

輯存。曹毗撰。一作《曹肇別傳》。

《曹肇傳》，《隋書·經籍志》等史志書目無著録。《北堂書
鈔》卷一〇三、《藝文類聚》卷三三引題曹毗《曹肇傳》，當爲曹毗
所作。《太平御覽經史圖書綱目》録《曹肇別傳》。丁國鈞《補晉
書藝文志》卷二史録雜傳類、文廷式《補晉書藝文志》卷三史部雜
傳類、秦榮光《補晉書藝文志》卷二史部傳記類、吳士鑑《補晉書
藝文志》卷二史録雜傳類、黃逢元《補晉書藝文志》卷二史録雜傳
類據此補録作《曹肇傳》，並題曹毗撰。

曹毗，生平事蹟已見前録。

曹肇，魏武帝曹操族子曹休子，《三國志》卷九《魏書·曹休
傳》附其傳，其云：“肇有當世才度，爲散騎常侍、屯騎校尉。明帝
寢疾，方與燕王宇等屬以後事。帝意尋變，詔肇以侯歸第。正始
中薨。追贈衛將軍。”裴注引《世語》曰：“肇字長思。”曹肇幾爲托
孤之臣，《三國志》卷一四《魏書·劉放傳》亦載此事，其云：“其
年，帝寢疾，欲以燕王宇爲大將軍，及領軍將軍夏侯獻、武衛將軍
曹爽、屯騎校尉曹肇、驍騎將軍秦朗共輔政。宇性恭良，陳誠固
辭。帝引見放、資，入臥内，問曰：‘燕王正爾爲？’放、資對曰：‘燕
王實自知不堪大任故耳。’帝曰：‘曹爽可代宇不？’放、資因贊成
之。又深陳宜速召太尉司馬宣王，以綱維皇室。帝納其言，即以
黃紙授放作詔。放、資既出，帝意復變，詔止宣王勿使來。尋更
見放、資曰：‘我自召太尉，而曹肇等反使吾止之，幾敗吾事！’命
更爲詔，帝獨召爽與放、資俱受詔命，遂免宇、獻、肇、朗官。”裴注
又引《世語》曰：“放、資久典機任，獻、肇心内不平。殿中有雞棲
樹，二人相謂：‘此亦久矣，其能復幾？’指謂放、資。放、資懼，乃

勸帝召宣王。帝作手詔，令給使辟邪至，以授宣王。宣王在汲，獻等先詔令於軹關西還長安，辟邪又至，宣王疑有變，呼辟邪具問，乃乘追鋒車馳至京師。帝問放、資：'誰可與太尉對者？'放曰：'曹爽。'帝曰：'堪其事不？'爽在左右，流汗不能對。放躡其足，耳之曰：'臣以死奉社稷。'曹肇弟纂爲大將軍司馬，燕王頗失指。肇出，纂見，驚曰：'上不安，云何悉共出？宜還。'已暮，放、資宣詔宮門，不得復内肇等，罷燕王。肇明日至門，不得入，懼，詣廷尉，以處事失宜免。帝謂獻曰：'吾已差，便出。'獻流涕而出，亦免。"如裴松之案云："《世語》所云樹置先後，與本傳不同。"

《曹肇傳》佚失殆盡，其佚文今見於《藝文類聚》、《太平御覽》等徵引，《北堂書鈔》卷一〇三《藝文部九·詔三十九》"黃素手詔"、《藝文類聚》卷三三《人部十七·寵幸》、《太平御覽》卷六八九《服章部六·衣》引作《曹肇傳》，《太平御覽》卷三八六《人事部二十七·健》引作《曹肇別傳》。《漢魏六朝雜傳集》據諸書徵引輯其文，得二事，文三節，題《曹肇傳》。

今檢諸書徵引，所存二事，一敘魏明帝寵愛肇，與帝戲賭衣服，見於《太平御覽》卷六八九《服章部六·衣》、《天中記》卷四七《衣》"賭衣"各引一條，作曹毗《曹肇傳》；《藝文類聚》卷三三《人部十七·寵幸》引一條，作曹毗《曹肇傳》；《太平御覽》卷三八六《人事部二十七·健》引一條，作《曹肇別傳》。一敘魏明帝疾篤，以曹肇輔政，見於《北堂書鈔》卷一〇三《藝文部九·詔三十九》"黃素手詔"引一條，作曹毗《曹肇傳》；《淵鑑類函》卷一九七《文學部六·詔四》"黃紙手詔"引一條，作辛毗《曹肇傳》，"辛毗"當作"曹毗"。

曹攄別傳

輯存。佚名撰。一作《曹攄傳》。

《曹攄別傳》,《隋書·經籍志》等史志書目無著錄,撰人不詳。《太平御覽經史圖書綱目》錄《曹攄別傳》,丁國鈞《補晉書藝文志》卷二史錄雜傳類、文廷式《補晉書藝文志》卷三史部雜傳類、秦榮光《補晉書藝文志》卷二史部傳記類、吳士鑑《補晉書藝文志》卷二史錄雜傳類補錄。

曹攄,《晉書》卷九〇《良吏傳》有傳,其云:"曹攄,字顏遠,譙國譙人也。祖肇,魏衛將軍,攄少有孝行,好學善屬文。"太尉王衍見而器之,調補臨淄令。入爲尚書郎,轉洛陽令。及齊王冏輔政,攄與左思俱爲記室督。轉中書侍郎,長沙王乂以爲驃騎司馬。乂敗,免官。因丁母憂。惠帝末,起爲襄城太守。永嘉二年(308),高密王簡鎮襄陽,以攄爲征南司馬。其年流人王逌等聚衆寇掠城邑,令攄督護崔曠,前戰,軍敗死之。曹攄有文才,張隱《文士傳》有其傳,見於《三國志》卷九《魏書·曹休傳》附《曹肇傳》裴注引。

《曹攄別傳》佚失殆盡,《漢魏六朝雜傳集》據諸書徵引,輯錄其文。今檢諸書徵引,得其佚文二節,一叙曹攄爲臨淄令,放死囚還家,如期並至,見於《北堂書鈔》卷三五《政術部九·德化二十一》"放囚還家"、《北堂書鈔》卷七八《設官部三十·縣令一百七十六》"放囚還家如期並至"引。一叙攄爲洛陽令,斷宮門夜忽失行馬事,見於《太平御覽》卷一二《天部十二·雪》引。

曹攄既有文才,又兼吏幹,《曹攄別傳》所存二事,皆在於此。《晉書·曹攄傳》亦載,當參據《曹攄別傳》。

附:曹氏家傳

輯存。曹毗撰。原一卷。

《曹氏家傳》,《隋書·經籍志》史部雜傳類、《舊唐書·經籍志》史部譜牒類、《新唐書·藝文志》史部雜傳記類著錄《曹氏家傳》一卷,題曹毗撰。其當爲曹毗撰無疑。丁國鈞《補晉書藝文志》卷二史録雜傳類、秦榮光《補晉書藝文志》卷二史部傳記類、吳士鑑《補晉書藝文志》卷二史録雜傳類、黃逢元《補晉書藝文志》卷二史録雜傳類均補録有《曹氏家傳》一卷,題曹毗撰。

《曹氏家傳》久佚,諸書徵引未見有作《曹氏家傳》者,唯《初學記》卷一二《職官部下·侍御史第八》"左雍以能擢孫綝習事補"、《太平御覽》卷二二七《職官部二十五·殿中侍御史》各引一節,作《曹氏傳》,叙左雍事,題《曹氏傳》,或其佚文,《漢魏六朝雜傳集》據以輯録,題《曹氏家傳》。

孫放別傳

輯存。佚名撰。

《孫放別傳》,《隋書·經籍志》等史志書目無著録,撰人不詳。《太平御覽經史圖書綱目》録《孫放別傳》,丁國鈞《補晉書藝文志》卷二史録雜傳類、文廷式《補晉書藝文志》卷三史部雜傳類、秦榮光《補晉書藝文志》卷二史部傳記類、吳士鑑《補晉書藝文志》卷二史録雜傳類補録。

孫放,字齊莊,曾祖楚,馮翊太守,祖恂,潁川太守,父盛,長沙太守、秘書監。孫放爲孫盛第二子,官終長沙相。《晉書》卷八二《孫盛傳》附其事。叙其幼稱令慧,年七八歲,在荆州,與庾亮問答事。

《孫放別傳》久佚,其佚文散見諸書徵引。《漢魏六朝雜傳集》據諸書徵引,輯録其文。今檢諸書徵引,得四事,條列如下。

一、孫放姓字及幼時見庾亮事。存文一節,見於《世説新語·言語》第五〇條劉注引。

二、孫放與庾翼子園客互嘲父諱事。存文一節,見於《世説新語·排調》第三三條劉注引。

三、孫放答庾亮問坐諸生之後事。存文一節,見於《北堂書鈔》卷一三八《舟部下·柂十五》"在後正船"、《太平御覽》卷七七一《舟部四·柂》引。

四、孫放能操琴及琵琶。存文一節,見於《太平御覽》卷五八三《樂部二十一·琵琶》等引。

孫放早慧,善談謔。今所見《孫放別傳》佚文,即多載其應對敏捷機警之事。因其詼諧,亦使傳文帶此氣息。《晉書·孫盛傳》附《孫放傳》,亦主要載其幼慧應對事,當是參酌《孫放別傳》而成。

郭翻別傳

輯存。佚名撰。

《郭翻別傳》,《隋書·經籍志》等史志書目無著録,撰人不詳。《太平御覽經史圖書綱目》録《郭翻別傳》,丁國鈞《補晉書藝文志》卷二史録雜傳類,文廷式《補晉書藝文志》卷三史部雜傳類、秦榮光《補晉書藝文志》卷二史部傳記類、吳士鑑《補晉書藝文志》卷二史録雜傳類補録。

郭翻,《晉書》卷九四《隱逸傳》有傳,其云:"郭翻,字長翔,武昌人也。伯父訥,廣州刺史;父察,安城太守。翻少有志操,辭州郡辟及賢良之舉。家於臨川,不交世事,惟以漁釣射獵爲娱。"

《郭翻別傳》久佚,佚文散見諸書徵引,《漢魏六朝雜傳集》據諸書徵引,新輯其文。

今檢諸書徵引,得其佚文三節,條列其佚文如下。

一、翻經水而墜刀於水事。存文一節,見於《藝文類聚》卷二一《人部五·讓》、《太平御覽》卷四二四《人事部六十五·讓下》引。此事《晉書·郭翻傳》亦載。

二、郭翻還鄉,庾翼訪之事。存文一節,見於《北堂書鈔》卷一三七《舟部上·舟總篇一》"郭翻還鄉庾翼引就大舩"引。此事

《晉書·郭翻傳》亦載。

　　三、郭翻遺令葬《老子》事。存文一節,見於《太平御覽》卷五五五《禮儀部三十四·葬送三》引。

　　《郭翻別傳》叙郭翻高致,雖州郡辟舉、權臣招徵,不改其志,謙恭遜讓,爲鄉里所敬。郭翻乃晉時隱士,《晉書·郭翻傳》當多採此傳而成。

杜祭酒別傳

　　輯存。佚名撰。

　　《杜祭酒別傳》,《隋書·經籍志》等史志書目無著録,撰人不詳。《太平御覽經史圖書綱目》録《杜祭酒別傳》,丁國鈞《補晉書藝文志》卷二史録雜傳類,文廷式《補晉書藝文志》卷三史部雜傳類、秦榮光《補晉書藝文志》卷二史部傳記類、吳士鑑《補晉書藝文志》卷二史録雜傳類補録。

　　杜祭酒,當即杜夷,曾被授儒林祭酒、國子祭酒,不就。《晉書》卷九一《儒林傳》有傳,其云:“杜夷,字行齊,廬江灊人也。世以儒學稱,爲郡著姓。夷少而恬泊,操尚貞素。居其貧窘,不營產業,博覽經籍百家之書,算曆圖緯,靡不畢究。寓居汝潁之間,十載足不出門。年四十餘,始還鄉里,閉門教授,生徒千人。”杜夷高尚不仕,惠帝時三察孝廉,州命別駕,永嘉初,公車徵拜博士,太傅、東海王越辟,並不就。刺史王敦以賀循爲賢良,夷爲方正,逼夷赴洛。夷遁於壽陽,鎮東將軍周馥傾心禮接,引爲參軍,夷辭之以疾。馥敗,夷歸舊居。後渡江,王導遣吏周贍之。元帝爲丞相,教曰:“今大義積替,禮典無宗,朝廷滯義莫能攷正,宜特立儒林祭酒官,以弘其事。處士杜夷棲情遺遠,確然絕俗,才學精博,道行優備,其以夷爲祭酒。”夷辭疾,未嘗朝會。又除國子祭酒。太寧元年(323)卒,年六十六。贈大鴻臚,謚曰貞子。杜夷被司馬睿命爲儒林祭酒後，即被稱祭酒。除國子祭酒時，令曰："國子祭酒杜夷安貧樂道，静志衡門，日不暇給，雖原憲無以加也。其賜穀二百斛。"

今存《杜祭酒別傳》佚文，《太平御覽》卷三八五《人事部二十六·幼智下》引云："君在孩抱之中，異於凡童，舉宗奇之。年六七歲，在縣北郭與小兒輩爲竹馬戲，有車行老公，停車視之，歎曰：'此有奇相，吾恨不見。'"《洞仙傳·杜昺傳》亦載相類事，其云："杜昺字叔恭，吳國錢塘人也。年七八歲，與時輩北郭戲，有父老召昺曰：'此童子有不凡之相，惜吾已老，不及見之。'"據此，或以爲杜祭酒爲錢塘杜昺，即謝靈運寄養之道館錢塘杜治杜明師。杜昺，《洞仙傳》云其字叔恭，吳國錢塘人。死後弟子謚曰明師。其名又或作杜炅、杜炯、杜恭；其字又或作子恭。其名字混亂，當因唐時避諱所改，宋後刻書，或改回原名字，或不改，遂致混亂。據王發國《鍾嶸〈詩品〉"杜明師"其人考》考證，杜昺卒在隆安三年（399 年）①。

古人多以老者不及見來凸顯孩童將來有成，如《晉書》卷九四《隱逸·范喬傳》言范喬："喬字伯孫，年二歲時，祖馨臨終，撫喬首曰：'恨不見汝成人！'因以所用硯與之。"范喬此事，《陳留志》亦載，《太平御覽》卷五一一《宗親部一·祖父母》引《陳留志》云："范喬字伯山，年二歲，祖父馨臨終，執其手曰：'恨不見汝成人。'因以所用硯與之，至五歲，祖母以告喬，喬便執硯流涕。"《世說新語·識鑒》第八條劉注引《衛玠別傳》言衛玠五歲時，其祖衛瓘亦有此語："玠有虛令之秀，清勝之氣，在群伍之中，有異人之望。祖太保見玠五歲曰：'此兒神爽聰令，與衆大異，恐吾年老，不及見爾。'"此類甚夥，故以《杜祭酒別傳》老公語與《洞仙傳·

① 王發國：《鍾嶸〈詩品〉"杜明師"其人考》，《西南民族大學學報》2006 年第2 期。

杜曇傳》中父老語相類而定《杜祭酒別傳》之杜祭酒即杜曇，不免牽强。

　　《杜祭酒別傳》久佚，今存佚文數節，散見於諸書徵引，《漢魏六朝雜傳集》據諸書徵引，輯錄其文，得六節。考其佚文，杜祭酒當爲杜夷，非杜曇。其一，《杜祭酒別傳》所存佚文，其中五節，言及傳主杜祭酒，皆稱“君”，蓋此傳當爲其門人或晚學所作。《晉書》卷九一《儒林·杜夷傳》云：“年四十餘，始還鄉里，閉門教授，生徒千人。”據此，杜祭酒當爲杜夷。其二，《杜祭酒別傳》所存佚文，《北堂書鈔》卷一三四《服飾部三·被二十七》“舉被乞之”、《太平御覽》卷三九三《人事部三十四·卧》、卷七〇七《服用部九·被》所引一節，言及杜祭酒新作被，暖眠不覺，遂著陌上，遺有寒苦之人。而觀《洞仙傳·杜曇傳》，云其初弘道，“遠近道俗，歸化如雲，十年之内，操米户數萬”，與謝安、陸納、桓温交往，謝靈運亦曾寄居其館十數年，不當如此。且末云其臨終，“忽彌日聚集，縱樂無度”，與《杜祭酒別傳》所云杜祭酒頗不類。據此，杜祭酒當爲杜夷近似。其三，《杜祭酒別傳》所存佚文，《北堂書鈔》卷一三六《服飾部五·屩八十六》“祭酒學作”所引一節，言及杜祭酒家貧，作屩實價販賣而不取多值，杜曇居道館，“操米户數萬”，不當如此，故杜祭酒不當爲杜曇。其四，《杜祭酒別傳》所存佚文，《太平御覽》卷五五五《禮儀部三十四·葬送三》所引一節，言杜祭酒臨終遺令薄葬，此事《晉書》卷九一《儒林·杜夷傳》亦載，故杜祭酒當是杜夷。其五，《太平御覽》卷九〇六《獸部十八·鹿》引一節，叙杜祭酒弟子三人隨道士邢邁入宣城涇縣白水山，有鹿走依舍邊，乃爲虎所逼，邁乃咒虎退。言杜祭酒弟子與道士邢邁事，如其爲杜曇弟子，當不應特別言及邢邁的道士身份。

　　然實亦有疑問，《太平御覽》卷五五五《禮儀部三十四·葬送三》引《杜祭酒別傳》言杜祭酒“年五十二”終，《晉書》卷九一《儒林·杜夷傳》則云杜夷“太寧元年（323）卒，年六十六”，相去頗遠。《杜祭酒別傳》於唐初當尚存，房玄齡等見之不難，而未採其說，甚可疑也。

羅含別傳二種

今所見諸書徵引羅含別傳有二，一曰《羅府君別傳》，一曰《羅含別傳》。考《羅府君別傳》與《羅含別傳》今存之文，似不相統屬。丁國鈞《補晉書藝文志》卷二史録雜傳類補録《羅府君別傳》與《羅含別傳》，並云：“謹按見《世説·方正篇》注，家大人曰《箴規篇》注又引《羅含別傳》，不作府君，知非一篇，故兩列之。”文廷式、秦榮光、吳士鑑以爲二者爲一傳之異稱，文廷式《補晉書藝文志》卷三史部雜傳類僅補録《羅府君別傳》，并認爲《羅含別傳》爲《羅府君別傳》之異稱，二者實爲一傳，云：“羅含也，見《世説·方正門》注，又《規箴門》注稱《羅含別傳》。”秦榮光《補晉書藝文志》卷二史部傳記類補録《羅府君別傳》，云：“案記羅含事。”吳士鑑《補晉書藝文志》卷二史録雜傳類亦補録《羅府君別傳》，並云：“見《世説·方正篇》注，《太平御覽》引作《羅含別傳》，《藝文類聚》同。”陳運溶據諸書徵引輯録《羅含別傳》，未作區分，録於《麓山精舍叢書》之《歷朝傳記九種》中。

羅含，《晉書》卷九二《文苑傳》有傳，其云：“羅含，字君章，桂陽耒陽人也。曾祖彥，臨海太守；父綏，滎陽太守。”弱冠，州三辟，不就。含父嘗宰新淦，新淦人楊羨後爲含州將，引含爲主簿，辭不獲而就焉。後爲郡功曹，刺史庾亮以爲部江夏從事，尋轉州主簿，後桓溫臨州，又補征西參軍，轉州別駕，徵爲尚書郎。桓溫雅重其才，又表轉征西户曹參軍，俄遷宜都太守，及溫封南郡公，引爲郎中令。尋徵正員郎，累遷散騎常侍、侍中，仍轉廷尉、長沙相。年老致仕，加中散大夫。年七十七卒。

羅府君別傳

輯存。佚名撰。

《羅府君別傳》,《隋書·經籍志》等史志書目無著録,撰人不詳。章宗源《隋書經籍志考證》據《世説新語》劉注補録,姚振宗《隋書經籍志考證》轉録章氏所補。

丁國鈞《補晉書藝文志》卷二史録雜傳類補録《羅府君別傳》,又録《羅含別傳》,並云:“謹按見《世説·方正篇》注,家大人曰《箴規篇》注又引《羅含別傳》,不作府君,知非一篇,故兩列之。”文廷式《補晉書藝文志》卷三史部雜傳類僅補録《羅府君別傳》,并認爲諸書所引《羅含別傳》,亦爲《羅府君別傳》,二傳傳名雖異,其實一也。其云:“羅含也,見《世説·方正門》注,又《規箴門》注稱《羅含別傳》。”秦榮光《補晉書藝文志》卷二史部傳記類補録《羅府君別傳》,云:“案記羅含事。”吳士鑑《補晉書藝文志》卷二史録雜傳類亦補録《羅府君別傳》,並云:“見《世説·方正篇》注,《太平御覽》引作《羅含別傳》,《藝文類聚》同。”

《羅府君別傳》久佚,今所見《羅府君別傳》僅見《世説新語·方正》第五六條劉注引一節,叙羅含生平履歷,梗概略具,當據原傳删節而成。《漢魏六朝雜傳集》亦據以輯其文,題《羅府君別傳》。其所述及,《晉書》卷九二《文苑·羅含傳》亦載,《晉書·羅含傳》之作,當參據《羅府君別傳》。

羅含別傳

輯存。佚名撰。

《羅含別傳》,《隋書·經籍志》等史志書目無著録,撰人不詳。章宗源《隋書經籍志考證》據《藝文類聚》補録《羅含別傳》,姚振宗《隋書經籍志考證》轉録章氏所補。丁國鈞《補晉書藝文志》卷二史録雜傳類同時補録《羅含別傳》,並以爲此與《羅府君別傳》不同,非一傳。其云:"謹按見《世説·方正篇》注,家大人曰《箴規篇》注又引《羅含別傳》,不作府君,知非一篇,故兩列之。"以爲是與《羅府君傳》不同之別一種。文廷式、秦榮光、吳士鑑以爲《羅含別傳》即《羅府君別傳》,二者爲一傳之異稱,故在其《補晉書藝文志》中僅補録《羅府君別傳》。《太平御覽經史圖書綱目》録《羅含別傳》,則宋初李昉等修《太平御覽》之時,當見之,其佚或在此後。

《羅含別傳》今見諸書徵引,或稱《羅含傳》,《漢魏六朝雜傳集》據諸書徵引輯録,得其佚文七節,題《羅含別傳》。

今檢七節佚文所出,條列如下。

一、羅含少夢一鳥文色異常,飛來入口,於是才藻日新。見於《藝文類聚》卷九〇《鳥部一·鳥》、《太平御覽》卷三九三《人事部三十四·卧》引。此事《晉書·羅含傳》亦載。

二、謝仁祖一見羅含稱爲湘中之琳琅。見於《白氏六帖事類集》卷二一《録事第七十二》"琳琅"引。此事《晉書·羅含傳》亦載。

三、庾亮初命羅含爲部從事。見於《世説新語·規箴》第一九條劉注引。

四、庾亮辟爲荆州從事。見於《太平御覽》卷二六五《職官部六十三·從事》、《職官分紀》卷四〇《諸從事》"搜揚翹楚匪蘭弗刈"引。此《太平御覽》、《職官分紀》引當與《世説新語·規箴》劉注引爲同一事,然叙述詳略側重不同。

五、桓温以含爲別駕,羅含於城西池小洲上立茅茨之屋。見於《藝文類聚》卷六一《居處部一·總載居處》引。此事《晉書·羅含傳》亦載。

六、含致仕,庭中自生蘭。見於《藝文類聚》卷六四《居處部四·庭》、《太平御覽》卷九八三《香部三·蘭香》引。此事《晉書·羅含傳》亦載。

七、含在家，百雀集堂宇。見於《藝文類聚》卷九二《鳥部下·雀》、《太平御覽》卷九二二《羽族部九·赤雀》引。此事《晉書·羅含傳》亦載。

《羅含別傳》述及之事，《晉書》卷九二《文苑·羅含傳》亦載，《晉書·羅含傳》之作，當參據《羅含別傳》。

陳武別傳

輯存。佚名撰。

《陳武別傳》，《隋書·經籍志》等史志書目無著録，撰人不詳。《太平御覽經史圖書綱目》録《陳武別傳》，丁國鈞《補晉書藝文志》卷二史録雜傳類、文廷式《補晉書藝文志》卷三史部雜傳類、秦榮光《補晉書藝文志》卷二史部傳記類、吳士鑑《補晉書藝文志》卷二史録雜傳類補録。

陳武，據《陳武別傳》，字國，本休屠胡人。育於臨水令陳君，其名字爲陳君所定。主要活動於石勒、石虎時期。

《陳武別傳》久佚，今存佚文三節，《漢魏六朝雜傳集》據諸書徵引，輯録其文。

今檢諸書徵引，得其佚文三節，條列如下。

一、陳武牧羊歌《太山梁父吟》等事。見於《藝文類聚》卷一九《人部三·吟》、卷九四《獸部中·驢》、《太平御覽》卷三九二《人事部三十三·吟》、卷八三三《資産部十三·牧》引。宋章樵注《古文苑》卷八《歌曲》"諸葛亮"題注、元左克明《古樂府》卷一〇《雜曲歌辭》録宋鮑照《行路難》題注、明梅鼎祚《古樂苑》卷二二《相和歌辭》收録《梁甫吟》題注、卷三六《襍曲歌辭》題注等亦引，皆略，不出《藝文類聚》等所引之外。

二、陳武姓字由來事。見於《太平御覽》卷三六三《人事部四·字》等引。

三、閭遼品題陳武事。見於《太平御覽》卷四四六《人事部八十七·品藻中》引。

今存《陳武別傳》佚文，如陳君爲其改名事，即通過其自敍，表現其志尚，頗得人物精神。

曹著傳

輯存。佚名撰。

《曹著傳》，《隋書·經籍志》等史志書目無著録，作者不詳，李劍國先生以爲"當出東晉中期人手"①。《水經注》卷三九《廬江水》"廬江水出三天子都北過彭澤縣西北入於江"引一節，云："又按張華《博物志》、《曹著傳》。"知張華《博物志》當言及廬山神，而不及吳猛事，吳猛事當出《曹著傳》，酈道元注《水經》，或見此書。

今所見曹著遇廬山神女事，則多云出《志怪》或祖台之《志怪》、祖台《志怪》。《白氏六帖事類集》卷四《甕二十二》"風雷出"引云出《怪志》，《太平御覽》卷七五八《器物部三·甕》引云出《志怪》，《北堂書鈔》卷七七《設官部二十九·小吏一百七十四》"曹著廬山配女"、卷一四二《酒食部一·總篇一》"廬山酒饌"、《初學記》卷二六《器物部·衫第九》"納布織成"、《太平御覽》卷六九三《服章部十·衫》、卷八四九《飲食部七·食下》引云出祖台之《志怪》，《太平御覽》卷五七三《樂部十一·歌四》引云出祖台《志怪》，《北堂書鈔》卷一二九《衣冠部下·衫二十六》"織成"引云出《志怪録》。疑祖台之《志怪》所載曹著事，取自《曹著傳》。

祖台之，《晉書》卷七五有傳，其云："祖台之字元辰，范陽人也。官至侍中、光禄大夫。撰志怪書行於世。"又云祖台之於王

① 李劍國：《唐前志怪小説史》，人民文學出版社 2011 年，第 461 頁。

徽宴上，爲王寶國所辱而不敢言："後驃騎參軍王徽請國寶同讌，國寶素驕貴使酒，怒尚書左丞祖台之，攘袂大呼，以盤醆樂器擲台之，台之不敢言，復爲紾所彈。詔以國寶縱肆情性，甚不可長，台之懦弱，非監司體，並坐免官。"祖台之《志怪》有隆安（397—401）間事，知此書當成於晉末。由此推之，《志怪》載曹著事，或當取自《曹著傳》，《曹著傳》之成書，當在此之前。

《曹著傳》久佚，李劍國先生據諸書所引《志怪》曹著事輯其文，載於《明清小説研究》一九九八年第四期。《漢魏六朝雜傳集》據諸書徵引，並參李劍國先生所輯，新輯其文，並據《水經注》引，題其傳名《曹著傳》。

《曹著傳》與《神女傳》、《杜蘭香傳》同類而略有差別，人神遇而未合，少歡愉而增哀婉，去遊戲而多真情，其故事重心似在呈分離之別情，而其思想背景淵源，當與"鬼神非匹"、"人神殊途"之觀念有關，而遂啟小説借此以陳抒不可得、不得已之遺恨先河矣。

晉故征西大將軍長史孟府君傳

存。陶潛撰。

《隋書·經籍志》等史志書目無録，此傳載於《陶淵明集》中。宋祝穆《古今事文類聚後集》卷一〇《人倫部·外祖孫》引陶潛《晉故征西大將軍長史孟府君傳》全文，明彭大翼《山堂肆考》卷九九《親屬》"孟嘉外孫"亦引陶潛《晉征西大將軍長史孟府君傳》云："君諱嘉，字萬年，淵明先親，君之第四女也。《凱風》寒泉之思，實鍾厥心，謹採行事撰爲此傳。"朱熹《外大父祝公遺事》云："竊感陶公作《孟府君傳》及近世眉山蘇公亦記《程公遺事》，不勝《凱風》寒泉之思，因書此以遺康國，使藏于家，時出而訓習之，以屬其子孫。"（《晦庵集》卷九八《行狀》）

陶潛,即陶淵明,《宋書》卷九三《隱逸傳》、《晉書》卷九四《隱逸傳》有傳。其生平資料又見於蕭統《陶淵明傳》、顏延之《陶征士誄》、蕭統《陶淵明集序》等。《宋書·陶潛傳》云:"陶潛,字淵明,或云淵明字元亮,尋陽柴桑人也。"《晉書·陶潛傳》云:"陶潛字元亮,大司馬侃之曾孫也。祖茂,武昌太守。潛少懷高尚,博學善屬文,穎脫不羈,任真自得,爲鄉鄰之所貴。"義熙末,徵著作郎,不就。宋元嘉四年(427)卒,時年六十三。逯欽立以爲"陶淵明生於東晉興寧三年(365),死於宋元嘉四年(427)"。但此説被質疑的是顏《誄》止作"春秋"若干,無確切之記載,又一處説"年在中身","中身"二字出身《尚書·無逸》"文王受命中身",據《禮記·文王世子》"文王九十七而終",依此推論,似與卒六十三歲尚有距離。故陶淵明生卒年尚有爭議,或以爲是七十六歲,清人黃璋、今人袁行霈持此説,此説根據是陶《遊斜川》"開歲倏五十",其時辛丑(401)陶淵明五十歲,至元嘉四年(427)終,得七十六歲。又或以爲是五十六歲,梁啓超先生主此説,提出八條例證,而游國恩先生則逐條駁斥。又或以爲是五十二歲,古直的《年譜》持此論。又或以爲是六十歲左右,存疑,認爲在未得新證據前,陶之生年尚無法考實。

朱東潤《八代傳叙文學述論》附録第十六據《陶淵明集》,輯陶潛《晉故征西大將軍長史孟府君傳》。《漢魏六朝雜傳集》亦據以輯録。

五柳先生傳

存。陶潛撰。

《隋書·經籍志》等史志書目無録,此傳載於《陶淵明集》中。

陶潛《五柳先生傳》,屬於自叙傳。川合康三認爲《五柳先生傳》"既是陶淵明現實生活的反映,也是他人生理想的投影,事實還是虚構，無法作簡單的判斷”，并將其界定爲自傳中“希望那樣的我”這一類型，並概括《五柳先生傳》有如下特點：“首先，本文描寫的是隱逸者的生活”；“與作者和五柳先生的交纏錯位相關聯，文中所展示的不是陶淵明人生的實際，而是陶淵明人生的理想”；“再者，《五柳先生傳》有別於通常自傳規範的，是它描寫的只是自己嚮往的人生狀態的一個斷面；人生的全貌，至少從過去到現在的歷時性經過，没有得到表現”①。

陶潛《五柳先生傳》，《陶淵明集》載録之外，《宋書》卷九三《隱逸傳·陶潛傳》、《晉書》卷九四《隱逸傳·陶潛傳》皆録，惟無贊語而已。《漢魏六朝雜傳集》據逯欽立校注《陶淵明集》卷六“記傳贊述”所録，並參之《宋書·陶潛傳》、《晉書·陶潛傳》，新輯其文。

孫登別傳

輯存。佚名撰。

《孫登別傳》，《隋書·經籍志》等史志書目無著録，撰人不詳。丁國鈞《補晉書藝文志》卷二史録雜傳類、文廷式《補晉書藝文志》卷三史部雜傳類、秦榮光《補晉書藝文志》卷二史部傳記類、吴士鑑《補晉書藝文志》卷二史録雜傳類補録。黃逢元《補晉書藝文志》卷二史録雜傳類補録有《孫登傳》，並按云：“孫綽之序《高士傳》，言在蘇門山，又別作《登傳》。”遂題“孫綽撰”。然今所見諸書徵引，無有稱孫綽撰者，實難考孫綽所作就是此《孫登別傳》。《太平御覽經史圖書綱目》録《孫登別傳》。今所見《太平御覽》引《孫登別傳》文，亦見於《北堂書鈔》、《藝文類聚》等引。

①（日）川合康三著，蔡毅譯：《中國的自傳文學》，中央編譯出版社1999年，第68—69頁。

　　孫登,《晉書》卷九四《隱逸傳》有傳,其云:"孫登,字公和,汲郡共人也。無家屬,於郡北山爲土窟居之,夏則編草爲裳,冬則被髮自覆。好讀《易》,撫一絃琴,見者皆親樂之。性無恚怒。"晉文帝聞之,使阮籍往觀,既見,與語,亦不應。嵇康又從之游三年,問其所圖,終不答,康每歎息。後不知所終。

　　《孫登別傳》久佚,其佚文今散見諸書徵引,《漢魏六朝雜傳集》輯其文,得二節,皆叙其姓字志尚及阮籍從遊事。今檢諸書徵引,二節文字,一見於《北堂書鈔》卷一〇九《樂部九·琴十》"讀易彈琴"、《藝文類聚》卷四四《樂部四·琴》、卷五七九《樂部十七·琴下》、《太平御覽》卷三九二《人事部三十三·嘯》等引,一見於《藝文類聚》卷一九《人部三·嘯》引。文字詳略不同。又,《太平御覽》卷五〇二《逸民部二·逸民二》一條,作王隱《晉書》,言孫登事,其云:"魏末有孫登,字公和,汲郡人。無家屬,時人於汲郡北山上土窟中得之。夏則編草爲裳,冬則被髮覆面,對人無言,好讀《易》鼓琴。初,宜陽山中作炭者,忽見有人不語,精神不似常人。帝使阮籍往視,與語亦不應。籍因大嘯,野人乃笑曰:'爾復作向聲。'籍又爲嘯,籍將求出,野人不聽而去。登崖,嘯如簫韶笙簧之音,聲震山谷。而還問炭人,曰:'故是向人耳。'尋知求,不知所止。推問久之,乃知姓名。"小注云"孫登別傳又載",則王隱作《晉書》,或當見《孫登別傳》。

石勒別傳

　　輯存。佚名撰。一作《石勒傳》。

　　《石勒別傳》或《石勒傳》,《隋書·經籍志》等無著錄。丁國鈞《補晉書藝文志》卷二史錄雜傳類補錄《石勒別傳》,又補錄《石勒傳》,文廷式《補晉書藝文志》卷三史部雜傳類補錄《石勒傳》,並云:"《世説》識鑒門注、《御覽》四百九十六、八百二十二、八百三十二引之，並稱《石勒別傳》。"秦榮光《補晉書藝文志》卷二史部傳記類補録《石勒傳》、《石勒別傳》，吴士鑑《補晉書藝文志》卷二史録雜傳類著録《石勒別傳》。章宗源《隋書經籍志考證》據《世説新語》劉注補録，姚振宗《隋書經籍志考證》轉録章氏所補。

二石（石勒、石虎）之事，頗見撰述，《隋書·經籍志》史部霸史類著録有王度《二石傳》二卷，注云"晉北中郎參軍王度撰"，又著録王度《二石僞治時事》二卷。《舊唐書·經籍志》史部僞史類著録田融《趙石記》二十卷，又《二石記》二十卷，王度、隋翽等撰《二石僞事》六卷。《新唐書·藝文志》史部僞史類著録有田融《趙石記》二十卷，又《二石記》二十卷，王度、隨翽《二石僞事》六卷，《二石書》十卷。劉知幾《史通》卷一二《古今正史》又云："後趙石勒命其臣徐光、宗歷、傅暢、鄭愔等撰《上黨國記》、《起居注》、《趙書》。其後又令王蘭、陳宴、程陰、徐機等相次撰述。至石虎，並令刊削，使勒功業不傳。其後燕太傅長史田融、宋尚書庫部郎郭仲産、北中郎參軍王度追撰二石事，集爲《鄴都記》、《趙記》等書。"

石勒，《晉書》卷一〇四《載記》有傳，其云："石勒，字世龍，初名匐，上黨武鄉羯人也。其先匈奴別部羌渠之冑。祖耶奕于，父周曷朱，一名乞翼加，並爲部落小率。"石勒出自羌渠，以賤奴而終成霸業，自有故事，其事或多有傳録者，在王度《二石傳》等之外，當別有傳記。

清湯球輯有《二石傳》一卷，題王度撰，録於《廣雅書局叢書》之史學類《三十國春秋輯本》中，《叢書集成初編》用此本。考其所輯，乃諸書徵引中或題《石勒別傳》、《石勒傳》、《石虎別傳》者，亦即湯氏以爲諸書徵引稱《石勒別傳》、《石虎別傳》者均出於《隋書·經籍志》史部霸史類所著録王度的《二石傳》。然今所見諸書徵引幾乎皆稱《石勒別傳》或《石勒傳》、《石虎別傳》，無稱《二石傳》者。竊以爲《石勒別傳》、《石虎別傳》或不出於《二石傳》。

丁國鈞、文廷式、秦榮光、吳士鑑等《補晉書藝文志》單獨著録《石勒別傳》或《石勒傳》、《石虎別傳》，而不稱其爲王度《二石傳》，或不以爲《石勒別傳》、《石虎別傳》出《二石傳》。

《石勒別傳》，其佚文今散見諸書徵引，諸書或又有引《石勒傳》者，當即《石勒別傳》，《漢魏六朝雜傳集》據諸書徵引，輯録《石勒別傳》，得佚文七節。

今檢諸書徵引，條列其佚文如下。

一、石勒生平事略。見於《世説新語·識鑒》第七條劉注引作《石勒傳》。

二、石勒微時與邑人李陽争漚麻池。見於《太平御覽》卷四九六《人事部一百三十七·鬥争》引。

三、石勒鄉里所居原上異象，邑人厚遇之。見於《北堂書鈔》卷一六〇《地部四·石篇十六》等引。

四、石勒家園中生人參。見於《太平御覽》卷九九一《藥部八·人參》引。

五、石勒流宕山東。見於《太平御覽》卷三三八《兵部六十九·角》、卷八二二《産資部二·耕》引。

六、冬大雪勒出獵墜馬。見於《太平御覽》卷八三二《資産部十二·獵下》引。

七、茌平民師懽上黑兔瑞。見於《藝文類聚》卷九九《祥瑞部下·兔》、《天地瑞祥志》第十九《獸總載·菟》引，二書引文略異。

石虎別傳

輯存。佚名撰。

《石虎別傳》，《隋書·經籍志》等無著録。《石虎別傳》今存佚文三節，其中二節最早見於《太平御覽》所引，則宋初李昉等修《太平御覽》，當見其本。丁國鈞《補晉書藝文志》卷二史録雜傳類、文廷式《補晉書藝文志》卷三史部雜傳類、秦榮光《補晉書藝文志》卷二史部傳記類、吳士鑑《補晉書藝文志》卷二史録雜傳類著録《石虎別傳》。章宗源《隋書經籍志考證》據《太平御覽》補録，姚振宗《隋書經籍志考證》轉録章氏所補。

石虎，《晉書》卷一〇六《載記》有傳，其云：“石季龍，勒之從子也，名犯太祖廟諱，故稱字焉。祖曰䭿邪，父曰寇覓，勒父朱幼而子季龍，故或稱勒弟焉。”石勒爲十六國時期後趙開國者，石虎爲其繼承者。石勒死，石虎奪得後趙，然其行暴戾，終至身死國滅，故事亦多，在王度《二石傳》等之外，當別有傳録。

《太平御覽經史圖書綱目》録《石虎別傳》。宋初李昉等修《太平御覽》，當尚見其本，今則散佚殆盡。《漢魏六朝雜傳集》據諸書徵引，輯録其文，得三節。

今檢諸書徵引，三節文字，其一叙其身世出生，見於《太平御覽》卷三八六《人事部二十七·健》引。其二叙武鄉長城縣民韓彊得玄璽，見於《北堂書鈔》卷一三一《儀飾部下·璽十三》“韓彊得元璽”、《太平御覽》卷六八二《儀式部三·璽》引。其三叙石虎率三公九卿躬耕籍田，見於《太平御覽》卷三四《時序部十九·寒》引。

附：二石傳

佚。王度撰。原二卷。

《二石傳》，《隋書·經籍志》史部霸史類著録《二石傳》二卷，題晉北中郎參軍王度撰；《通志·藝文略》史類霸史類著録同《隋書·經籍志》。

二石事，兩晉南北朝間頗多撰述，劉知幾《史通》卷一二《古今正史》云：“後趙石勒命其臣徐光、宗歷、傅暢、鄭愔等撰《上黨國記》、《起居注》、《趙書》。其後又令王蘭、陳宴、程陰、徐機等相次撰述。至石虎，並令刊削，使勒功業不傳。其後燕太傅長史田融、宋尚書庫部郎郭仲産、北中郎參軍王度追撰二石事,集爲《鄴都記》、《趙記》等書。"今見於著錄者有多部,《隋書·經籍志》史部霸史類著錄《二石僞治時事》二卷,題王度撰;《趙書》十卷,注云:"一曰《二石集》,記石勒事,僞燕太傅長史田融撰。"《舊唐書·經籍志》史部編年類《漢趙記》十卷,和包撰;《趙石記》二十卷,田融撰;《二石記》二十卷,田融撰;《二石僞事》六卷,王度、隋翩等撰。《新唐書·藝文志》史部僞史類著錄和包《漢趙紀》十四卷,田融《趙石紀》二十卷,又《二石紀》二十卷,《符朝雜記》一卷,王度、隨翩《二石僞事》六卷,《二石書》十卷。《通志·藝文略》史類霸史類著錄《二石僞治時事》二卷,題王度撰;《趙書》二十卷,注云:"一曰《趙石記》,一曰《二石集》,載石勒事。僞燕太傅長史田融撰。"

　　王度,生平事蹟不詳。《隋書·經籍志》史部霸史類著錄《二石傳》,題"晉北中郎參軍王度",知其在晉曾爲北中郎參軍。《晉書·佛圖澄傳》云百姓因澄故多奉佛,皆營造寺廟,相競出家,真僞混淆,多生愆過。季龍下書料簡,"其著作郎王度奏曰"云云,知王度石虎時爲著作郎。嚴可均《全晉文》卷一四八"王度"輯其《奏禁奉佛》及《扇上銘》。注云:"度,太原人,仕石虎,爲中書著作郎。"《册府元龜》卷五五五《國史部·採撰》云:"王慶爲北中郎將,撰《二石傳》二卷,《二石僞治時事》二卷。""王慶",疑爲"王度"之訛。

　　《二石傳》今不見古籍舊注稱引其文,清湯球輯有《二石傳》一卷,題王度撰,錄於《廣雅書局叢書》之史學類《三十國春秋輯本》中,《叢書集成初編》用此本。考其所輯,乃諸書徵引中或題《石勒別傳》、《石勒傳》、《石虎別傳》者,亦即湯氏以爲諸書徵引稱《石勒別傳》、《石虎別傳》者均出於《隋書·經籍志》史部霸史類所著錄王度的《二石傳》。或非是,今存疑。

顧和別傳

輯存。佚名撰。

《顧和別傳》，《隋書·經籍志》等史志書目無著録，撰人不詳。《太平御覽經史圖書綱目》録《顧和別傳》，丁國鈞《補晉書藝文志》卷二史録雜傳類、文廷式《補晉書藝文志》卷三史部雜傳類、秦榮光《補晉書藝文志》卷二史部傳記類、吳士鑑《補晉書藝文志》卷二史録雜傳類補録。

顧和，《晉書》卷八三有傳，其云：“顧和，字君孝，侍中衆之族子也。曾祖容，吳荆州刺史；祖相，臨海太守。和二歲喪父，總角便有清操。族叔榮雅重之，曰：‘此吾家麒麟，興吾宗者，必此子也。’時宗人球亦有令聞，爲州別駕，榮謂之曰：‘卿速步，君孝超卿矣。’”王導爲揚州，辟從事，遷司徒掾。時東海王沖爲長水校尉，以沛國劉耽爲司馬，和爲主簿。永昌初，除司徒左曹掾。太寧初，王敦請爲主簿，遷太子舍人、車騎參軍、護軍長史。王導爲揚州，請爲別駕，所歷皆著稱。遷散騎侍郎、尚書吏部。司空郗鑒請爲長史，領晉陵太守。咸康初，拜御史中丞、侍中。轉吏部尚書，頻徙領軍將軍、太常卿、國子祭酒，遷尚書僕射。母憂去職，起爲尚書令。永和七年（351），以疾篤辭位，拜左光禄大夫、儀同三司，加散騎常侍，尚書令如故。其年卒，年六十四。追贈侍中、司空，謚曰穆。

《顧和別傳》已佚，《漢魏六朝雜傳集》據諸書徵引，輯録其文，得二節。今檢諸書徵引，二節文字，其一叙顧和幼時爲族人顧榮器愛，見於《世説新語·言語》第三三條劉注引。其二叙顧和幼時，顧榮以其激顧球，見於《太平御覽》卷二六三《職官部六十一·別駕》、卷四四四《人事部八十五·知人下》、《錦繡萬花谷後集》卷一二《通判》“速步”、《翰苑新書前集》卷五四《通判》“君孝超卿”引。此二事《晉書·顧和傳》亦載，見前引。《晉書·顧和傳》此二事,當得之於別傳。

顧悦傳

　　輯存。顧愷之撰,愷之亦作凱之。

　　《顧悦傳》,《隋書·經籍志》等史志書目無著録。《世説新語·言語》第五七條劉注引稱:"顧凱之爲父傳曰",可知此傳當爲顧愷之撰。丁國鈞《補晉書藝文志》卷二史録雜傳類、文廷式《補晉書藝文志》卷三史部雜傳類、秦榮光《補晉書藝文志》卷二史部傳記類、吳士鑑《補晉書藝文志》卷二史録雜傳類、黄逢元《補晉書藝文志》卷二史録雜傳類補録。

　　顧愷之,《晉書》卷九二《文苑傳》有傳,作顧愷之。或作顧凱之,《世説新語·言語》第五七條劉注引《顧悦傳》即稱"顧凱之爲父傳曰",《晉書》卷九二《文苑傳·顧愷之傳》云:"顧愷之字長康,晉陵無錫人也。父悦之,尚書左丞。"愷之博學有才氣,尤善丹青,圖寫特妙。好諧謔,人多愛狎之。桓温引爲大司馬參軍,甚見親昵;後爲殷仲堪參軍,亦深被眷接。義熙初,爲散騎常侍。傳愷之有三絶:才絶,畫絶,癡絶。年六十二,卒於官,所著文集及《啟矇記》行於世。

　　顧悦,愷之父,或作顧悦之。《世説新語·言語》第五七條及劉注引《中興書》作"顧悦"。《世説新語·言語》第五七條云:"顧悦與簡文同年。"劉注引《中興書》云:"悦,字君叔,晉陵人。初爲殷浩揚州別駕。浩卒,上疏理浩,或諫以浩爲太宗所廢,必不依許,悦固爭之,浩果得申。物論稱之。後至尚書左丞。"余嘉錫箋疏引李慈銘云:"案《晉書》作顧悦之。"[1]《太平御覽》卷三七三引

----

① 劉義慶撰,劉孝標注,余嘉錫箋疏,周祖謨等整理:《世説新語箋疏》上卷上《言語》第 57 條,上海古籍出版社 1996 年,第 117 頁。

王隱《晉書》作“顧悦之”，其云：“顧悦之與簡文帝同年，而髮早白，上問故，對曰：‘松柏之姿，經霜猶茂；蒲柳之質，望秋先凋。’”則或晉宋時已存兩説。《晉書》卷七七《殷浩傳》附傳作“顧悦之”，其云：“顧悦之，字君叔。少有義行。與簡文同年，而髮早白，帝問其故，對曰：‘松柏之姿，經霜猶茂；蒲柳常質，望秋先零。’簡文悦其對。始將抗表訟浩，浩親故多謂非宜，悦之決意以聞，又與朝臣争論，故衆無以奪焉。時人咸稱之。爲州别駕，歷尚書右丞，卒。子凱之，别有傳。”宋孔平仲撰《珩璜新論》言及三世、兩世同用之字爲名者，舉愷之父子：“王羲之子徽之，徽之子楨之；王允之子晞之，晞之子肇之；王晏之子崑之，崑之子陋之，三世同用之字。胡母輔之子謙之，吴隱之子瞻之，顧悦之子愷之，兩世同用之字。”其或作“顧悦”、“顧悦之”皆可。今從《世説新語》及劉注所引《中興書》，作顧悦。

　　顧愷之《顧悦傳》散佚殆盡，今存佚文一節，見於《世説新語·言語》第五七條劉注引，嚴可均據《世説新語》此條輯得其文，録於《全晉文》卷一三五中。《漢魏六朝雜傳集》據《世説新語·言語》第五七條劉注引，新輯其文。

顧愷之家傳

　　輯存。佚名撰。

　　《顧愷之家傳》，《隋書·經籍志》等史志書目無著録。文廷式《補晉書藝文志》卷三史部雜傳類、秦榮光《補晉書藝文志》卷二史部傳記類、吴士鑑《補晉書藝文志》卷二史録雜傳類、黄逢元《補晉書藝文志》卷二史録雜傳類補録。

　　黄逢元《補晉書藝文志》卷二史録雜傳類時云：“見《世説·夙惠》篇注。元案：傳文即愷之撰。”以爲此家傳即顧愷之撰。然云某家傳者，多非其自撰也。

今存文見於《世說新語》劉注及《藝文類聚》引,《緯略》卷九據《世說新語》劉注錄《顧愷之家傳》。

山濤別傳

輯存。袁宏撰。

《山濤別傳》,《隋書·經籍志》等史志書目無著錄,諸書徵引均題袁宏撰,《太平御覽經史圖書綱目》錄袁宏《山濤別傳》。丁國鈞《補晉書藝文志》卷二史錄雜傳類、文廷式《補晉書藝文志》卷三史部雜傳類、秦榮光《補晉書藝文志》卷二史部傳記類、吳士鑑《補晉書藝文志》卷二史錄雜傳類、黃逢元《補晉書藝文志》卷二史錄雜傳類補錄。

山濤,《晉書》卷四三有傳,其云:"山濤,字巨源,河內懷人也。父曜,宛句令。濤早孤,居貧,少有器量,介然不群。性好莊、老,每隱身自晦。與嵇康、呂安善,後遇阮籍,便爲竹林之交,著忘言之契。"山濤年四十,始爲郡主簿、功曹、上計掾。舉孝廉,州辟部河南從事。舉秀才,除郎中,轉驃騎將軍王昶從事中郎。久之,拜趙國相,遷尚書吏部郎、大將軍從事中郎。咸熙初,封新沓子,轉相國左長史。晉武帝受禪,以濤守大鴻臚。泰始初,加奉車都尉,進爵新沓伯。出爲冀州刺史,加寧遠將軍。轉北中郎將,督鄴城守事。入爲侍中,遷尚書。遭母喪,歸鄉里,詔除吏部尚書。咸寧初,轉太子少傅,加散騎常侍;除尚書僕射,加侍中,領吏部。太康初,遷右僕射,加光禄大夫,侍中、掌選如故。太康四年(283)薨,時年七十九。

袁宏,《晉書》卷九二《文苑傳》有傳。其云:"袁宏,字彦伯,侍中猷之孫也。父勖,臨汝令。宏有逸才,文章絶美,曾爲詠史詩,是其風情所寄。"謝尚爲安西將軍、豫州刺史,引宏參其軍事。累遷大司馬桓溫府記室,自吏部郎出爲東陽郡。太元初,卒於東

陽,時年四十九。撰《後漢紀》三十卷及《名士傳》三卷、詩賦誄表
等雜文凡三百首,傳於世。

　　袁宏《山濤別傳》散佚殆盡,今存佚文一節,見於《初學記》卷
一八《人部中·交友第二》"神交冥契"、《太平御覽》卷四〇九《人
事部五十·交友四》等徵引,叙山濤與陳留阮籍、譙國嵇康一相
遇,便爲神交。

諸葛恢別傳

　　輯存。佚名撰。

　　《諸葛恢別傳》,《隋書·經籍志》等史志書目無著録,撰人不
詳。丁國鈞《補晉書藝文志》卷二史録雜傳類、文廷式《補晉書藝
文志》卷三史部雜傳類、秦榮光《補晉書藝文志》卷二史部傳記
類、吳士鑑《補晉書藝文志》卷二史録雜傳類補録。

　　諸葛恢,《晉書》卷七七有傳,其云:"諸葛恢,字道明,琅邪陽
都人也。祖誕,魏司空,爲文帝所誅。父靚,奔吳,爲大司馬。"恢
弱冠知名,試守即丘長,轉臨沂令,爲政和平。值天下大亂,避地
江左,名亞王導、庾亮。晉元帝爲安東將軍,以恢爲主簿,再遷江
寧令。討周馥有功,封博陵亭侯,復爲鎮東參軍。與卞壺並以時
譽遷從事中郎,兼統記室,承制調爲會稽太守。以母憂去官,服
闋,拜中書令。王敦上恢爲丹楊尹,以久疾免。晉明帝征敦,以
爲侍中,加奉車都尉。討王含有功,進封建安伯。又拜後將軍、
會稽内史。徵爲侍中,遷左民尚書、武陵王師、吏部尚書。累遷
尚書右僕射,加散騎常侍、銀青光禄大夫、領選本州大中正、尚書
令,常侍、吏部如故。晉成帝踐阼,加侍中、金紫光禄大夫。卒,
年六十二。

　　《諸葛恢別傳》佚失殆盡,今存佚文一節,見於《世説新語·
方正》第二五條劉注引,叙諸葛恢名姓出生及避難江左、累遷尚

書令。觀其《世説新語》劉注所引，當是節文。

卞壺別傳

輯存。佚名撰。

《卞壺別傳》，《隋書・經籍志》等史志書目無著録，撰人不詳。丁國鈞《補晉書藝文志》卷二史録雜傳類、文廷式《補晉書藝文志》卷三史部雜傳類、秦榮光《補晉書藝文志》卷二史部傳記類、吳士鑑《補晉書藝文志》卷二史録雜傳類補録。

卞壺，《晉書》卷七〇有傳，其云："卞壺字望之，濟陰冤句人也。祖統，琅邪内史。父粹，以清辯鑒察稱。兄弟六人並登宰府，世稱'卞氏六龍，玄仁無雙'。玄仁，粹字也。"壺弱冠有名譽。永嘉中，除著作郎，襲父爵。依妻兄徐州刺史裴盾，盾以壺行廣陵相。元帝鎮建鄴，召爲從事中郎，出爲明帝東中郎長史。丁母憂，服闋，爲世子師。中興建，補太子中庶子，轉散騎常侍，侍講東宮。遷太子詹事，以公事免。尋復職，轉御史中丞，遷吏部尚書。王含之難，加中軍將軍。含滅，以功封建興縣公，尋遷領軍將軍。晉明帝不豫，領尚書令，與王導等俱受顧命輔幼主。復拜右將軍，加給事中、尚書令。拜光禄大夫，加散騎常侍。蘇峻之亂，詔以壺都督大桁東諸軍事、假節，復加領軍將軍、給事中。壺率郭默、趙胤等與峻大戰，爲峻所敗，遂死之，時年四十八。二子眕、盱見父没，相隨赴賊，同時見害。

《卞壺別傳》佚失殆盡，今存佚文二節，皆見於《世説新語》劉注引，《漢魏六朝雜傳集》據以輯得其文。二節佚文，其一略叙卞壺姓字出生及死難事，見於《世説新語・賞譽》第五四條劉注；其二叙卞壺正色立朝，見於《世説新語・任誕》第二七條劉注引。卞壺父子死王事，身後頗得哀榮，《卞壺別傳》所載，當多爲其嘉言懿行。今存二節佚文，可見一斑。

蔡克別傳

輯存。佚名撰。

　　《蔡克別傳》，《隋書·經籍志》等史志書目多無著録，撰人不詳。今存佚文一節，見於《世説新語·輕詆》第六條劉注、《太平御覽》卷八一六《布帛部三·紗》、《記纂淵海》卷一六二《名譽部之三·敬畏》引，《太平御覽》卷八一六《布帛部三·紗》、《記纂淵海》卷一六二《名譽部之三·敬畏》引作《蔡克別傳》，《世説新語·輕詆》第六條劉注引作《蔡充別傳》。皆言及高平劉整車服奢麗，自言遇蔡子尼在座，終席慚不自安。則蔡克、蔡充當指同一人。《晉書》卷七七《蔡謨傳》附《蔡克傳》，亦言及此事，其云："蔡謨，字道明，陳留考城人也。世爲著姓，曾祖睦，魏尚書。祖德，樂平太守。父克，少好學，博涉書記，爲邦族所敬。性公亮守正，行不合己，雖富貴不交也。高平劉整恃才縱誕，服飾詭異，無所拘忌。嘗行造人，遇克在坐，整終席慚不自安。克時爲處士，而見憚如此。"則當作"蔡克"爲是。余嘉錫校《世説新語·輕詆》第六條云："'充'及注"充"字，景宋本俱作'克'。"箋疏引李慈銘校云："《晉書·蔡謨傳》作'克'。"今考《晉書》卷七七《蔡謨傳》作"克"①。《元和姓纂》亦云："蔡攜生稜、質，稜生邕，質始居陳留，分爲濟陽，因爲郡人。質玄孫克，從祖謨晉永嘉同過江。"當作"克"爲是，據改。

　　蔡克，晉司徒蔡謨父，字子尼。據《晉書·蔡謨傳》所附《蔡克傳》，始爲成都王穎大將軍記室督，穎爲丞相，擢爲成都王東曹掾。克以朝政日弊，遂絶不仕。東嬴公騰爲車騎將軍，鎮河北，

---

① 劉義慶撰，劉孝標注，余嘉錫箋疏，周祖謨等整理：《世説新語箋疏》下卷下《輕詆》第 6 條箋疏，上海古籍出版社 1996 年，第 829—831 頁。

以克爲從事中郎，知必不就，以軍期致之。克不得已，至數十日，
騰爲汲桑所攻，城陷，克見害。

丁國鈞《補晉書藝文志》補遺、秦榮光《補晉書藝文志》卷二
史部傳記類補錄《蔡克別傳》，文廷式《補晉書藝文志》卷三史部
雜傳類、吳士鑑《補晉書藝文志》卷二史錄雜傳類補錄《蔡充別
傳》。《漢魏六朝雜傳集》據諸書徵引，輯錄其文，題《蔡克別傳》。

蔡司徒別傳

輯存。佚名撰。

《蔡司徒別傳》，《隋書·經籍志》等史志書目無著錄，撰人不
詳。丁國鈞《補晉書藝文志》卷二史錄雜傳類、文廷式《補晉書藝
文志》卷三史部雜傳類、秦榮光《補晉書藝文志》卷二史部傳記
類、吳士鑑《補晉書藝文志》卷二史錄雜傳類補錄。

蔡司徒即蔡謨，《晉書》卷七七《蔡謨傳》有傳，其云："蔡謨，
字道明，陳留考城人也。世爲著姓，曾祖睦，魏尚書。祖德，樂平
太守。父克……"蔡謨弱冠察孝廉，州辟從事，舉秀才，東海王越
召爲掾，皆不就。避亂渡江。時明帝爲東中郎將，引爲參軍。元
帝拜丞相，復辟爲掾，轉參軍，後爲中書侍郎，歷義興太守、大將
軍王敦從事中郎、司徒左長史，遷侍中。蘇峻構逆，吳國內史庾
冰出奔會稽，乃以謨爲吳國內史。峻平，復爲侍中，遷五兵尚書，
領琅邪王師，轉掌吏部。遷太常，領祕書監，拜太傅、太尉、司空。
及太尉郗鑒疾篤，出謨爲太尉軍司，加侍中。鑒卒，即拜謨爲征
北將軍、都督徐兗青三州揚州之晉陵豫州之沛郡諸軍事、領徐州
刺史、假節。康帝即位，徵拜左光祿大夫、開府儀同三司，領司
徒。代殷浩爲揚州刺史。又錄尚書事，領司徒如故。遷侍中、司
徒，不受，免爲庶人。數年，詔以爲光祿大夫、開府儀同三司。晉
穆帝永和十二年（356）卒，時年七十六。

《蔡司徒別傳》散佚殆盡，今存佚文一節，見於《世説新語・方正》第四〇條劉注引，略叙蔡謨之姓字、爵里、官秩。

羊曼別傳

輯存。佚名撰。

《羊曼別傳》，《隋書・經籍志》等史志書目無著録，撰人不詳。丁國鈞《補晉書藝文志》卷二史録雜傳類、文廷式《補晉書藝文志》卷三史部雜傳類、秦榮光《補晉書藝文志》卷二史部傳記類、吴士鑑《補晉書藝文志》卷二史録雜傳類補録。

羊曼，《晉書》卷四九有傳，其云：“羊曼字祖延，太傅祜兄孫也。父暨，陽平太守。曼少知名，本州禮命，太傅辟，皆不就。避難渡江，元帝以爲鎮東參軍，轉丞相主簿，委以機密。歷黄門侍郎、尚書吏部郎、晉陵太守，以公事免。”王敦敗，代阮孚爲丹楊尹。蘇峻作亂，加前將軍，率文武守雲龍門，爲峻所害，年五十五。

《羊曼別傳》佚失殆盡，今存佚文一節，見於《世説新語・雅量》第二〇條劉注引，略及羊曼姓字、官秩。

司馬無忌別傳

輯存。佚名撰。

《司馬無忌別傳》，《隋書・經籍志》等史志書目無著録，撰人不詳。丁國鈞《補晉書藝文志》卷二史録雜傳類、文廷式《補晉書藝文志》卷三史部雜傳類、秦榮光《補晉書藝文志》卷二史部傳記類、吴士鑑《補晉書藝文志》卷二史録雜傳類補録。

司馬無忌，閔王承子。《晉書》卷三七《譙剛王遜傳》附其傳，云：“烈王無忌字公壽，承之難，以年小獲免。咸和中，拜散騎侍郎,累遷屯騎校尉、中書、黄門侍郎。"建元初遷散騎常侍,轉御史中丞,出爲輔國將軍、長沙相,又領江夏相,尋轉南郡、河東二郡太守,將軍如故。隨桓温伐蜀,以勳賜少子愔爵廣晉伯,進號前將軍。永和六年(350)薨。

《司馬無忌别傳》佚失殆盡,今存佚文一節,見於《世説新語・仇隙》第三條劉注引,略叙司馬無忌才器兼濟,有文武幹。

王雅别傳

輯存。佚名撰。

《王雅别傳》,《隋書・經籍志》等史志書目無著録,撰人不詳。丁國鈞《補晉書藝文志》卷二史録雜傳類、文廷式《補晉書藝文志》卷三史部雜傳類、秦榮光《補晉書藝文志》卷二史部傳記類、吴士鑑《補晉書藝文志》卷二史録雜傳類補録。

王雅,《晉書》卷八三有傳,其云:"王雅,字茂達,東海郯人。魏衛將軍肅之曾孫也。祖隆,後將軍。父景,大鴻臚。雅少知名。"州檄主簿,舉秀才,除郎中,出補永興令,以幹理著稱。累遷尚書左右丞,歷廷尉、侍中、左衛將軍、丹楊尹,領太子左衛率,後爲太子少傅,遷領軍、尚書、散騎常侍、左僕射。隆安四年(400)卒,時年六十七。

《王雅别傳》散佚殆盡,今存佚文一條,見於《世説新語・讒險》第三條劉注引,僅云:"雅,字茂建,東海沂人。少知名。"

王乂别傳

輯存。佚名撰。

《王乂别傳》,《隋書・經籍志》等史志書目無著録,撰人不詳。丁國鈞《補晉書藝文志》卷二史録雜傳類、文廷式《補晉書藝文志》卷三史部雜傳類、秦榮光《補晉書藝文志》卷二史部傳記類、吴士鑑《補晉書藝文志》卷二史録雜傳類補録。

王乂，《世説新語·德行》第二六條言祖納事，提及王乂，稱王平北："祖光禄少孤貧，性至孝，常自爲母炊爨作食，王平北聞其佳名，以兩婢餉之，因取爲中郎。有人戲之者曰：'奴價倍婢。'祖云：'百里奚亦何必輕於五羖之皮邪。'"知其曾爲平北將軍。《晉書》卷六二《祖逖傳》附《祖納傳》叙此事，"王平北"下有"王敦"，其云："納字士言，最有操行，能清言，文義可觀。性至孝，少孤貧，常自炊爨以養母。平北將軍王敦聞之，遺其二婢，辟爲從事中郎。有戲之曰：'奴價倍婢。'納曰：'百里奚何必輕於五羖皮邪！'"余嘉錫箋疏引李詳云："敦乃乂字之譌，王敦未嘗爲平北將軍。乂督幽州，納范陽人，爲其部民，故得餉云。"[1]劉注即引《王乂别傳》。

《王乂别傳》佚失殆盡，今存佚文一節，即《世説新語·德行》第二六條劉注所引，其云："乂，字叔元，琅邪臨沂人。時蜀新平，二將作亂，文帝西之長安，乃徵爲相國司馬，遷大尚書、出督幽州諸軍事、平北將軍。"略述王乂生平。

桓任别傳

輯存。佚名撰。

《桓任别傳》，《隋書·經籍志》等史志書目無著録，撰人不詳。《太平御覽經史圖書綱目》録《桓任别傳》，文廷式《補晉書藝文志》卷三史部雜傳類補録。

桓任，字儀遼，餘皆不詳。《北堂書鈔》及《太平御覽》皆引謝

---

[1] 劉義慶撰，劉孝標注，余嘉錫箋疏，周祖謨等整理：《世説新語箋疏》上卷上《德行》第 26 條，上海古籍出版社 1996 年，第 27 頁。

承《後漢書》言其因後母生時不食豬肉，故其亦終身不以豬肉入口。《北堂書鈔》卷一四五《酒食部・肉十五》"桓任終身不近"引謝承《後漢書》云："桓任後母生時不食豬羊肉，故終身不以豬羊肉入口。"《太平御覽》卷八六三《飲食部二十一・肉》引謝承《後漢書》又曰："桓任字儀遼，後母生時不食豬羊肉，故終身不以豬羊肉入口。"謝承《後漢書》既載其事，則桓任當在漢末三國時。

《桓任別傳》久佚，《漢魏六朝雜傳集》據諸書徵引，輯得其文。得佚文二節。今檢諸書徵引，二節佚文，其一見於《北堂書鈔》卷一三四《服飾部三・被二十七》"箕踵"、"爲作二幅"引作《桓任別傳》，《太平御覽》卷七〇七《服用部九・被》引作《桓任傳》，云任後母酷惡，常憎任。任卧，爲作二幅箕踵之被。其二見於《太平御覽》卷七〇一《服用部三・屏風》引，云任子亡，愍念之。爲作象著屏風，置座邊。

桓彝別傳

輯存。佚名撰。

《桓彝別傳》，《隋書・經籍志》等史志書目無著録，撰人不詳。丁國鈞《補晉書藝文志》卷二史録雜傳類、文廷式《補晉書藝文志》卷三史部雜傳類、秦榮光《補晉書藝文志》卷二史部傳記類、吴士鑑《補晉書藝文志》卷二史録雜傳類補録。

桓彝，《晉書》卷七四有傳，其云："桓彝，字茂倫，譙國龍亢人。漢五更榮之九世孫也。父顥，官至郎中。彝少孤貧，雖簞瓢，處之晏如。性通朗，早獲盛名，有人倫識鑒。"起家州主簿。赴齊王冏義，拜騎都尉。元帝爲安東將軍，版行逡遒令。尋辟丞相中兵屬，累遷中書郎、尚書吏部郎。明帝將伐王敦，拜彝散騎常侍，引參密謀。及敦平，以功封萬寧縣男。補宣城内史。蘇峻之亂，爲峻將韓晃所害，年五十三。

《桓彝别傳》久佚，《漢魏六朝雜傳集》據諸書徵引，輯得其佚文二節。其一見於《世説新語·德行》第三〇條劉注引，叙桓彝姓字、父祖及歷官。云“漢五更桓榮十世孫也，父穎”，《晉書·桓彝傳》云“漢五更榮之九世孫也，父顥”。《元和姓纂》卷四桓氏“譙國龍亢”又下云：“桓榮後有司徒桓虞，榮八代孫彝，晉宣城内史。”桓彝到底爲桓榮幾世孫，則有十世、九世、八世之異。岑仲勉校云：“余按《新表》七五上亦作榮八世孫，所差一世，或記法不同，《寰宇記》一七則作‘九世’。”“穎”、“顥”當形近而訛，未知孰是。其二見於《太平御覽》卷六七《地部三二·溪》、《景定建康志》卷一八《山川志二·江湖》引，叙彝與當時英彦名德庾亮、温嶠、羊曼等共集青谿池上援筆屬詩。

桓彝，名士也，且有人倫識鑒，《桓彝别傳》當多載其爲名士之事，如與庾亮、温嶠、羊曼等共集青谿池上賦詩事之類。

徐江州本事

輯存。佚名撰。

《徐江州本事》，《隋書·經籍志》等史志書目無著録，丁國鈞《補晉書藝文志》卷二史録雜傳類、秦榮光《補晉書藝文志》卷二史部傳記類補録。

徐江州即徐寧，《晉書》卷七四《桓彝傳》附其傳，其云：“徐寧者，東海郯人也。少知名，爲輿縣令。時廷尉桓彝稱有人倫鑒識，彝嘗去職，至廣陵尋親舊，還遇風，停浦中，累日憂悒，因上岸，見一室宇，有似廨署，訪之，云是輿縣。彝乃造之。寧清惠博涉，相遇欣然，因留數夕。彝大賞之，結交而別。至都，謂庾亮曰：‘吾爲卿得一佳吏部郎。’語在《彝傳》。即遷吏部郎、左將軍、江州刺史，卒官。”

《徐江州本事》佚，今見於《世説新語·賞譽》第六五條劉注引一節。此節佚文叙桓彝遇徐寧而薦之於庾亮事,《晉書·徐寧傳》與此多同,當據此而成。

桓溫別傳

輯存。佚名撰。

《桓溫別傳》,《隋書·經籍志》等史志書目無著錄,撰人不詳。丁國鈞《補晉書藝文志》卷二史錄雜傳類、文廷式《補晉書藝文志》卷三史部雜傳類、秦榮光《補晉書藝文志》卷二史部傳記類、吳士鑑《補晉書藝文志》卷二史錄雜傳類補錄。

桓溫,《晉書》卷九八有傳,其云:"桓溫,字元子,宣城太守彝之子也。生未期而太原溫嶠見之曰:'此兒有奇骨,可試使啼。'及聞其聲,曰:'真英物也。'彝以嶠所賞,故遂名之曰溫。嶠笑曰:'果爾,後將易吾姓也。'"選尚南康長公主,拜駙馬都尉,襲爵萬寧男,除琅邪太守,累遷徐州刺史。庾翼卒,以溫爲都督荆梁四州諸軍事、安西將軍、荆州刺史、領護南蠻校尉、假節。平蜀,進位征西大將軍、開府,封臨賀郡公。進征討大都督、督司冀二州諸軍事,升平中,改封南郡公,太和四年(369),又領平北將軍、徐兗二州刺史。寧康元年(373)卒,時年六十二。《晉書》卷九《孝武帝紀》云:"寧康元年……秋七月己亥,使持節、侍中、都督中外諸軍事、丞相、錄尚書、大司馬、揚州牧、平北將軍、徐兗二州刺史、南郡公桓溫薨。"

《桓溫別傳》久佚,今存佚文五節,皆見於《世説新語》劉注引。《漢魏六朝雜傳集》據以輯得其文。《世説新語》劉注所引五節文字,惟《世説新語·言語》第五五條劉注所引稍詳,叙桓溫姓字父祖及歷官,當是節略,其餘四節皆隻言片語。《世説新語·政事》第一九條"桓公在荆州,全慾以德被江、漢,恥以威刑肅物"云云,劉注引《溫別傳》云:"溫以永和元年自徐州遷荆州刺史,在州寬和，百姓安之。”余嘉錫案云：“桓公，《渚宫舊事》五作桓沖，下文桓公云作沖云，與孝標注作桓温者不同。桓温自徐州遷荆州，在永和元年（345）。桓沖亦自徐州遷荆州，則在太元二年（377）。温與沖俱有別傳。《世説》於温例稱桓公，於沖只稱車騎。以此考之，《舊事》爲誤。然云耻以威刑肅物，在州寬和，殊不類温之爲人。桓式語含譏諷，亦不類以子對父，似此事本屬桓沖，《舊事》別有所本。《世説》屬之桓温，乃傳聞異辭，疑不能明，俟更詳考。”①

　　桓温爲一代重臣，所歷之重大事件甚夥。以今存佚文觀之，《桓温別傳》當歷叙其生平、北征等重要事項，就其詞氣而言，當爲其親近或屬官所作。

桓玄別傳

　　輯存。佚名撰。

　　《桓玄別傳》，《隋書·經籍志》等史志書目無著録，撰人不詳。丁國鈞《補晉書藝文志》卷二史録雜傳類、文廷式《補晉書藝文志》卷三史部雜傳類、秦榮光《補晉書藝文志》卷二史部傳記類、吴士鑑《補晉書藝文志》卷二史録雜傳類補録。

　　桓玄，《晉書》卷九九有傳，其云：“桓玄，字敬道，一名靈寶，大司馬温之孽子也。”温甚愛異之。臨終，命以爲嗣，襲爵南郡公。年二十三，始拜太子洗馬，太元末，出補義興太守。隆安初，詔以玄督交廣二州、建威將軍、平越中郎將、廣州刺史、假節，玄受命不行。隆安中，詔加玄都督荆州四郡。既殺殷仲堪、楊佺期，督八州及楊豫八郡，復領江州刺史。元興元年（402），討滅司

---

① 劉義慶撰，劉孝標注，余嘉錫箋疏，周祖謨等整理：《世説新語箋疏》上卷下《政事》第 19 條，上海古籍出版社 1996 年，第 182—183 頁。

馬道子父子。次年,自立爲帝,改國號爲楚,改元永始。桓玄自建立後,驕奢荒侈,朝野失望,劉裕起兵攻之,桓玄兵敗,爲益州督護馮遷所殺,時年三十六。

　　《桓玄別傳》久佚,佚文散見諸書徵引,《漢魏六朝雜傳集》據諸書徵引,搜得其佚文七節,然皆隻言片語。《世説新語・德行》第四一條劉注引一節,叙桓玄爲桓温嗣,幼襲封南郡公,不得志,殷仲堪素舊。《世説新語・任誕》第五〇條劉注引一節,叙玄初拜太子洗馬,時朝廷以温有不臣之跡,故抑玄爲素官。《北堂書鈔》卷一四四《酒食部三・飯篇二》"車載以餉軍"引一節,叙桓玄車載飯以餉楊冷期。《世説新語・德行》第四三條劉注引一節,叙桓玄克荆州,殺殷道護、仲堪及其親舊。《世説新語・文學》第一〇三條劉注引一節,叙桓玄克殷仲堪,後楊佺期,遣使諷朝廷。又,《太平御覽》卷一七〇《州郡部十六・江南道上・宣州》引一節,叙桓玄居南州,大築齋第,作《桓玄傳》;《太平御覽》卷五四一《禮儀部二十・媒》引一節,叙元顯娶妾,殆同六禮,作《桓公傳》。此二節或亦當出《桓玄別傳》。

　　桓玄繼桓温功業,乘機樹立,然所行失道,至於破滅。觀《桓玄別傳》今存之文,當多載此類事。

　　又,《舊唐書・經籍志》史部雜傳類、《新唐書・藝文志》史部雜傳記類、《通志・藝文略》史類傳記類分別著録《桓玄傳》二卷,或即諸書稱引之《桓玄別傳》。

桓豁別傳

輯存。佚名撰。

　　《桓豁別傳》,《隋書・經籍志》等史志書目無著録,撰人不詳。丁國鈞《補晉書藝文志》卷二史録雜傳類、文廷式《補晉書藝文志》卷三史部雜傳類、秦榮光《補晉書藝文志》卷二史部傳記類、吴士鑑《補晉書藝文志》卷二史録雜傳類補録。

桓豁,桓彝第三子,桓温之弟。《晉書》卷七四《桓彝傳》附其傳,其云:"豁,字朗子。初辟司徒府、祕書郎,皆不就。"時謝萬敗於梁濮,許昌、潁川諸城相次陷没,西藩騷動。温命豁督沔中七郡軍事、建威將軍、新野、義成二郡太守,擊慕容屈塵,破之,進號右將軍。温既内鎮,以豁監荆揚雍州軍事、領護南蠻校尉、荆州刺史、假節,將軍如故。温薨,遷征西將軍,進督交廣并前五州軍事。太元初,遷征西大將軍、開府。尋卒,時年五十八。

《桓豁別傳》佚失殆盡,今存佚文一節,見於《世説新語·豪爽》第一〇條劉注引,云:"豁,字朗子,温之弟。累遷荆州刺史,贈司空。"以其佚文絶少,難窺其貌。當出桓氏或其故吏之手。

桓石秀別傳

輯存。佚名撰。

《桓石秀別傳》,《隋書·經籍志》等史志書目無著録,撰人不詳。《太平御覽經史圖書綱目》録《桓石秀別傳》,丁國鈞《補晉書藝文志》卷二史録雜傳類、文廷式《補晉書藝文志》卷三史部雜傳類、秦榮光《補晉書藝文志》卷二史部傳記類、吴士鑑《補晉書藝文志》卷二史録雜傳類補録。

桓石秀,桓彝孫,桓豁次子。《晉書》卷七四《桓彝傳》附其傳,其云:"石秀,幼有令名,風韻秀徹。博涉群書,尤善《老》、《莊》。常獨處一室,簡於應接,時人方之庾純。甚爲簡文帝所重。"豁爲荆州,請爲鷹揚將軍、竟陵太守,非其好也。尋代叔父冲爲寧遠將軍、江州刺史、領鎮蠻護軍、西陽太守,居尋陽。在州五年,以疾去職,年四十三卒於家。

《桓石秀別傳》久佚,今存佚文一節,僅見於《太平御覽》卷二五五《職官部五十三·刺史下》引,叙桓石秀爲江州刺史,在郡縱心遊覽。此傳宋初李昉等修《太平御覽》時或當尚見之，其佚或在此後。

桓沖別傳

輯存。佚名撰。

《桓沖別傳》，《隋書·經籍志》等史志書目無著錄，撰人不詳。丁國鈞《補晉書藝文志》卷二史錄雜傳類、文廷式《補晉書藝文志》卷三史部雜傳類、秦榮光《補晉書藝文志》卷二史部傳記類、吳士鑑《補晉書藝文志》卷二史錄雜傳類補錄。

桓沖，桓彝少子，桓溫弟，小字買德郎。《晉書》卷七四《桓彝傳》附其傳，其云：“沖，字幼子。溫諸弟中最淹識，有武幹，溫甚器之。”除鷹揚將軍、鎮蠻護軍、西陽太守。從溫征伐有功，遷督荆州之南陽襄陽新野義陽順陽雍州之京兆揚州之義成七郡軍事、寧朔將軍、義成新野二郡太守，鎮襄陽。又從溫破姚襄。及虜周成，進號征虜將軍，賜爵豐城公。尋遷振威將軍、江州刺史、領鎮蠻護軍、西陽譙二郡太守。進監江荆豫三州之六郡軍事、南中郎將、假節，州郡如故。溫薨，晉孝武帝詔沖爲中軍將軍、都督揚江豫三州軍事、揚豫二州刺史、假節。寧康三年（375），改授都督徐兗豫青揚五州之六郡軍事、車騎將軍、徐州刺史，以北中郎府并中軍，鎮京口，假節。桓豁卒，遷都督江荆梁益寧交廣七州揚州之義成雍州之京兆司州之河東軍事、領護南蠻校尉、荆州刺史、持節，將軍、侍中如故。太元九年（384）卒，時年五十七。《晉書》卷九《孝武帝紀》云：“（太元九年）二月辛巳，使持節、都督荆江梁寧益交廣七州諸軍事、車騎將軍、荆州刺史桓沖卒。”

《桓沖別傳》佚失殆盡，今存佚文一節，見於《世説新語·夙惠》第七條劉注引，云：“沖，字玄叔，溫弟也。累遷車騎將軍、都督七州諸軍事。”言其字“玄叔”，與諸書略異。《晉書·桓沖傳》

云“沖性儉素，而謙虛愛士”，“及喪下江陵，士女老幼皆臨江瞻送，號哭盡哀”。故其佚事或頗得傳揚，《桓沖別傳》當多載之，惜其散佚。

趙穆別傳兩種

今所見諸書徵引趙穆別傳有二，其一曰《趙穆別傳》，其二曰《趙吳郡行狀》。

趙穆，字季子，汲郡修武人。歷尚書郎、東海王越記室參軍，晉明帝師、冠軍將軍、吳郡太守，封南鄉侯。事蹟主要見於《趙穆別傳》及《世説新語・賞譽》第三四條及劉注所引《趙吳郡行狀》。明王鏊《姑蘇志》卷三七《宦跡》載其簡歷，亦當是據諸書所引《趙穆別傳》及《趙吳郡行狀》，其云：“趙穆字季子，汲郡人。正淑平粹，才識清通，爲明帝師。歷冠軍將軍、吳郡太守。”《世説新語・賞譽》第三四條云：“太傅東海王鎮許昌，以王安期爲記室參軍，雅相知重。敕世子毗曰：‘夫學之所益者淺，體之所安者深。閑習禮度，不如式瞻儀形。諷味遺言，不如親承音旨。王參軍人倫之表，汝其師之。’或曰：王、趙、鄧三參軍，人倫之表汝其師之。謂安期、鄧伯道、趙穆也。”程炎震以爲《世説新語》此條出自何法盛《晉中興書》。余嘉錫則以爲當出王隱《晉書》，其云：“此當出於王隱《晉書》，《書鈔》六十九引王《晉書》：‘王丞爲東海王越記室。越與世子毗敕曰：王參軍人倫師表。’王《晉書》即王隱《晉書》。是記此事者，不始於何法盛。且《世説》明云‘袁宏作《名士傳》直云王參軍’，則臨川實取之《名士傳》。據沈約自序，何法盛爲宋世祖時人，年輩當尚在臨川之後，安得取其書乎？”又引程炎震云：“《全晉文》一百三十八張湛《列子注序》云‘尋從輔嗣女婿趙季子家得六卷’，蓋即趙穆。輔嗣以嘉平元年卒，至永嘉二年已六十年。穆過江時，當暮齒矣。即於三參軍中，亦最爲老宿也。"余嘉錫案云:"王輔嗣亡時年二十四,其女不過數歲。又十餘年,方可適人。趙穆之年,若與之相匹,則過江之時最長亦不過四十餘耳。鄧攸不知得年若干。王承卒於元帝時,年四十六。蓋與穆齒相上下,無以見穆爲老宿也。"

趙穆別傳

輯存。佚名撰。

《趙穆別傳》,《隋書·經籍志》等史志書目無著録,撰人不詳。丁國鈞《補晉書藝文志》卷二史録雜傳類、文廷式《補晉書藝文志》卷三史部雜傳類、秦榮光《補晉書藝文志》卷二史部傳記類、吳士鑑《補晉書藝文志》卷二史録雜傳類補録。

《趙穆別傳》久佚,今存佚文一節,見於《北堂書鈔》卷三三《政術部七·薦賢十八》"薦之宰相"、《初學記》卷二〇《政理部·薦舉第四》"貢天朝薦宰相"、《錦繡萬花谷後集》卷一八《薦舉》"扶興充歲貢"引,叙趙穆四薦之宰府而不就,元康二年(292),爲太守羊伊所舉。《漢魏六朝雜傳集》據以輯得其文,題《趙穆別傳》。

趙吳郡行狀

輯存。佚名撰。

《趙吳郡行狀》,《隋書·經籍志》等史志書目無著録,僅見於《世說新語》第三四條劉注引一節,撰者不詳。明梅鼎祚《西晉文紀》卷四收録東海王越《與趙穆等書》,即據此行狀所録。《漢魏六朝雜傳集》亦據以輯得其文,題《趙吳郡行狀》,附於《趙穆別傳》後。叙趙穆姓字、爵里、歷官,又録東海王越《與穆及王承阮瞻鄧攸書》。作者雖佚名不可得知其本末,然爲趙穆親舊故吏,則無疑焉。

傅咸別傳

輯存。佚名撰。

《傅咸別傳》，《隋書·經籍志》等史志書目無著録，撰人不詳。丁國鈞《補晉書藝文志》卷二史録雜傳類、文廷式《補晉書藝文志》卷三史部雜傳類、秦榮光《補晉書藝文志》卷二史部傳記類、吳士鑑《補晉書藝文志》卷二史録雜傳類、黃逢元《補晉書藝文志》卷二史録雜傳類補録。

傅咸，傅玄子。《晉書》卷四七《傅玄傳》附其傳，其云："咸，字長虞。剛簡有大節，風格峻整，識性明悟，疾惡如仇，推賢樂善，常慕季文子、仲山甫之志。好屬文論，雖綺麗不足而言成規鑒。"咸寧初，襲父爵，拜太子洗馬，累遷尚書右丞。出爲冀州刺史，遷司徒左長史，轉車騎司馬，遷尚書左丞，轉爲太子中庶子，遷御史中丞。再爲本郡中正，遭繼母憂去官。頃之，起以議郎，長兼司隸校尉。元康四年（294）卒官，時年五十六。

《傅咸別傳》久佚，今存佚文三節，皆見於《北堂書鈔》徵引，《漢魏六朝雜傳集》據以輯得其文。今簡括三節文字，條列如下。

一、傅咸屬文不貴詞人之賦，潁川庾純歡賞。見於《北堂書鈔》卷一〇〇《藝文部六·歡賞二一》"長虞之文意不可及"引。

二、傅咸遷太子洗馬，嘆得與魯叔虎同班共事。見於《北堂書鈔》卷六六《設官部十八·太子洗馬一百二十七》"傅咸同班共事"、"雅量弘濟"引。《北堂書鈔》卷六六"雅量弘濟"引作《傅咸別傳·序》，其云："友人魯仲叔雅量弘濟。"陳、俞本《北堂書鈔》卷六六"雅量弘濟"引作《傅咸別傳》，與陳、俞本《北堂書鈔》卷六六"傅咸同班共事"引文同。

三、楊濟與傅咸書。見於《北堂書鈔》卷四五《刑法部下·杖刑六》"傅咸受罰太重"引作《傅咸傳》，《晉書·傅咸傳》亦載楊濟書，無此節文字，并録傅咸答書。當是節略，當出《傅咸別傳》。

《晉書·傅咸傳》云傅咸"剛簡有大節。風格峻整，識性明悟，疾惡如仇，推賢樂善"，《傅咸別傳》當多載此類事，而《晉書·傅咸傳》或當據《傅咸別傳》而成。惜其散佚。

傅宣別傳

輯存。佚名撰。

《傅宣別傳》，《隋書·經籍志》等史志書目無著録，撰人不詳。《太平御覽經史圖書綱目》録《傅宣別傳》，丁國鈞《補晉書藝文志》卷二史録雜傳類、文廷式《補晉書藝文志》卷三史部雜傳類、秦榮光《補晉書藝文志》卷二史部傳記類、吳士鑑《補晉書藝文志》卷二史録雜傳類補録。

傅宣，傅咸從父弟傅祇長子，尚弘農公主。《晉書》卷四七《傅玄傳》附其傳，其云："宣字世弘。年六歲喪繼母，哭泣如成人，中表異之。及長，好學，趙王倫以爲相國掾、尚書郎、太子中舍人，遷司徒西曹掾。去職，累遷爲祕書丞、驃騎從事中郎。惠帝至自長安，以宣爲左丞，不就，遷黃門郎。懷帝即位，轉吏部郎，又爲御史中丞。卒年四十九。"

《傅宣別傳》久佚，今存佚文二節，見於《北堂書鈔》、《太平御覽》稱引，《漢魏六朝雜傳集》即據以輯得其文。《太平御覽》卷三八五《人事部二十六·幼智下》引一節，叙傅宣姓字及年十三而著《河橋賦》，有文義，爲它書所不引。《太平御覽經史圖書綱目》録《傅宣別傳》，則李昉等修《太平御覽》時或嘗見其書，其或佚于此後。另一節見於《北堂書鈔》卷六二《設官部十四·御史中丞八十五》"明法執繩內外震肅"、《初學記》卷一二《職官部下·御史中丞第七》"肅內外分黑白"引，叙宣爲御史中丞明法執繩而內外震肅。

北地泥陽傅氏自傅玄至傅咸、傅祗，皆以立朝嚴峻著稱，傅宣亦然，可見傅氏家風。

盧諶別傳

輯存。佚名撰。

《盧諶別傳》，《隋書・經籍志》等史志書目無著録，撰人不詳。丁國鈞《補晉書藝文志》卷二史録雜傳類、文廷式《補晉書藝文志》卷三史部雜傳類、秦榮光《補晉書藝文志》卷二史部傳記類、吳士鑑《補晉書藝文志》卷二史録雜傳類補録。

盧諶，盧毓曾孫。《三國志》卷二二《魏書・盧毓傳》“毓子欽珽咸熙中欽爲尚書珽泰山太守”裴注引《晉諸公贊》云：“珽及子皓、志，並至尚書。志子諶，字子諒。温嶠表稱：‘諶清出有文思。’”《晉書》卷六二《劉琨傳》附《劉群傳》載温嶠前後表稱：“姨弟劉群，内弟崔悦、盧諶等，皆在末波中，翹首南望。愚謂此等並有文思，於人之中少可愍惜。如蒙録召，繼絶興亡，則陛下更生之恩，望古無二。”

《盧諶別傳》佚失殆盡，今存佚文一節，見於《三國志》卷二二《魏書・盧毓傳》“毓子欽珽咸熙中欽爲尚書珽泰山太守”裴注引，略叙盧諶生平，並及於其曾孫盧循，則其傳當作於盧循事後。《晉書》卷一〇《安帝紀》云：“（義熙）七年春二月壬午，右將軍劉藩斬徐道覆于始興，傳首京師。夏四月，盧循走交州，刺史杜慧度斬之。”則此傳當作於義熙七年（411）後。

虞光禄傳

輯存。佚名撰。

《虞光禄傳》，《隋書・經籍志》等史志書目無著録，撰人不詳。丁國鈞《補晉書藝文志》卷二史錄雜傳類、文廷式《補晉書藝文志》卷三史部雜傳類、秦榮光《補晉書藝文志》卷二史部傳記類、吳士鑑《補晉書藝文志》卷二史錄雜傳類補錄。

　　虞騑,《晉書》卷七六《虞潭傳》附其傳,其云:"騑,字思行,潭之兄子也。雖機幹不及於潭,然而素行過之。與譙國桓彝俱爲吏部郎,情好甚篤。彝遣溫拜騑,騑使子谷拜彝。歷吳興太守、金紫光禄大夫。王導嘗謂騑曰:'孔愉有公才而無公望,丁潭有公望而無公才,兼之者,其在卿乎!'官未達而喪,時人惜之。"

　　《虞光禄傳》佚失殆盡,今存佚文二節,皆見於《世説新語·品藻》第一三條劉注引。《漢魏六朝雜傳集》據以輯得其文。二節文字皆簡略,其一叙虞騑生平事略,當是節略。其二叙騑未登台鼎,時論稱屈。

祖逖別傳

　　輯存。佚名撰。

　　《祖逖別傳》,《隋書·經籍志》等史志書目無著録,撰人不詳。《太平御覽經史圖書綱目》録《祖逖別傳》,丁國鈞《補晉書藝文志》卷二史錄雜傳類、文廷式《補晉書藝文志》卷三史部雜傳類、秦榮光《補晉書藝文志》卷二史部傳記類、吳士鑑《補晉書藝文志》卷二史錄雜傳類補錄。

　　祖逖,《晉書》卷六二有傳,其云:"祖逖字士稚,范陽遒人也。世吏二千石,爲北州舊姓。父武,晉王掾、上谷太守。"年二十四,陽平辟察孝廉,司隸再辟舉秀才,皆不行。與司空劉琨俱爲司州主簿,辟齊王冏大司馬掾、長沙王乂驃騎祭酒,轉主簿,累遷太子中舍人、豫章王從事中郎。及京師大亂,逖率親黨數百家避地淮泗,以所乘車馬載同行老疾,躬自徒步,藥物衣糧與衆共之,又多權略,是以少長咸宗之,推逖爲行主。達泗口,元帝逆用爲徐州刺史，尋徵軍諮祭酒，居丹徒之京口。治兵北伐，恩威並施，黄河以南盡爲晉土，詔爲鎮西將軍。太興四年（321）九月壬寅，卒於雍丘，時年五十六。

《祖逖别傳》久佚，今存佚文一節，此節文字見於多處徵引，《北堂書鈔》卷三八《政術部一二·廉潔三十二》“子弟耕而後食”、《太平御覽》卷二五八《職官部五十六·良刺史下》、《職官分紀》卷四〇《刺史》“百姓感化復覩太平”皆引，叙祖逖爲豫州刺史，克己矜施，百姓感化，耆老感歎，童謠傳頌。此事《晉書·祖逖傳》亦載，當據《祖逖别傳》。

祖約別傳

輯存。佚名撰。

《祖約別傳》，《隋書·經籍志》等史志書目無著録，撰人不詳。丁國鈞《補晉書藝文志》卷二史録雜傳類、文廷式《補晉書藝文志》卷三史部雜傳類、秦榮光《補晉書藝文志》卷二史部傳記類、吳士鑑《補晉書藝文志》卷二史録雜傳類補録。

祖約，《晉書》卷一〇〇有傳，其云：“祖約，字士少，豫州刺史逖之弟也。初以孝廉爲成皋令，與逖甚相友愛。永嘉末，隨逖過江。”元帝稱制，引爲掾屬，與陳留阮孚齊名。後轉從事中郎，典選舉。及逖有功於譙沛，約漸見任遇。逖卒，自侍中代逖爲平西將軍、豫州刺史，領逖之衆。及王敦舉兵，約歸衛京都，率衆次壽陽，逐敦所署淮南太守任台，以功封五等侯，進號鎮西將軍。蘇峻興兵，推崇約而罪執政，及峻克京都，矯詔以約爲侍中、太尉、尚書令。潁川人陳光率其屬攻之，約敗，奔石勒。咸和五年（330年），爲石勒所殺。

《祖約別傳》佚失殆盡，今存佚文一節，見於《世説新語·雅量》第一五條劉注引，略叙祖約生平，當是節略而成。《漢魏六朝雜傳集》據以輯得其文。

謝鯤別傳

輯存。佚名撰。

《謝鯤別傳》,《隋書・經籍志》等史志書目無著録,撰人不詳。丁國鈞《補晉書藝文志》卷二史録雜傳類、文廷式《補晉書藝文志》卷三史部雜傳類、秦榮光《補晉書藝文志》卷二史部傳記類、吳士鑑《補晉書藝文志》卷二史録雜傳類補録。

謝鯤,《晉書》卷四九有傳,其云:"謝鯤,字幼輿,陳國陽夏人也。祖纘,典農中郎將。父衡,以儒素顯,仕至國子祭酒。鯤少知名,通簡有高識,不修威儀。好《老》、《易》。能歌,善鼓琴,王衍、嵇紹並奇之。"太傅東海王越聞其名,辟爲掾,任達不拘,尋坐家僮取官稿除名。越尋更辟之,轉參軍事。鯤以時方多故,乃謝病去職,避地于豫章。王敦引爲長史,以討杜弢功封咸亭侯。母憂去職,服闋,遷敦大將軍長史。敦將爲逆,出鯤爲豫章太守,又留不遣,藉其才望,逼與俱下石頭。及至都,時進正言。軍還,使之郡,蒞政清肅,百姓愛之。尋卒官,時年四十三。

《謝鯤別傳》久佚,其佚文二節,皆見於《世説新語》劉注引,《漢魏六朝雜傳集》據以輯得其文。二節文字,其一見於《世説新語・規箴》第一二條劉注引,云鯤之諷切雅正。其二見於《世説新語・文學》第二〇條劉注引,言鯤四十三卒,贈太常。

《晉書・謝鯤傳》云謝鯤"通簡有高識,不修威儀,好《老》、《易》,能歌善鼓琴","居身於可否之間,雖自處若穢,而動不累高",任達不拘,恬於榮辱。劉義慶《江左名士傳》列謝鯤,爲時人所慕如此,其事當頗傳揚,《謝鯤別傳》當多載之,惜其散佚殆盡。觀《晉書・謝鯤傳》,當多採《謝鯤別傳》所載。

謝安别傳

輯存。佚名撰。

《謝安别傳》,《隋書・經籍志》等史志書目無著録,撰人不詳。《太平御覽經史圖書綱目》録《謝安别傳》,丁國鈞《補晉書藝文志》卷二史録雜傳類、文廷式《補晉書藝文志》卷三史部雜傳類、秦榮光《補晉書藝文志》卷二史部傳記類、吴士鑑《補晉書藝文志》卷二史録雜傳類補録。

謝安,《晉書》卷七九有傳,其云:"謝安,字安石,尚從弟也。父裒,太常卿。安年四歲時,譙郡桓彝見而歎曰:'此兒風神秀徹,後當不減王東海。'"初辟司徒府,除佐著作郎,並以疾辭。寓居會稽,揚州刺史庾冰辟,不得已赴召,月餘告歸。復除尚書郎、琅邪王友,並不起。吏部尚書范汪舉安爲吏部郎,安以書距絶之。征西大將軍桓温請爲司馬,尋除吴興太守,徵拜侍中,遷吏部尚書、中護軍。爲尚書僕射,領吏部,加後將軍,領揚州刺史,進中書監,驃騎將軍、録尚書事,加司徒,復加侍中、都督揚豫徐兖青五州幽州之燕國諸軍事、假節。淝水之戰後,以總統功,進拜太保。會稽王道子專權,謝安出鎮廣陵之步丘。太元十年(385年)薨,時年六十六。

《謝安别傳》散佚殆盡,今存佚文一節,見於《太平御覽》卷三八〇《人事部二十一・美丈夫下》引,作晉《謝安别傳》,言王珣卒,桓玄與會稽王司馬道子書歎悼事。謝安少有重名,扶持晉室,爲當時重臣,令聞令望俱隆,《南齊書・王儉傳》載儉常謂人曰:"江左風流宰相,唯有謝安。"生前身後逸聞軼事當流傳甚夥,《謝安别傳》當多載之,且當多牽連當時人。今存一節佚文可見一斑。惜其散佚。

謝車騎傳

輯存。佚名撰。

《謝車騎傳》,《隋書‧經籍志》等史志書目無著録,撰人不詳。丁國鈞《補晉書藝文志》卷二史録雜傳類、文廷式《補晉書藝文志》卷三史部雜傳類、秦榮光《補晉書藝文志》卷二史部傳記類、吳士鑑《補晉書藝文志》卷二史録雜傳類補録。

謝車騎即謝玄,父謝奕。《晉書》卷七九《謝安傳》附其傳,其云:“玄,字幼度。少穎悟,與從兄朗俱爲叔父安所器重。”有經國才略,桓温辟爲掾,轉征西將軍桓豁司馬、領南郡相、監北征諸軍事。于時苻堅强盛,邊境數被侵寇,徵還,拜建武將軍、兗州刺史、領廣陵相、監江北諸軍事。解襄陽之圍,進號冠軍,加領徐州刺史,還于廣陵,以功封東興縣侯。淝水之戰後,進號前將軍、假節。因疾,轉授散騎常侍、左將軍、會稽内史。太元十三年(388年),卒于官,時年四十六。

《謝車騎傳》佚失殆盡,今存佚文一節,見於《世説新語‧雅量》第三五條劉注引,叙淝水之戰敗苻堅事。事簡,當是節略。謝玄以將才稱,淝水之戰乃其主要功業,《謝車騎傳》或當詳叙其事。

附:謝車騎家傳

輯存。佚名撰。

《謝車騎家傳》,《隋書‧經籍志》等史志書目無著録,撰人不詳。丁國鈞《補晉書藝文志》卷二史録雜傳類、文廷式《補晉書藝文志》卷三史部雜傳類、秦榮光《補晉書藝文志》卷二史部傳記類、吳士鑑《補晉書藝文志》卷二史録雜傳類補録。

《謝車騎家傳》當出謝玄後人。《謝車騎家傳》佚失殆盡,今存佚文一節,《世説新語·言語》第七八條劉注引,叙謝安與子姪燕集,問武帝任山濤三事,而玄答有辭致。謝玄答辭,《世説新語·言語》第七八條載,其云:"晉武帝每餉山濤恒少。謝太傅以問子弟,車騎答曰:'當由欲者不多,而使與者忘少。'"①由此可知,《謝車騎家傳》或多載謝玄家族中行事言議,以彰其智識風範。

殷浩別傳

輯存。佚名撰。

《殷浩別傳》,《隋書·經籍志》等史志書目無著録,撰人不詳。丁國鈞《補晉書藝文志》卷二史録雜傳類、文廷式《補晉書藝文志》卷三史部雜傳類、秦榮光《補晉書藝文志》卷二史部傳記類、吳士鑑《補晉書藝文志》卷二史録雜傳類補録。

殷浩,《晉書》卷七七有傳,其云:"殷浩,字深源,陳郡長平人也。父羨,字洪喬,爲豫章太守。"建元初,庾冰兄弟及何充等相繼卒。簡文帝時在藩,始綜萬幾,衛將軍褚裒薦浩,徵爲建武將軍、揚州刺史。遭父憂,去職,服闋,徵爲尚書僕射,不拜。復爲建武將軍、揚州刺史。石季龍死,胡中大亂,朝廷欲遂蕩平關河,於是以浩爲中軍將軍、假節、都督揚豫徐兗青五州軍事。敗,爲桓溫所劾,坐廢爲庶人,永和十二年(356)卒。

《殷浩別傳》久佚,《漢魏六朝雜傳集》搜得其佚文三節。今檢其三節佚文,其一見於《世説新語·政事》第二二條劉注引,略叙殷浩姓字歷官。其二見於《世説新語·文學》第二七條劉注引,云殷浩善《老》、《易》,能清言。其三見於《太平御覽》卷二四

①劉義慶撰,劉孝標注,余嘉錫箋疏,周祖謨等整理:《世説新語箋疏》上卷上《言語》第 78 條,上海古籍出版社 1996 年,第 137 頁。

八《職官部四十六·王友》等引,敍會稽王以浩爲友。

《晉書·殷浩傳》云“浩識度清遠,弱冠有美名,尤善玄言”,爲風流談論者所宗。然如桓温謂郗超所言:“浩有德有言,向使作令僕,足以儀刑百揆,朝廷用違其才耳。”終至廢黜。殷浩爲當時名士,事功非其所長,然玄言風流,當時所宗,故事當多得傳揚,《殷浩别傳》或載之,惜《殷浩别傳》所存三節文字皆簡略。

司馬晞傳

輯存。佚名撰。

《司馬晞傳》,《隋書·經籍志》等史志書目無著録,撰人不詳。丁國鈞《補晉書藝文志》卷二史録雜傳類、文廷式《補晉書藝文志》卷三史部雜傳類、秦榮光《補晉書藝文志》卷二史部傳記類、吳士鑑《補晉書藝文志》卷二史録雜傳類補録。

司馬晞,元帝第四子。《晉書》卷六四有傳。其云:“武陵威王晞字道叔,出繼武陵王喆後,太興元年受封。”咸和初,拜散騎常侍。後以湘東增武陵國,除左將軍,遷鎮軍將軍,加散騎常侍。康帝即位,加侍中、特進。建元初,領祕書監。穆帝即位,轉鎮軍大將軍,遷太宰。晞無學術而有武幹,爲桓温所忌。及簡文帝即位,桓温逼新蔡王晃使自誣與晞等謀反,徙新安郡。太元六年(381),卒于新安,時年六十六。

《司馬晞傳》佚失殆盡,今存佚文一節,見於《世説新語·黜免》第七條劉注引,《漢魏六朝雜傳集》據以輯得其文。此節文字敍司馬晞封武陵王,拜太宰,以宗長不得執權,常懷憤慨,新蔡王晃引與晞及子綜謀逆,徙新安。又追述其未敗時喜爲挽歌,使人作新安人歌舞離别之辭,以應其被徙之事。

《司馬晞傳》不言爲桓温所誣,與《世説新語·黜免》及《晉書·司馬晞傳》所述略異。又,《司馬晞傳》云“晞字道升”,《晉書・司馬晞傳》則云“武陵威王晞字道叔”，亦小異。唐許嵩《建康實録》卷八“太宗簡文皇帝”亦云“晞字道升”：“辛亥，温使弟秘誣逼新蔡王晃與武陵王晞謀反。晞字道升，元帝中子，出繼武陵王哲之後。太興元年嗣封武陵王，穆帝初遷太宰。”

孔愉別傳

輯存。佚名撰。

《孔愉別傳》，《隋書・經籍志》等史志書目無著録，撰人不詳。丁國鈞《補晉書藝文志》卷二史録雜傳類、文廷式《補晉書藝文志》卷三史部雜傳類、秦榮光《補晉書藝文志》卷二史部傳記類、吴士鑑《補晉書藝文志》卷二史録雜傳類補録。

孔愉，《晉書》卷七八有傳，其云：“孔愉，字敬康，會稽山陰人也。其先世居梁國，曾祖潛，太子少傅，漢末避地會稽，因家焉。祖竺，吴豫章太守。父恬，湘東太守。從兄侃，大司農。俱有名江左。”孔愉與同郡張茂字偉康、丁潭字世康齊名，時人號曰“會稽三康”。永嘉中，元帝始以安東將軍鎮揚土，命愉爲參軍。邦族尋求，莫知所在。建興初，始出應召，爲丞相掾，仍除駙馬都尉、參丞相軍事，時年已五十矣。以討華軼功，封餘不亭侯。元帝爲晉王，使長兼中書郎。出爲司徒左長史，累遷吴興太守。沈充反，愉棄官還京師，拜御史中丞，遷侍中、太常。蘇峻亂平，遷尚書右僕射，領東海王師。尋遷左僕射、尚書僕射，轉護軍將軍，加散騎常侍。復徙領軍將軍，加金紫光禄大夫，領國子祭酒。頃之，出爲鎮軍將軍、會稽内史，加散騎常侍。咸康八年（342），年七十五卒。

《孔愉別傳》散佚殆盡，今存佚文二節，其一見於《世説新語・方正》第三八條劉注引，叙孔愉姓字、歷官及封餘不亭侯，鑄印而龜左顧事。《晉書・孔愉傳》亦載此事，當取自《孔愉別傳》。

其二見於《世說新語·棲逸》第七條劉注引,云永嘉大亂,愉入臨海山中,不求聞達,中宗命爲參軍。《世說新語·方正》第三八條劉注引亦言及此,僅云"初辟中宗參軍",則《世說新語·方正》第三八條劉注引當有節略删改。

賈充別傳

輯存。佚名撰。

《賈充別傳》,《隋書·經籍志》等史志書目無著録,撰人不詳。丁國鈞《補晉書藝文志》卷二史録雜傳類、文廷式《補晉書藝文志》卷三史部雜傳類、秦榮光《補晉書藝文志》卷二史部傳記類、吳士鑑《補晉書藝文志》卷二史録雜傳類補録。

賈充,《晉書》卷四〇有傳。其云:"賈充字公閭,平陽襄陵人也。父逵,魏豫州刺史、陽里亭侯。逵晚始生充,言後當有充閭之慶,故以爲名字焉。"襲父爵爲侯。拜尚書郎,典定科令,兼度支考課。辯章節度,事皆施用。累遷黃門侍郎、汲郡典農中郎將。參大將軍軍事。司馬昭以爲大將軍司馬,轉右長史。從平諸葛誕,進爵宣陽鄉侯,遷廷尉,轉中護軍。魏常道鄉公即位,進封安陽鄉侯,加散騎常侍。鍾會謀反於蜀,帝假充節,以本官都督關中、隴右諸軍事。晉受禪,充以建明大命,轉車騎將軍、散騎常侍、尚書僕射,更封魯郡公。代裴秀爲尚書令,常侍、車騎將軍如故,尋改常侍爲侍中。遷司空,侍中、尚書令、領兵如故。轉太尉、行太子太保、録尚書事。太康三年(282)四月薨,時年六十六。

《賈充別傳》久佚,今存佚文二節,其一見於《世說新語·惑溺》第三條劉注引,敘賈充姓字父諱。其二見於《世說新語·賢媛》第一三條劉注引,言賈充前妻李氏有淑性令才。二節文字皆簡略。

　　賈充爲晉室元勳,有刀筆才,然充無公方之操,不能正身率下,專以詔媚取容。又賈充婦廣城君郭槐性妒忌,前妻李氏爲李豐女,淑美有才行。郭、李又多故事。《賈充别傳》當多載此類事。《晉書·賈充傳》補叙甚多,或據《賈充别傳》。

附:賈氏譜

　　輯存。佚名撰。

　　《世説新語·賢媛》第一三條劉注又有引《賈氏譜》者,云郭氏名玉璜,即廣宜君,賈充婦郭氏。《賈氏譜》今唯見此節文字。古之某氏譜録,多爲其氏族後人有心者或受其庇蔭恩惠者爲之,《賈氏譜》之撰,或亦當如此。

江惇傳

　　輯存。佚名撰。

　　《江惇傳》,《隋書·經籍志》等史志書目無著録,撰人不詳。丁國鈞《補晉書藝文志》卷二史録雜傳類、文廷式《補晉書藝文志》卷三史部雜傳類、秦榮光《補晉書藝文志》卷二史部傳記類、吳士鑑《補晉書藝文志》卷二史録雜傳類補録。

　　江惇,陳留圉人,江統次子。《晉書》卷五六《江統傳》附其傳,其云:“惇字思悛,孝友淳粹,高節邁俗。性好學,儒玄並綜。”江惇每以爲君子立行,應依禮而動,雖隱顯殊途,未有不傍禮教者也。若乃放達不羈,以肆縱爲貴者,非但動違禮法,亦道之所棄也。乃著《通道崇檢論》,世咸稱之。蘇峻之亂,避地東陽山,太尉郗鑒檄爲兗州治中,又辟太尉掾;康帝爲司徒,亦辟焉;征西將軍庾亮請爲儒林參軍;徵拜博士、著作郎,皆不就。邑里宗其道,有事必諮而後行。東陽太守阮裕、長山令王濛,皆一時名士,並與惇游處,深相欽重。養志二十餘年,永和九年(353)卒,時年四十九,友朋相與刊石立頌,以表德美云。《世說新語·賞譽》第九四條劉注引徐廣《晉紀》云:"江惇,字思悛,陳留人,僕射彪弟也。性篤學,手不釋書,博覽墳典,儒道兼綜。徵聘無所就。年四十九而卒。"《經典釋文》卷一《序録·注解傳述人》"爲詩音者九人鄭玄徐邈蔡氏孔氏阮侃王肅江惇干寶李軌"注云:"江惇,字思俊,河内人。東晉徵士。""俊"、"悛"當形近而訛。作"河内人"亦誤。

《江惇傳》佚失殆盡,今存佚文一節,見於《世說新語·政事》第二一條劉注引,叙山遐爲東陽,風政嚴苛,惇隱東陽,以仁恕懷物,遐感其德,爲微損威猛。

潘岳别傳

輯存。佚名撰。

《潘岳别傳》,《隋書·經籍志》等史志書目無著録,撰人不詳。丁國鈞《補晉書藝文志》卷二史録雜傳類、文廷式《補晉書藝文志》卷三史部雜傳類、秦榮光《補晉書藝文志》卷二史部傳記類、吳士鑑《補晉書藝文志》卷二史録雜傳類補録。

潘岳,《晉書》卷五五有傳,其云:"潘岳,字安仁,滎陽中牟人也。祖瑾,安平太守。父芘,琅邪内史。岳少以才穎見稱,鄉邑號爲奇童,謂終、賈之儔也。"早辟司空太尉府,舉秀才。岳才名冠世,爲衆所疾,遂栖遲十年。出爲河陽令,轉懷令,調補尚書度支郎,遷廷尉評,以公事免。楊駿輔政,高選吏佐,引岳爲太傅主簿。駿誅,除名。未幾,選爲長安令,徵補博士,未召,以母疾輒去官免。尋爲著作郎,轉散騎侍郎,遷給事黄門侍郎。永康元年(300年),爲孫秀所誣,夷三族。

《潘岳别傳》久佚,今存佚文二節。其一見於《世說新語·容止》第七條劉注引,言岳姿容甚美,風儀閑暢。其二見於《三國志》卷二一《魏書·衞覬傳》"建安末尚書右丞河南潘勖"裴注引，略叙潘岳生平，並云尼、岳文翰，並見重於世。《漢魏六朝雜傳集》據以輯得其文。

《潘岳別傳》云"岳美姿容，夙以才穎發名"，《世説新語·容止》第七條云："潘岳妙有姿容，好神情。少時挾彈出洛陽道，婦人遇者，莫不連手共縈之。"《晉書·潘岳傳》亦載，當是據《潘岳別傳》及《世説新語》而成。潘岳少年即才名冠世，然"爲衆所疾，遂栖遲十年"，鬱鬱不得志。而岳"性輕躁，趨世利"，爲賈謐友，終致殺身滅族。魏晉重形貌文采，而其又因被誣而身死，亦爲世人所惜。《潘岳別傳》當多載其相關事。惜其散佚。

潘尼別傳

輯存。佚名撰。

《潘尼別傳》，《隋書·經籍志》等史志書目無著錄，撰人不詳。丁國鈞《補晉書藝文志》卷二史錄雜傳類、文廷式《補晉書藝文志》卷三史部雜傳類、秦榮光《補晉書藝文志》卷二史部傳記類、吳士鑑《補晉書藝文志》卷二史錄雜傳類補錄。

潘尼，《晉書》卷五五《潘岳傳》附其傳，其云："尼，字正叔。祖勖，漢東海相。父滿，平原内史。並以學行稱。尼少有清才，與岳俱以文章見知。性静退不競，唯以勤學著述爲事。"初應州辟，後以父老，辭位致養。太康中，舉秀才，爲太常博士。歷高陸令、淮南王允鎮東參軍。元康初，拜太子舍人，出爲宛令，入補尚書郎，俄轉著作郎。及趙王倫篡位，孫秀專政，尼遂疾篤，取假拜掃墳墓。聞齊王同起義，乃赴許昌。同引爲參軍，與謀時務，兼管書記。事平，封安昌公。歷黃門侍郎、散騎常侍、侍中、祕書監。永興末，爲中書令。永嘉中，遷太常卿。洛陽將没，攜家屬東出成皋，欲還鄉里。道遇賊，不得前，病卒於塢壁，年六十餘。

《潘尼別傳》久佚，今存佚文一節，見於《三國志》卷二一《魏書·衛覬傳》"建安末尚書右丞河南潘勗"裴注引，略叙潘尼生平歷官，言及尼嘗贈陸機詩與機答之文。《晉書·潘尼傳》云潘尼與其叔岳"俱以文章見知，性静退不競，唯以勤學著述爲事"。與潘岳之奔競頗不同，以《潘尼別傳》所存之文觀之，其或當多載此類事。

范宣別傳

輯存。佚名撰。

《范宣別傳》，《隋書·經籍志》等史志書目無著録，撰人不詳。丁國鈞《補晉書藝文志》卷二史録雜傳類、文廷式《補晉書藝文志》卷三史部雜傳類、秦榮光《補晉書藝文志》卷二史部傳記類、吳士鑑《補晉書藝文志》卷二史録雜傳類補録。

范宣，《晉書》卷九一《儒林傳》有傳，其云："范宣，字宣子，陳留人也。年十歲，能誦《詩》、《書》。嘗以刀傷手，捧手改容，人問痛邪，答曰：'不足爲痛，但受全之體而致毁傷，不可處耳。'家人以其年幼而異焉。"范宣少尚隱遁，加以好學，手不釋卷，以夜繼日，遂博綜衆書，尤善三禮。宣雖閑居屢空，常以講誦爲業，譙國戴逵等皆聞風宗仰，自遠而至，諷誦之聲，有若齊魯。太元中，順陽范甯爲豫章太守，甯亦儒博通綜，在郡立鄉校，教授恒數百人。由是江州人士並好經學，化二范之風也。年五十四卒。

《范宣別傳》佚失殆盡，今存佚文一節，見於《世說新語·德行》第三八條劉注引，叙范宣姓字、幼慧及不仕而卒。略見其生平，當是節略之文。又，《范宣別傳》云宣"字子宣"，《晉書·范宣傳》則云"字宣子"，未詳孰是。

范汪別傳

輯存。佚名撰。

《范汪別傳》,《隋書·經籍志》等史志書目無著録,撰人不詳。丁國鈞《補晉書藝文志》卷二史録雜傳類、文廷式《補晉書藝文志》卷三史部雜傳類、秦榮光《補晉書藝文志》卷二史部傳記類、吳士鑑《補晉書藝文志》卷二史録雜傳類補録。

范汪,《晉書》卷七五有傳,其云:“范汪,字玄平。雍州刺史晷之孫也。父稚,蚤卒。汪少孤貧,六歲過江,依外家新野庾氏。荆州刺史王澄見而奇之,曰:‘興范族者,必是子也。’”蘇峻之亂,爲庾亮、温嶠所召,始解褐,參護軍事。賊平,賜爵都鄉侯。復爲庾亮平西參軍,從討郭默,進爵亭侯。辟司空郗鑒掾,除宛陵令。復參亮征西軍事,轉州別駕。汪爲亮佐吏十有餘年,甚相欽待。轉鷹揚將軍、安遠護軍、武陵内史,徵拜中書侍郎。尋而驃騎將軍何充輔政,請爲長史。桓温代翼爲荆州,復以汪爲安西長史,蜀平,進爵武興縣侯。還京,求爲東陽太守,在郡大興學校,甚有惠政。頃之,召入,頻遷中領軍、本州大中正。時簡文帝作相,甚相親昵,除都督徐兖青冀四州揚州之晉陵諸軍事、安北將軍、徐兖二州刺史、假節。既而桓温北伐,令汪率文武出梁國,以失期,免爲庶人。年六十五,卒於家。

《范汪別傳》佚失殆盡,今存佚文一節,見於《世説新語·排調》第三四條劉注引,略叙范汪姓字、祖諱及歷官。言范汪“潁陽”人,又言“左將軍略之孫”,《晉書·范晷傳》云:“范晷字彦長,南陽順陽人也”,“潁陽”作“順陽”,“略”作“晷”。晉時有順陽,無潁陽,《范汪別傳》當誤。“略”、“晷”當因形近而訛,作“晷”爲是,亦《范汪別傳》誤。又,《世説新語·言語》第九七條“范甯作豫章”下劉注引《中興書》曰:“甯字武子,慎陽縣人。博學通覽,累

遷中書郎、豫章太守。"①范甯即范汪子,言其"慎陽縣人",此又
不同。

范汪博學多通,善談名理,以忤桓溫而免爲庶人,後實訪桓
溫而慮名節致損,又言非本意,殊失溫望,而終不再爲桓溫所用。
《范汪別傳》或多載其事,《世説新語》劉注所引當是節略。

孝文王傳

輯存。佚名撰。

《孝文王傳》,《隋書‧經籍志》等史志書目無著録,撰人不
詳。丁國鈞《補晉書藝文志》卷二史録雜傳類、文廷式《補晉書藝
文志》卷三史部雜傳類、秦榮光《補晉書藝文志》卷二史部傳記
類、吳士鑑《補晉書藝文志》卷二史録雜傳類補録。其中秦榮光
《補晉書藝文志》卷二史部傳記類補録,題《會稽孝文王傳》。

孝文王即司馬道子,《晉書》卷六四有傳,其云:"會稽文孝王
道子,字道子,出後琅邪孝王,少以清澹爲謝安所稱。"年十歲,封
琅邪王。太元初,拜散騎常侍、中軍將軍,進驃騎將軍。及謝安
薨,輔政。于時孝武帝不親萬機,但與道子酣歌爲務,姆姆尼僧,
尤爲親暱,並竊弄其權。凡所幸接,皆出自小豎。郡守長吏,多
爲道子所樹立,勢傾天下,由是朝野奔湊,朋黨競扇,友愛道盡。
桓玄反,元興元年(402)十二月庚申,詔徙安成郡,使御史杜竹林
防衛,竟承玄旨酖殺之,時年三十九。

《孝文王傳》佚失殆盡,今存佚文一節,見於《世説新語‧言
語》第九八條劉注引,叙司馬道子姓字、歷官及爲桓玄所害事。
甚簡,當是節略。

---

① 劉義慶撰,劉孝標注,余嘉錫箋疏,周祖謨等整理:《世説新語箋疏》上卷
上《言語》第 97 條,上海古籍出版社 1996 年,第 149 頁。

鍾雅別傳

輯存。佚名撰。

《鍾雅別傳》，《隋書·經籍志》等史志書目無著録，撰人不詳。丁國鈞《補晉書藝文志》卷二史録雜傳類、文廷式《補晉書藝文志》卷三史部雜傳類、秦榮光《補晉書藝文志》卷二史部傳記類、吳士鑑《補晉書藝文志》卷二史録雜傳類補録。

鍾雅，《晉書》卷七〇有傳，其云："鍾雅，字彦胄，潁川長社人也。父晷，公府掾，早終。雅少孤，好學有才志。舉四行，除汝陽令，入爲佐著作郎。"母憂去官，服闋復職。東海王越請爲參軍，遷尚書郎。避亂東渡，元帝以爲丞相記室參軍，遷臨淮内史、振威將軍。頃之，徵拜散騎侍郎，轉尚書右丞、北軍中候。大將軍王敦請爲從事中郎，補宣城内史。錢鳳作逆，加廣武將軍，鳳平，徵拜尚書左丞。明帝崩，遷御史中丞。北中郎將劉遐部曲作亂，以雅監征討軍事、假節。事平，拜驍騎將軍。蘇峻之難，詔雅爲前鋒監軍、假節，拜侍中。尋王師敗績，雅與劉超並侍衛天子。及峻逼遷車駕幸石頭，雅、超流涕步從。《晉書》卷七《成帝紀》："（咸和）四年春正月，帝在石頭，賊將匡術以苑城歸順，百官赴焉。侍中鍾雅、右衛將軍劉超謀奉帝出，爲賊所害。"即咸和四年（329），爲蘇峻所殺。

《鍾雅別傳》散佚殆盡，今存佚文二節，其一見於《世説新語·政事》第一一條劉注引，叙鍾雅姓字、世系及歷官所至，當是節略之文。其二見於《世説新語·政事》第一一條劉注引，叙蘇峻之亂，鍾雅侍帝，被害於石頭。《漢魏六朝雜傳集》據以輯得其文。

劉尹別傳

輯存。佚名撰。

《劉尹別傳》,《隋書·經籍志》等史志書目無著録,撰人不詳。丁國鈞《補晉書藝文志》卷二史録雜傳類、文廷式《補晉書藝文志》卷三史部雜傳類、秦榮光《補晉書藝文志》卷二史部傳記類、吳士鑑《補晉書藝文志》卷二史録雜傳類補録。

劉尹,即劉惔,曾爲丹陽尹,故稱。《晉書》卷七五有傳,其云:"劉惔,字真長,沛國相人也。祖宏,字終嘏,光禄勳。宏兄粹,字純嘏,侍中。宏弟潢,字沖嘏,吏部尚書。並有名中朝,時人語曰:'洛中雅雅有三嘏。'父耽,晉陵太守,亦知名。惔少清遠有標奇。"尚明帝女廬陵公主,累遷丹楊尹。年三十六,卒官。

《劉尹別傳》久佚,今存佚文三節,皆見於《世説新語》劉注引。其一見於《世説新語·德行》第三五條劉注,叙劉惔姓字、世系、歷官及爲政務鎮静信誠,當是節略之文。其二見於《世説新語·賞譽》第八八條劉注,叙劉惔既有令望,又聯姻帝室、居達官,然性不偶俗,心淡榮利。其三見於《世説新語·品藻》第四八條劉注,叙惔有儁才,其談詠虛勝,理會所歸,與王濛略同。《漢魏六朝雜傳集》據以輯得其文。

劉惔性簡貴,雅善言理,尤好《老》、《莊》,任自然趣。爲當時名士,士庶咸重之,其逸聞軼事《世説新語》多載之,故《劉惔別傳》亦當多載劉惔名士言行,惜此傳散佚。

陳逵別傳

輯存。佚名撰。

《陳逵別傳》,《隋書·經籍志》等史志書目無著録,撰人不詳。丁國鈞《補晉書藝文志》卷二史録雜傳類、文廷式《補晉書藝文志》卷三史部雜傳類、秦榮光《補晉書藝文志》卷二史部傳記類、吳士鑑《補晉書藝文志》卷二史録雜傳類補録。

陳逵，《三國志》卷二二《魏書·陳泰傳》"以泰著勳前朝改封溫爲慎子"裴注案引《陳氏譜》言及其祖父世系，其云："群之後，名位遂微，諶孫佐，官至青州刺史。佐弟坦，廷尉。佐子準，太尉，封廣陵郡公。準弟戴、徵及從弟堪，並至大位。準孫逵，字林道，有譽江左，爲西中郎將，追贈衛將軍。"《陳逵别傳》云"祖淮"，與《陳氏譜》異。《晉書》卷四《惠帝紀》言及永康元年（300），封"光禄大夫陳準爲太尉録尚書事"，卷八九《嵇紹傳》言及"太尉廣陵公陳準薨"。與《陳氏譜》所記相合，當作"準"爲是。

《晉書》卷八《穆帝紀》云永和五年（349）"八月，褚裒退屯廣陵，西中郎將陳逵焚壽春而遁"。《晉書》卷一〇七《載記·石季龍下》亦言及此事："晉西中郎將陳逵進據壽春……陳逵聞之，懼，遂焚壽春積聚，毁城而還。"《晉書》卷二〇《志第十·禮中》："（泰始十年）博士陳逵議以爲今制所依"云云。《晉書》卷二三《志第十三·樂下》"（咸康）八年正會儀注，惟作鼓吹鐘鼓，其餘伎樂盡不作，侍中張澄、給事黄門侍郎陳逵駁以爲"云云，《晉書》卷七七《殷浩傳》有"既而以淮南太守陳逵、兗州刺史蔡裔爲前鋒"云云，其仕履大致與《陳逵别傳》略同。

《陳逵别傳》佚失殆盡，今存佚文一節，見於《世説新語·品藻》第五九條劉注引，叙及陳逵姓字父祖、歷官所至，當是節略之文。

周顗别傳

輯存。佚名。

《周顗别傳》，《隋書·經籍志》等史志書目無著録，撰人不

詳。丁國鈞《補晉書藝文志》卷二史録雜傳類、文廷式《補晉書藝
文志》卷三史部雜傳類、秦榮光《補晉書藝文志》卷二史部傳記
類、吳士鑑《補晉書藝文志》卷二史録雜傳類補録。

　　周顗,《晉書》卷六九有傳,其云:"周顗,字伯仁,安東將軍浚
之子也。少有重名,神彩秀徹,雖時輩親狎,莫能媟也。"弱冠,襲
父爵武城侯,拜祕書郎,累遷尚書吏部郎。東海王越子毗爲鎮軍
將軍,以顗爲長史。元帝初鎮江左,請爲軍諮祭酒,出爲寧遠將
軍、荊州刺史、領護南蠻校尉、假節。元帝復招爲揚威將軍、兗州
刺史。還建康,帝留顗不遣,復以爲軍諮祭酒,尋轉右長史。中
興建,補吏部尚書。太興初,更拜太子少傅,尚書如故,轉尚書左
僕射,領吏部如故。代戴若思爲護軍將軍。爲王敦所殺,時年五
十四。

　　《周顗別傳》佚失殆盡,今存佚文一節,《世説新語·方正》第
三一條劉注引,叙周顗與温嶠論王敦討劉隗事。《世説新語·方
正》第三十一條、三十二條、三十三條皆涉,《晉書·周顗傳》亦
載,其云:"及王敦構逆,温嶠謂顗曰:'大將軍此舉似有所在,當
無濫邪?'顗曰:'君少年未更事。人主自非堯舜,何能無失,人臣
豈可得舉兵以脅主! 共相推戴,未能數年,一旦如此,豈云非亂
乎! 處仲剛愎强忍,狼抗無上,其意寧有限邪!'"

　　顗以雅望獲海内盛名,性寬裕而友愛過人,又好飲酒,爲當
時士林所重。其別傳當多載此類事。惜其散佚。

阮孚別傳

　　輯存。佚名撰。

　　《阮孚別傳》,《隋書·經籍志》等史志書目無著録,撰人不
詳。丁國鈞《補晉書藝文志》卷二史録雜傳類、文廷式《補晉書藝
文志》卷三史部雜傳類、秦榮光《補晉書藝文志》卷二史部傳記

類、吳士鑑《補晉書藝文志》卷二史録雜傳類補録。

　　阮孚，阮咸次子，《晉書》卷四九《阮籍傳》附其傳，其云：“孚，字遙集，其母即胡婢也。孚之初生，其姑取王延壽《魯靈光殿賦》曰‘胡人遙集於上楹’而以字焉。”初辟太傅府，遷騎兵屬。避亂渡江，元帝以爲安東參軍，轉丞相從事中郎。琅邪王裒爲車騎將軍，鎮廣陵，高選綱佐，以爲長史。遷黃門侍郎、散騎常侍。轉太子中庶子、左衛率，領屯騎校尉。明帝即位，遷侍中。從平王敦，賜爵南安縣侯。轉吏部尚書，咸和初，拜丹楊尹。除都督交廣寧三州軍事、鎮南將軍、領平越中郎將、廣州刺史、假節。未至鎮，卒，年四十九。

　　《阮孚別傳》已佚，今存佚文二節，皆見於《世説新語》劉注。《漢魏六朝雜傳集》據以輯得其文。其一見《世説新語·任誕》第一五條劉注引，叙阮孚“字遙集”來歷。其二見《世説新語·雅量》第一五條劉注引，云“孚風韻疎誕，少有門風”。

　　阮孚父阮咸，爲竹林七賢之一，阮孚有父風，《晉書·阮孚傳》云其“蓬髮飲酒，不以王務嬰心”，“終日酣縱”，“以金貂換酒”，而“性好屐”，晉室東遷後，阮孚爲當時名士，逸聞軼事當甚夥，惜其別傳散佚。

阮裕別傳二種

　　今存阮裕別傳有二，其一《阮裕別傳》，其二《阮光禄別傳》。

　　阮裕，《晉書》卷四九《阮籍傳》附其傳，其云：“裕，字思曠。宏達不及放，而以德業知名。弱冠辟太宰掾，大將軍王敦命爲主簿，甚被知遇。”裕以敦有不臣之心，乃終日酣觴，以酒廢職。敦謂裕非當世實才，徒有虛譽而已，出爲溧陽令，復以公事免官。咸和初，除尚書郎，去職還家，居會稽剡縣。司徒王導引爲從事中郎，固辭不就。朝廷將欲徵之，裕知不得已，乃求爲王舒撫軍

長史。舒薨，除吏部郎，不就。即家拜臨海太守，少時去職。司
空郗鑒請爲長史，詔徵祕書監，皆以疾辭。復除東陽太守。尋徵
侍中，不就。還剡山，有肥遯之志。在東山久之，復徵散騎常侍，
領國子祭酒。俄而復以爲金紫光禄大夫，領琅邪王師。經年敦
逼，並無所就。年六十二卒。

阮裕别傳

輯存。佚名撰。

《阮裕别傳》，《隋書‧經籍志》等史志書目無著録，撰人不
詳。宋高似孫《剡録》卷五《書》著録《阮裕别傳》一卷。丁國鈞
《補晉書藝文志》卷二史録雜傳類、文廷式《補晉書藝文志》卷三
史部雜傳類、秦榮光《補晉書藝文志》卷二史部傳記類、吳士鑑
《補晉書藝文志》卷二史録雜傳類補録。

《阮裕别傳》久佚，今存佚文一節，見於《世説新語‧棲逸》第
六條劉注、《剡録》卷四《古奇跡》“阮光禄東山”引，云“裕居會稽
剡山，志存肥遯”。又，《剡録》卷三《先賢傳‧人士》引一條，云出
《阮裕别傳》，文字略異。

阮光禄别傳

輯存。佚名撰。

《阮光禄别傳》，《隋書‧經籍志》等史志書目無著録，撰人不
詳。丁國鈞《補晉書藝文志》卷二史録雜傳類、文廷式《補晉書藝
文志》卷三史部雜傳類、秦榮光《補晉書藝文志》卷二史部傳記
類、吳士鑑《補晉書藝文志》卷二史録雜傳類補録。

《阮光禄别傳》久佚，今存佚文一節，見於《世説新語‧德行》
第三二條劉注引，略叙阮裕姓字、父祖及累官所至，當是節略之
文。《阮光禄别傳》云其“年六十一卒”，與《晉書‧阮裕傳》有
一歲之差。案：中華書局點校本《晉書》校記云：“年六十二卒，

‘二’，南監本作‘三’，局本作‘一’，今從宋本、吳本、殿本。”《晉書》諸傳本既有“一”、“二”、“三”之别，或從《阮光禄別傳》爲是。

賀循別傳

輯存。佚名撰。

《賀循別傳》，《隋書·經籍志》等史志書目無著録，撰人不詳。丁國鈞《補晉書藝文志》卷二史録雜傳類、文廷式《補晉書藝文志》卷三史部雜傳類、秦榮光《補晉書藝文志》卷二史部傳記類、吳士鑑《補晉書藝文志》卷二史録雜傳類補録。

賀循，《晉書》卷六八有傳，其云：“賀循，字彦先，會稽山陰人也。其先慶普，漢世傳《禮》，世所謂慶氏學。族高祖純，博學有重名，漢安帝時爲侍中，避安帝父諱，改爲賀氏。曾祖齊，仕吳爲名將。祖景，滅賊校尉。父邵，中書令，爲孫晧所殺，徙家屬邊郡。循少嬰家難，流放海隅。吳平，乃還本郡，操尚高厲，童亂不群，言行進止，必以禮讓。”國相丁乂請爲五官掾，刺史嵇喜舉秀才，除陽羨令，徙爲武康令，召補太子舍人。趙王倫篡位，轉侍御史，辭疾去職。後除南中郎長史，不就。李辰起兵江夏，循合衆征討，平即謝遣兵士，杜門不出，論功報賞，一無豫焉。元帝爲安東將軍，復上循爲吳國内史。建武初，爲中書令，加散騎常侍，又以老疾固辭，改拜太常。後行太子太傅，太常如故。授左光禄大夫、開府儀同三司。太興二年(319)卒，時年六十。

《賀循別傳》佚失殆盡，今存佚文一節，見於《世説新語·規箴》第一三條劉注引，叙賀循本姓及父諱、遭遇、循少年經歷。觀其文字，《晉書·賀循傳》當本其所記。

郗鑒別傳

　　輯存。佚名撰。

　　《郗鑒別傳》,《隋書·經籍志》等史志書目無著録,撰人不詳。丁國鈞《補晉書藝文志》卷二史録雜傳類、文廷式《補晉書藝文志》卷三史部雜傳類、秦榮光《補晉書藝文志》卷二史部傳記類、吳士鑑《補晉書藝文志》卷二史録雜傳類補録。

　　郗鑒,《晉書》卷六七有傳,其云:"郗鑒,字道徽,高平金鄉人。漢御史大夫慮之玄孫也。少孤貧,博覽經籍,躬耕隴畝,吟詠不倦。以儒雅著名。"趙王倫辟爲掾,知倫有不臣之跡,稱疾去職。惠帝反正,參司空軍事,累遷太子中舍人、中書侍郎。元帝初鎮江左,承制假鑒龍驤將軍、兗州刺史,鎮鄒山。加輔國將軍、都督兗州諸軍事。永昌初,徵拜領軍將軍,既至,轉尚書,以疾不拜。繼拜安西將軍、兗州刺史、都督揚州江西諸軍、假節,鎮合肥。王敦忌之,表爲尚書令,徵還。遷車騎將軍、都督徐兗青三州軍事、兗州刺史、假節,鎮廣陵。後受遺詔,輔少主,進位車騎大將軍、開府儀同三司,加散騎常侍。咸和初,領徐州刺史。平祖約、蘇峻,拜司空,加侍中,解八郡都督,更封南昌縣公。討平劉徵,加都督揚州之晉陵吳郡諸軍事,進位太尉。薨,時年七十一。

　　《郗鑒別傳》佚失殆盡,今存佚文一節,見於《世説新語·德行》第二四條劉注引,叙郗鑒姓字、世系及歷官所至。又言其以儒雅著名,永嘉末爲眾人所資而度難。當是節略之文。

　　郗鑒爲東晉初年名臣,事蹟多顯,《郗鑒別傳》當多載之,《晉書·郗鑒傳》當多采摭其文。惜其散佚。

郗愔別傳

輯存。佚名撰。

《郗愔別傳》，《隋書·經籍志》等史志書目無著録，撰人不詳。丁國鈞《補晉書藝文志》卷二史録雜傳類、文廷式《補晉書藝文志》卷三史部雜傳類、秦榮光《補晉書藝文志》卷二史部傳記類、吳士鑑《補晉書藝文志》卷二史録雜傳類補録。

郗愔，郗鑒長子。《晉書》卷六七《郗鑒傳》附其傳，其云："愔，字方回。少不交競。弱冠除散騎侍郎，不拜。性至孝。"襲爵南昌公，徵拜中書侍郎。征北將軍褚裒鎮京口，皆以愔爲長史，再遷黃門侍郎，轉爲臨海太守。簡文帝輔政，徵爲光禄大夫，加散騎常侍。既到，更除太常，固讓不拜。出爲輔國將軍、會稽内史。大司馬桓温以愔與徐兖有故義，乃遷愔都督徐兖青幽揚州之晉陵諸軍事、領徐兖二州刺史、假節。轉冠軍將軍、會稽内史。簡文帝踐阼，就加鎮軍、都督浙江東五郡軍事。久之，以年老乞骸骨，因居會稽。徵拜司空，詔書優美，敦獎殷勤，固辭不起。太元九年（384）卒，時年七十二。

《郗愔別傳》佚失殆盡，今存佚文一節，見於《世説新語·品藻》第二九條劉注引，叙郗愔姓字、出身、歷官及淵靖純素之性。當是節略之文。

郗曇別傳

輯存。佚名撰。

《郗曇別傳》，《隋書·經籍志》等史志書目無著録，撰人不詳。丁國鈞《補晉書藝文志》卷二史録雜傳類、文廷式《補晉書藝文志》卷三史部雜傳類、秦榮光《補晉書藝文志》卷二史部傳記類、吳士鑑《補晉書藝文志》卷二史録雜傳類補録。

　　郗曇，郗鑒少子。《晉書》卷六七《郗鑒傳》附其傳，其云：
"曇，字重熙。少賜爵東安縣開國伯。司徒王導辟祕書郎。"年三
十，始拜通直散騎侍郎，遷中書侍郎。簡文帝爲撫軍，引爲司馬。
尋除尚書吏部郎，拜御史中丞。時北中郎荀羨有疾，朝廷以曇爲
羨軍司，加散騎常侍。頃之，羨徵還，除郗曇北中郎將、都督徐兗
青幽揚州之晉陵諸軍事、領徐兗二州刺史、假節，鎮下邳。後與
賊帥傅末波等戰失利，降號建威將軍。尋卒，年四十二。

　　《郗曇別傳》佚失殆盡，今存佚文一節，見於《世説新語·賢
媛》第二五條劉注引，叙郗曇姓字、出身、歷官所至及方質和正之
性。當是節略之文。

郗超別傳

　　輯存。佚名撰。

　　《郗超別傳》，《隋書·經籍志》等史志書目無著録，撰人不
詳。丁國鈞《補晉書藝文志》卷二史録雜傳類、文廷式《補晉書藝
文志》卷三史部雜傳類、秦榮光《補晉書藝文志》卷二史部傳記
類、吳士鑑《補晉書藝文志》卷二史録雜傳類補録。

　　郗超，郗愔子，郗鑒孫。《晉書》卷六七《郗鑒傳》附其傳，其
云："超，字景興，一字嘉賓。少卓犖不羈，有曠世之度，交游士
林，每存勝拔。善談論，義理精微。"桓溫辟爲征西大將軍掾，溫
遷大司馬，又轉爲參軍，除散騎侍郎，遷中書侍郎。轉司徒左長
史，母喪去職。服闋，除散騎常侍，不起。以爲臨海太守，加宣威
將軍，不拜。年四十二，先其父郗愔卒。《晉書·郗超傳》云郗超
卒"年四十二"。《世説新語·傷逝》第一二條劉注引《中興書》
云："超年四十一，先愔卒。"余嘉錫案引程炎震云："《晉書·超
傳》不著卒年。《通鑑》繫之太元二年十二月，當必有據。"又云：

“宋本作‘二’,《晉書》亦云‘四十二’。”①

　　《郗超別傳》佚失殆盡,今存佚文一節,見於《世説新語·言語》第七五條劉注引,云超精於理義,沙門支道林以爲一時之俊。超奉佛,與支遁友,性又好施,《晉書·郗超傳》云:“所交友,皆一時秀美,雖寒門後進,亦拔而友之。及死之日,貴賤操筆而爲誄者四十餘人,其爲衆所宗貴如此。”且其黨桓氏,權重當時,故事蹟頗得流傳,《郗超別傳》當多載之。惜其散佚。

陸玩別傳

　　輯存。佚名撰。

　　《陸玩別傳》,《隋書·經籍志》等史志書目無著録,撰人不詳。丁國鈞《補晉書藝文志》卷二史録雜傳類、文廷式《補晉書藝文志》卷三史部雜傳類、秦榮光《補晉書藝文志》卷二史部傳記類、吳士鑑《補晉書藝文志》卷二史録雜傳類補録。

　　陸玩,陸曄弟。《晉書》卷七七《陸曄傳》附其傳,其云:“玩,字士瑶,器量淹雅。弱冠有美名,賀循每稱其清允平當。”元帝引爲丞相參軍,累加奮武將軍,徵拜侍中,以疾辭。王敦請爲長史,逼以軍期,不得已,乃從命。敦平,得不坐。復拜侍中,遷吏部尚書,領會稽王師,讓不拜。轉尚書左僕射,領本州大中正。及蘇峻反,玩潛説匡術歸順,以功封興平伯。轉尚書令,遷侍中、司空。薨,年六十四。

　　《陸玩別傳》久佚,今存佚文二節,皆見於《世説新語》條劉注。《漢魏六朝雜傳集》據以輯得其文。其一見於《世説新語·政事》第一三條劉注引,叙陸玩姓字父祖、歷官及器量淹雅。其

---

① 劉義慶撰,劉孝標注,余嘉錫箋疏,周祖謨等整理:《世説新語箋疏》下卷上《傷逝》第 12 條,上海古籍出版社 1996 年,第 642 頁。

二見於《世説新語・規箴》第一七條劉注，叙王導、郗鑒、庾亮相繼薨殂，陸玩拜司空而嘆息。此事《晉書・陸玩傳》亦載，當是據《陸玩別傳》。

《晉書・陸玩傳》云陸玩所辟掾屬"皆寒素有行之士。玩翼亮累世，常以弘重爲人主所貴，加性通雅，不以名位格物，誘納後進，謙若布衣，由是搢紳之徒莫不廳其德宇"。此《陸玩別傳》或成於其所獎拔後進之手。

張載別傳

輯存。佚名撰。

《張載別傳》，《隋書・經籍志》等史志書目無著錄，撰人不詳。丁國鈞《補晉書藝文志》卷二史錄雜傳類、文廷式《補晉書藝文志》卷三史部雜傳類、秦榮光《補晉書藝文志》卷二史部傳記類、吳士鑑《補晉書藝文志》卷二史錄雜傳類補錄。

張載，《晉書》卷五五有傳，其云："張載，字孟陽，安平人也。父收，蜀郡太守。載性閑雅，博學有文章。"起家佐著作郎，出補肥鄉令。復爲著作郎，轉太子中舍人，遷樂安相、弘農太守。長沙王乂請爲記室督。拜中書侍郎，復領著作。載見世方亂，無復進仕意，遂稱疾篤告歸，卒於家。

《張載別傳》久佚，今存佚文一節，見於《北堂書鈔》卷九八《藝文部四・談講十三》"言談終日"、卷一〇〇《藝文部六・歎賞二十一》"張載稱爲妙賦"、《藝文類聚》卷五五《雜文部一・談講》引，云張載文章殊妙，嘗爲《濛汜池賦》，傅玄見之，嘆息稱妙，以車迎載，言談終日。此事《晉書・張載傳》亦載，作《濛汜賦》。案：濛汜池在洛陽縣，魏明帝於宮西鑿池，以通御溝。《太平御覽》卷一八九《居處部十七・井》引《洛陽記》云："宮牆西有兩銅井，連御溝，名曰濛汜。"《太平御覽》卷二四三《職官部三十二・

著作佐郎》引《文士傳》云："張載作《濛汜賦》，太僕傅玄見賦，歎息稱善。以車迎載，言談終日。玄深貴重載，遂知名。起家徵爲佐著作郎。"明張溥輯《漢魏六朝百三家集》卷五三晉《張載集》賦類，作《濛汜池賦》。

荀勖別傳

輯存。佚名撰。

《荀勖別傳》，《隋書・經籍志》等史志書目無著録，撰人不詳。《太平御覽經史圖書綱目》録《荀勖別傳》，丁國鈞《補晉書藝文志》卷二史録雜傳類、文廷式《補晉書藝文志》卷三史部雜傳類、秦榮光《補晉書藝文志》卷二史部傳記類、吳士鑑《補晉書藝文志》卷二史録雜傳類補録。

荀勖，《晉書》卷三九有傳，其云："荀勖，字公曾，潁川潁陰人。漢司空爽曾孫也。祖棐，射聲校尉。父肸，早亡。勖依於舅氏，岐嶷夙成，年十餘歲能屬文。"既長，遂博學，達於從政。仕魏，辟大將軍曹爽掾，遷中書通事郎。爲安陽令，轉驃騎從事中郎，遷廷尉正，參文帝大將軍軍事，賜爵關内侯，轉從事中郎，領記室。武帝受禪，封濟北郡公，拜中書監，加侍中，領著作，與賈充共定律令。久之，進位光禄大夫，領祕書監，與中書令張華依劉向《別録》，整理記籍。及得汲郡冢中古文竹書，詔勖撰次之，以爲《中經》，列在祕書。改守尚書令，太康十年（289）卒，詔贈司徒。

《荀勖別傳》久佚，《漢魏六朝雜傳集》據諸書徵引，輯得其佚文二節。其二節佚文，其一見於《三國志》卷一〇《魏書・賈詡傳》"文帝即位以詡爲太尉"裴注、《蒙求集注》卷下"陸玩無人賈詡非次"、《太平御覽》卷三九一《人事部三十二・笑》、《職官分紀》卷二《三公》"具瞻所歸不用非其人"引，叙晉司徒闕，武帝問其人於勖,勖答不可用非其人。其二見於《太平御覽》卷八三〇《資産部十·尺寸》引,叙荀勖依周禮制古尺新律吕以諧音韻事。《太平御覽》卷八三〇引此條《荀勖別傳》上有"晉書"二字,檢《晉書·荀勖傳》,無載荀勖此事,則此節文字或當出《荀勖別傳》。《太平御覽經史圖書綱目》録《荀勖別傳》,宋初李昉等修《太平御覽》時,或尚見此傳,其佚或在此後。

孫略別傳

輯存。佚名撰。

《孫略別傳》,《隋書·經籍志》等史志書目無著録,撰人不詳。《太平御覽經史圖書綱目》録《孫略別傳》,丁國鈞《補晉書藝文志》卷二史録雜傳類、文廷式《補晉書藝文志》卷三史部雜傳類、秦榮光《補晉書藝文志》卷二史部傳記類、吴士鑑《補晉書藝文志》卷二史録雜傳類補録。

孫略,字文度。其事蹟見於何法盛《晉中興書》、臧榮緒《晉書》等載。《太平御覽》卷八三九《百穀部三·稻》引《晉中興書》云:"孫略字文度,吴人。少田於野,時年飢穀貴,人有生刈其稻者,略見而避之。"此引略,《太平御覽》卷五〇三《逸民部三·逸民三》引《晉中興書》則較詳,其云:"孫略字文度,吴人。少佃於野,人有刈其稻者,略避之。既而刈一擔自送與之,鄉人感愧。終日屢空,怡然自足。辟命皆不就,妻虞預女也,少稟伯喜風,共安儉約。""田"與"佃"通。知其性遜遁愛人,安於貧賤,妻爲虞預女,與孫略共安儉約。《太平御覽》卷四一二《人事部五十三·孝上》引臧榮緒《晉書》云:"長孫略,字文度,以富春車道少,動經江水,父難於風波,每行乘藍車,略常步從,遠者百里,每渡浦,則親入水扶持藍車。""長孫略"當是指"孫略","長"字當衍。知孫略有孝行。《廣博物志》卷一八《人倫一·孝子》載一事,其云:"晉孫略有孝行,卒時大殮日,有一老父,縕袍草履,不通姓字,徑入撫柩而哭,哀聲慷慨,感動左右。哭止便出,容貌甚清,眼瞳又方,門者告喪主,怪而追焉,直去不顧。時人以爲孝行感通,故神仙來弔之。"則是言其孝行感通,致神仙來降,其事近虛,出於傳聞。《廣博物志》不言出處,其或源自《孫略別傳》,亦未可知。

《孫略別傳》久佚,今存佚文一節,見於《北堂書鈔》卷一三四《服飾部三·被二十七》"推被恤之"、《太平御覽》卷七〇七《服用部九·被》、《天中記》卷四八《被》"推被恤寒親"引,云親戚有窮老者,過冬,孫略或推被以恤之,奇寒,不解衣而寢。《漢魏六朝雜傳集》據以輯得其文。《太平御覽》卷六九五《服章部十二·袴》引《高士論》云:"孫略冬日見貧士,脫袴遺之。"當指此事。亦可知孫略爲晉時高士。

庾珉別傳

輯存。佚名撰。

《庾珉別傳》,《隋書·經籍志》等史志書目無著録,撰人不詳。《太平御覽經史圖書綱目》録《庾珉別傳》,丁國鈞《補晉書藝文志》卷二史録雜傳類、文廷式《補晉書藝文志》卷三史部雜傳類、秦榮光《補晉書藝文志》卷二史部傳記類、吳士鑑《補晉書藝文志》卷二史録雜傳類補録。

庾珉,庾峻長子。《晉書》卷五〇《庾峻傳》附其傳,其云:"珉,字子琚。性淳和好學,行己忠恕。少歷散騎常侍、本國中正、侍中,封長岑男。懷帝之没劉元海也,珉從在平陽。元海大會,因使帝行酒,珉不勝悲憤,再拜上酒,因大號哭,賊惡之。會有告珉及王儁等謀應劉琨者,元海因圖弑逆,珉等並遇害。"

《庾珉別傳》佚失殆盡,《漢魏六朝雜傳集》搜得其佚文一節,見於《太平御覽》卷四一八《人事部五十九·忠貞》引,叙庾珉姓字及陷劉曜盡忠遇害。《晉書·庾珉傳》亦叙此事,當據《庾珉別傳》。

庾衮別傳二種

今見庾衮別傳二種,其一爲《庾異行別傳》,其二爲《庾衮別傳》。

庾異行即庾衮,《晉書》卷八八《孝友傳》有傳,其云:“庾衮,字叔褒,明穆皇后伯父也。少履勤儉,篤學好問,事親以孝稱。”鄉黨薦之,州郡交命,察孝廉,舉秀才、清白異行,皆不降志,世遂號之爲異行。齊王冏輔政,乃攜其妻子適林慮山,及石勒攻林慮,衮乃相與登于大頭山而田於其下。將收穫,命子怡與之下山,中道目眩瞀,墜崖而卒。

庾異行別傳

輯存。佚名撰。

《庾異行別傳》,《隋書·經籍志》等史志書目無著録,撰人不詳。丁國鈞《補晉書藝文志》卷二史録雜傳類、文廷式《補晉書藝文志》卷三史部雜傳類、秦榮光《補晉書藝文志》卷二史部傳記類補録《庾異行別傳》。

《庾異行別傳》,今僅見《太平御覽》卷八二四《資産部四·捃》引一節,云其妻樂氏,生子澤。初,君與妻捃而産於澤,遂以命之。《漢魏六朝雜傳集》據以輯得其文。《晉書·庾衮傳》云:“怡、蔑、澤、捃。在澤生,故名澤,因捃生,故曰捃。”即其事。

庾衮別傳

輯存。佚名撰。

《庾衮別傳》,《隋書·經籍志》等史志書目無著録,撰人不詳。吴士鑑《補晉書藝文志》卷二史録雜傳類補録《庾袞別傳》。云：“見《初學記》，《太平御覽》作《庾異行別傳》，本書庾袞號異行。”

《庾袞別傳》，今存佚文一節，見於《初學記》卷一七《友悌第五》“因心本性”引，云其次兄有疾，癘氣方殷，袞納漿粥，扶侍不舍晝夜。友愛之至，本之天性。《晉書·庾袞傳》亦載此事。云是其次兄毗，得庾袞照顧，“如此十有餘旬，疫勢既歇，家人乃反，毗病得差，袞亦無恙”。

庾袞至孝，且如《晉書·庾袞傳》所載：“學通《詩》、《書》，非法不言，非道不行，尊事耆老，惠訓蒙幼，臨人之喪必盡哀，會人之葬必躬築，勞則先之，逸則後之，言必行之，行必安之。是以宗族鄉黨莫不崇仰，門人感慕，爲之樹碑焉。”故其身後爲作傳者當夥，《庾異行別傳》、《庾袞別傳》其存者乎？《晉書·庾袞傳》載其事甚詳，或當是據《庾異行別傳》、《庾袞別傳》等別傳而成。

庾亮別傳

輯存。佚名撰。

《庾亮別傳》，《隋書·經籍志》等史志書目無著録，撰人不詳。丁國鈞《補晉書藝文志》卷二史録雜傳類、文廷式《補晉書藝文志》卷三史部雜傳類、秦榮光《補晉書藝文志》卷二史部傳記類、吴士鑑《補晉書藝文志》卷二史録雜傳類補録。

庾亮，《晉書》卷七三有傳，其云：“庾亮，字元規，明穆皇后之兄也。父琛，在《外戚傳》。亮美姿容，善談論。性好《莊》、《老》，風格峻整，動由禮節，閨門之内，不肅而成。時人或以爲夏侯太初、陳長文之倫也。”晉元帝爲鎮東時，聞其名，辟西曹掾，轉丞相參軍。預討華軼功，封都亭侯，轉參丞相軍事，掌書記。中興初，

拜中書郎,領著作,侍講東宮。累遷給事中、黃門侍郎、散騎常
侍。王敦表爲中領軍。以疾去官。復代王導爲中書監。及敦舉
兵,加亮左衛將軍,與諸將距錢鳳。及沈充之走吳興也,又假亮
節、都督東征諸軍事,追充。事平,以功封永昌縣開國公,轉護軍
將軍。加給事中,徙中書令。出爲持節、都督豫州揚州之江西宣
城諸軍事、平西將軍、假節、豫州刺史,領宣城内史。陶侃薨,遷
都督江、荆、豫、益、梁、雍六州諸軍事,領江、荆、豫三州刺史,進
號征西將軍、開府儀同三司、假節。咸康六年(340)薨,時年五十
二。追贈太尉,諡曰文康。

　　《庾亮別傳》久佚,今存佚文二節,皆見於《北堂書鈔》徵引,
《漢魏六朝雜傳集》據以輯録。其一見於《北堂書鈔》卷五七《設
官部九·著作總六十》"庾亮侍講東宮"引,云亮領著作,侍講東
宮。其二見於《北堂書鈔》卷六九《設官部二十一·記室參軍一
百四十三》"管機密斷大事"引,叙王胡之爲丞相府起記室,亮答
胡之書。

　　庾亮爲東晉初年重臣,東晉初年之事多親歷,其事蹟甚夥。
《庾亮別傳》所載當繁富,惜其散佚。

庾翼別傳

　　《庾翼別傳》,《隋書·經籍志》等史志書目無著録,撰人不
詳。丁國鈞《補晉書藝文志》卷二史録雜傳類、文廷式《補晉書藝
文志》卷三史部雜傳類、秦榮光《補晉書藝文志》卷二史部傳記
類、吳士鑑《補晉書藝文志》卷二史録雜傳類補録。

　　庾翼,庾亮少弟。《晉書》卷七三《庾亮傳》附其傳,其云:
"翼,字稚恭。風儀秀偉,少有經綸大略。京兆杜乂、陳郡殷浩並
才名冠世,而翼弗之重也。"蘇峻作逆,翼時年二十二,兄亮使白
衣領數百人,備石頭。亮敗,與翼俱奔。事平,始辟太尉陶侃府,

轉參軍，累遷從事中郎，除振威將軍、鄱陽太守，轉建威將軍、西陽太守，遷南蠻校尉，領南郡太守，加輔國將軍、假節。兄庾亮卒，授都督江荆司雍梁益六州諸軍事、安西將軍、荆州刺史、假節。永和元年（345）卒，時年四十一。

《庾翼別傳》久佚，今存佚文二節，皆見於《世説新語》劉注引，《漢魏六朝雜傳集》據以輯録。其一見於《世説新語·言語》第五三條劉注引，叙庾翼少有大度，兄太尉亮薨，繼之都督七州。其二見於《世説新語·豪爽》第七條劉注引，叙翼爲荆州，雅有正志，徵役三州北征事。觀《庾翼別傳》所存文字，云“軍次襄陽，耀威漢北也”，意在頌庾翼功德。此事《晉書·庾翼傳》亦載，庾翼此行，實爲朝廷上下所反對，《晉書·庾翼傳》云：“百姓嗟怨。時欲向襄陽，慮朝廷不許，故以安陸爲辭。帝及朝士皆遣使譬止，車騎參軍孫綽亦致書諫。翼不從，遂違詔輒行。”此亦可窺別傳載事傳人，多以好惡爲之，於事實往往不顧。

潘京別傳

輯存。佚名撰。

《潘京別傳》，《隋書·經籍志》等史志書目無著録，撰人不詳。《太平御覽經史圖書綱目》録《潘京別傳》，丁國鈞《補晉書藝文志》卷二史録雜傳類、文廷式《補晉書藝文志》卷三史部雜傳類、秦榮光《補晉書藝文志》卷二史部傳記類、吳士鑑《補晉書藝文志》卷二史録雜傳類補録。

潘京，《晉書》卷九〇《良吏傳》有傳，其云：“潘京，字世長，武陵漢壽人也。弱冠，郡辟主簿，太守趙廞甚器之。”舉秀才，到洛，樂廣勸其學，遂勤學不倦。歷巴丘、邵陵、泉陵三令。遷桂林太守，不就，歸家，年五十卒。

《潘京別傳》佚失殆盡，今存佚文一節，見於《太平御覽》卷六八八《服章部五・帕》引,《漢魏六朝雜傳集》據以輯得其文。此節佚文叙陳耽、何充(字次道)互嘲著帕事,其云:"陳耽初爲州主簿,司空何次道帕褊岸,謿耽頓帕有所蔽也。應聲報曰:'耽頓以蔽有,明府岸以示無。'"不涉潘京。然《晉書・潘京傳》云潘京有機辯,載其答太守趙廞問郡何以名武陵、謁見問策,屈太守戴昌父子事,此或其中一事而涉陳耽、何充。潘京機辯而敏於言論,又皆"明於政術",先後爲巴丘、邵陵、泉陵三令,路不拾遺。故其言談事蹟或傳於衆口,《潘京別傳》當多載之。

江蕤別傳

輯存。佚名撰。

《江蕤別傳》,《隋書・經籍志》等史志書目無著録,撰人不詳。丁國鈞《補晉書藝文志》卷二史録雜傳類、文廷式《補晉書藝文志》卷三史部雜傳類、秦榮光《補晉書藝文志》卷二史部傳記類、吳士鑑《補晉書藝文志》卷二史録雜傳類補録。

江蕤,字世林,晉國子博士江統之祖。《晉書》卷五六《江統傳》言及,其云:"江統,字應元,陳留圉人也。祖蕤,以義行稱,爲譙郡太守,封亢父男。父祚,南安太守。"

《江蕤別傳》久佚,今存佚文一節,見於《太平御覽》卷五一一《宗親部一・祖父母》、卷七五四《工藝部十一・摴蒱》等引,事叙蕤年十一,始學摴蒱,祖母爲説往事,有以博弈破業廢身者。於是即棄五木,終身不爲戲。

江祚別傳

輯存。佚名撰。

《江祚別傳》,《隋書・經籍志》等史志書目無著録,撰人不詳。《太平御覽經史圖書綱目》録《江祚別傳》，丁國鈞《補晉書藝文志》卷二史録雜傳類、文廷式《補晉書藝文志》卷三史部雜傳類、秦榮光《補晉書藝文志》卷二史部傳記類、吳士鑑《補晉書藝文志》卷二史録雜傳類補録。

江祚，晉國子博士江統之父。《晉書》卷五六《江統傳》言及，其云："江統，字應元，陳留圉人也。祖蕤，以義行稱，爲譙郡太守，封亢父男。父祚，南安太守。"

《江祚別傳》久佚，今存佚文一節，見於《北堂書鈔》卷三五《政術部九·德化二十一》"以江爲字"、《太平御覽》卷二六二《職官部六十·良太守下》、卷三六二《人事部三·名》、《職官分紀》卷四一《郡太守》"生子以江爲名"等引，云江祚爲南安太守，民感其德，生子多以江爲字。

江氏家傳

江祚等撰。

《江氏家傳》，《隋書·經籍志》史部雜傳類著録《江氏家傳》七卷，題江祚等撰；《舊唐書·經籍志》史部雜譜牒類著録《江氏家傳》七卷，題江統撰；《新唐書·藝文志》史部雜傳記類著録《江氏家傳》七卷，題江饒撰。《通志·藝文略》史類傳記類著録《江氏家傳》七卷，題江祚等撰，並云《唐志》作江饒。

姚振宗《隋書經籍志考證》史部雜傳類"《江氏家傳》七卷"條案云："統諫愍懷禁土之令及西園賣葵菜，亦見本傳，乃統爲太子洗馬時所上五事之二也。江饒未詳，似統字之誤。"今所見《江氏家傳》叙及江統事，則可知江統續《江氏家傳》後，《江氏家傳》又尚有人續之，其或江饒。"饒"或非"統"之誤，江饒即江統之後續《江氏家傳》者。

《晉書》卷五六《江統傳》云："江統，字應元，陳留圉人也。祖

蕤,以義行稱,爲譙郡太守,封亢父男。父祚,南安太守。"考今存
《江氏家傳》佚文,有江蕤、江統事,則《江氏家傳》最初當爲江祚
撰,江祚之後,又經江統續補;江統之後,又有江饒續補。《舊唐
書·經籍志》、《新唐書·藝文志》所題撰人,當是修史時所見增
補本所題。今據諸書徵引輯録,據《隋書·經籍志》等著録,題江
祚等撰。

　　《晉書·江統傳》叙及江祚,又有《江祚別傳》存一事。江饒
亦當爲江氏子孫,宋高似孫《緯略》卷六"累代文集"云:"魏譙郡
太守江蕤,蕤孫統,統子彪,彪子顗,顗子夷,夷子湛,湛孫敳,敳
子清,清子紛,紛子聰,九代有文集,而史有謂七葉之中,人人有
集者,此也。"不及江饒,其事蹟不詳。

　　《江氏家傳》久佚,今存江蕤、江統二人事蹟。

　　一、江蕤。存二事,其一見於《太平御覽》卷八六三《飲食部
二十一·肉》引,叙江蕤年七歲葬父不食肉事。其二見於《太平
御覽》卷三八五《人事部二十六·幼智下》引,叙江蕤爲樗蒲之
戲,祖母爲説往事,蕤遂終身不以爲戲。文字多同《江蕤別傳》所
存佚文。其或據《江蕤別傳》而成。

　　二、江統。存三事。其一見於《藝文類聚》卷四七《職官部
三·司徒》、《太平御覽》卷二〇八《職官部六·司徒下》、《職官分
紀》卷二《司徒》"允民望"引,叙庾敳(字子嵩)雅敬江統事。其二
見於《太平御覽》卷七三五《方術部十六·巫下》引,叙江統爲太
子洗馬,諫愍懷太子事。此事《晉書·江統傳》亦載。其三見於
《北堂書鈔》卷七三《設官部二十五·別駕一百六十一》"仍舉阮
宣"、《太平御覽》卷二六三《職官部六十一·別駕》引,叙江統爲
東海王越別駕,薦郗鑒、阮脩、程收事,並載越《與江統書》。此事
《晉書·江統傳》亦載。

江偉家傳

輯存。佚名撰。

《江偉家傳》，《隋書·經籍志》等史志書目無著録，撰人不詳。《太平御覽經史圖書綱目》録《江偉家傳》，則宋初李昉等修《太平御覽》，或尚見其書。

江偉，據《江偉家傳》，當善書，唐張彦遠《法書要録》"魏宋六十人"列江偉。《藝文類聚》卷五《歲時下·臘》引晉江偉《答賀蠟詩》曰："正元二年冬臘，家君在陳郡，余别在國舍，不得集會，弟廣平作詩以貽余，余因答之曰：'蠟節之會，廓焉獨處，晨風朝興，思我慈父，我心懷戀，運首延佇。'"《御定佩文齋書畫譜》卷二二《書家傳一魏·江偉》云："善書見王愔文字志"注出《法書要録》。注云："《藝文類聚》作晉人詩紀有江偉《答賀蠟詩》，序云正元二年。晉無正元之號。按正元乃高貴鄉公年號，當是其時人。"則江偉當是魏晉間人，善書法。《藝文類聚》卷五〇《職官部六·令長》引"晉江偉《襄邑令傅渾頌》曰"云云，知其爲傅渾爲頌。《隋書·經籍志》集部著録《晉通事郎江偉集》六卷，《舊唐書·經籍志》集部、《新唐書·藝文志》集部著録《江偉集》五卷，《通志·藝文略》别集二著録《通侍郎江偉集》六卷。

《江偉家傳》久佚，今存佚文一節，見於《太平御覽》卷七四七《工藝部四·書上》、《記纂淵海》卷一六二《名譽部之三·睎慕》引，云"偉性善書，人得其手疏，莫不藏之以爲寶"。

徐邈別傳

輯存。佚名撰。

《徐邈別傳》，《隋書·經籍志》等史志書目無著録，撰人不詳。《太平御覽經史圖書綱目》録《徐邈別傳》，丁國鈞《補晉書藝文志》卷二史録雜傳類、文廷式《補晉書藝文志》卷三史部雜傳類、秦榮光《補晉書藝文志》卷二史部傳記類、吴士鑑《補晉書藝文志》卷二史録雜傳類補録。

徐邈，《晉書》卷九一《儒林傳》有傳，其云："徐邈，東莞姑幕人也。祖澄之，爲州治中，屬永嘉之亂，遂與鄉人臧琨等率子弟並閭里士庶千餘家南渡江，家於京口。父藻，都水使者。邈姿性端雅，勤行勵學，博涉多聞，以愼密自居。少與鄉人臧壽齊名，下帷讀書，不游城邑。"年四十四，始補中書舍人，遷散騎常侍，轉祠部郎，遷中書侍郎。爲前衛率，領本郡大中正，授太子經。安帝即位，拜驍騎將軍。隆安元年（397），遭父憂。邈先疾患，因哀毀增篤，不踰年而卒，年五十四。

《徐邈別傳》久佚，今存佚文二節，皆僅見於《太平御覽》徵引，《漢魏六朝雜傳集》據以輯得其文。《太平御覽經史圖書綱目》又録《徐邈別傳》，則此傳宋初李昉等修《太平御覽》時或見之，其佚當在此後。其一見於《太平御覽》卷三八五《人事部二十六·幼智下》引，叙徐邈姓字、里籍及少時朗慧聰悟。其二見於《太平御覽》卷一八〇《居處部八·宅》引，叙徐邈博涉，爲世人諮承，特舉歲辰、太歲事。此事《晉書·徐邈傳》亦載。《晉書·徐邈傳》云："蒞官簡惠，達於從政，論議精密，當時多諮稟之，觸類辯釋，問則有對。"即當指此類事，《晉書·徐邈傳》或據《徐邈別傳》。

顔含別傳

輯存。佚名撰。

《顔含別傳》，《隋書·經籍志》等史志書目無著録，撰人不詳。丁國鈞《補晉書藝文志》卷二史録雜傳類、文廷式《補晉書藝文志》卷三史部雜傳類、秦榮光《補晉書藝文志》卷二史部傳記類、吴士鑑《補晉書藝文志》卷二史録雜傳類補録。

顔含,《晉書》卷八八《孝友傳》有傳,其云:"顔含,字弘都,琅邪莘人也。祖欽,給事中。父默,汝陰太守。含少有操行,以孝聞。"含侍養病兄畿,足不出户者十有三年,又盡心奉養次嫂樊氏。本州辟,不就。東海王越以爲太傅參軍,出補闓陽令。元帝初鎮下邳,復命爲參軍。過江,以含爲上虞令,轉王國郎中、丞相東閣祭酒,出爲東陽太守。東宫初建,補太子中庶子,遷黄門侍郎、本州大中正,歷散騎常侍、大司農。豫討蘇峻功,封西平縣侯,拜侍中,除吴郡太守。未之官,復爲侍中。尋除國子祭酒,加散騎常侍,遷光禄勳,以年老遜位。成帝美其素行,就加右光禄大夫。致仕二十餘年,年九十三卒。

《顔含别傳》久佚,今存佚文一節,見於諸書徵引。《北堂書鈔》卷五八《設官部十·侍中六十二》"顔髦廊廟之望"、《藝文類聚》卷四八《職官部四·侍中》、《太平御覽》卷二一九《職官部十七·侍中》、卷三八九《人事部三十·容止》、《職官分紀》卷六《侍中》"廊廟之望喉舌機要"皆引。叙顔含長子髦少慕家業,惇於孝行,爲桓温所賞。可知《顔含别傳》當叙及其子。《晉書·顔含傳》云含有三子:髦、謙、約。"髦歷黄門郎、侍中、光禄勳,謙至安成太守,約零陵太守,並有聲譽。"

歐陽建别傳

輯存。佚名撰。

《歐陽建别傳》,《隋書·經籍志》等史志書目無著録,撰人不詳。丁國鈞《補晉書藝文志》卷二史録雜傳類、文廷式《補晉書藝文志》卷三史部雜傳類、秦榮光《補晉書藝文志》卷二史部傳記類、吴士鑑《補晉書藝文志》卷二史録雜傳類補録。

　　歐陽建，《晉書》卷三三《石苞傳》附其傳，其云："歐陽建，字堅石。世爲冀方右族，雅有理思，才藻美贍，擅名北州。時人爲之語曰：'渤海赫赫，歐陽堅石。'辟公府，歷山陽令、尚書郎、馮翊太守。甚得時譽。及遇禍，莫不悼惜之。年三十餘，臨命作詩，文甚哀楚。"

　　《歐陽建別傳》佚失殆盡，今存佚文一節，見於《北堂書鈔》卷一〇〇《藝文部六・歎賞二十一》"文辭美贍"引，僅云："建文辭美贍，搆理精微。"歐陽建爲石崇甥，皆附賈謐，在二十四友之列，與趙王倫有隙，終爲孫秀所構陷而身死。《世說新語・仇隙》第一條劉注引《晉陽秋》曰："歐陽建字堅石，渤海人。有才藻，時人爲之語曰：'渤海赫赫，歐陽堅石。'初，建爲馮翊太守，趙王倫爲征西將軍，孫秀爲腹心，撓亂關中，建每匡正，由是有隙。"[1]

郭文別傳二種

　　今見諸書徵引郭文別傳者有二，一云《郭文舉別傳》，一云《郭文傳》。

　　郭文，即郭文舉，《晉書》卷九四《隱逸傳》有傳，其云："郭文，字文舉，河内軹人也。少愛山水，尚嘉遁。年十三，每遊山林，彌旬忘反。"父母終，服畢，不娶，辭家游名山。洛陽陷，乃步擔入吳興餘杭大辟山中窮谷無人之地，倚木於樹，苫覆其上而居焉。爲王導迎居西園七年，逃歸臨安，臨安令萬寵迎置縣中，病逝於此。

郭文舉別傳

　　輯存。佚名撰。

---

[1] 劉義慶撰，劉孝標注，余嘉錫箋疏，周祖謨等整理：《世說新語箋疏》下卷《仇隙》第 1 條，上海古籍出版社 1996 年，第 924 頁。

　　《郭文舉別傳》，《隋書·經籍志》等史志書目均無著錄。《晉書·郭文傳》云："葛洪、庾闡並爲作傳、贊，頌其美云。"據此，葛洪、庾闡分別作有郭文傳贊，則《郭文舉別傳》及《郭文傳》或爲葛洪、庾闡之作歟？然諸書徵引，皆不題撰人，故難定《郭文舉傳》爲誰氏所作，闕而存疑焉。丁國鈞《補晉書藝文志》卷二史錄雜傳類、文廷式《補晉書藝文志》卷三史部雜傳類、秦榮光《補晉書藝文志》卷二史部傳記類、吳士鑑《補晉書藝文志》卷二史錄雜傳類補錄《郭文舉別傳》。

　　《郭文舉別傳》久佚，今存佚文二節，其一見於《太平御覽》卷七〇四《服用部六·囊》引，叙郭文濟江至餘杭，市賣箭箬易鹽米。其二見於《北堂書鈔》卷一六〇《地部四·石篇十六》引，叙郭文隱華陰之崖，觀石室之石函。皆云出《郭文舉別傳》，然不題撰人。《漢魏六朝雜傳集》據以輯得其文，題《郭文舉別傳》。

郭文傳

輯存。佚名撰。

　　《郭文舉別傳》之外，今見諸書徵引，又有《郭文傳》。

　　《郭文傳》，《隋書·經籍志》等史志書目均無著錄。此或《晉書·郭文傳》葛洪、庾闡所作傳之一也。今見《太平御覽》卷七五七《器物部二》引二節，其一見於《太平御覽》卷七五七《器物部二·釜》引，云"文以石爲釜"；其二見於《太平御覽》卷七五七《器物部二·甑》引，云"文以竹爲甑"；云出《郭文傳》，然皆不題撰人。故難定《郭文傳》爲誰氏所作，闕而存疑焉。《郭文傳》與諸書引作《郭文舉別傳》者文字互不相屬，或非一傳異稱。文廷式《補晉書藝文志》卷三史部雜傳類、黃逢元《補晉書藝文志》卷二史錄雜傳類則分別補錄有葛洪《郭文傳》與庾闡《郭文傳》。文廷式補錄《郭文舉別傳》，又補錄《郭文傳》，頗有識鑒。然文、黃將其屬葛洪與庾闡，則臆定而已。《漢魏六朝雜傳集》據《太平御覽》卷七五七引輯得其文,題《郭文傳》。

諸葛亮隱没五事

輯存。郭沖撰。一卷。

《舊唐書·經籍志》史部雜傳類著録《諸葛亮隱没五事》一卷,題郭沖撰。《新唐書·藝文志》史部雜傳記類著録郭沖《諸葛亮隱没五事》一卷。《通志·藝文略》史類傳記類同《舊唐書·經籍志》。

諸葛亮,《三國志》卷三五有傳,已見前録。

《三國志》卷三五《蜀書·諸葛亮傳》裴注引《蜀記》云:"晉初扶風王駿鎮關中,司馬高平劉寶、長史滎陽桓隰諸官屬士大夫共論諸葛亮,于時譚者多譏亮託身非所,勞困蜀民,力小謀大,不能度德量力。金城郭沖以爲亮權智英略,有踰管、晏,功業未濟,論者惑焉,條亮五事隱没不聞於世者,寶等亦不能復難。扶風王慨然善沖之言。"裴松之云:"臣松之以爲亮之異美,誠所願聞,然沖之所説,實皆可疑,謹隨事難之如左。"乃條列郭沖所叙五事,並辯難之。《漢魏六朝雜傳集》據裴注所引輯録其文。

郭沖,據《三國志》卷三五《蜀書·諸葛亮傳》裴注引《蜀記》云"晉初扶風王駿鎮關中",並稱其"金城郭沖",知其三國晉初金城人,或曾爲扶風王駿之屬官,餘皆不詳。

裴松之云郭沖所述《諸葛亮隱没五事》"實皆可疑",此實雜傳之共性爾,亦雜傳通之小説之根本焉,自不必難之。